데이터베이스 이론과
Access 2007

안동찬
이재선 공저
전승호

오성미디어

머 리 말

액세스 2000을 시작으로 이 책은 지금까지 여러 차례 개정을 거듭해 오늘에 이르렀다. 이제 마이크로소프트사의 오피스는 학교 및 기업에서 많은 사랑을 받아온 컴퓨터 응용프로그램중 하나이다. 특히, 액세스는 IT 공인 인증자격의 필수 과목이 되었으며 비전공자들도 어렵지 않게 기본 기능을 숙지하고 자유롭게 업무에 활용하고 있다. 그러나 액세스가 데이터베이스 관리시스템이라는 측면에서 그 내용을 조금 깊이 들어가면 데이터베이스를 공부하는 학생조차도 다소의 어려움을 느끼는데 그 내용이 다분히 추상적이기 때문에 이해하기가 어렵다는 것이다.

액세스를 다루는 많은 책들이 데이터베이스 이론과 실습을 다루고 있지만 대부분이 실습 위주의 내용을 다루고 있어 단순히 실습 대상이 되는 소프트웨어의 사용법 학습 정도에 머무르고 있다. 이런 이유로 저자는 대학에서 강의 경험을 바탕으로 데이터베이스의 기초를 위한 파일 구조를 어느 정도 이해하고 데이터베이스의 이론을 학습하며 그 이론을 바탕으로 현재 널리 사용되고 있는 마이크로소프트사의 액세스 2007을 통해 실습할 수 있도록 교재를 구성하였다.

특히, 대학의 1, 2학년 학생들에게 데이터베이스를 이해하기 쉽고 교재를 통해 실습하는데 어려움이 없도록 구성했으며, 사전 지식 없이 처음 데이터베이스를 접하는 학생들에게도 무리가 없도록 구성하였다. 이론과 실습의 충실한 학습은 각종 자격시험(사무자동화 산업기사, 컴퓨터활용능력, ITQ, MOS, MCAS) 준비에도 많은 도움이 될 것으로 생각된다.

이 책의 구성은 1부 데이터베이스 이론에 관련된 내용으로 제1장 데이터베이스 개요, 제2장 데이터베이스 개념, 제3장 데이터의 저장, 제4장 데이터 모델링과 개체-관계 모델, 제5장 관계형 데이터베이스, 제6장 관계형 데이터베이스 언어:SQL, 제7장 데이터베이스 설계로 구성되어있다. 또한, 2부의 내용은 1부에서 설명한 데이터베이스의 이론을 바탕으로 Access 2007을 이용하여 데이터베이스를 실습해 볼 수 있는 내용으로 제1장 Access 2007 시작하기, 제2장 테이블, 제3장 데이터 시트, 제4장 쿼리, 제5장 폼, 제6장 보고서, 제7장 데이터 액세스 페이지, 제8장 매크로, 제9장 Visual Basic, 제10장 사용자 정의와 데이터베이스 관리로 구성되어있다.

이 책은 가급적 쉽게 설명하려고 많은 노력을 하였으나, 부족한 부분도 있을 것이다. 그러나 책의 전반부 데이터베이스 이론을 기초로 예제를 통해 실습 부분을 차근차근 반복하게 되면 많은 발전이 있으리라 본다.

끝으로 책이 완성되기 까지 많은 수고를 해주신 오성미디어의 오성결사장님과 관계자 여러분들께도 감사드린다.

2010년 8월

저자 일동

1부 데이터베이스 이론

2부 Access 2007 실습

1부

데이터베이스 이론

Chapter 1

데이터베이스 개요

1 1 데이터와 정보

데이터(Data)는 현실세계로부터 단순한 관찰이나 측정을 통해서 수집된 사실(Fact)이나 값(Value)을 말하며, 정형화되고 기록될만한 가치가 있다고 판단되는 현실세계의 어떤 현상이나 사건에 대한 묘사이기도 합니다. 그러나 정보(Information)는 어떤 상황에 대한 적절한 의사 결정을 할 수 있게 하는 지식(Knowledge)으로서, 데이터의 유효한 해석(Interpretation)이나 데이터 상호간의 관계를 말합니다. 데이터들의 조합으로 생성되는 것으로 특정한 사용자에게 의미 있고 유용하게 사용할 수 있도록 전환되어야 합니다. 따라서 정보란 필요한 시기에 필요한 형태로 필요한 장소에 제공될 때 그 의미를 갖습니다. 정보를 산출하기 위해서는 기초적인 데이터들을 체계적으로 수집・저장하고, 효과적으로 제공될 수 있는 체계를 구성하는 것이 무엇보다도 중요합니다.

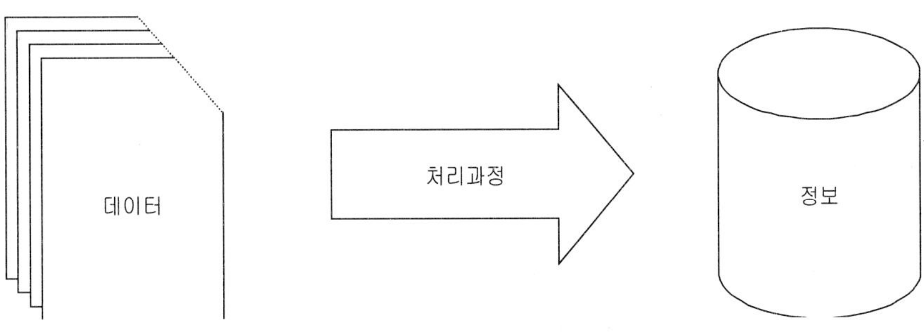

❙그림1-1❙ 데이터와 정보

1 2 데이터의 저장

사용자가 필요로 하는 정보를 제공하기 위해서는 먼저 정보 생성에 필요한 데이터가 컴퓨터 하드웨어에 저장되어야 합니다. 컴퓨터에서 데이터는 계층적인 구조로 이루어진 일정한 체계를 가지고 있는데, 이러한 데이터 체계는 아래 그림과 같이 비트(bit), 바이트(byte), 필드(field), 레코드(record), 파일(file), 데이터베이스(Database)의 6계층으로 구성되어 있습니다. 가장 단순한 비트를 계속해서 조합하여 보다 상위의 데이터를 생성해 나가면 최종적으로 원하는 모든 정보를 방대한 데이터베이스 속에 저장할 수 있게 되는 것입니다.

계층	구성	예	동의어
비트(bit)	0 또는 1	0, 1	
바이트(byte)	8개의 비트 00000000~11111111	10010001, 10000001	
필드(field)	여러 개의 바이트	학번, 학생이름, 학과, 학년,	속성(attribute), 열(column)
레코드(record)	여러 개의 필드	학생레코드	튜플(tuple), 행(row)
파일(file)	여러 개의 레코드	학생, 성적	테이블(table)
데이터베이스 (Database)	여러 개의 파일	학생 데이터베이스	

❙표1-1❙ 데이터 체계

필드(Field)란 다양한 데이터가 사용자에게 의미 있는 형태로 저장되고 처리되는 기본적인 데이터의 구성요소를 의미합니다. 예를 들어, 학교의 학생에 대한 간단한 신상 데이터를 '학번', '학생이름', '학과' 등의 필드로 나누어 저장할 수 있습니다. 필드는 속성(Attribute)이라고도 하는데, 이는 대부분의 경우 필드로 어떤 대상에 대한 속성을 표현하기 때문입니다. 레코드(Record)란 특정 개체에 대한 데이터 필드들의 집합으로서, 특정 학생에 대해 '학생이름', '학과', '학년' 등의 필드로 구성된 하나의 레코드를 생성할 수 있습니다. 레코드는 튜플(Tuple)이라는 용어로도 많이 사용됩니다. 파일(File)이란 동일한 필드로 구성된 레코드들의 집합으로서, 고객들에 대한 여러 개의 레코드들의 집합으로 고객 데이터 파일이 구성될 수 있습니다. 파일은 데이터베이스에서 테이블(Table)이라는 용어로 많이 사용됩니다.

1 3 파일 처리

데이터를 저장하고 필요한 형태로 처리하여 제공하는 기술에는 전통적인 방식으로 파일 처리 방식이 있습니다. 파일 처리 방식이란 개별적인 응용 프로그램이 필요로 하는 데이터 파일을 프로그램의 용도에 맞게 설계하고 구현하는 방식입니다. 즉, 정보시스템이 필요로 하는 데이터를 정보시스템을 구성하는 개별 응용 프로그램의 용도에 맞게 각각 파일의 형태로 설계하고 구현하는 방식입니다. 그러므로 파일 처리 방식은 각 응용 프로그램에서 그들이 처리해야 할 고유한 업무에 적합하도록 별도의 데이터 파일과 응용 프로그램을 보유하게 되는 형태를 의미합니다.

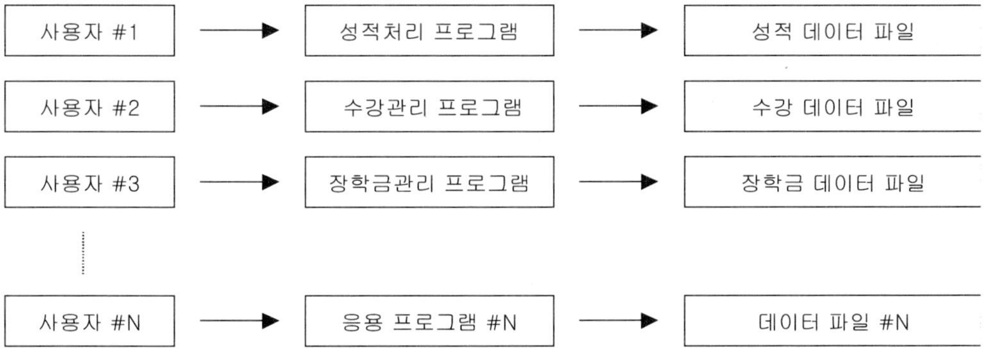

▌그림1-2▐ 파일 처리 방식

예를 들어, 학교의의 학생 관리시스템에 대해서 살펴보도록 합시다. 학생 관리시스템은 성적을 관리 해주는 프로그램, 수강신청을 관리하기 위한 프로그램, 장학금 관리를 위한 프로그램 등으로 구성되어 있습니다. 파일 처리 방식에서는 각 프로그램을 운용하기 위해서 필요한 여러 가지 데이터들이 각 응용 프로그램에 맞도록 개별적인 데이터 파일을 구성하여 처리를 하도록 되어 있습니다. 즉, 성적처리 프로그램에서는 여기에 필요한 학번, 학생이름, 학과, 과목명, 성적 등으로 구성된 데이터 파일이 독립적으로 존재하게 됩니다. 그리고 수강관리 프로그램도 마찬가지로 학번, 학생이름, 학과, 과목명, 과목코드, 담당교수 등에 관한 자료들로 구성된 데이터 파일이 개별적으로 운영됩니다. 이와 같이 장학금관리 프로그램에서도 필요한 데이터들로만 구성된 독립적인 데이터 파일을 갖고 운영됩니다. 그러므로 파일 처리 시스템에서는 위 그림과 같이 조직의 업무를 처리하기 위한 개별 응용 프로그램들이 개별적인 데이터 파일을 구성하여 각각 독립적으로 운영되는 형태를 의미합니다.

1 4 파일 처리 방식의 문제점

(1) 데이터의 중복

개별 응용 프로그램 또는 시스템에 따라 별도의 데이터 파일이 구축되어야만 하므로, 데이터의 중복 저장(data redundancy)을 피할 수 없게 됩니다. 이런 경우 중복 저장으로 인해 기억 매체의 낭비, 갱신 및 유지 보수의 어려움, 그리고 데이터간의 불일치 등을 초래하게 됩니다.

(2) 일관성 없는 데이터

동일한 데이터가 여러 곳에 저장될 경우, 각 데이터 파일에 저장되어 있는 데이터를 서로 다른 프로그램이 사용하게 되고, 이로 인해 서로 다른 파일에 있는 동일한 데이터의 내용이 상이하게 갱신되는 데이터의 불일치(inconsistency)가 발생합니다. 이러한 문제를 해결하기 위해서는 데이터 갱신시 각 파일에 들어 있는 모든 관련 데이터들을 동일한 내용으로 갱신하는 별개의 파일 유지 프로그램이 필요합니다. 즉, 데이터의 일관성 유지를 위해서 많은 노력이 소요됩니다.

(3) 데이터 파일의 경직성

파일 처리 방식은 시스템을 개발할 때, 업무 처리 방식과 사용자의 데이터 요구사항을 분석하여 그 내용을 프로그램과 데이터 파일의 구조에 반영하게 됩니다. 따라서 데이터 파일의 내용과 구조가 시스템 개발시 고정되므로, 처음 설계할 때와 다른 형태의 데이터 요구나 예상치 못한 새로운 형태의(ad hoc) 데이터 요구에 대해서는 즉각적인 데이터 처리가 불가능하게 될 수 있습니다. 이러한 데이터의 경직성(inflexibility)으로 인해 새로운 요구가 제시될 때마다 새로운 요구에 맞는 프로그램과 데이터 파일을 개발해야 하는 불편함을 겪게 됩니다.

(4) 표준화의 결여

파일 처리 방식에서는 시스템 설계, 구축 및 운영이 각 부서로 분산되어 독립적으로 이루어지므로, 데이터를 구성하는 각 항목에 이름을 부여할 때 혹은 데이터를 입력할 때, 동음이의어 및 동의어 등과 같은 표준화(standardization) 문제가 발생하게 됩니다. 예를 들어, 영업부에서는 제품을 가구(furniture)라는 이름으로 표현하는데, 생산부서에서는 제품(product)이라고 표현한다던가 또는 영업 부서에서는 같은 가구를 색깔별로 구분하여 분류하지만 생산 부서에서는 규격별로 분류하는 등의 코드 체계의 불일치가 발생할 수 있습니다. 이와 같은 표준화의 결여로 인한 데이터의 불일치는 각 파일들을 조합하여 처리하는 프로그램의 개발이 불가능하거나, 부적절한 결과를 출력하는 문제를 일으킬 수 있습니다.

(5) 데이터 공유의 제한

파일처리 방식으로 구축된 각 시스템은 서로 다른 체계의 고유한 데이터 파일을 갖게 되므로, 다른 시스템이나 다른 데이터의 공유(data sharing)가 제한됩니다. 특히 서로 다른 하드웨어나 소프트웨어를 사용하는 경우에는 데이터의 공유가 더욱 어렵게 됩니다. 데이터의 공유가 제한되면, 각 사용자는 그들이 필요로 하는 데이터를 각각의 데이터 파일로 저장, 관리해야 하고, 새로운 시스템을 개발할 때 기존의 데이터 파일을 활용하지 못하여 새로운 파일을 계속 만들어야 합니다.

(6) 프로그래머의 생산성 저하

파일 처리 방식에서는 각 프로그래머가 각 시스템마다 별도의 데이터 파일과 프로그램을 작성하여야 하며, 파일을 접근하는 방식을 직접 정의하여야 하는 등의 작업을 반복적으로 수행하여야 하므로 프로그래머의 생산성(productivity)이 저하됩니다.

(7) 프로그램 유지 보수의 어려움

파일 처리 방식에 있어서는 데이터의 내용과 구조가 프로그램과 독립적으로 존재하는 데이터 독립성(data independence)이 확보되지 못합니다. 그러므로 데이터 및 파일 구조, 데이터 접근 방식 등은 사용자 요구에 의해 결정되며, 이것이 바로 프로그램에 반영됩니다. 따라서 사용자의 요구가 변함에 따라 데이터 구조나 파일 접근 방식을 바꾸어야 하고, 이럴 경우 그 파일을 사용하는 모든 프로그램을 그에 맞게 수정하여야 하고, 또한 프로그램의 내용이 바뀌어도 그 프로그램과 관련된 모든 파일을 수정하여야 합니다. 이와 같이, 파일 처리 방식은 데이터 파일과 프로그램의 종속성으로 인해 유지 보수에 많은 시간과 노력을 필요로 합니다. 일반적으로 시스템의 기획에서

부터 분석, 설계, 개발 그리고 유지 보수에 이르는 시스템 개발 과정 중에서 약 70% 내지 80%의 노력이 시스템 유지 보수에 소요된다는 것도 일부 이러한 이유에 기인한다고 할 수 있습니다.

1 5 데이터베이스 방식

조직의 규모가 커지고, 조직 기능이 복잡해짐에 따라 기업이 필요로 하는 데이터의 양이 증가하고, 의사결정과 기업 활동이 더욱 복잡해지면서 기존의 파일 처리 방식과는 다른 새로운 데이터 처리 방식이 요구되고 있습니다. 앞서 제시되었던 파일처리 방식의 문제점을 최소화하기 위해서, 개별적인 데이터 관리가 아닌 기업 전체의 입장에서 많은 데이터들을 통합된 체계로 공유할 수 있는 새로운 데이터 관리 방식인 데이터베이스 방식이 제시되고 있습니다.

데이터베이스(Database: DB)란 데이터의 중복성을 최소화하면서, 조직에서의 다양한 정보 요구를 충족시킬 수 있도록 상호 관련된 데이터를 모아 놓은 데이터의 통합된 집합체를 말합니다. 좀 더 쉽게 설명하자면, 데이터베이스란 조직이 필요로 하는 자료를 체계적으로 저장시켜 놓은 자료의 종합 창고라 표현할 수 있습니다. 잘 정리된 창고는 필요한 물건만 가지고 있고, 또 이를 신속히 꺼내다 주듯이 잘 설계된 데이터베이스는 꼭 필요한 자료만 가지고 있다가 의사결정에 필요한 정보를 즉각 제공할 수 있도록 하는 것이 그 목표입니다.

데이터베이스 방식은 파일 처리 방식에서 각 프로그램에 의해 독립적으로 관리되던 파일들을 통합 저장하고, 데이터베이스 관리시스템으로 하여금 응용 프로그램과 독립적으로 관리하게 하여 다양한 사용자와 응용 프로그램들이 데이터를 공유할 수 있도록 합니다. 이는 아래 그림과 같이 기업 전체에서 필요로 하는 데이터들을 데이터베이스에 저장하고, 다수의 사용자들은 질의(query)나 간단한 응용 프로그램을 통해서 원하는 데이터들을 추출, 조작, 수정, 갱신할 수 있도록 하는 데이터 처리 방식을 말합니다. 이는 데이터베이스 관리시스템(Database Management System: DBMS)이라는 소프트웨어를 통해서 가능해지는데, DBMS란 데이터베이스를 생성하고, 관리하며, 데이터로부터 사용자의 물음에 대한 대답을 추출하는 프로그램의 집합을 의미합니다. DBMS는 데이터를 입력하고, 처리하며, 출력하는 과정을 간단하면서도 표준화된 체계와 자연어에 가까운 고급 언어를 지원하며, 그 외 데이터베이스의 유지 및 관리에 필요한 기능을 수행합니다. 즉, 데이터베이스 사용자는 데이터베이스 내의 데이터 파일에 직접 접근하여 처리하는 것이 아니라, 응용 프로그램이나 간단한 질의어로 데이터 처리를 요구하고, 질의어와 응용 프로그램은 다시 데이터베이스 관리시스템의 데이터 처리 기능을 이용하여 사용하는 데이터를 효율적으로 처리합니다. 그러므로 사용자가 원하는 데이터를 추출하기 위해 사용되는 개별 응용 프로그램에 종속되던 데이터는 데이터베이스에 통합되어 저장됨으로써 응용 프로그램에 독립적이 됩니다.

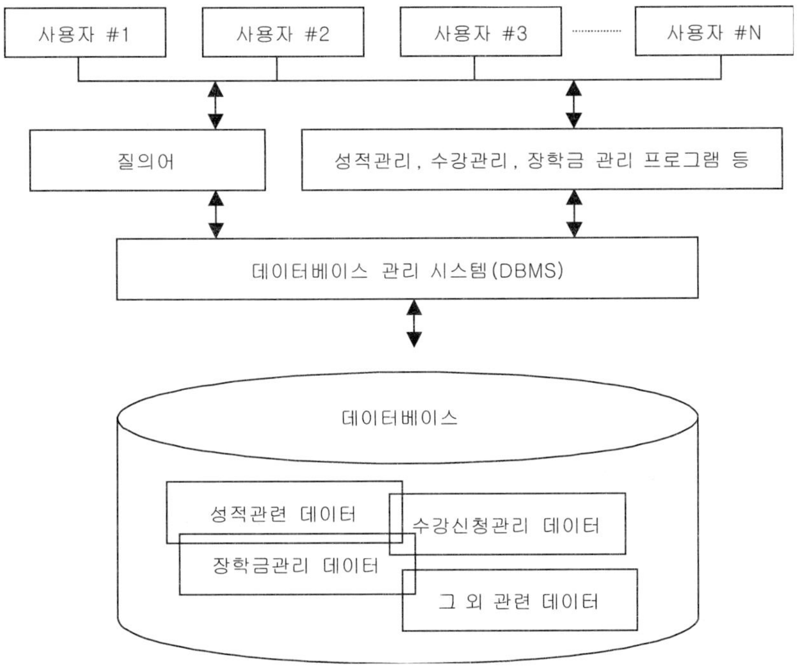

그림1-3 데이터베이스 저장방식

대부분의 사용자가 데이터베이스를 사용할 경우에는 사용하기 편리한 프로그램을 통해서 DBMS에 명령을 전달하게 됩니다. 도서관에서 흔히 볼 수 있는 도서 검색 프로그램이나, 수강 신청 프로그램과 같은 프로그램들이 이러한 역할을 하게 됩니다. 데이터베이스 관리자의 경우에는 직접 데이터베이스에 명령을 전달할 수도 있는데, 이때 쓰이는 언어가 바로 데이터베이스 관리 언어(DB Management Language)입니다. 데이터베이스 관리 언어는 데이터베이스에 저장될 데이터의 구조를 정의하고, 이 구조에 따라 데이터를 저장하고 삭제하는 명령을 포함하고 있습니다. 또한 최종사용자 혹은 데이터베이스 관리자가 궁금해 하는 복잡한 질문을 여러 가지 형태로 나타낼 수 있게 합니다. 즉, 데이터베이스 관리 언어는 처음에 데이터베이스에 저장될 데이터의 구조를 정하여 데이터베이스를 생성시키는 역할과, 데이터를 추가, 삭제하는 역할, 그리고 사용자의 질문을 나타내는 역할을 수행하고 있습니다.

1 6 데이터베이스 방식의 장점

(1) 데이터 중복성의 최소화

데이터베이스 방식에서는 모든 데이터 파일이 논리적으로 통합된 하나의 데이터베이스를 구성하므로, 이상적으로는 하나의 데이터는 데이터베이스의 오직 한 곳에만 저장됩니다. 그러나 데이터베이스를 사용한다고 해서 데이터의 중복성을 완전히 제거할 수 있는 것은 아니며, 처리의 효율을 높이거나 혹은 데이터의 유효성을 점검해야 하는 경우와 같이 특별한 경우에는 의도적으로 데이터를 중복하여 저장하기도 합니다.

(2) 데이터의 일관성 유지

데이터의 중복성이 완전히 제거된다면, 하나의 데이터가 오직 한 곳에만 저장되므로, 데이터들간의 모순이 발생하지 않으며, 일관성을 유지할 수 있습니다. 뿐만 아니라, 데이터가 중복된다 하더라도 그 중복은 아주 최소한으로 제한되므로 중복된 데이터를 자동적으로 갱신하는 처리가 가능하며, 그에 따라 데이터베이스의 일관성은 유지될 수 있습니다.

(3) 데이터의 통합

데이터베이스에 저장되는 모든 데이터가 물리적으로 하나의 데이터베이스에 저장되는 것은 아닙니다. 그러나 데이터베이스를 구성하는 각 데이터 파일이 논리적인 관계를 맺고 있기 때문에, 논리적으로는 모든 데이터가 하나의 데이터베이스에 저장된 것과 같은 효과를 가져올 수 있습니다. 따라서 데이터간의 논리적인 관계를 통해 서로 다른 데이터, 혹은 데이터 파일과의 통합이 가능합니다.

(4) 데이터의 공유

데이터베이스는 궁극적으로 데이터를 사용할 수 있는 권한(Authority)을 가지고 있는 모든 사람들에게 데이터를 제공하는 것을 또 하나의 목적으로 하고 있습니다. 파일처리 방식에서는 여러 부서가 관련된 업무를 처리하고자 할 경우, 각 부서의 데이터 파일로부터 필요한 자료를 뽑아 내고, 이를 다시 가공, 처리해야 하는 불편을 겪게 됩니다. 그러나 데이터베이스에는 조직의 모든 데이터가 통일된 체계로 모여 있으므로, 특정 데이터를 사용할 수 있는 권한을 갖고 있는 사람이라면 누구나 그 데이터를 데이터베이스로부터 검색할 수 있습니다. 즉, 조직의 모든 구성원이 논리적으로 통합된 하나의 데이터베이스를 공유할 수 있게 됩니다.

(5) 표준화

데이터베이스 방식을 사용할 때에는 반드시 데이터 관리 부서를 두어 데이터베이스의 표준화를 항상 유지하도록 해야 합니다. 데이터 관리 부서는 조직 전체의 관점에서 필요한 데이터의 내역과 이름, 형식, 그리고 사용 권한 등을 결정하며, 이를 데이터베이스로 구현합니다. 따라서 데이터 관리에 대한 기능이 한 부서에 의해 이루어지고, 조직 전체의 데이터가 공통된 체계로 논리적으로 하나의 데이터베이스에 저장되므로 표준화는 자연히 이루어지게 됩니다.

(6) 프로그래머의 생산성 향상

데이터베이스가 구축되면, 데이터의 입력, 처리 그리고 출력을 위한 프로그래밍 노력을 현저히 줄일 수 있습니다. 즉, 데이터 입력은 데이터베이스 관리시스템의 데이터 정의어(Data Definition Language: DDL)를 이용하여 간편하게 정의하고 입력할 수 있으며, 데이터의 출력 또한 보고서 작성 기능(report generator)과 같은 다양한 데이터 출력 기능을 이용할 수 있습니다. 데이터 처리에 있어서는 파일 처리 방식과는 달리 새로운 요구에 맞는 프로그램을 개발할 때마다 파일 구조나 파일 접근 방식 등을 다시 설계하여 프로그래밍 할 필요가 없이, 이미 구축되어 있는 데이터베이스로부터 필요한 데이터는 데이터베이스 관리시스템의 데이터 처리 기능을 이용하면 됩니다. 따라서 체계적으로 구축된 데이터베이스와 효율적인 데이터 처리 기능을 지원하는 데이터베이스 관리시스템을 활용함으로써 프로그래머의 생산성을 크게 증진시킬 수 있습니다.

(7) 보안

데이터베이스 시스템에서는 데이터베이스에 조직의 모든 데이터가 집중되어 저장, 관리되므로 보안(security)을 위한 통제가 훨씬 용이합니다. 데이터 관리 부서는 비밀번호(password)나 사용 권한과 같은 통제 장치로 각 사용자들에게 검색할 수 있는 권리와 갱신할 수 있는 권리 등을 부여하게 되므로, 데이터가 조직 내에 무분별하게 산재되어 있는 경우보다 훨씬 철저한 보안을 기할 수 있습니다. 그러나 집중되어 저장, 관리되는 데이터베이스에 대해 이러한 보안 기능이 제대로 이루어지지 않을 경우에는 오히려 조직의 모든 데이터가 더욱 쉽게 노출될 수 있는 위험도 존재하게 됩니다.

(8) 유연성과 편리성

데이터베이스 시스템은 매우 간단한 형태의 질의어를 사용하여 데이터를 검색하고, 처리할 수 있으므로, 즉흥적이거나 비일상적인 데이터 처리 요구에 즉각적으로 대응할 수 있는 유연성을 제공합니다. 이와 같은 질의 처리와 같은 데이터베이스 시스템의 간편한 데이터 처리 기능은 전문 개발자가 아닌 일반인의 전산 능력을 향상시켜 최종사용자 컴퓨팅을 가능하게 합니다.

(9) 데이터의 독립성

데이터의 독립성이란 데이터가 그 구조나 기억 매체에 저장되어 있는 방식 등에 있어서, 특정 프로그램과 아무 관련을 갖지 않은 독립적인 형태로 저장, 관리됨을 말합니다. 즉, 데이터베이스는 특정 프로그램의 데이터 접근 방식이나 처리 방식을 반영하기보다는 조직의 다양한 데이터 요구를 지원할 수 있는 독립적인 데이터 구조와 저장 방식으로 구축됩니다. 따라서 데이터베이스 방식은 데이터베이스 관리시스템을 통해 데이터와 프로그램간의 독립성을 유지함으로써, 데이터베이스의 변화에 따른 응용 프로그램의 수정과 응용 프로그램의 변화에 따른 데이터베이스의 변경을 최소화합니다.

(10) 유지보수 비용의 감소

데이터베이스에 한번 저장된 데이터는 새로운 데이터의 입력, 데이터의 갱신, 그리고 삭제 등과 같은 과정을 통해 계속적인 변화를 겪게 됩니다. 데이터베이스 방식에서는 앞서 설명한 데이터의 표준화, 중복의 최소화, 독립성 그리고 유연성과 편리성 등의 이점으로 인해 정보시스템의 유지·보수 비용이 현저히 줄어듭니다. 시스템 개발비용 중에서 가장 많은 비중을 차지하는 유지·보수 비용을 줄임으로써 전체 정보시스템 대한 예산을 절감할 수 있습니다.

Chapter 2
데이터의 저장

데이터베이스는 대부분의 경우 많은 양의 데이터를 가지고 있기 때문에 이들을 저장하기 위해서는 비교적 값 싸면서도 많은 데이터를 저장할 수 있는 하드 디스크와 같은 매체에 저장됩니다. 이러한 디스크에 자료를 쓰거나 읽는 작업의 경우, 내부 메모리에서의 작업에 비해 훨씬 많은 시간이 걸리므로 디스크에서의 읽기 및 쓰기 작업을 최소화하는 것이 데이터베이스에서 매우 중요한 관건이 됩니다. 디스크에 데이터가 저장될 때 데이터들은 관련된 것들 끼리 묶여서 저장되는 데 이러한 데이터의 묶음을 레코드라고 합니다. 즉 학사관리 시스템의 예를 든다면 한 학생에 대한 데이터를 학번, 이름, 학과, 출생년도의 세 개의 부분으로 구성된 레코드로 저장할 수 있을 것입니다. 이러한 레코드는 데이터가 저장되는 기본단위로써 하나의 파일을 구성합니다. 레코드들의 집합으로써의 파일은 그 내부에서 레코드들이 배열된 형태에 따라 여러가지 종류가 있습니다. 아무런 순서 없이 배열되어 있거나, 또는 레코드의 특정한 값에 따라 순서대로 정렬되어있거나, 또는 해쉬와 같은 방법으로 배열할 수도 있습니다. 이러한 파일에 대해서는 필요한 레코드를 찾기, 새로운 레코드를 추가, 레코드의 삭제 등의 작업을 수행할 수 있습니다. 책에서 자료를 찾을 때 흔히 맨 뒤에 있는 인덱스를 이용하는 것처럼 파일 내에서 필요한 레코드를 찾을 때 인덱스를 찾아 봄으로써 전체 파일을 찾을 때보다 훨씬 효율적으로 작업할 수 있습니다. 이러한 인덱스를 어떻게 구현함으로써 데이터에 대한 접근을 빨리 할 수 있을 지를 알아보도록 하겠습니다.

2 1 레코드의 정의

레코드는 데이터저장의 기본단위 입니다. 학생의 데이터를 나타내고자 할 때, 한 학생의 대한 학번, 이름, 학과, 출생년도는 하나의 단위로 저장됩니다. 만약 학번들을 따로 모으고 이름을 따로 모으는 식이라면 아무런 정보도 나타낼 수 없을 것입니다. 이와 같이 나타내고자 하는 대상에 관련된 값들을 모아서 하나의 단위를 만든 것이 레코드이며 데이터베이스의 저장된 모든 데이터는 이 레코드의 단위로 저장됩니다. 이처럼 관련된 데이터를 레코드 단위로 묶음으로써 한 학생의 데이터라고 하면 그 학생의 학번, 이름, 학과, 출생년도 등을 말한다는 것을 알 수 있습니다. 학생데이터를 레코드로 나타냈을 때는 다음과 같이 표현할 수 있습니다.

학번	이름	학과	출생년도

❙그림2-1❙ 학생 레코드의 예

레코드의 각 부분은 출생년도와 같이 숫자로 될 수도 있을 것이고, 이름과 같이 문자열로 이루어져 있을 수도 있을 것입니다. 이처럼 하나의 레코드는 서로 다른 형태의 값을 가질 수 있는 부분들로 나누어져 있으며 레코드를 정의할 때는 프로그래밍 언어에서 사용하는 방법을 써 나타낼 수 있습니다.

```
type 학생레코드  {
            학번     :   문자열
            이름     :   문자열
            학과     :   문자열
            출생년도 :   정수
}
```

2 2 레코드의 길이

레코드를 실제로 디스크에 저장한다고 할 때 어떻게 각 부분들을 구별할 수 있을까요? 이런 경우 두 가지 경우로 나누어 생각해 볼 수 있습니다. 첫번째로 레코드의 각 부분의 크기가 고정된 경우일 때는 각 부분의 크기를 알고 있으므로 별다른 표시 없이 데이터의 각 부분을 구별할 수 있습니다. 예를 들어 학생의 이름은 20바이트, 학과는 20바이트 학번을 10바이트 식으로 고정되어 있다면 그 크기 만큼 씩만 읽어서 각 부분을 구별할 수 있습니다.

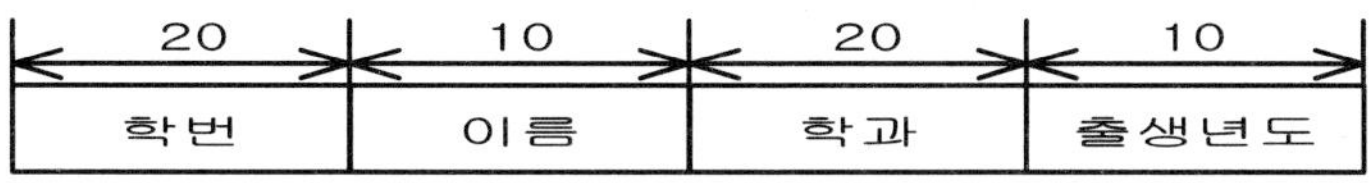

❙그림2-2❙ 고정길이를 가진 레코드

두번째 경우 만약 레코드를 이루는 부분중 한두개 또는 모든 부분의 크기가 고정되어 있지 않다면 각 부분마다 끝을 표시하기위한 필요하게 됩니다. 즉 아래의 예와 같이 특별한 문자를 써서 그 부분의 끝을 나타낼 수 있습니다.

학번	V	이름	V	학과	V	출생년도	V

❙그림2-3❙ 변화하는 길이를 가진 레코드

2 3 파일의 정의

파일은 레코드들의 집합입니다. 학생 데이터들을 저장할 때, 학생에 관한 모든 레코드들 모으면 이것이 학생 파일을 이루게 됩니다. 이러한 레코드들이 파일 내에서 배열된 형태에 따라 여러 가지 파일의 구조를 만들 수 있습니다. 우선 첫번째로 파일 안에서 레코드들은 아무런 순서 없이 새로운 레코드가 추가될 때마다 파일의 끝에 추가 시킬 수 있습니다. 두번째로 레코드의 특정한 한 부분의 값. 예를 들어 학생의 학번 등의 값에 따라 순서대로 파일 내에 배열시킬 수도 있습니다. 하지만 순서대로 레코드를 배열하는 경우에는 레코드를 찾을 때 잇점이 있을 수 있지만, 새로운 레코드를 추가하거나 기존 레코드를 삭제하는 경우 순서를 유지하기위해 복잡한 작업을 해야만 합니다. 위의 두가지 배열이외에도 해쉬구조를 이용하여 파일을 구성할 수도 있습니다.

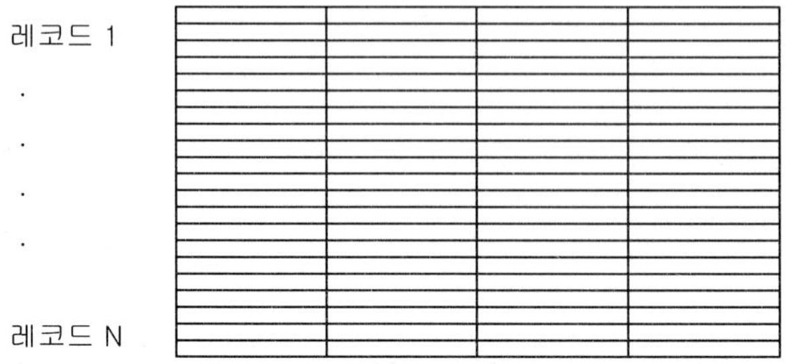

❙그림2-4❙ 파일 구조

2 4 파일에 대한 작업들

(1) 찾기 (FIND)

예를 들어 학번이 20218023인 학생의 레코드를 찾는다거나 출생년도가 1983년 이후인 학생의 레코드를 찾는 것과 같이 조건이 주어졌을 때, 그 조건을 만족하는 레코드를 골라내는 작업입니다.

(2) 레코드의 읽기 (READ)

조건에 의해서 레코드를 찾았을 때 실제로 이 레코드를 디스크로 부터 읽어오는 작업입니다.

(3) 레코드의 추가 (INSERT)

새로운 레코드를 파일에 추가시키는 작업입니다.

(4) 레코드의 삭제 (DELETE)

찾은 레코드를 파일에서 없애는 작업입니다.

(5) 레코드의 변경 (MODIFY)

레코드의 내용을 바꾸는 작업입니다.

(6) 레코드를 처음부터 읽기

파일내에 있는 레코드를 처음부터 하나씩 읽는 작업입니다.

2 5 인덱스의 정의

데이터베이스의 파일에서 우리가 원하는 특정한 레코드를 찾는 경우를 생각해봅시다. 가장 쉽게 생각할 수 있는 방법은 처음부터 찾아가서 끝가지 모두를 검사해보는 방법이 있을 것입니다. 이러한 방법은 얼핏 보기에도 매우 비효율적으로 보입니다. 실제로 데이터베이스에서 원하는 자료를 찾을 때 디스크에서 읽어오는 시간이 전체 걸리는 시간에서 많은 부분을 차지하고 있기 때문에 되도록 디스크를 직접 쓰거나 읽는 것을 줄이는 것이 매우 중요한 문제가 됩니다. 그런데 위와 같이 처음부터 파일을 찾아간다면 하나의 레코드를 찾기 위해서도 전체 파일을 읽어야 할 것입니다. 위의 방법과 달리 백과사전에서 단어에 대한 설명을 찾을 때를 생각해봅시다. 보통의 백과사전은 대부분 색인사전을 가지고 여기서 단어를 찾으면 필요한 내용이 있는 사전의 번호와 페이지수를 가르쳐 줍니다. 보통의 교과서 마지막에도 책 안에 있는 중요한 단어 들의 설명이 있는 곳의 위치를 쉽게 알수 있게 하는 리스트가 포함되어있습니다. 바로 이러한 방법으로 좀더 데이터에 빠르게 접근할 수 있게 하는 것이 인덱스입니다. 그러면 데이터베이스에서 이러한 인덱스를 어떻게 이용하여 레코드를 빠르게 찾을 수 있을까요? 레코드의 한 부분, 예를 들어 학생이름에 대해서 레코드를 검색하는 경우가 많다고 할 때, 학생이름에 대해서 인덱스를 만들어 놓는다면 이름이 김송이인 학생을 찾을 경우 인덱스만을 찾아서 원하는 레코드를 찾을 수 있을 것입니다. 인덱스를 이용하여 레코드를 찾고자 할 때, 우선 인덱스에는 그 인덱스를 이용하는 레코드의 부분의 실제 값이 있어야 할 것이고, 인덱스가 가리키고 있는 레코드의 위치가 있어야 할 것입니다. 즉 위의 학생의 예의 경우에, 인덱스에는 학생의 이름과 그 학생의 레코드의 위치가 필요할 것입니다. 이렇게 인덱스를 구성할 경우, 인덱스에는 실제 레코드보다 훨씬 적은 양의 데이터가 들어가므로 레코드를 전부 검색할 때 보다 적은 시간에 인덱스를 검색할 수 있고 따라서 필요한 레코드를 효율적으로 찾을 수가 있습니다. 이러한 인덱스는 데이터베이스에 데이터 파일과 별도로 저장되어 있어야 하며 그 인덱스가 가리키는 레코드가 추가되거나 삭제될 경우 인덱스도 이에 맞게 추가, 삭제되어야 하며, 인덱스가 표시하는 레코드의 부분의 값이 변경되는 경우에도 인덱스를 변경시켜야 합니다.

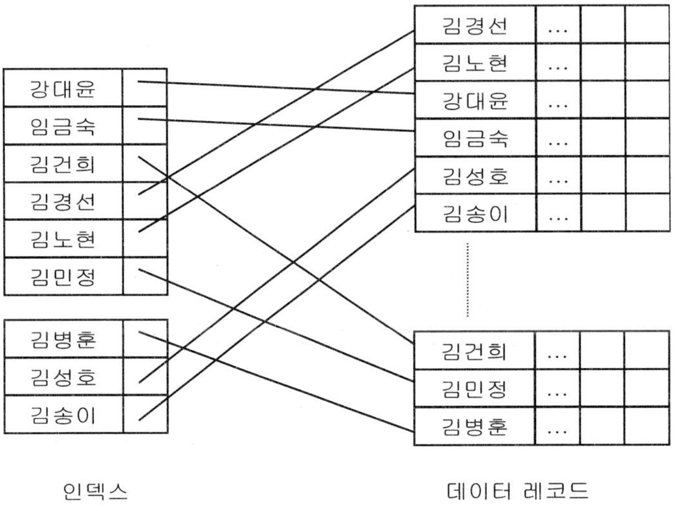

▌그림2-5▐ 학생 이름에 대한 인덱스

2 6 둘이상의 레코드를 가진 인덱스

지금까지의 인덱스는 그 인덱스가 가리키는 레코드가 하나가 있을 경우 만을 생각했는데, 만약 하나의 인덱스에 두개 이상의 레코드가 있다면 어떻게 처리해야 할까요? 예를 들어 학생 데이터에서 학생의 소속학과 부분에 대해 인덱스를 만든다면 전산과라는 인덱스에는 수 십명의 학생레코드가 연결되어야 할 것입니다. 이런 경우에는 인덱스 구조에는 하나의 레코드의 위치밖에는 표시할 수 없으므로 인덱스가 직접 레코드를 가리키는 것이 아니라 인덱스와 레코드 사이에 그 인덱스에 속하는 레코드의 위치를 저장한 부분을 두고 인덱스는 이 부분을 가리키므로서 해결할 수가 있습니다.

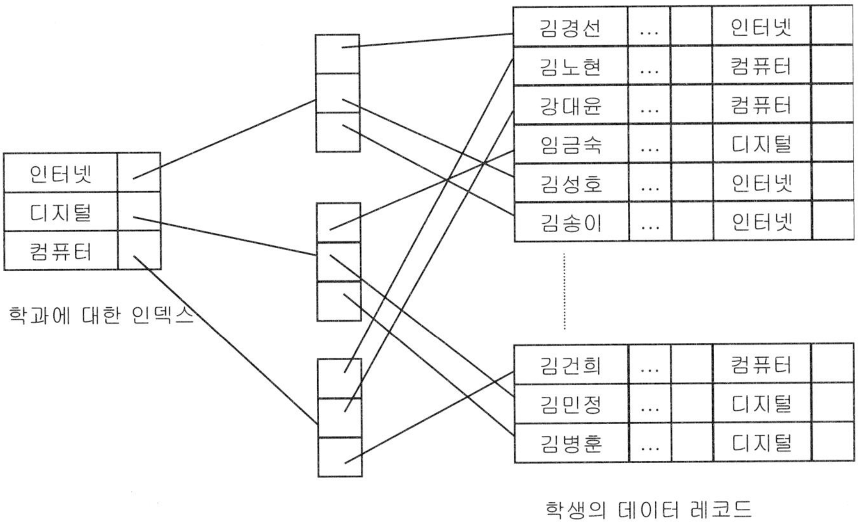

그림2-6 둘이상의 레코드를 가진 인덱스

2 7 2 레벨 이상의 인덱스 구조

레코드의 수가 증가함에 따라서 이에 대한 인덱스의 수도 증가할 것입니다. 레코드의 수가 아주 큰 경우 인덱스 구조 또한 커지므로 이것들을 전부 읽어서 레코드를 찾는 것도 많은 시간이 필요하게 됩니다. 따라서 인덱스를 읽는 데에도 처음에 데이터 파일에서 레코드를 찾을 때의 문제처럼 많은 디스크 작업이 필요하게 됩니다. 이러한 경우에는 인덱스구조에 대해서 인덱스를 만들어서 전체 인덱스를 찾지 않고도 원하는 항을 찾을 수 있도록 합니다. 인덱스에 있는 값은 순서대로 나열되어 있으므로 이것을 적당하게 묶고 이렇게 묶여진 각 부분의 첫번째 인덱스의 값을 모아서 새로운 인덱스를 만든다면 2 레벨의 인덱스가 만들어 집니다. 이 2 레벨의 인덱스를 이용할 경우, 우선 첫번째 레벨에서 필요한 인덱스가 있는 위치를 찾고 그 다음에 다시 인덱스 한 묶음에서 필요한 레코드를 찾아낼 수 있습니다.

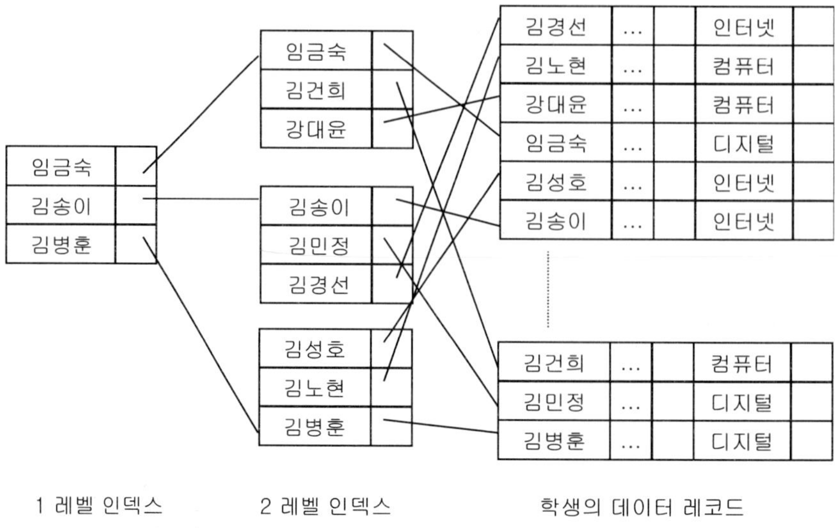

❙그림2-7❙ 학생 이름에 대한 2레벨 인덱스

이렇게 인덱스에 대해 인덱스를 만듬으로써 인덱스의 양이 커지는 문제를 해결할 수가 있습니다. 좀더 일반적으로 확장시켜 2레벨의 인덱스 뿐만아니라 여러 레벨의 인덱스를 만들어 인덱스를 트리처럼 구성하고 이 인덱스를 따라감으로써 전체 인덱스를 읽어야하는 부담을 덜 수가 있습니다.

Chapter 3 데이터베이스 개념

3-1 데이터베이스 정의

데이터베이스는 한 조직체의 여러 응용 시스템들이 공동으로 사용하기 위해 데이터의 중복을 최소화하여 통합(Integrated)하고 저장(Stored)함으로서 다수의 사용자가 필요한 데이터를 공유(Shared)하여 사용할 수 있도록 하는 데이터의 집합체입니다. 데이터베이스는 사람들이 관심을 가지고 있는 데이터를 모아둔 것입니다. 일상생활에서 자주 접할 수 있는 데이터베이스의 예로는 은행의 고객 자료의 데이터베이스나 학교에서 학생 자료 데이터베이스, 도서관에서 도서 데이터베이스 등을 들 수가 있을 것입니다. 이러한 예에서 보는 것처럼 하나의 데이터베이스에는 서로 관련된 데이터들이 컴퓨터가 처리할 수 있는 형태로 저장되어 있습니다. 하지만 이렇게 저장된 데이터는 사용자의 물음에 대해 대답할 수 있어야만 의미를 가질 수 있습니다. 도서관 데이터베이스를 예로 든다면, 데이터베이스에는 현재 도서관에 있는 책들에 대한 데이터 즉 작가, 출판년도, 도서명 등등의 데이터들이 저장되어 있으며 사용자는 자신이 찾고자 하는 책에 관한 정보를 데이터베이스로부터 추출해 낼 수 있습니다. 다시 말하면 데이터베이스는 데이터를 보관하고 사용자에 물음에 대답하는 시스템이라고 할 수 있습니다. 데이터베이스에 저장된 데이터는 끊임없이 변화합니다. 다시 도서관의 예를 본다면 새로운 책이 들어올 때마다 새로운 도서에 대한 데이터가 저장되어야 하고 책이 대출되었을 때나 반납되었을 때 대출과 반납에 대한 정보가 저장되어야 합니다. 데이터베이스는 이러한 외부의 변화에 맞추어 적절히 저장된 데이터를 변경시킬 수 있어야 합니다. 즉 데이터베이스는 새로운 데이터를 저장하거나 기존의 데이터를 삭제, 변경시키는 작업을 저장된 데이터가 일관성을 유지할 수 있도록 수행해야 합니다.

3 2 데이터 베이스 관리 시스템 (DB Management System)

데이터베이스를 생성하고, 관리하며, 데이터로부터 사용자의 물음에 대한 대답을 추출하는 프로그램의 집합을 데이터베이스 관리시스템 (DB Management System)이라 합니다. 데이터베이스 관리시스템의 첫번째 목표는 바로 데이터를 저장하고 이 데이터로부터 유용한 정보를 얻어내기 위한 효율적이면서도 편리한 방법을 사용자에게 주는데 있습니다. 이러한 기능을 수행하기 위해 DBMS는 데이터 정의, 데이터 처리, 데이터 출력을 용이하게 하는 기능이나 질의어를 제공하고 있습니다. 현재 개발되어 사용중인 상용 DBMS에는 계층형, 네트워크형, 관계형, 객체지향형 등 여러 종류가 있습니다. 데이터베이스 관리 시스템이 데이터를 관리하기 위해서는 저장할 데이터의 구조를 정의해야 하며, 이렇게 정의된 구조에 따라 효율적으로 데이터를 저장해야 합니다. 또한 이렇게 저장된 데이터로부터 좀더 빠르게 정보를 추출할 수 있기 위한 방법들을 제공해야 합니다. 데이터베이스 관리시스템이 여러 사용자들에 의해 효과적으로 사용되기 위해서 필수적으로 제공되는 기능으로는 어떤 데이터들이 포함되어야 하는 것인지를 결정하는 데이터 정의 기능(definition facility), 저장된 데이터베이스를 사용자의 요구에 따라 검색, 삽입, 삭제, 변경과 같은 처리를 하도록 하는 조작 기능(manipulation facility) 및 저장된 데이터를 사용자들이 공유할 수 있도록 하는 보안과 사용 권한 부여와 같은 제어 기능(control facility) 등이 포함됩니다. 실제로 데이터를 관리하는 데 있어서는 여러 문제점이 발생하게 됩니다. 예를 들어 학사 관리 데이터베이스에서 학생의 출생년도가 1800인 데이터가 있다거나 또는 학생의 소속학과가 실제로 존재하지 않는 학과로 되어있는 경우, 또한 학번이 같은 사람이 둘 이상 있는 것과 같이 잘못된 데이터가 데이터베이스에 저장될 경우 이로부터 얻은 정보는 아무런 의미가 없게 됩니다. 위와 같은 잘못된 데이터가 데이터베이스에 저장되는 것을 막는 것 또한 데이터베이스가 해야 할 일들 중 하나입니다. 보통의 경우에 데이터베이스는 동시에 여러 사람들이 사용하게 됩니다. 이렇게 하나에 데이터베이스가 동시에 여러 장소에서 사용될 경우, 한명의 사용자가 사용할 때와는 다른 문제점을 발생시킬 수도 있습니다. 데이터베이스를 효율적으로 사용하기 위해서는 이처럼 동시에 데이터베이스에 접근하는 것을 가능하도록 해야하며, 이때에 발생할 수 있는 문제를 데이터베이스 관리 시스템이 해결해야 합니다. 아래는 데이터베이스 시스템의 개략적인 구조 입니다.

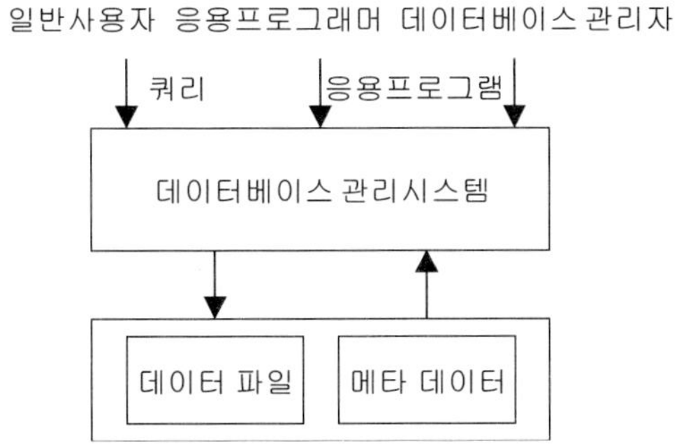

❙그림3-1❙ 데이터베이스 시스템의 구조

3 3 데이터 사전

데이터 사전(data dictionary)은 데이터베이스를 관리하기 위한 도구 중의 하나로 데이터의 형식과 관계, 그리고 데이터베이스의 구조 등에 관한 메타 데이터(meta data)를 유지합니다. 여기서, 메타 데이터란 데이터에 관한 정보를 유지하기 위해 정보를 다시 데이터화 한 것을 의미합니다. 예를 들어, 데이터 사전에는 데이터 레코드의 이름, 자료형태, 그리고 그들 간의 관계가 저장되어 있을 뿐만 아니라, 최종사용자의 데이터 접근 정보 및 응용 프로그램의 사용 정보 등이 저장됩니다. 이 때 데이터 정의어(data definition language: DDL)를 사용합니다. 데이터 사전은 데이터베이스 관리자의 요청에 의해 데이터나 데이터베이스의 상태에 관한 정보를 출력하기도 하며, 응용 프로그램이나 최종사용자가 데이터베이스를 사용할 때마다 데이터 사전에 정의된 내용과 어긋나는 행동이 발생하면, 즉 정의된 데이터 형식과 다른 데이터를 입력하거나 허가 받지 않은 사용자가 데이터베이스를 사용하려 하면 입력이 안되게 하거나 사용을 제한합니다.

3 4 응용 프로그램

응용 프로그램은 데이터베이스로부터 원하는 데이터를 가져와 처리하기 위한 프로그램으로, COBOL이나 C 또는 Visual Basic과 같은 프로그래밍 언어를 사용하여 만들 수 있습니다. 그러나 이러한 프로그램이 데이터베이스에 직접 접근하여 데이터를 가져오는 것은 아니며, 중간에 데이터베이스 관리시스템이 존재하여 이들의 인터페이스 역할을 합니다. 응용 프로그램은 데이터베이스 관리시스템이 제공하는 데이터 처리 언어를 이용하여 작성할 수도 있으나, 효율적인 처리가 어려운 경우가 많으므로 전통적인 프로그래밍 언어를 함께 사용하는 것이 일반적입니다.

3 5 데이터베이스 관리 언어 (DB Management Language)

대부분의 사용자가 데이터베이스를 사용할 경우에는 사용하기 편리한 프로그램을 통해서 데이터베이스 관리 시스템에 명령을 전달하게 됩니다. 도서관에서 흔히 볼 수 있는 도서 검색 프로그램이나, 수강 신청 프로그램과 같은 프로그램들이 이러한 역할을 하게 됩니다. 데이터베이스 관리자의 경우에는 직접 데이터베이스에 명령을 전달할 수도 있는데 이때 쓰이는 언어가 데이터베이스 관리 언어입니다. 데이터베이스 관리 언어는 데이터베이스에 저장될 데이터의 구조를 정의하고, 이 구조에 따라 데이터를 저장하고 삭제하는 명령을 포함하고 있습니다. 또한 사용자 혹은 데이터베이스 관리자가 궁금해 하는 복잡한 질문을 여러 가지 형태로 나타낼 수 있게 합니다. 즉 데이터베이스 관리 언어는 처음에 데이터베이스에 저장될 데이터의 구조를 정하여 데이터베이스를 생성시키는 역할과, 데이터를 추가, 삭제하는 역할, 그리고 사용자의 질문을 나타내는 역할을 수행하고 있습니다. 데이터베이스 구축 단계에서 데이터 정의어와 데이터 조작어가 사용됩니다. 데이터 정의어(data description language: DDL)는 설계된 데이터베이스 구조를 정의하기 위하여 사용됩니다. 데이터베이스가 정의되고 데이터를 입력하고 나면 최종 사용자들은 데이터를 조종하는 언어가 필요합니다. 즉, 데이터의 삽입, 삭제 및 갱신과 같은 조종을 하도록 하는 언어가 바로 데이터 조작어(data manipulation language: DML)입니다. 이는 데이터베이스에 저장된 데이터를 검색하고 갱신하는 데 사용됩니다. 대표적인 언어가 구조적 질의어(structured query language: SQL)입니다. SQL은 현재 데이터베이스 표준 언어로 사용되고 있으며, 데이터 정의어이면서 데이터 조작어 입니다.

3 6 데이터베이스 사용자

데이터베이스 시스템에서의 사용자에는 데이터를 최종적으로 사용하는 최종사용자(end user), 데이터의 정의 및 표준화 등을 책임지는 데이터 관리자(data administrator: DA), 그리고 데이터베이스의 설계, 운영 등 기술적인 관리 기능을 수행하는 데이터베이스 관리자(Database administrator: DBA)가 있습니다.

(1) 최종 사용자

최종사용자는 데이터베이스의 데이터를 삽입, 삭제, 그리고 갱신하는 일을 하고, 그 데이터베이스로부터 특정한 정보를 요구하여 그 결과를 사용합니다. 그러므로 최종사용자들은 데이터베이스의 존재와 데이터베이스에 허가된 운용 방법 등에 대한 어느 정도의 지식을 가지고 있어야 합니다.

(2) 데이터 관리자

데이터 관리자는 데이터를 정의하고, 표준화하며, 이를 통합한 조직 전체의 데이터 모델을 개발하는 등의 좀 더 관리적인 역할을 수행합니다. 예를 들어, 조직의 정보 자원 전반에 관한 정책 및 계획을 수립하는 것입니다.

(3) 데이터베이스 관리자

데이터베이스 관리자는 물리적인 데이터베이스의 설계, 데이터베이스의 성능 평가, 그리고 데이터베이스의 유지 보수와 관련된 기술적인 역할을 수행하는 것으로 구분됩니다. 구체적으로 데이터베이스 관리자들은 데이터베이스를 직접 관리 및 통제하는 사람으로 데이터베이스 무결성을 유지하는 장치를 마련하고, 데이터베이스가 사람 및 자연에 의한 재해 또는 하드웨어의 고장으로 인한 데이터의 손실이 발생할 때 원래 상태로 회복할 수 있도록 하는 절차를 마련하기도 합니다. 데이터 관리자와 데이터베이스 관리자가 최종사용자의 데이터 요구를 충분히 반영하여 데이터 베이스를 구현하고, 이를 잘 관리할 때 성공적인 데이터베이스 시스템이 구축될 수 있습니다.

Chapter 4

데이터 모델링과 개체-관계 모델 (Entity-Relationship Model)

데이터베이스를 설계하는 과정에서 가장 먼저 해야 할일은 사용자가 관심이 있는 데이터는 무엇이며 그 데이터로 부터 얻고자하는 정보는 무엇인지에 관해 조사하는 것입니다. 이러한 과정을 사용자의 요구분석이라고 하는데 이 단계에서는 사용자가 요구하는 실세계의 데이터를 분명하고 이해하기 쉽게 나타내어 다음 단계에서 사용자의 요구에 맞는 데이터베이스를 만들수 있도록 해야합니다. 이렇게 현실세계의 수 많은 데이터 중에서 관심의 대상이 되는 데이터만을 추려내어 추상적 형태로 나타내는 것을 데이터 모델링이라고 합니다. 언어가 가지고 있는 모호성 때문에 보통의 언어보다 좀더 형식화 되고 다이어그램 등을 사용하여 표현하게 되는데 이 장에서는 개체-관계 모델을 이용한 데이터 모델링에 대해서 알아보겠습니다.

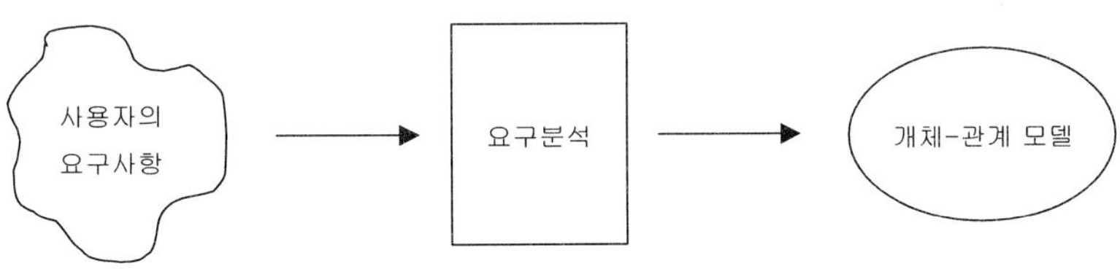

▎그림4-1▕ 사용자의 요구로부터 개체-관계 모델의 설계

4 1 데이터의 분석과 개체-관계 모델

데이터베이스를 설계하는 과정에서 가장 먼저 해야할 일은 데이터베이스에 어떤 데

이터를 저장할 것인지를 결정하는 일입니다. 그런데 데이터베이스에 저장된 데이터들은 서로 별개의 것이 아니라 관련되어 있으며 이런 데이터와 그들간의 관계를 명확한 형태로 표현하는 것이 데이터를 좀더 효율적이면서도 실제 세계를 잘 반영한 채로 저장할 수 있게 할 것입니다. 학사 관리 시스템을 예로 든다면, 학생, 교수, 강좌 등에 대해서 우리가 필요한 정보를 정리하면 다음과 같을 것입니다.

학생 : 이름, 학번, 학과, 출생년도, 지도교수, 수강과목, 학점
교수 : 이름, 학과, 출생년도, 담당학생, 강의과목
학과 : 이름, 소속학생, 소속교수, 개설강좌
강좌 : 이름, 담당교수, 수강학생

이렇게 보통의 언어로 표현된 것은 한눈에 알아보기가 쉽지 않을 뿐만 아니라 서로 복잡한 관계를 가지고 있어서 이해하기가 더욱 쉽지가 않은 것을 알 수 있습니다. 학생의 데이터를 볼때, 그 학생의 지도교수가 누구인지에 대해서 알 필요가 있으며, 교수의 데이터를 볼 경우 그 교수가 지도하는 학생들의 정보가 필요하다는 것을 알 수 있습니다. 마찬가지로 교수는 강좌를 강의하고 학생은 강좌를 수강하며 강좌에는 담당교수와 수강학생이 있습니다. 위의 예에서 나타난 것처럼 데이터 베이스에 저장하고자 하는 데이터를 형식화 되지 않은 형태로 나타냈을 경우 의미가 모호할 뿐만 아니라 서로 중복되는 관계들 때문에 실제로 표현하고자 하는 데이터를 명확하게 나타내기가 어렵습니다. 이런 어려움을 해결하기 위해 좀더 형식화된 방법들이 고안되었는데 그중의 가장 많이 쓰이는 것이 개체-관계(Entity-Relationship) 모델입니다.

4 2 개체-관계 모델에서의 개체

(1) 개체의 정의

개체(Entity) 는 독립적으로 존재하는 기본적인 대상으로 학생, 교수 등과 같이 물리적으로 존재하는 대상일 수도 있으며 강좌, 학과등과 같이 개념적으로 존재할 수도 있습니다. 물리적이든지 개념적이든지 간에 하나의 개체는 자신의 특성을 가지고 있게 되는데 이러한 특성을 개체의 속성(attribute)라고 합니다. 예를 들어 학생이라는 개

체는 이름, 학번, 학과, 출생년도 등의 속성을 가지고 있으며 강좌의 경우도 강좌이름, 시간, 장소 등의 속성을 가지고 있습니다. 바로 이 개체의 속성의 값이 데이터베이스에 저장되는 중요한 부분을 이루게 됩니다. 개체-관계 다이어그램에서 개체를 직사각형으로 표시하고, 그 개체의 속성을 타원으로 표시하여 개체에 선으로 연결합니다.

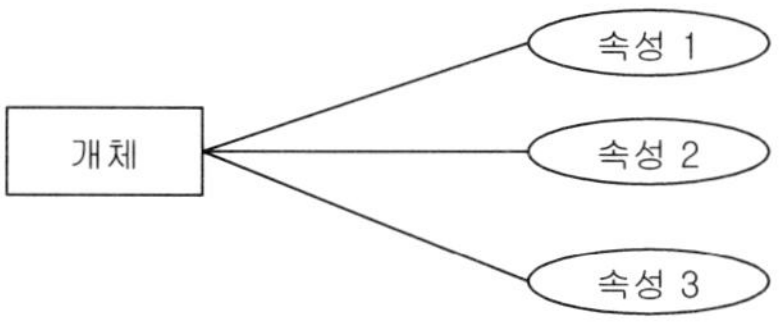

❙그림4-2❙ 개체-관계 모델에서의 개체와 속성

앞의 학교의 예에서 개체가 될 수 있는 것은 학생, 교수, 강좌, 학과이며 이들은 다이어그램으로 표시하면 다음과 같습니다.

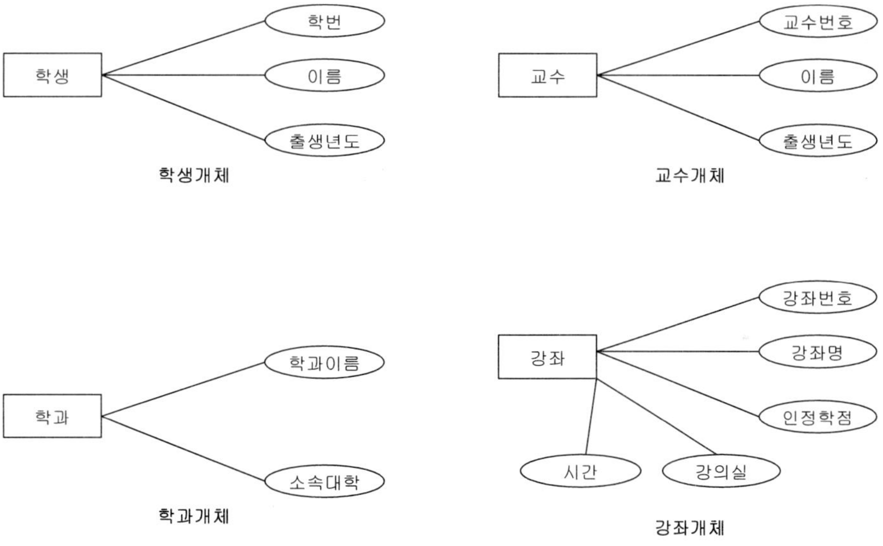

❙그림4-3❙ 개체-관계 도표

(2) 개체의 키

개체의 속성들 중 하나 또는 그 이상의 속성들은 그 개체를 다른 개체와 구별할 수 있게 되는 것들이 있는데 이것을 개체의 키(key)라고 합니다. 학생의 경우 학번은 모든 학생들 사이에 다른 값을 가지므로 키라고 할 수 있습니다. 그런데 이름의 경우는 같은 이름이 있을 수 있기 때문에 키가 될 수 없을 것입니다. 하지만 만약 한 과에 같은 이름들을 가진 학생이 없다고 한다면 이름과 학과를 합쳐서 키로 사용할 수 있을 것입니다. 이렇게 하나의 개체들의 속성들 중에는 여러 개의 키가 존재하고 이중의 하나를 주된 키로써 사용하여 그 개체를 구별할 수 있습니다.

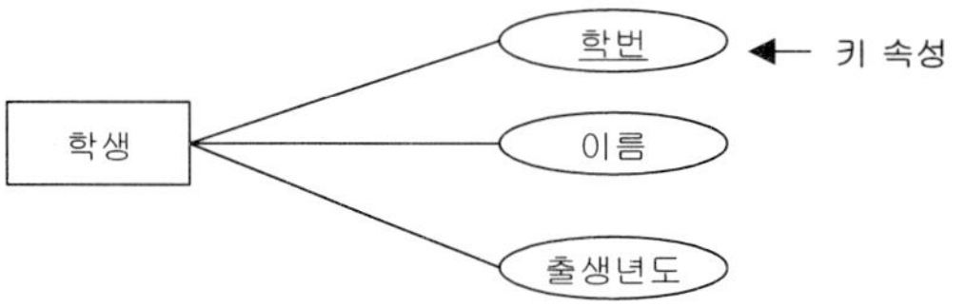

▌그림4-4▐ 학생 개체의 키속성

4 3 개체-관계 모델에서의 관계

(1) 관계의 정의

앞에의 정의한 개체를 살펴보면 서로 연관되는 개체들이 있음을 쉽게 알 수 있습니다. 즉 학생의 개체와 교수의 개체는 교수가 학생의 지도교수가 된다는 관계를 가지고 있는 것을 알 수 있습니다. 이와 같이 우리가 데이터베이스를 구축하려고 하는 데이터들은 서로 관련되어 있으며 이러한 대상들은 개체라고 했을 때 이들 개체들같에 관계를 정의할 수가 있습니다. 앞에서든 학교의 예를 자세히 살펴보면 학생은 강좌에 대해 수강한다라는 관계를 가지고 있으며 교수는 강좌에 대해 강의한다는 관계를 가지고 있습니다. 이러한 개체들간의 관계를 나열하면 다음과 같습니다.

교수는 학생의 지도교수가 된다
학생은 강좌를 수강한다.

학생은 학과에 속한다.
교수는 학과에 속한다.

이러한 개체들간의 관계를 E-R Diagram으로 나타낼때는 마름모를 사용하여 관계되는 개체들을 이으면 됩니다.

❙그림4-5❙ 개체-관계 모델에서의 관계의 정의

학생과 교수의 관계는 다음과 같이 표현됩니다.

❙그림4-6❙ 학생개체와 교수개체의 지도 관계

(2) 여러가지 형태의 관계

개체들간의 관계들은 좀더 자세히 살펴보면 약간의 차이가 있음을 알 수가 있습니다. 첫번째로 학생과 교수의 관계를 본다면, 한명의 교수는 여러명의 학생과 지도교수라는 관계를 가질 것입니다. 즉 1:N의 관계를 가지는 것으로 이것을 표현하면 다음과 같습니다.

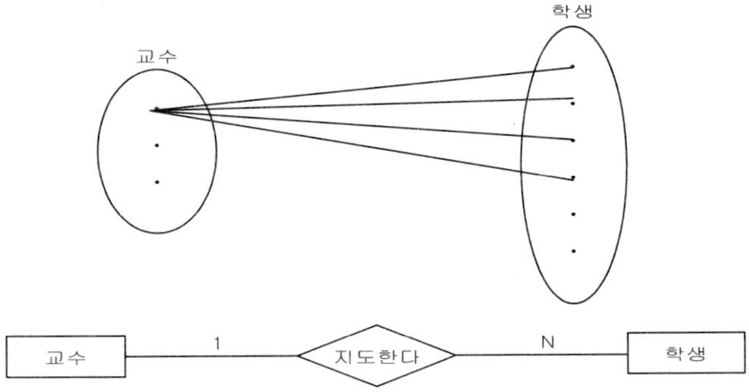

❙그림4-7❙ 교수와 학생의 1:N 관계

그런데 학생과 강좌의 예를 보면 약간 틀려짐을 알 수가 있습니다. 한명의 학생은 여러 강좌를 듣고 있으며, 또한 강좌는 여러명의 수강생을 가지고 있습니다. 이 경우에 학생과 강좌는 M:N의 관계를 가진 것으로 다음과 같이 나타낼 수가 있습니다.

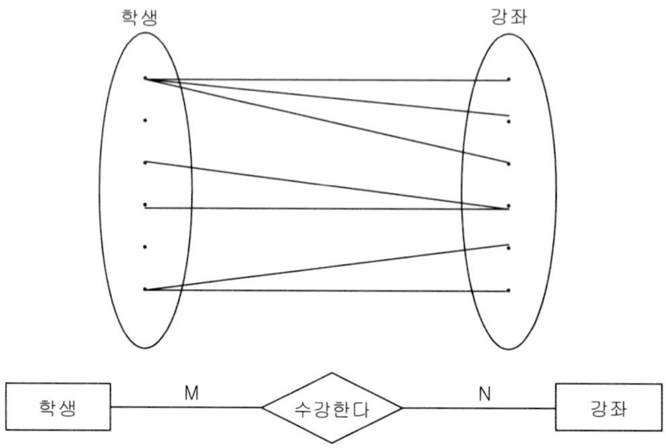

❙그림4-8❙ 교수와 강좌의 M:N 관계

보통의 경우와는 다르지만 만약 한 교수가 하나의 강좌만을 강의할 수 있다고 한다면 한 교수는 한 강조와 한 강의라는 관계를 가지게 될 것입니다. 이러한 1:1대응을 다이어그램으로 나타내면 다음과 같습니다.

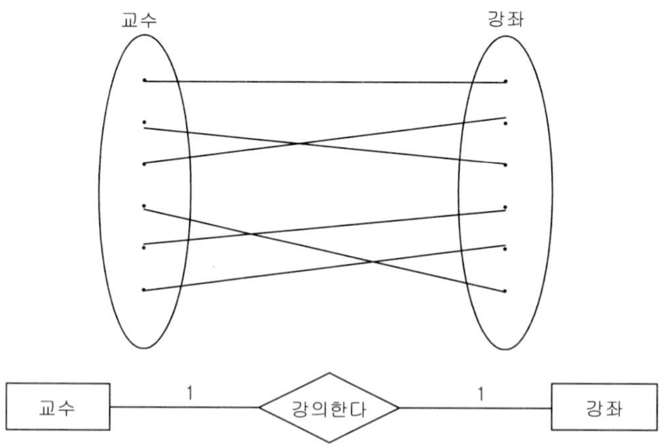

❙그림4-9❙ 교수와 강좌의 1:1 관계

(3) 관계의 속성

개체의 경우와 마찬가지로 개체들간의 관계에 대해서도 특성을 부여할 수가 있는데 이것이 이러한 관계들에 대한 속성입니다. 앞의 예에서 학생의 강좌와 수강이라는 관계를 가지고 있다고 할 때, 수강은 그 학생의 학점을 속성으로 가질 것입니다. 이 학점이라는 속성은 학생이 어떤 강좌를 수강하는 데서만 정의할 수 있으므로 수강 관계의 속성이 될 수가 있습니다. 개체간의 관계에 대한 속성도 개체의 속성과 마찬가지로 타원을 써서 표현 하게 됩니다.

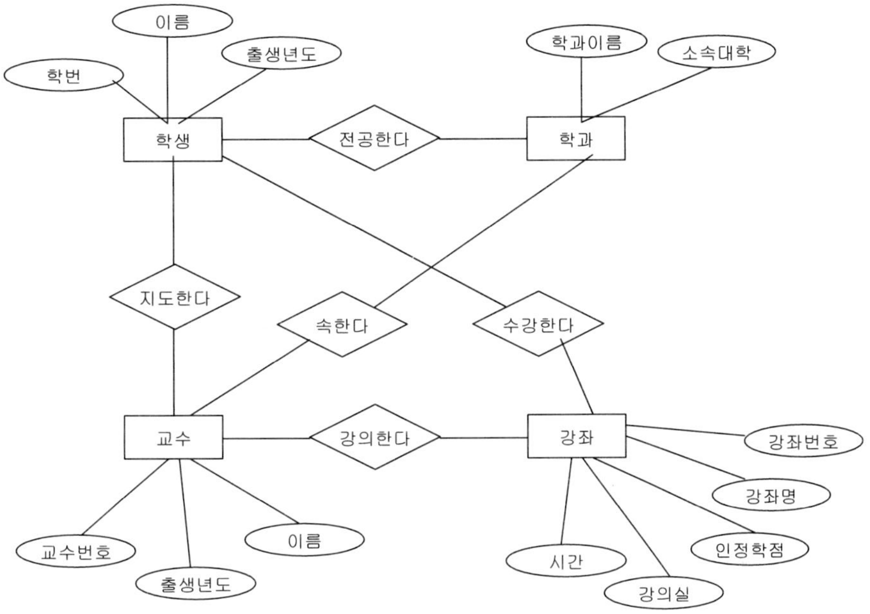

❙그림4-10❙ 학생 개체-관계 도표

Chapter 5

관계형 데이터베이스 (Relational DataBase)

관계형 데이터베이스는 모든 데이터들을 테이블과 같은 형태로 나타내어 저장하는 데이터베이스입니다. 일상생활에서 데이터를 정리하여 표현할 때 흔히 표와 같은 방법을 사용하게 되는데, 관계형 데이터베이스는 이 '표'의 개념을 사용해서 데이터를 구성하는 방법을 사용하고 있습니다. 예를 들어 고객들의 주소와 전화번호를 정리할 때 표, 즉 테이블을 사용한다면, 첫번째 열은 이름, 두번째 열은 주소, 세번째 열은 전화번호를 써서 나타낼 수 있습니다. 개체-관계 모델에서 정의한 데이터들을 실제로 관계형 데이터베이스를 사용하여 저장하기위해서는 개체-관계 모델을 테이블로 변환시키는 과정이 필요합니다. 즉 개체-관계 모델은 실제 데이터베이스와는 상관없이 저장하고자 하는 데이터를 정의한 것이며, 테이블은 데이터를 관계형 데이터베이스에서 실제로 표현하는 방법입니다. 관계형 데이터베이스에서는 단순히 데이터를 테이블의 형태로 나타낼 뿐만 아니라 저장된 데이터로부터 원하는 정보를 추출할 수 있는 방법을 정의하고 있습니다. 이 단원에서는 관계형 데이터베이스에서 테이블의 정의와 개체-관계 모델을 테이블로 변환시키는 방법, 그리고 데이터를 추출하기위한 방법을 다루고 있습니다.

5 1 관계형 데이터베이스란 무엇인가?

(1) 테이블의 정의

4장에서 예로 들었던 학사관리에 대한 데이터에서 학생에 관한 데이터를 살펴봅시다. 학생에 관해서 학번, 이름, 학과, 출생년도, 지도교수의 데이터가 있다고 할 때, 수

백명의 학생들의 데이터를 정리하려면 보통 각 열이 학번, 이름, 학과 등의 값을 가진 표로써 정리할 것입니다.

학 번	이 름	출생년도	학 과	지도교수
…	…	…	…	…
…	…	…	…	…
20218013	김은석	1984	디지털	안동찬
20218014	김정수	1983	인터넷	안동찬
20218015	김현미	1984	인터넷	홍길동
20218016	남기욱	1984	디지털	안동찬
20218017	박세용	1984	디지털	안동찬
…	…	…	…	…
…	…	…	…	…

행

열(속성)

▌그림5-1▐ 학생테이블

즉 이 표에서 각행은 하나의 학생에 대한 데이터들의 묶음이 되고, 각열은 학생의 여러 속성들의 값을 나타내게 됩니다. 위의 예에서 볼 수 있듯이 여러가지의 속성을 가진 대상들의 데이터를 나열할 때 테이블의 형태로 생각하게 됩니다. 이렇게 나타내고자하는 대상의 속성들을 묶어 하나의 행을 만들고 이들 행들의 집합으로 데이터를 나타내는 것이 관계형 데이터베이스입니다.

(2) 데이터의 속성

관계형 데이터베이스에서 각각의 열은 대상의 속성을 나타낸다고 하였는데, 이들의 실제 값은 그 속성에 따라 다른 형태를 가지고 있습니다. 즉 학번 항목에 올 수 있는 값은 가능한 모든 학번들 중의 하나이며 이름 항목에 올 수 있는 값은 학생들의 이름 중 하나입니다. 이렇듯 테이블의 각 열에는 올 수 있는 값의 범위와 종류가 정해져 있으며 테이블의 한 행은 각 항목의 가능한 값의 조합들 중 하나가 됩니다. 이렇게 행의 각 항목이 가능한 값들로 이루어져 있는 행들의 집합을 관계(relation)이라고 하는데, 우리는 좀더 직관적으로 쉬운 테이블이라는 용어를 사용하겠습니다.

(3) 데이터베이스 스키마

다시 학사관리 데이터베이스의 예로 돌아가서 보면 학생, 교수, 강좌 등의 여러개의 테이블이 나올 수 있으며 데이터베이스를 설계하는 과정에서 이러한 테이블들을 정의를 해야합니다. 하나의 테이블을 정의하기위해서는 테이블의 열을 이루는 각 항목을 정의해야 하는데, 이렇게 각 항목을 정의하여 만든 테이블의 틀을 스키마라고 합니다. 즉 학생의 예를 보면 학생은 이름, 학번, 학과, 출생년도로 이루어져 있으므로 다음과 같이 틀이 만들 수 있습니다.

학생 = (이름, 학번, 학과, 출생년도)

이와 같이 전체 데이터베이스에서 필요한 각각의 테이블을 정의하면 하나의 데이터베이스에 대한 틀이 만들어 지는데 이것을 데이터베이스 스키마라고 한다.

(4) 테이블의 키 속성

한 테이블의 열들을 나타내는 속성들 중 행과 행을 구별할 수 있게하는 속성들이 있는데 이것이 그 테이블의 키가 됩니다. 즉 개체-관계 모델에서 보았던 것과 마찬가지로 학생 테이블에서 학번 속성은 키가 될 수 있습니다. 한 테이블에서 키는 여러개가 있을 수 있는데 이중 사용하기에 편리한 것을 주된 키로 사용합니다.

키속성

학 번	이 름	출생년도	학 과	지도교수
...	...	...	...	...
...	...	...	...	...
20218013	김은석	1984	디지털	안동찬
20218014	김정수	1983	인터넷	안동찬
20218015	김현미	1984	인터넷	홍길동
20218016	남기욱	1984	디지털	안동찬
20218017	박세용	1984	디지털	안동찬
...	...	...	...	...
...	...	...	...	...

그림5-2 테이블에서의 키속성

이와 같이 우리가 일상생활에서 데이터를 생각할 때 쓰는 방식과 같이 테이블과 같은 형태로 데이터를 정의하는 것이 관계형 데이터베이스입니다. 다른 여러 장점을 제외하고도 이러한 개념적인 단순함과 명료함이 관계형 데이터베이스의 성공의 이유 중 하나가 됩니다.

5 2 개체-관계 모델에서 테이블로의 변환

(1) 개체-관계 모델과 테이블

개체-관계 모델은 데이터베이스를 설계하는 과정에서 저장하고자 하는 데이터들을 명확한 형태로 표현하여 데이터베이스의 사용자나 설계자들이 필요한 데이터가 무엇인가를 정의한 것입니다. 이러한 개체-관계 모델의 결과를 관계형 데이터베이스로 구현하기위해서는 개체-관계 모델에서 정의된 데이터에 대한 요구를 관계형 데이터베이스에서 정의되는 형태, 즉 테이블로 나타내어야 합니다. 개체-관계 모델에서 관계형 데이터베이스에서의 테이블을 정의하는 과정은 우선 각각의 개체를 하나의 테이블들로 구성하고, 그것들 사이의 관계를 별도의 테이블로 만들거나 또는 개체 테이블에 항목을 추가하여 만드는 두가지 단계를 거쳐야하는데, 각 단계에서의 방법은 다음과 같습니다.

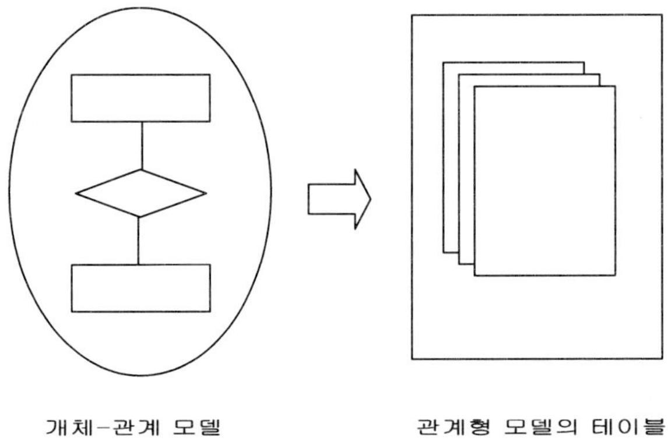

❙그림5-3❙ 개체-관계모델의 테이블 변환

(2) 개체의 테이블로의 변환

개체-관계 모델에서 하나의 개체는 몇개의 속성을 가지고 이들 속성들의 값에 의해 특징지울 수 있습니다. 이들 개체의 속성들이 테이블들의 각 항목을 이루게 되며 하나의 개체가 테이블의 한 행을 해당됩니다. 예를 들어 강좌의 개체는 강좌 번호, 강좌 이름, 학점, 시간, 강의실의 속성을 가지고 있는데 이것을 테이블로 옮겼을 때, 강좌의 테이블은 다음과 같은 스키마를 가지게 됩니다.

강좌 = (강좌 번호, 강좌 이름, 학점, 시간, 강의실)

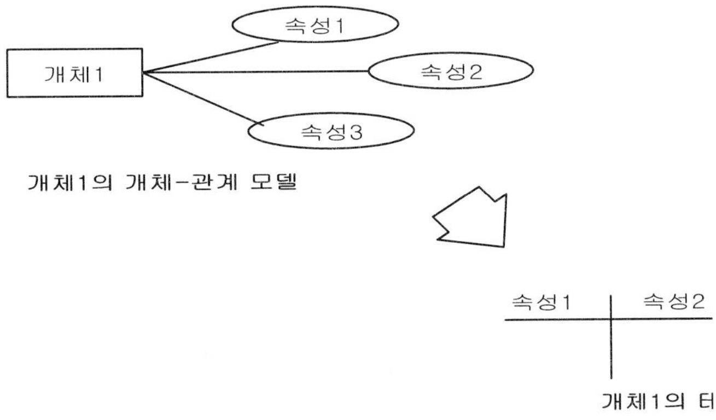

❙그림5-4❙ 개체의 테이블 변환(1)

개체의 키는 테이블로 변환시켰을때에도 테이블의 키가 되는데 위의 예에서는 강좌 번호가 강좌 개체의 키가 될 수 있으며, 이것이 강좌 테이블에서도 같이 키로써 쓰일 수 있습니다.

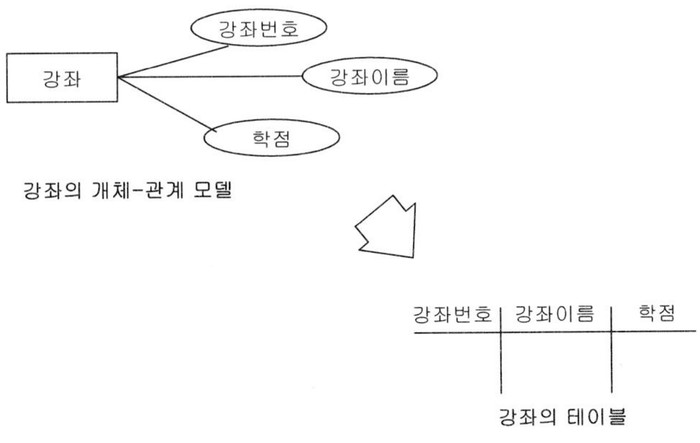

❙그림5-5❙ 개체의 테이블 변환(2)

앞에서 든 학사관리 시스템의 예에서 각 개체에 대해 이들을 테이블로 변환시킨 결과는 다음과 같습니다.

(3) 관계의 테이블로의 변환

개체-관계 모델에서 개체들 사이의 관계는 두 개체들이 가지고 있는 관련성을 나타내며 자체에도 관계의 속성을 가지고 있습니다. 즉 수강 관계는 학생과 강좌가 가지고 있는 관계를 나타내며 학점이라는 속성을 가지고 있습니다. 수강관계에서 관련된 두 개체는 학생과 강좌로써 이러한 수강관계를 테이블로 나타낸다면 이 수강이라는 관계에 관련된 학생과 강좌를 나타내는 항목이 필요합니다. 즉 개체-관계 모델에서의 관계를 하나의 테이블로 표현하기 위해서는 테이블에는 관련된 개체들이 무엇인지를 나타내는 항이 필요하게 됩니다. 이렇게 관계의 테이블에서 한 관계에 관련된 개체를 표시하게 위해서는 각 개체를 구별할 수 있는 값, 즉 개체의 키 속성을 사용해야 합니다. 앞의 예에서 수강 관계의 테이블을 만들기 위해서는 학생 개체의 키인 학번과 강좌 개체의 키인 강좌 번호를 사용하여 테이블을 만들 수 있습니다. 이러한 관계의 테이블을 보면 다음과 같이 나타낼 수 있습니다.

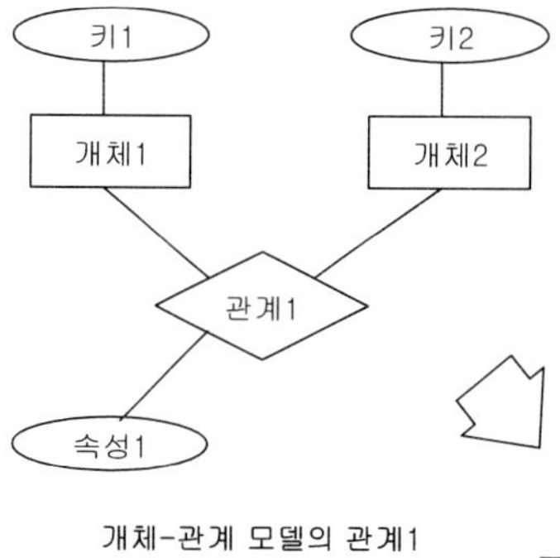

키1	키2	속성1

관계1의 테이블

▌그림5-6▐ 관계의 테이블 변환(Ⅰ)

하나의 관계에는 관련된 개체들 뿐 아니라 관계 자체의 속성이 있으며 , 이러한 속성 또한 관계 테이블의 하나의 항목이 되어야 합니다. 즉 수강관계의 예를 보면 학점 속성은 수강 테이블의 한 항목으로 추가 되어야 합니다.

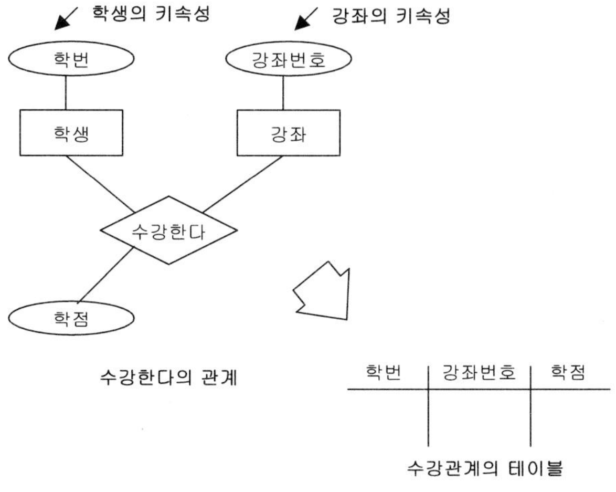

❙그림5-7❙ 관계의 테이블 변환(2)

즉 수강 관계를 테이블로 완전히 나타내면 다음과 같습니다.

수강 = (학번, 강좌번호, 학점)

위의 수강의 예를 다시 보면 수강관계는 M:N 관계임을 알 수 있습니다. 하나의 과목에 대해 여러 학생이 관계하며, 또 한 학생에 대해 여러 강좌가 관계됩니다. 이러한 경우 에 위에서 소개한 방법으로 나타낼 수 밖에 없습니다. 하지만 1:1의 관계나 1:N의 관계를 살펴봅시다. 예를 들어 학생과 교수사이의 지도 관계를 본다면 한 교수에 대해 여러 학생이 관련되지만 한 학생에 대해서는 한명의 교수 밖에 존재하지 않습니다. 이런 경우에도 (학번, 교수번호)의 테이블로 나타낼 수 밖에 없을까요? 앞의 수강의 예에서 만약 학생의 테이블에 그 학생의 강좌까지 추가하여 나타내어 봅시다. 아래의 그림과 같이 한 학생에 대해 강좌번호만 다르고 나머지는 같은 행이 반복되는 것을 볼 수 있습니다. 반대로 강좌의 테이블에 학생의 번호를 추가하여 수강관계를 나타내 보도록 합시다. 이 경우도 하나의 강좌에 많은 학생이 있기 때문에 강좌 테이블의 다른 속성 즉 강좌 이름, 시간, 강의실 등의 항이 반복됩니다. 이와 같은 같은 데이터를 중복해서 저장하는 것은 앞에서 다루었던 것처럼, 저장장소의 낭비뿐 아니라 데이터의 일관성이 깨지는 결과를 초래할 수가 있습니다. 이처럼 M:N관계는 하나의 별개의 테이블로 나타낼 수 밖에 없습니다.

학 번	이 름	출생년도	강좌번호	학 점
20218013	김은석	1984	18-111	A+
20218013	김은석	1984	18-112	B+
20218013	김은석	1984	18-113	A0
20218013	김은석	1984	18-114	C+
20218013	김은석	1984	18-115	A-
	....	....	....	....

중복된 데이타

❙그림5-8❙ 수강 관계를 학생테이블에 포함시킨경우

이번에는 학생, 교수의 지도 관계를 본다면, 한 학생에 대해서 하나의 교수밖에 관련되지 않습니다. 그렇기 때문에 지도 관계를 다른 테이블로 나타내지 않고 학생 테이블에 지도라는 항목을 추가하여 나타내더라도 아래 그림처럼 다른 데이터가 반복해서 나타나지 않습니다.

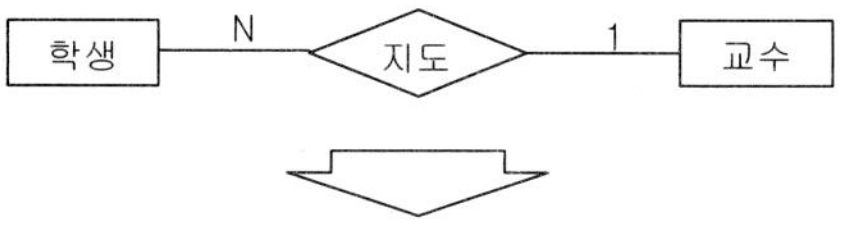

학 번	이 름	출생년도	교수번호
20218013	김은석	1984	200201
20218014	김정수	1983	200201
20218015	김현미	1984	200010
20218016	남기욱	1984	200010
20218017	박세용	1984	199901
...	...	...	...

❙그림5-9❙ 지도 관계의 테이블 표현

이처럼 1:N 관계를 테이블로 나타내는 경우에는 다른 개체에 대해 하나의 관계만을 가지는 개체쪽 (위의 예에서 학생쪽)의 테이블에 다른 개체의 키 속성을 다른 항목으로 추가하여 나타낼 수 있습니다. 1:1 관계의 경우는 어느 쪽이든 관계없이 서로에 대해 하나씩의 관계만을 가지므로 한쪽 개체의 키 속성을 다른 개체의 테이블에 추가하면 됩니다.

5 3 관계형 데이터베이스에서의 데이터 추출 방법

(1) 데이터의 추출

이전 단원에서 관계형 데이터베이스에서 데이터를 표현하는 방식 즉 테이블을 사용한 방식과 객체-관계 모델을 테이블로 변환하는 방법을 다루었습니다. 그렇다면 어떻게 이러한 테이블로 표현된 데이터로 부터 원하는 정보를 추출할 수 있을까요? 관계형 데이터베이스에서는 데이터를 표현하는 방식뿐만 아니라 데이터를 추출하는 방식 또한 정의하고 있습니다. 이렇게 데이터베이스를 테이블로 나타내고 이 테이블에 대해서 데이터를 추출하기 위한 연산들을 같이 정의함으로써 좀더 일관된 시각으로 데이터베이스를 설계할 수가 있습니다. 그러면 어떤 연산들이 필요하게 될까요? 가장 기본적인 연산을 다음과 같은 것들이 있으며, 이러한 기본연산들을 함께 연결하여 사용함으로써 복잡한 데이터를 추출할 수가 있습니다. 이러한 연산들에서 공통적인 것은 모든 연산의 결과는 새로운 테이블이 하나 생성된다는 것입니다. 예를 들어 출생년도가 1984년 이후인 학생의 이름과 학번을 구한다면 각 연산들을 사용하여 이름과 학번을 속성으로 가지는 학생의 테이블이 만들어질 것입니다.

(2) SELECTION : 조건을 만족하는 행을 고르기

학생의 테이블에서 학과가 인터넷과이고 출생년도가 1984년 이후인 학생을 찾는 예를 본다면, 학생의 테이블에서 속성들 중에서 학과가 인터넷과 이면서 출생년도가 1984년 이후인 학생의 행을 찾아서 조건을 만족하는 행들을 모아 새로운 테이블을 만들 수 있습니다.

학과 = 인터넷, 출생년도 >= 1984인 학생의 SELECT

학 번	이 름	출생년도	학 과	지도교수
20218013	김은석	1984	디지털	안동찬
20218014	김정수	1983	인터넷	안동찬
20218015	김현미	1984	인터넷	홍길동
20218016	남기욱	1984	디지털	안동찬
20218017	박세용	1984	디지털	안동찬

학 번	이 름	출생년도	학 과	지도교수
20218015	김현미	1984	인터넷	홍길동

이처럼 테이블의 행들 중에서 주어진 조건을 만족하는 행을 뽑아서 새로운 테이블을 만드는 연산이 SELECTION입니다. 이 SELECTION 연산의 결과는 원래 테이블의 모든 속성들을 그대로 가지고 있는 테이블이며 행의 수가 원래 테이블 이하가 됩니다.

(3) PROJECTION : 필요한 속성만 뽑아내기

위의 예에서 학생의 전체 속성이 필요하지 않고 이름, 학번만 필요하다고 합시다. 이때에는 필요한 속성들만을 가진 테이블이 필요하게 됩니다. PROJECTION 연산은 주어진 테이블에 대해 원하는 속성들만을 뽑아서 새로운 테이블을 만들어 내는 것입니다. 따라서 이 연산의 결과는 열의 수가 원래의 테이블이하인 테이블이 됩니다. 다시 앞의 SELECTION의 예에서 학과가 전산학과이고 출생년도가 1975년도 이후인 학생의 학번과 이름을 알고 싶다면, 먼저 SELECTION으로 조건을 만족하는 학생의 행의 찾아낸 다음 그 결과로 나온 테이블에 대해 PROJECTION연산으로 학생의 이름과 학번만을 열로 가지는 테이블을 만들 수 있습니다.

학번과 이름 속성을 PROJECT

학 번	이 름	출생년도	학 과	지도교수
20218016	남기욱	1984	디지털	안동찬
20218017	박세용	1984	디지털	안동찬

⇩

학 번	이 름
20218016	남기욱
20218017	박세용

(4) 집합 연산

집합의 연산으로는 합집합, 교집합, 차집합 등의 연산이 있습니다. 이러한 연산을 테이블에 대해서도 적용할 수 있는데, 합집합은 두개의 테이블의 행들을 합쳐 새로운 테이블을 만드는 것이고 교집합은 두개의 테이블에 공통으로 있는 행들을 뽑아 테이블을 만드는 것입니다. 이러한 집합 연산이 가능하기 위해서는 연산의 대상이 되는 두 집합이 같은 속성 즉, 같은 열을 가지고 있어야만 하고, 연산의 결과로 나타나는 테이블또한 같은 속성을 가지고 있습니다.

(5) JOIN : 두 테이블의 연결

학생이 듣고 있는 수강과목과 그 과목의 성적을 알고 싶을 경우 하나의 테이블만 검색했을 경우는 알 수가 없습니다. 이런 경우는 두개 또는 그이상의 테이블을 같이 사용해야 하는 데, JOIN은 이렇게 두 테이블사이의 연결을 시키는 연산입니다.

학생(학번, 이름, 출생년도, 학과, 지도교수)
수강(학번, 강좌번호, 성적)

위와 같이 테이블이 구성되어 있을 때, 한 학생에 대해 수강테이블에 있는 속성을 알고자 할 때는 학생 테이블의 한 행(즉, 한 학생)에 대해 이 행의 학번과 같은 수강테이블의 행들을 모두 찾아내야 합니다. 이러한 과정을 학생 테이블의 모든 학생에 대해서 수행하면 학생과 수강데이터는 서로 연관될 수가 있습니다. JOIN 을 좀더 자세히 살펴보면 두 테이블에서 공통된 속성 즉 위의 예에서 학번,이 같은 각 테이블의 행들을 합쳐 공통된 부분은 한번만 나타내어 테이블을 만드는 것입니다. 즉 위의 두 테이블을 JOIN하였을 때 다음과 같이 될 것입니다.

학 번	이 름
20218026	전미영
20218027	유승호

학 번	강좌번호	성 적
20218026	18-111	A+
20218026	18-112	B+
20218026	18-113	A0
20218027	18-111	A+
20218027	18-114	A+

학 번	이 름	강좌번호	성 적
20218026	전미영	18-111	A+
20218026	전미영	18-112	B+
20218026	전미영	18-113	A0
20218027	유승호	18-111	A+
20218027	유승호	18-114	A+

학번을 공통으로 가지고 있는 두 테이블의 JOIN

지금까지의 연산들은 가장 기본이 되며 이들 연사들은 테이블로 부터 다른 테이블을 만드는 것이므로 중복해서 사용함으로써 복잡한 연산작업을 수행할 수가 있습니다. 이러한 연산은 여러가지 방법으로 표현되는데, 최근의 대부분의 데이터베이스관리시스템에서 사용하고 있는 SQL을 사용하여 이러한 연산들을 정의하는 방법을 다음 장에서 다루게 됩니다.

Chapter 6

데이터베이스 관리 언어 : SQL

6 1 SQL 소개

실제로 데이터베이스를 구축하려면, 이전에 인간이 이해할 수 있도록 만들어 놓은 테이블 들을 컴퓨터가 알 수 있는 형태로 바꾸어 입력해 주어야 합니다. 뿐만 아니라 실제의 자료들도 컴퓨터에 입력되어야 하고, 자료의 입력후에도 자료를 변경하고, 테이블자체의 모양을 바꾸는 등 컴퓨터와의 계속적인 상호작용으로 DB를 실제상황에 항상 근접하도록 만들어 주는 것이 필요합니다. 만일 2002년도에 만든 학생 DB를 2010년까지 변경없이 놔둔다면 거기서 얻어지는 정보는 전혀 무의미한 것일 것입니다. 이렇게 컴퓨터와 인간의 상호작용에 쓰이는 것이 바로 DBMS외 여러 소프트웨어들이고 , DBMS에서 쓰이는 언어 중 가장 널리 알려지고 많이 사용되고 있는 것이 SQL입니다. SQL은 데이터를 정의하는데에 쓰이는 명령문과 데이터를 INSERT, DELETE, UPDATE 하는 등의 조작에 쓰이는 부분, 그리고 질의 명령문 부분과 그외의 기능을 수행하는 부분들로 이루어져 있는데, 이제부터 차례로 그 내용을 소개하도록 하겠습니다.

6 2 데이터 정의(Data Definition)

(1) 테이블의 생성

일단 DB를 만들려고 한다면, 테이블 생성하는 것부터 시작해야 할 것입니다. SQL에서 테이블의 생성은 CREATE TABLE문을 이용하는데, 그 형식은 아래와 같습니다.

```
CREATE TABLE
( );
```

실제로 student의 테이블을 만든다면 아래와 같이 할 수 있습니다.

```
CREATE TABLE 학생
(학번 CHAR[15], 이름 CHAR[20], 주소 CHAR[20],
출생년도 CHAR[25], 학과 CHAR[20], 지도교수 CHAR[20])
```

이렇게 하면 학번과 이름, 주소, 출생년도, 학과, 지도교수의 속성을 가진 학생의 테이블을 만들 수 있습니다. 속성이름 다음의 CHAR[20]등은 그 속성의 type을 지정해준 것입니다. 즉, 학번은 길이가 15인 character 배열이 될 것입니다. 이어서 다른 테이블도 아래와 같이 만들 수 있습니다.

```
CREATE TABLE 학과
      (학과이름 CHAR[20], 소속대학 CHAR[20])

CREATE TABLE 교수
      (교수번호 CHAR[15], 이름 CHAR[20], 출생년도 CHAR[25])

CREATE TABLE 수강
      (학생이름 CHAR[15], 성적 CHAR[5],
            출석 INT, 과목ID CHAR[15])
```

```
CREATE TABLE 강좌
    (과목명 CHAR[15], 과목이름 CHAR[20], 인정학점 CHAR[5],
        강의실 CHAR[20], 시간 CHAR[20], 교수 CHAR[20])
```

(2) 테이블의 구조 조정

이렇게 만들어진 테이블의 구조도 실제 세계의 변화에 따라 조정되어야 합니다. 이미 존재하는 테이블에 새로운 속성을 추가하거나 삭제하고 싶다면 ALTER 테이블 명령 을 사용합니다.

```
ALTER TABLE <TABLE name>
    ADD <Attribute name> <Attribute list>
```

```
ALTER TABLE <TABLE name>
    DROP <Attribute name> CASCADE
```

테이블에 새로운 속성을 추가하기를 원할 때에는 ADD문을 사용하며, 반대로 기존의 속성을 삭제하고 싶다면 DROP문을 이용합니다. 실제로 student 테이블에 새로운 속성 상태를 넣고 싶다면,

```
ALTER TABLE 학생
    ADD 상태 CHAR[10]
```
의 형식을 취하게 됩니다.

만들어진 테이블을 지우고 싶다면 DROP TABLE 문을 이용합니다. 아래의 문장은 STUDENT 테이블내의 모든 tuple을 지우고, STUDENT 테이블의 schema까지도 없애게 됩니다.

```
DROP TABLE 학생
```

6 3 데이터 조작(Data Manipulation)

(1) 새로운 데이터의 입력

CREATE TABLE로 만들어진 테이블에는 아직 의미 있는 정보라고 할 만한 것이 들어있지 않은 빈 테이블 입니다. 빈 테이블만으로는 아직 유용한 데이터베이스라 할 수 없습니다. 여기에 data를 넣어주려면, INSERT문장을 사용하게 됩니다.

```
INSERT INTO 학생
        VALUES (20218041, ......)
```

위의 예는 속성에 들어가는 value를 모두 지정하고 있습니다. 그러나 원하는 속성에만 값을 지정해 줄 수도 있습니다. 그것은 아래와 같은 방법으로 이루어집니다.

```
INSERT INTO 학생(학번, 이름, 학과)
        VALUES (20218041, "윤복중", "디지털학과")
```

이렇게 하면 학생 테이블에 학번 20218041, 이름 윤복중, 학과 디지털학과의 tuple이 table에 들어가게 됩니다. 적어주지 않은 부분은 null이나 테이블 생성시에 정해준 default 값이 들어가게 됩니다. 이제 여러번의 INSERT문 사용으로 아래와 같은 테이블이 얻어졌습니다.

<학생>

학 번	이 름	주 소	출생년도	학 과	지도교수
20218119	서대일	도봉구	1984	디지털	임창혁
20218120	성영호	강남구	1985	디지털	임창혁
20218121	송진희	서초구	1983	디지털	임창혁
20218122	신윤화	단원구	1985	컴퓨터	최선옥
20218123	오현수	상록구	1985	인터넷	안지수
20218124	유승호	단원구	1984	인터넷	안지수
20218125	윤복중	강남구	1984	인터넷	안지수
20218126	윤선희	도봉구	1984	인터넷	안지수
20218127	이길호	상록구	1982	디자인	한민호
20218128	이주연	상록구	1985	뷰티	정용길

<교수>

이 름	학 과	출생년도
신은영	의류	1960
이종영	디지털	1949
양승현	컴퓨터	1970
안지수	경영	1952
하성현	영어	1963

<학과>

학 과	소속대학
의류	가정대
디지털	공대
컴퓨터	공대
경영	경영대
영어	인문대

<강좌>

강좌명	인정학점	강의실	시간	교수
데이터베이스	3	MY501	월1,2,3	이종영
경영원론	3	AD201	화2,3,4	안지수
자바	3	MY504	수5,6,7	양승현
전산개론	3	MY204	금1,2,3	양승현
영어고전	3	AD304	화4,5,6	하성현
오토마타	3	GD123	목2,3,4	이종영
C언어	3	SA402	금5,6,7	양승현
영문법	3	GD123	월5,6,7	하성현

<수강>

학생이름	강 좌	출 석	학 점
서대일	데이터베이스	32	A+
서대일	경영원론	32	B+
서대일	자바	28	C+
성영호	전산개론	30	C+
성영호	영어고전	32	B+
성영호	오토마타	32	B+
송진희	C언어	32	A+
송진희	영문법	32	B+
송진희	데이터베이스	32	A+
신윤화	경영원론	32	A+
신윤화	자바	32	B+
신윤화	전산개론	32	C+
오현수	영어고전	32	A+
오현수	오토마타	28	C+
유승호	C언어	32	A+
유승호	영문법	28	D+
윤복중	데이터베이스	32	C+
윤복중	경영원론	26	D+
윤선희	자바	30	B+
윤선희	전산개론	32	A+
이길호	영어고전	32	B+
이길호	오토마타	32	B+
이주연	C언어	32	B+
이주연	영문법	32	B+
이주연	데이터베이스	32	C+

(2) 데이터의 관리

그런데 시간이 지나면서 데이터베이스에 기록된 tuple들의 내용에도 변화가 오게됩니다. 일례로 학과의 이름이 바뀔 수도 있고, 학생이 이사를 가서 주소를 바꿔야 할 때도 생기게 됩니다. 이렇게 이미 존재하는 tuple의 부분적 attribute 값만을 변화 시키고 싶다면 UPDATE문을 이용하게 됩니다. 위의 학과 테이블에서 의류학과의 학과이름을 의상으로 바꾸고 싶다면 아래와 같은 SQL문을 이용합니다.

```
UPDATE 학과
SET 학과 = 의상
WHERE 학과 = 의류
```

(3) 데이터의 삭제

그런데 실세계의 변화를 데이터베이스에 반영하다 보면 데이터베이스에 존재하는 tuple을 아예 지워 주어야 할 때도 있습니다. 학생이 졸업을 한다면 학사관리 데이터베이스에 그 학생의 기록 을 계속 유지해야 할 이유는 없을 것입니다. 그리고 어떤 과가 다른 과와 통합되거나 아예 없어져 버린다면, 그과의 내용도 학과 테이블에서 지워져야 할 것입니다. 이렇게 특정 tuple을 테이블에서 없애고 싶은 경우에는, DELETE문을 이용합니다. DELETE문이 DROP TABLE문과 다른 점은 DROP TABLE문은 테이블의 모든 tuple을 없앰과 동시에 테이블의 schema도 삭제하는데, 이 DELETE 문은 특정 tuple만을 지울뿐 테이블 자체의 구조는 지우거나 바꾸지 않습니다. 학생 테이블에서 경영학과라는 학과에 속한 모든 학생의 tuple을 지우는 예입니다.

```
DELETE FROM 학생
WHERE 학과 = 경영
```

6 4 질 의(Queries)

(1) 정보의 추출

이제 위의 명령문들을 이용하여 만든 DB에서 실제로 유용한 정보를 취하는 방법을 알아 봅니다. SQL은 이를 위해서 SELECT문을 가지고 있는데, 그 기본적인 형태는 아래와 같습니다. 아래는 실제로 SELECT문을 이용한 간단한 예입니다.

```
SELECT 학번, 이름
FROM 학생
```

```
WHERE 학과 = 인터넷  AND  출생년도 = 1985
```

위 SQL문을 이전의 테이블들에 수행 시킨 결과 테이블입니다.

학 번	이 름
20218123	오현수

위의 SQL문은 학생 테이블에서 인터넷과에 속하면서 1985년에 출생한 모든 학생의 이름과 학번을 검색합니다.

WHERE절에는 tuple을 선택하는 조건이 들어가게 되는데, 여 기에는 AND 나 OR, NOT을 이용할 수 있고, 그 논리적 연산자의 operand로는 위와 같은 예외에도 수학식이 들어갈 수 있습니다. 또 그외에도 keyword로 between이나 not between등이 있는데, 그 사용의 일례로 만일 출생년도가 1984년에서 1985년 사이이면서 디지털과인 학생을 찾고 싶다면

```
SELECT 학번, 이름
FROM 학생
WHERE 학과 = 디지털 AND 출생년도>1984 AND 출생년도<1985
```

또는,

```
SELECT 학번, 이름
FROM 학생
WHERE 학과 = 디지털 AND 출생년도 between 1984 AND 1985
```

로 찾을 수 있습니다.

이번에는 아래의 예를 생각해봅니다. 만일 학생의 지도교수를 맡고 있는 교수님을 찾고 싶다면,

```
SELECT 지도교수
FROM 학생
```

이 될 것입니다. 그런데 이 SQL query의 결과는 아래와 같습니다.

지도교수
임창혁
임창혁
임창혁
최선옥
안지수
안지수
안지수
안지수
한민호
정용길

그런데 위의 결과를 보면 조금 이상한 점을 볼 수 있을 것입니다. 이 결과에서는 똑같은 tuple이 여러번 나오는 경우가 있습니다. 이것은 SQL의 SELECT문이 중복을 검사해 주지 않기 때문으로 이것을 해주게 하려면 distinct라는 keyword를 SELECT다음에 써주어야 합니다. 즉,

SELECT DISTINCT 지도교수
FROM 학생

이렇게 할때 비로소 중복이 없는 결과가 나오게 됩니다.

지도교수
임창혁
최선옥
안지수
한민호
정용길

이제 좀더 흥미 있는 것을 해보겠습니다. 만일 데이터베이스를 수강하거나, 디지털 학과에 속한 학생들의 이름을 알고 싶다면

```
(SELECT 이름
FROM 학생
WHERE 학과 = 디지털)
UNION
(SELECT 이름
FROM 수강
WHERE 강좌 = 데이터베이스)
```

이렇게 하면 됩니다.

이 름
서대일
성영호
송진희
윤복중
이주연

위의 SQL문을 생각해 보면 디지털과를 다니고, 데이터베이스를 수강하는 학생들은 두번의 SQL query에서 이중으로 선택되게 됩니다. 그러나 결과에서 보면 알 수 있듯이 중복되는 학생의 이름은 모두 한번씩만 나왔습니다. 이것은 UNION operation이 SELECT 문과는 달 리 default로 중복을 제거해주기 때문입니다. 만일 중복되어 나오기를 바란다면 위의 SQL문에서 UNION대신 UNION ALL을 사용해주면 됩니다. 만일 위에서 디지털과에 속하면서 데이터베이스를 듣는 학생을 찾고 싶다면, 그것은 두 SQL문 결과의 교집합이므로 UNION대신 INTERSECT를 사용합니다.

```
(SELECT 이름
FROM 학생
WHERE 학과 = 디지털)
INTERSECT
(SELECT 이름
FROM 수강
```

```
WHERE 강좌 = 데이터베이스)
```

이 름
서대일
송진희

또 데이터베이스를 듣지만 디지털과가 아닌 학생들의 이름 알고 싶다면, 차집합이므로 MINUS를 사용하면 됩니다.

```
(SELECT 이름
FROM 수강
WHERE 강좌 = 데이터베이스)
MINUS
(SELECT 이름
FROM 학생
WHERE 학과 = 디지털)
```

이 름
윤복중
이주연

좀더 복잡한 것을 생각해 봅시다. 이제까지는 테이블하나에서 원하는 tuple을 찾아냈지만, 다음은 두개의 테이블에서 원하는 정보를 추출하는 예를 보겠습니다. 경영원론 강좌를 수강하는 학생의 이름과 학과를 알고 싶다면 학생이나 수강 테이블하나로만은 문제를 해결하기에 충분하지 않습니다. 이를 위해서는 두 테이블의 내용을 동시에 다루어야 하는데, 아래와 같이 하면 됩니다.

```
SELECT 학생.이름, 학생.학과
FROM 학생, 수강
WHERE 학생.이름= 수강.학생이름 AND 강좌=경영원론
```

이 름	학 과
서대일	디지털
신윤화	컴퓨터
윤복중	인터넷

그런데 만일 어떤 학생이 사는 곳과 같은 곳에 사는 모든 학생의 이름과 학번을 알고 싶다면 어떻게 해야 할까요? 원하는 결과를 얻기 위해서는 tuple variable을 사용하여야 합니다. 이는 일종의 rename이라고 생각하면 되는데 사용예는 아래와 같습니다.

```
SELECT S.이름, S.학번
FROM 학생 S, 학생 T
WHERE T.이름 = "오현수" AND T.주소 = S.주소
```

이 름	학 번
오현수	20218123
이길호	20218127
이주연	20218128

이상으로 기본적인 SQL의 사용법과 사용 예를 살펴보았습니다. 실제로 좀더 편리한 사용을 위해, 좀더 많은 부분이 SQL에서 제공되고 있으나, 위의 내용은 그중에 기본적인 부분이라고 할 수 있을 것입니다.

Chapter 7

데이터베이스 설계

7-1 추상화와 모델링

추상화(Abstraction)와 모델링(Modeling)이라는 용어는 얼핏 보기에는 데이터베이스 설계와 별로 상관없는 것처럼 보인다. 그러나 데이터베이스 설계 과정은 소프트웨어(정보 시스템) 개발 과정의 일부이며, 소프트웨어의 개발 과정은 곧 현실세계에 대한 추상화 과정으로 설명될 수 있다. 데이터베이스 설계 능력은 곧 현실세계를 추상화할 수 있는 능력과 일치한다. 따라서 추상화의 개념을 이해하는 것은 소프트웨어의 개발이나 데이터베이스 설계를 이해하는 데 많은 도움이 된다.

추상화는 모델(Model)이라는 수단을 통해 이루어지기 때문에 추상화를 모델링이라고 표현하기도 한다. 우리는 모델이라고 지칭하지는 않지만 생활에서 많이 이용하고 있다. 모델의 대표적 예는 지도이다.

우리는 [그림 7-1]의 위성사진에서 서울의 시가지 모습이나 서울의 중심을 흐르는 한강의 모습을 확인할 수 있다. 그러나 이러한 위성사진은 우리의 실생활에는 별로 도움이 되지 않는다. 위의 사진은 현실세계를 정확히 반영하고 있지만 이 사진을 보고 서울 시내에 있는 종묘를 찾아가는 것은 어려운 일이다. 종묘를 찾아가려면 위성사진 대신에 [그림 7-2]와 같은 지도가 더 유용하다.

❙그림 7-1❙ 서울 위성사진

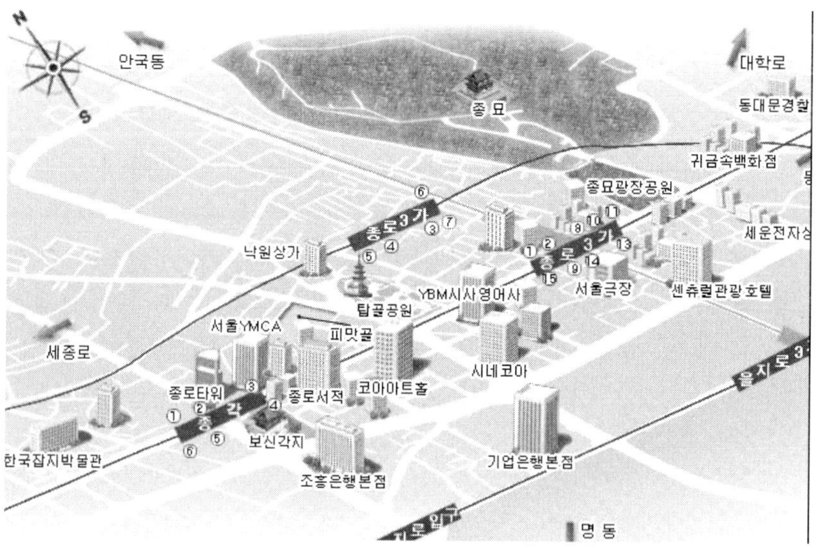

❙그림 7-2❙ 종로3가 부근의 지도

[그림 7-2]를 보면 지하철 종로 3가역 부근의 간략한 지형과 건물이 표시되어 있다. 현실세계에 존재하는 모든 건물과 도로가 표시되어 있는 것은 아니지만 종묘를 찾아

가는데 충분한 정보를 담고 있다. 이와 같이 지도에서는 현실세계가 간단한 도형, 선, 색깔로 표현되며 현실세계와 정확히 일치하지는 않지만 현실세계에 대한 '모델'의 역할을 충분히 하고 있다. [그림 7-3]은 또 다른 형태의 지도를 보여준다.

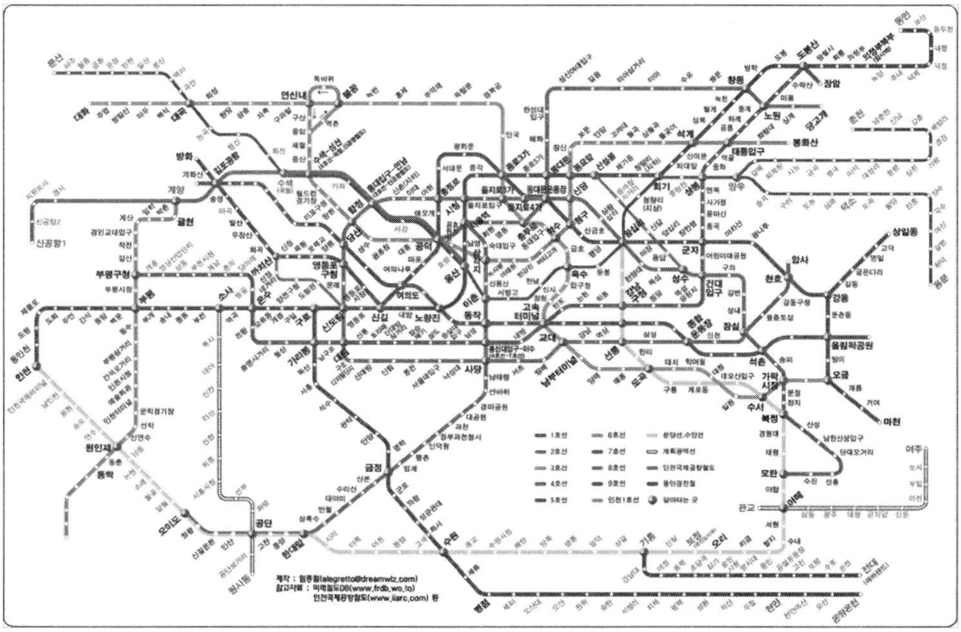

▌그림 7-3▐ 지하철 노선도

[그림 7-3]의 지하철 노선도는 현실세계를 더욱 개념화하고 단순화하여 표현하고 있다. 이 노선도를 보면 어느 역 다음에 한강 다리를 건너는지, 어떤 역에서 다른 역으로 갈 때 시간이 얼마나 걸리는지는 알 수가 없다. 다만 어느 역에서 지하철을 갈아탈 수 있고 어떤 역 다음에 어느 역이 있는지를 알 수가 있다. 이렇게 매우 제한적인 정보를 담고 있음에도 우리는 지하철 노선도를 매우 유용하게 사용한다.

이상의 사실들을 가지고 모델, 모델링, 추상화라는 개념을 설명해 보자. 모델이란 사람들이 복잡한 현실세계를 쉽게 이해하기 위해 현실세계를 개념화, 단순화, 시켜 표현한 것을 말한다. 모델을 만드는 과정을 모델링 이라 하며 이러한 과정을 다름 말로 현실세계에 대한 추상화 과정이라고 한다. [그림 7-4]에 요약하여 설명한 것처럼 지도나 약도, 도로 표지판, 악보 등은 현실세계의 어떤 부분을 표현하는 모델이다. 그리고 각 모델을 구성하는 요소들(기호, 선, 도형, 등)을 가지고 있다. 이러한 구성 요소들은 사람들이 직관적으로 알 수 있거나 관습이나 약속에 의해 그 의미가 정해져 있다. 사람들은 모델에서 구성 요소들의 의미를 이해할 수 있다면 그 모델을 통해 현실세계를 이해할 수 있게 된다.

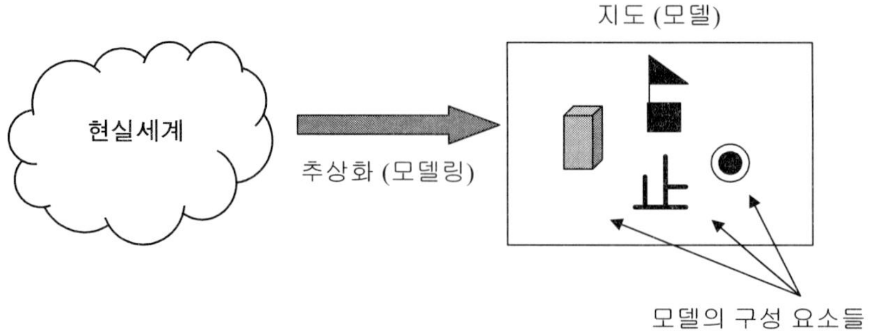

▌그림 7-4▐ 추상화 과정

이러한 추상화 과정은 소프트웨어의 개발과 밀접한 관련이 있다. 결론부터 말하자면 소프트웨어란 현실세계(Real World)에서 수행되는 작업이나 행위가 컴퓨터세계(Computer World)에서 수행될 수 있도록 해 주는 수단이다. 즉 소프트웨어는 현실세계를 모델링한 결과이다. 1에서 1000까지의 합계를 계산하는 문제를 생각해 보자. 종이와 연필만 가지고 이 문제를 해결한다고 하면 1+2+3+4+....와 같이 순차적으로 숫자를 더해나가는 방법을 사용할 것이다. 컴퓨터로 하여금 이 문제를 해결하도록 하려면 어떻게 해야 할까? 컴퓨터도 사람이 문제를 푸는 것과 동일한 절차를 거쳐서 풀어야 할 것이다. 그렇게 하기 위해서는 컴퓨터에게 문제를 해결하는 절차를 알려주어야 한다. 컴퓨터가 알 수 있도록 문제를 해결하는 방법을 알려주는 수단이 프로그램이다. 따라서 컴퓨터가 문제를 풀기 이전에 문제를 해결하는 절차를 수립해야 하는데 이러한 절차를 보통 알고리즘이라고 한다. 결국 프로그램은 컴퓨터세계에서 현실세계의 인간에 대응되고, 사용된 알고리즘은 혈실세계에서 인간이 문제를 해결하는 절차를 모델링한 것으로 설명할 수 있다. 전산학에서 유명한 명제 중에 '사람이 종이와 연필을 가지고 해결할 수 없는 문제는 컴퓨터도 해결할 수 없다'라는 명제가 있다. 이 말을 풀어서 설명하면 인간이 문제 해결 절차를 모델링할 수 없다면, 즉 알고리즘을 만들 수 없다면 컴퓨터세계에서도 문제를 해결할 수 없다는 것이다. [그림 7-5]는 1~1000의 합계를 구하는 문제를 프로그램으로 해결하도록 하는 절차를 보여준다. 이것은 현실세계에서 일어나는 일이 개념화, 모델링 단계를 거쳐 컴퓨터세계에서 일어나도록 하는 과정임을 보여준다. 이러한 이유로 소프트어의 개발 과정은 곧 현실세계에 대한 추상화 과정이라고 말할 수 있는 것이다. 훌륭한 소프트웨어 엔지니어는 코딩을 잘하는 사람이 아니라 현실세계의 문제를 잘 파악 하고 모델링할 수 있는 능력을 가진 사람이다.

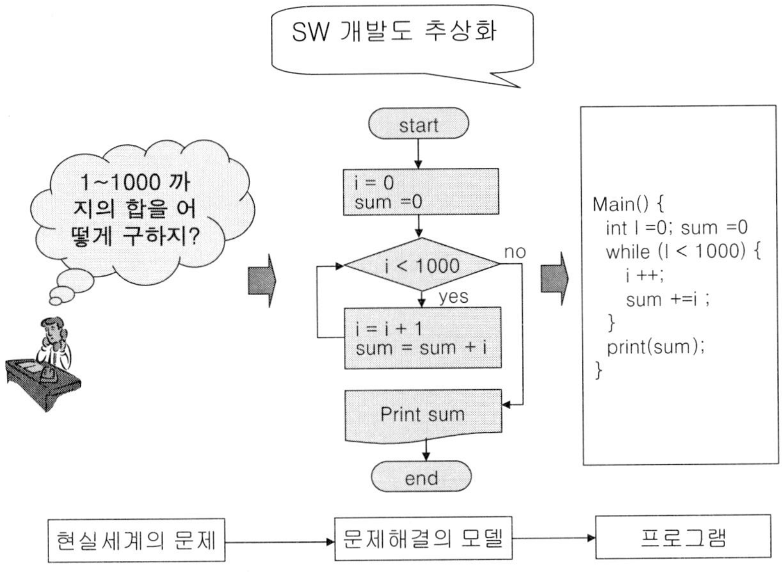

그림 7-5 1~1000의 합계를 구하는 문제

7 2 데이터베이스 설계의 개념

오늘날 정보 시스템을 구축하거나 웹사이트를 개발할 때 데이터베이스를 제외하고는 생각하기 어렵다. 정보시스템이나 웹사이트에서 필요로 하는 데이터를 데이터베이스에 저장하고 나중에 다시 불러오는 형태로 개발을 한다. 따라서 오늘날의 시스템 개발자들은 기본적으로 데이터베이스 연동 프로그래밍이 기본적인 지식으로 되어있다. 데이터베이스를 기반으로 시스템을 개발하기 위해서는 먼저 데이터베이스가 구축되어야 한다. 데이터베이스 설계란 데이터베이스 안에 어떤 테이블들이 있어야 하고 각 테이블들은 어떤 컬럼이 있어야 하며, 기본키와 외래키는 어떤 것인지를 정하고, 응용 프로그램에서 필요로 하는 뷰와 인덱스를 생성하는 일련의 과정을 말한다. 데이터베이스를 설계하기 프로그래밍과 마찬가지로 현실세계에 대한 분석이 있어야한다. 데이터베이스 설계는 단순히 데이터베이스 안에 테이블을 생성하는 과정뿐만 아니라 현실세계에 대한 분석, 논리적 설계(데이터 모델링), 물리적 설계, 데이터베이스 구축에 이르는 전 과정을 포함한다.

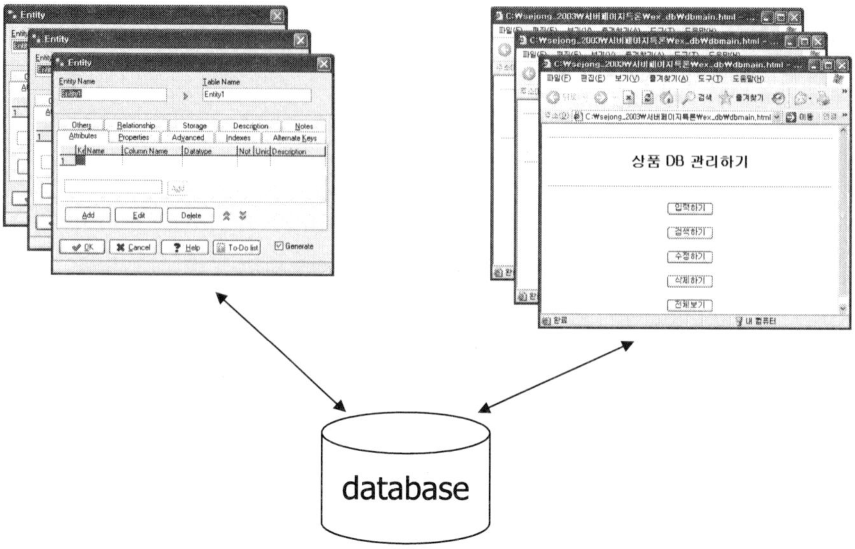

▌그림 7-6▐ 데이터베이스를 기반으로 한 시스템 개발

데이터베이스 설계는 소프트웨어 개발과정 중의 일부이므로 데이터베이스의 설계 역시 현실세계에 대한 모델링 과정에 속한다. 그리고 구축된 데이터베이스 역시 현실세계의 어떤 부분을 반영한 것이다. 학생이 수강신청을 하는 상황을 생각해 보자. [그림 7-7]은 현실세계에서 학생의 수강 신청이 데이터베이스에 어떻게 반영되었는지를 보여준다. 그림의 왼쪽에 있는 학생과 학생의 수강신청 정보는 그림 오른쪽의 데이터베이스 안에서 테이블로, 개별 학생 및 개별 학생의 수강신청 정보는 테이블 안의 튜플로 표현이 된 것을 알 수 있다. 현실세계에 존재하는 개체(Entity)가 데이터베이스 안에서는 데이터라는 형태로 존재하는 것이다. 그림 오른쪽과 같이 데이터베이스가 구축되기 위해서는 그림의 중간에 있는 것과 같이 현실세계를 개념적 모델로 표현하는 단계를 거치게 된다. 개념적 모델은 보통 'ERD(Entity-Relationship Diagram)'를 이용해서 표현한다. 이렇게 현실세계를 분석하여 이를 개념적 모델로 표현하고, 이를 바탕으로 데이터베이스를 구축하는 과정을 데이터베이스 설계라고 한다.

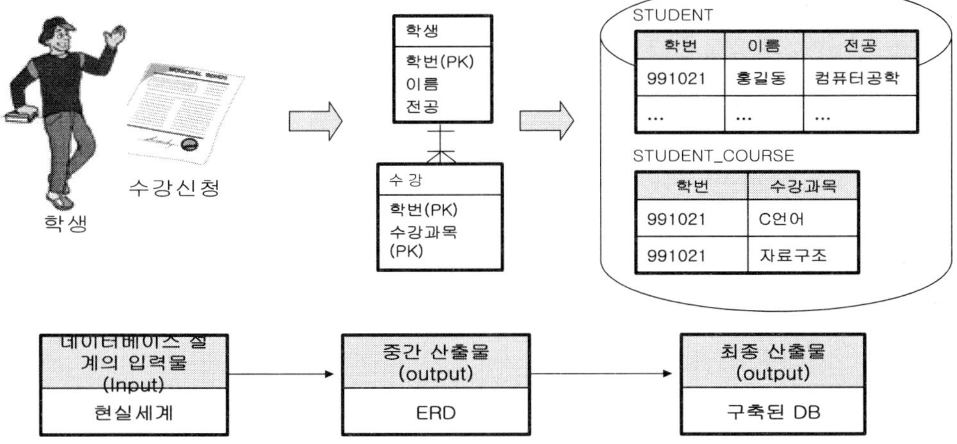

▌그림 7-7▐ 데이터베이스 설계의 입력물과 산출물

데이터베이스 설계를 모델링의 관점에서 좀 더 생각해 보자. [그림 7-7]의 데이터베이스를 유심히 관찰해 보면 현실세계의 어떤 부분은 반영되어 있지만 어떤 부분은 생략된 것을 알 수 있다. 즉, 현실세계에 존재하는 개체와 관련된 정보(Information) 혹은 데이터(Data)는 나타나 있지만 그러한 개체들의 행위(Behavior)나 발생한 사건(Event)은 나타나 있지 않다. 그 이유는 데이터베이스가 현실세계를 컴퓨터 세계로 추상화 할 때 정보 혹은 데이터 부분을 표현하는데 그 목적이 있기 때문이다. 그렇다면 현실세계에서 발생하는 행위나 사건은 컴퓨터세계에서 무엇으로 표현될까? 그것은 앞에서 살펴본 바와 같이 프로그램으로 표현이 된다. 따라서 프로그램과 데이터베이스가 합쳐질 때 비로소 현실세계가 온전히 표현될 수 있다. 프로그램과 데이터베이스의 관계는 다음 절에서 보다 자세히 설명하도록 한다. 반복되는 이야기지만 소프트웨어의 개발 과정이나 데이터베이스의 설계과정은 모두 현실세계를 컴퓨터세계로 추상화해 가는 과정임을 느낌으로 이해하는 것이 중요하다.

데이터베이스 설계는 일반적으로 논리적 데이터베이스 설계(Logical Database Design)와 물리적 데이터베이스 설계(Physical Database Design)로 구분된다. 논리적 데이터베이스 설계란 현실세계를 관찰, 분석하여 ERD로 불리는 개념적 모델을 만다는 과정을 말한다. 논리적 데이터베이스 설계 과정을 데이터 모델링이라고 부르기도 한다. 논리적 설계를 바탕으로 실제 데이터베이스를 구축하기 위해 테이블, 인덱스, 뷰 등을 설계하고 반정규화를 시행하는 과정을 물리적 데이터베이스 설계라고 한다. 논리적 설계는 DBMS제품을 염두에 두고 진행하며, 데이터베이스 운영시의 성능을 고려하게 된다. 물리적 설계의 결과는 보통 DB 설계도구나 DB 관리도구를 이용하여 DBMS에 연결한 후 자동으로 데이터베이스를 구축할 수 있다. 전체 데이터베이스 설계의 관점에서 보았을 때 논리적 설계가 시간도 많이 걸리고 어려운 부분이다. 그래서 논리적 설계(데이터 모델링)만을 따로 다루고 있는 책들도 많이 나와 있다.

7 3 데이터베이스 설계

데이터베이스 설계는 그 자체로 독립적인 분야로 간주 될 수 있지만 일반적으로 정보시스템을 구축하는 과정의 일부이다. 따라서 데이터베이스 설계의 특성을 이해하기 위해서는 정보 시스템 구축을 위한 전체적인 절차 가운데 데이터베이스 설계가 어떤 위치를 차지하는가를 살펴보는 것이 중요하다. 정보시스템도 S/W이므로 기본적으로는 [그림 7-8]에 있는 바와 같은 개발 절차를 따른다.

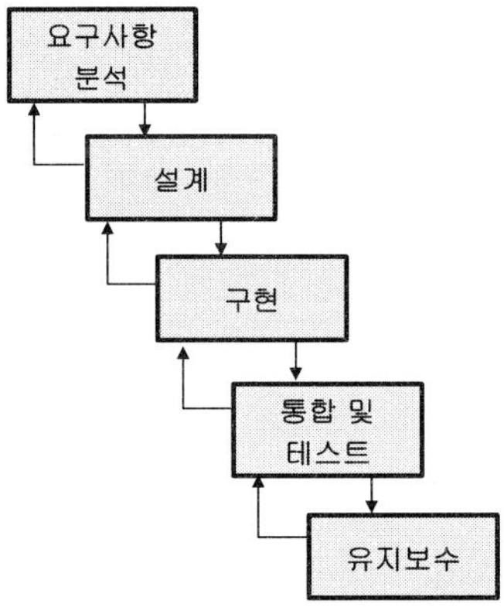

▎그림 7-8▎ 소프트웨어 개발 절차

그러나 다른 S/W와는 달리 대부분의 정보시스템은 데이터베이스를 기반으로 개발이 이루어진다는 특징이 있으며 [그림 7-9]과 같은 개발 방법론을 따른다. (그림에서 굵은 테두리로 표시된 부분이 데이터베이스 설계 영역이다.)

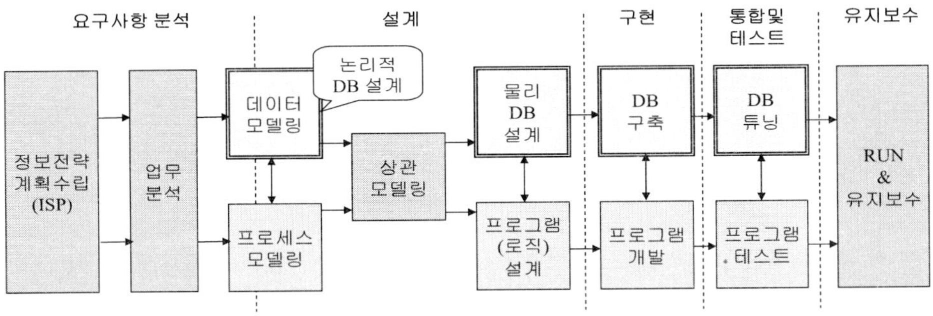

| 그림 7-9 | 정보시스템 구축 절차

[그림 7-9]의 정보시스템 구축 절차를 간단히 설명하면 다음과 같다.

(1) 정보전략 계획 수립

정보전략 계획 수립(Information Strategic Planning)이란 정보시스템 구축의 선행 단계로서 정보시스템을 구축하고자 하는 기업의 경영전략 및 장단점을 분석하고 현행 업무 절차를 평가하여 개선사항을 도출하며, 새로운 전략 및 업무 절차에 기초하여 정보시스템을 구축 계획을 수립하는 단계를 말한다. 특별히 기업 내에서 생산되고 관리되는 정보를 어떻게 관리하고 전략적으로 활용할 것인가에 대한 분석이 이루어진다. 이 단계는 정보 시스템 구축과는 별개로 기업의 혁신을 위해 진행되기도 하며 경영학의 관점에서는 BPR(Business Process Re-engineering)과정에 해당한다. [그림 7-10]은 전략정보계획 수립 단계 산출물의 일부이다.

- **oo기업의 전략 분석**
  - 경쟁력 확보 – 고유 기업문화 정착
  - 고객 만족 – 이윤의 극대화
- **현행 업무절차 평가**
  - 문제점
    - 의사 결정을 위한 경영정보 미비
    - 부서간의 유기적 협조 부족
    - 체계적인 재무관리 부족
  - 개선방향
    - 데이터 공유로 부서간 정보교류
    - 경영정보 시스템 구축
    - 기능위주 ⇒ Process 위주로
- **현행 정보시스템 평가**
  - HOST – N/W
  - Application – Language, Tool

| 그림 7-10 | 전략정보계획 수립 단계 산출물의 예

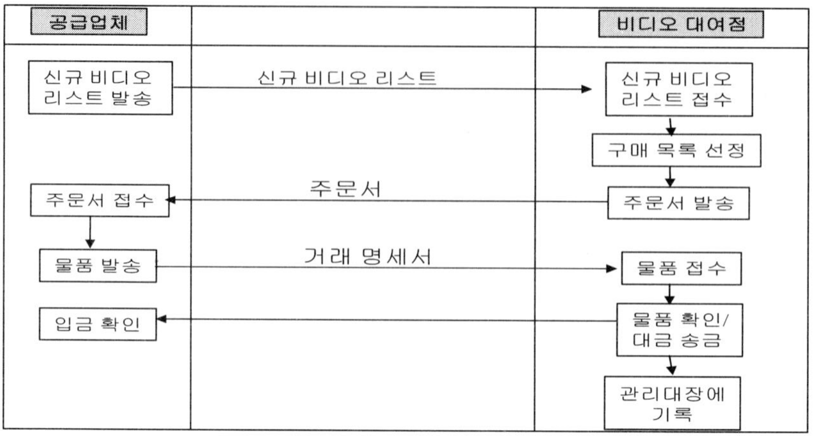

❙그림 7-11❙ 업무 흐름도의 예

(2) 업무의 분석

정보전략 계획이 수립되면 업무 분석과 모델링 단계를 거치게 된다. 업무 분석과 모델링은 업무의 내용상 겹치는 부분이 많다. 업무의 분석 이란 글자그대로 현실세계에서 업무가 어떻게 이루어지는지를 파악하는 것으로 누가 어떤 행위를 하는지, 그리고 업무 과정에서 어떤 정보가 발생하거나 오고가는지, 어떤 절차를 거쳐 업무가 진행되는지 등을 파악하여 문서로 정리하는 단계이다. [그림 7-11]은 업무 분석에서 일반적으로 사용되는 도표 중의 하나로서, 업무가 어떻게 진행되는지를 파악하기 쉽게 해준다.

업무분석 이후 단계는 크게 두 가지의 흐름으로 진행 된다. 하나는 데이터 관점에서의 개발과정이고 따른 하나는 프로세스(Process) 관점에서의 개발과정이다. 프로세스란 업무의 처리 절차나 방법을 말한다.

(3) 데이터 모델링

데이터 모델링이란 현실세계를 데이터의 관점에서 파악하여 개념적인 모델로 표현하는 단계를 말하며 논리적 데이터베이스 설계에 해당한다. 프로세스 모델링이란 현실세계를 업무의 처리 절차나 흐름의 관점에서 파악하여 개념적 모델로 표현하는 단계를 말한다. 데이터 모델의 표현을 위해서는 [그림 7-12]와 같은 ERD가 많이 사용된다.

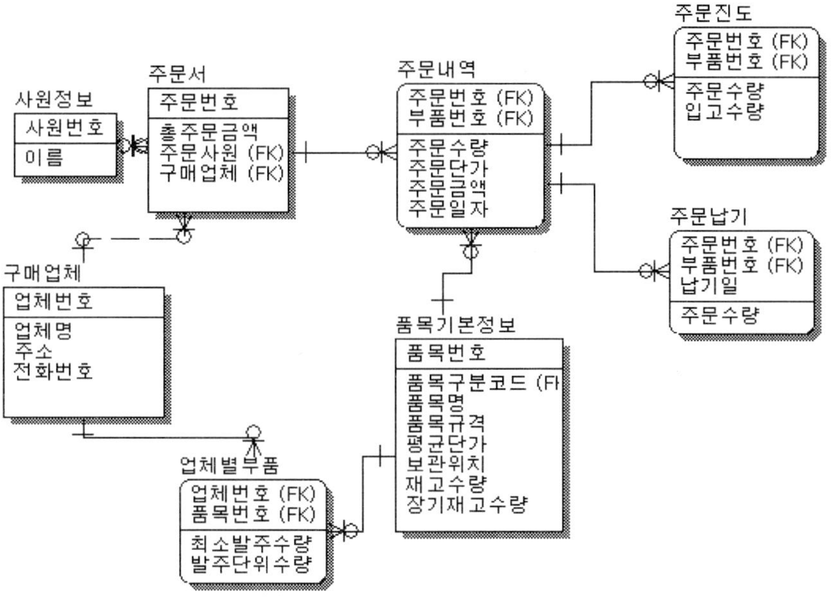

▌그림 7-12▐ ERD의 예

(4) 프로세스 모델링

프로세스 모델링은 업무가 어떻게 구성되어 있는지, 업무의 처리 절차와 방법이 어떻게 되는지를 파악하는 것으로 [그림 7-13]의 기능분해도와 [그림 7-14]의 프로세스 흐름도 등이 사용된다.

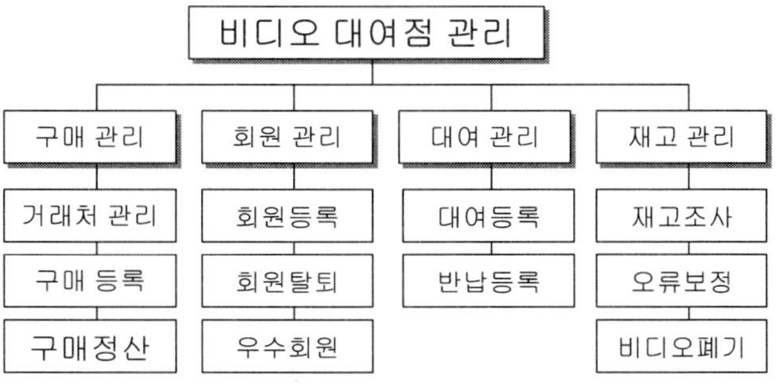

▌그림 7-13▐ 기능 분해도의 예

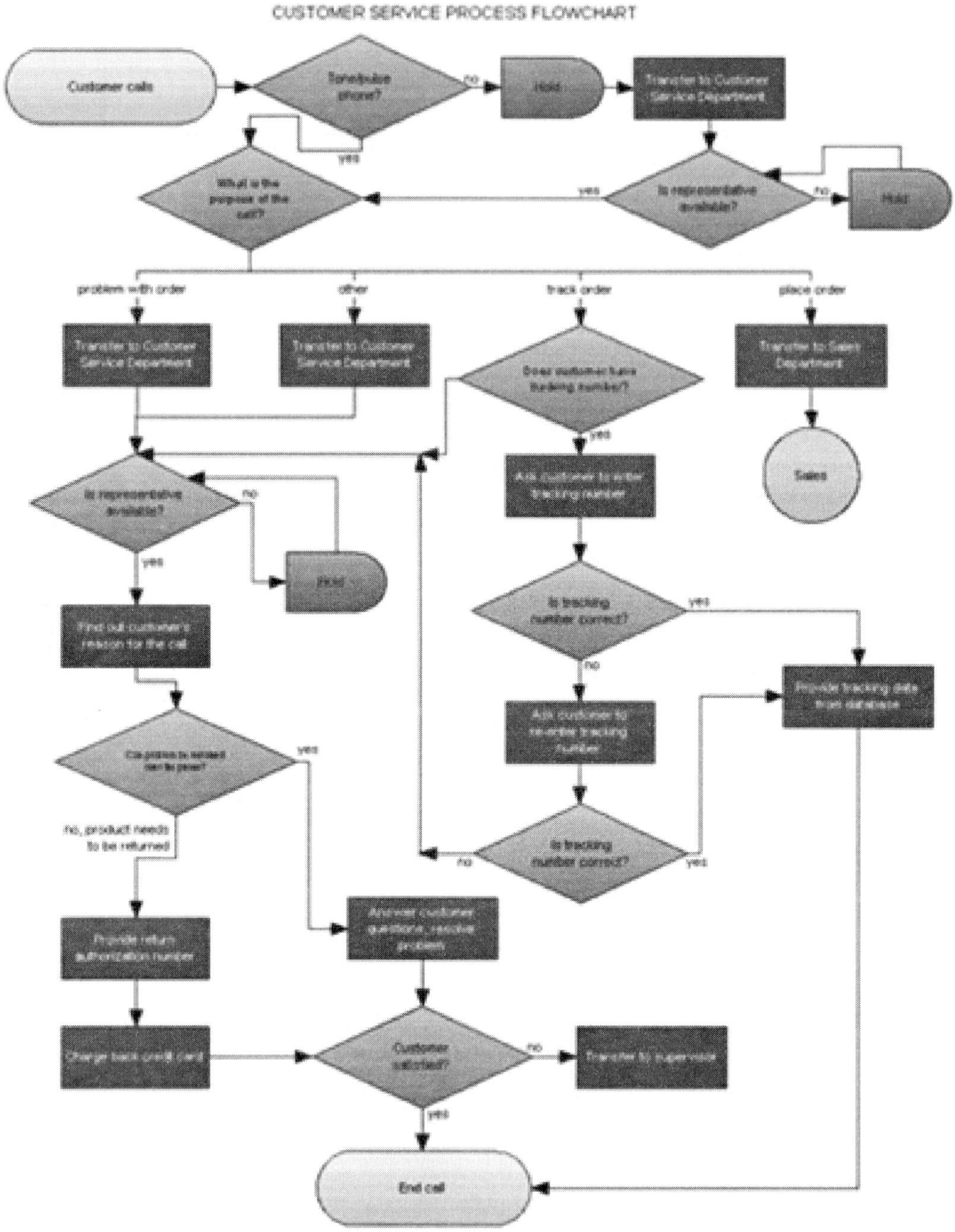

❙그림 7-14❙ 프로세스 흐름도의 예

(5) 상관 모델링

데이터 모델링과 프로세스 모델링이 완료되면 데이터 모델과 프로세스 모델을 비교 검토하여 서로 간에 잘 맞는지를 평가하게 되는데 이를 상관 모델링 단계라고 한다. 데이터 모델과 프로세스 모델은 동일한 현실세계의 서로 다른 면을 표현한 것이기 때문에 상호 조화를 이루어야 한다. 데이터는 업무의 처리과정 가운데 생성되고 다른 업무 과정에서 조회되거나 변경된다. 따라서 업무의 과정이 명확히 파악되었는지(프로세스 모델), 그리고 업무 과정과 관련된 데이터나 정보가 올바로 파악되었는지(데이터 모델)를 평가하는 것은 매우 중요하다. 상관 모델을 위해서는 보통 [그림 7-15]와 같은 CRUD매트릭스가 많이 이용된다.(CRUD : Create, Read, Update, Delete)

프로세스 \ 앤티티	거래처	주문서	거래명세서	비디오정보
거래처 등록	C			
비디오 등록				C
주문 신청	R	C		R
물품 납품	R	R	C	
주문 취소		D	D	
거래처 조회	R			

▌그림 7-15▐ CRUD 매트릭스의 예

모델링 단계가 끝나면 모델링 간계의 산출물을 기반으로 설계단계가 진행되는데 물리적 DB 설계와 프로그램 설계를 포함한다. 프로그램의 설계 및 개발, 테스트 과정을 잘 알고 있는 것이므로 설명을 생략한다.

(6) 물리적 DB 설계

물리적 DB 설계에서는 실제 데이터베이스 구축을 위한 테이블, 뷰, 인덱스, 용량 등을 설계한다. 물리적 살계 단계부터는 특정 DBMS 제품을 염두에 두고 작업을 진행한다. 논리적 설계 단계와는 달리 구축될 데이터베이스의 용량, 성능, 보안요소 등도 고려하게 된다. 물리적 설계 단계의 대표적인 산출물은 [그림 7-16]에 있는 것과 같은 테이블 기술서이다.

(7) 데이터베이스 구축

데이터베이스 구축이란 물리적 DB 설계의 내용을 가지고 실제 DBMS 안에 테이블, 인덱스, 뷰 등을 생성하는 과정을 말한다. 이렇게 구축된 데이터베이스를 가지고 프로그램을 개발하고 테스트 하게 된다. 데이터베이스의 구축은 수작업으로 할 수도 있지만 보통은 모델링 도구에서 제공하는 기능을 이용하여 거의 자동적으로 데이터베이스를 구축한다.

Name	Orders	Table 기술서		작성일	2004. 11. 23	page/
System	컴퓨터부품관리			작성자	한 소 연	
Description	주문 정보를 가지고 있는 테이블					
NO	Attribute	Data Type	NN	KY	Shared/Defult	Descirption
1	order_no	integer	✔	(PK)		주문 일련번호
2	Supplier_sup_no	integer	✔	(FK)		공급회사의 일련번호
3	send_date	date				주문제품을 받는날
4	total_money	integer				주문된 제품의 총 금액
5	order_date	date				주문한 날짜
6	end_date	date				납품 완료일
7						
8						
9						
10						
11						
비고						

▌그림 7-16▌ 테이블 기술서의 예

(8) 데이터베이스 튜닝

데이터베이스 튜닝이란 데이터베이스가 일정한 성능을 유지할 수 있도록 비효율적인 요소를 제거하고 성능 개선을 위하여 SQL 문장을 포함, 데이터베이스의 여러 요소를 조정하는 작업을 말한다. 데이터베이스 내에 데이터의 양이 증가하고 사용자의 수가 증가하면 자연히 데이터베이스의 응답 속도 및 처리 속도가 저하되기 마련이다. 따라서 데이터베이스 튜닝을 통하여 일정한 성능을 유지시키는 것이 중요하다.

(9) 유지보수

시스템이 한번 개발되면 영원히 사용할 수 있는 것이 아니다. 시스템의 개발이 완료되는 시점부터 시스템의 변경이 시작된다는 말이 있다. 시스템에 변경이 일어나는 이유는 시스템의 이용에 따라 사용자의 요구도 변화하고 비즈니스 환경이 변화됨에 따라 업무절차도 지속적으로 변화하기 때문이다. 이에 따라 프로그램도 변경이 일어나지만 데이터베이스에도 지속적인 변경이 일어난다. 새로운 테이블이 생성되기도 하고 기존의 테이블에 새로운 컬럼이 추가되기도 한다. 이러한 일련의 작업을 유지보수라고 한다. 유지보수 비용을 줄이기 위해서는 업무의 분석 및 설계 단계에서 신중하고 정확한 검토 및 설계가 이루어져야 한다.

이상에서 살펴본 바와 같이 데이터베이스 설계는 프로그램의 개발 과정과 밀접하게 맞물려서 진행이 된다. 모델링의 관점에서 정리를 해보면 정보시스템은 현실세계에서 진행되던 작업들을 컴퓨터세계 안에서 수행될 수 있도록 해주는 수단이며, 현실세계는 데이터베이스 부분과 프로그램 부분으로 나뉘어 정보시스템 안에 표현이 된다. 이를 요약 하면 [그림 7-17]과 같다.

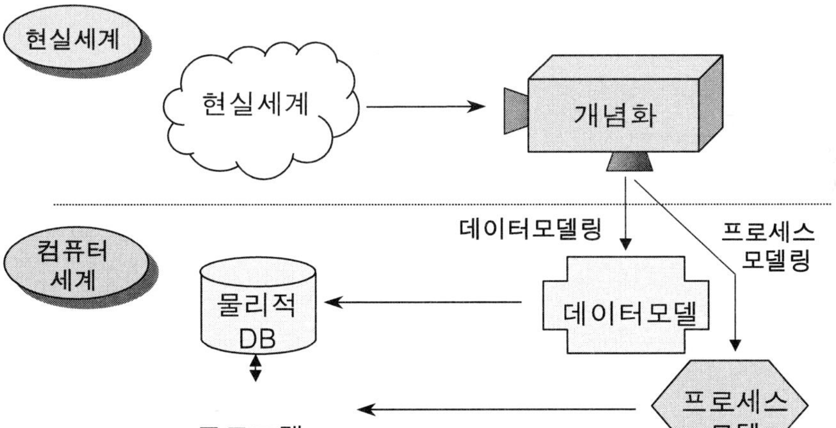

▌그림 7-17▐ 현실세계가 컴퓨터세계로 모델링되는 과정

2부

Access 2007 실습

Chapter 1

Access 2007 시작하기

1-1 Access 2007과 데이터베이스

(1) 개요

데이터베이스란 입금 관리나 매출 관리와 같이 특정 주제나 목적과 관련된 정보를 모아 놓은 것을 말한다. 여기에서 정보란 어떤 상황에 관한 의사 결정을 할 수 있는 자료로서 데이터들의 상호 관계를 말하는데, 데이터를 어떤 주제에 맞게 가공하고 처리해서 얻은 결과로서 실용성이 있는 데이터의 모음이라고 할 수 있다.

Access 2007은 이러한 데이터베이스를 구축하여 원하는 형태로 데이터를 분류하거나 검색할 수 있으며 다양한 형태로 인쇄도 할 수 있는 강력한 관계형 데이터베이스 기능과 관리도구를 제공하는 데이터베이스 프로그램이다. 프로그래밍 언어를 모르는 사용자들도 쉽게 데이터베이스를 구축할 수 있으며 무엇보다도 다른 응용 프로그램들과 자료를 자유롭게 공유할 수 있는 기능이 가장 큰 장점이다.

데이터베이스 관리 시스템(Database Management System)은 사용자와 데이터베이스 사이에서 중재역할을 담당한다. 따라서 사용자들의 데이터베이스에 대한 모든 접근을 관리하는 소프트웨어라고 할 수 있다. 예를 들어 Access를 이용해서 인사관리 시스템을 작성했다면 이 데이터베이스의 DBMS는 Access이다. 그러므로 사용자는 Access를 통해서 모든 인사 관리 데이터베이스를 처리할 수 있다.

Access에서 할 수 있는 일은 다양한데, 쉽게 이해할 수 있는 종류를 예로 든다면, 다음과 같은 작업으로 분류할 수 있다.

① 개인용 데이터 관리

가계부를 만들거나 친구나 친척들의 주소나 기념일을 관리하는 데이터베이스를 만들어 관리할 수 있다. 입력된 데이터는 사용자가 원하는 형태로 성명별, 주소별, 행사 종류별 등 여러 가지 형태로 분류해서 데이터를 빠르게 검색할 수 있다.

② 업무용 데이터 관리

사원들의 모든 정보를 관리하는 인사 관리를 할 수 있고, 영업이나 마케팅 업무에서는 거래처관리, 제품관리, 주문처리, 일정관리 등을 할 수 있으며 실시간으로 데이터를 조회할 수 있는 거래 내역 관리나 재고 관리 데이터베이스를 만들 수 있다.

또한 Access는 특별한 프로그래밍 지식이 없더라도 쉽게 데이터베이스 응용프로그램을 개발 할 수 있다. 작업 단계별로 Access가 미리 준비한 마법사를 사용할 수 있고, 여러 단계의 작업을 간단하게 처리할 수 있도록 매크로 기능도 제공한다.

③ 클라이언트-서버 환경

마스터 데이터를 관리하고 회사 내의 모든 사용자들의 요구에 맞게 응용프로그램을 작성하기 힘들기 때문에 클라이언트에서는 다른 클라이언트용 데이터베이스 프로그램으로 필요한 데이터를 가져와서 관리한다. 이때, Access를 이용하면 폼이나 보고서를 작성해서 간단하게 자신의 업무에 맞는 사용자 정의 응용프로그램을 만들 수 있다.

(2) 개발 환경

Microsoft Access를 사용해 단일 데이터베이스 파일의 정보를 모두 관리할 수 있다. 파일 안에서 테이블이라고 하는 각각의 저장 컨테이너 안에 데이터를 나누어 넣고 온라인 폼을 사용해 테이블 데이터를 보고, 추가하고, 업데이트할 수 있으며, 쿼리를 사용해 원하는 데이터만 찾고 검색할 수 있다. 또한 보고서를 사용해 특정 레이아웃으로 데이터를 인쇄하거나 분석할 수 있으며, 데이터 Access 페이지를 만들어서 인터넷이나 인트라넷을 통해 데이터베이스의 데이터를 보거나, 업데이트하거나, 분석할 수 있다.

데이터를 저장하려면 추적할 정보의 종류별로 "테이블"을 만든다. 그리고 여러 테이블의 데이터를 모두 하나의 쿼리, 폼, 보고서, 데이터 Access 페이지 등으로 가져오려면 테이블간의 관계를 정의해야 한다.

지정한 조건과 일치하는 데이터만 찾아 검색하려면 여러 테이블의 데이터를 포함하는 "쿼리"를 만들어야 한다. 쿼리에서 동시에 여러 개의 레코드를 업데이트하거나 삭제할 수 있으며, 데이터에서 미리 정의된 계산이나 사용자 정의 계산을 수행할 수도 있다.

테이블에서 데이터를 직접 보고, 쉽게 입력하고, 변경하려면 "폼"을 만든다. 폼을 열면 자동으로 여러 개의 테이블에서 데이터가 검색되어, 폼 마법사에서 선택한 레이아웃이나 직접 만든 레이아웃으로 화면에 표시된다.

데이터를 분석하거나 특정한 방법으로 인쇄하려면 "보고서"를 만든다. 예를 들어, 데이터를 그룹화하고 합계를 계산하는 보고서와 주소 레이블을 인쇄하도록 서식이 지정된 다른 데이터가 들어 있는 보고서를 인쇄할 수 있다.

인터넷이나 인트라넷상에서 데이터를 대화형으로 보고하거나, 입력하거나, 분석하는 경우에 "데이터 액세스 페이지"를 사용하면, 자동으로 여러 테이블의 데이터가 검색되어 페이지 마법사에서 선택한 레이아웃이나 직접 만든 레이아웃으로 화면에 표시할 수 있다. 또한 데이터 Access 페이지의 기능을 사용해 데이터와 상호 작용할 수 있다.

1 2 Access 2007 개체

Access 2007에서는 이름을 붙일 수 있는 것이라면 무엇이든 개체(object)라고 한다. Access 2007에서의 주요 개체는 Access 2007 데이터베이스의 구성요소들이다. Access 2007에서, 데이터베이스는 저장된 데이터에 관련된 개체들을 포함할 뿐만 아니라 사용자가 정의한 개체들도 포함한다.

Access 2007을 구성하는 각 요소들, 즉 개체들을 간단하게 살펴보면 다음과 같다.

(1) 테이블

테이블이란 제품명이나 공급업체와 같은 특정 항목에 대한 데이터를 모아 놓은 것을 말한다. 항목별로 다른 테이블을 사용하므로 해당 데이터를 한번만 저장하여 데이터베이스를 더 효과적으로 만들며 데이터를 입력할 때 발생할 수 있는 오류도 줄게 된다. 테이블에서는 데이터를 필드라고 하는 열과 레코드라고 하는 행으로 관리하며 두 테이블에서 한 공통된 필드가 관련되어 있을 때 Microsoft Access에서 두 테이블로부터 데이터를 가져와 표시, 편집, 인쇄할 수 있다. 또한 테이블 디자인 보기에서 테이블 전체를 처음부터 직접 만들거나 기존 테이블에서 필드를 추가, 삭제, 사용자 정의할 수 있다.

(2) 쿼리

쿼리를 사용해 여러 가지 방법으로 데이터를 보고, 변경하고, 분석할 수 있다. 또한, 쿼리를 폼, 보고서, 데이터 Access 페이지 등의 레코드 원본으로 사용할 수도 있다. 가장 일반적인 쿼리의 종류는 선택 쿼리인데, 선택 쿼리는 지정된 조건으로 여러 개의 테이블에서 데이터를 검색한 다음 지정된 순서대로 표시한다.

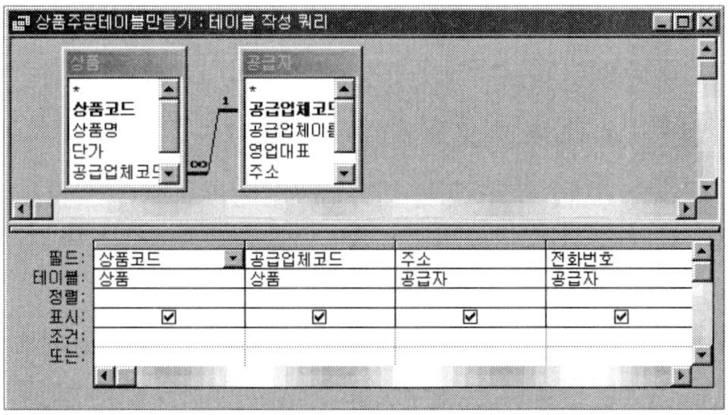

(3) 폼

데이터 입력 화면이나 조회 화면 또는 응용 프로그램의 수행 제어를 위해 작성되며 사용자와의 대화를 통해 사용자가 원하는 작업을 할 수 있도록 해준다. 폼의 정보는 대부분 테이블의 레코드 원본으로부터 가져오는데, 컨트롤이라고 하는 그래픽 개체를 사용해 폼과 폼의 레코드 원본간에 연결을 만든다. 데이터를 표시하고 입력할 때 사용되는 가장 일반적인 컨트롤은 입력란이다. 폼의 다른 정보는 폼 디자인에 저장되며 컨트롤이라는 그래픽 개체를 사용하여 폼과 레코드 원본사이를 연결할 수 있다. 폼에는 본문 영역이외에 폼 머리글, 쪽 머리글, 쪽 바닥글과 폼 바닥글 영역을 추가하여 효율성을 증가시킬 수 있다.

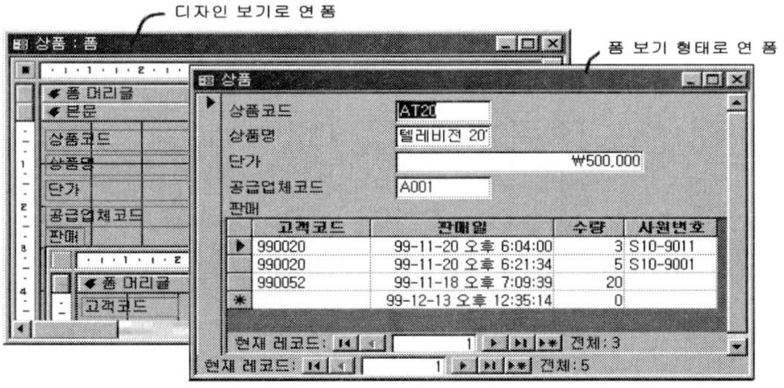

(4) 보고서

보고서는 데이터를 인쇄된 형식으로 나타내기 위해 사용된다. 보고서에서 크기와 모양을 마음대로 조절할 수 있으므로, 정보를 원하는 대로 표시할 수 있다. 보고서에 들어 있는 정보는 대부분 원본으로 사용하는 테이블, 쿼리, SQL문 등의 정보인데, 이 정보는 보고서 데이터의 원본이 되며 나머지 정보는 보고서 디자인으로 저장된다.

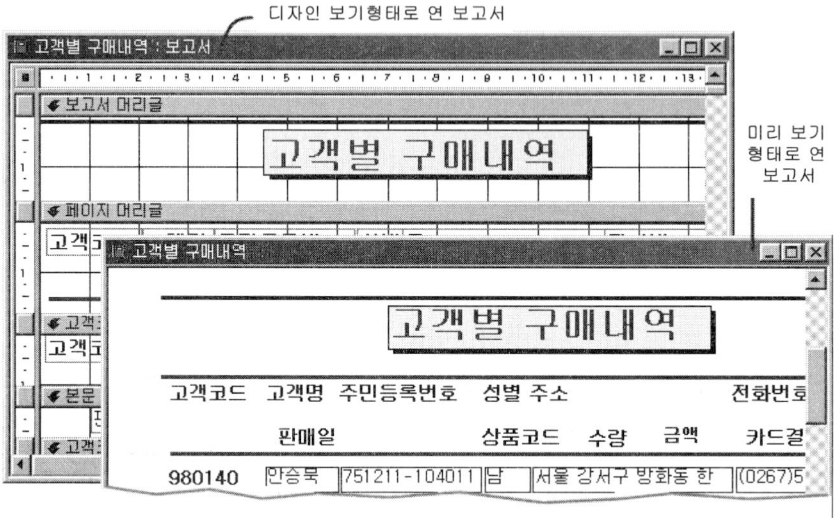

(5) 매크로

매크로는 폼 열기나 보고서 인쇄와 같이 특별한 기능을 수행하는 하나 이상의 매크로 함수 집합이다. 매크로를 사용하면 일반적인 작업을 자동화할 수 있는데, 예를 들어 사용자가 명령 단추를 누를 때 보고서를 인쇄하는 매크로를 실행할 수 있다. 매크로는 일련의 매크로 함수로 구성된 하나의 매크로일 수도 있고, 매크로 그룹일 수도 있다. 또한 조건식을 사용하여 특정 상황에서만 매크로가 실행될 때 매크로 함수가 수행되게 할 수도 있다.

(6) 모듈

모듈이란 한 단위로 저장된 VBA의 선언문과 프로시저의 모음이다. 기본적인 모듈의 종류로는 클래스 모듈과 기본 모듈이 있으며, 모듈의 각 프로시저는 Function(함수) 프로시저나 Sub(서브) 프로시저가 될 수 있다.

Microsoft Access 95에서는 클래스 모듈이 폼이나 보고서와 연관된 곳에서만 존재했지만, Microsoft Access 97 이상에서는 폼이나 보고서와 무관하게 존재할 수 있으며, 이런 종류의 클래스 모듈은 데이터베이스 창에서 개체의 모듈 탭 목록에 나타난다. 모듈 탭의 클래스 모듈을 사용하여 사용자 정의 개체에 대한 정의를 만들 수 있다.

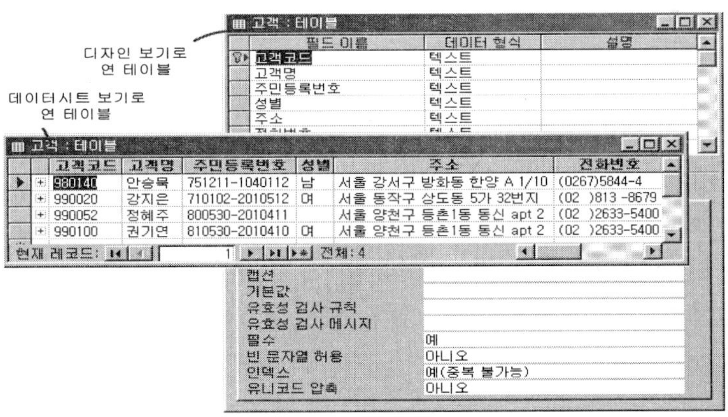

1 3 Access 2007 기능 및 특징

(1) Access 2007에 추가된 기능 중 유용한 10가지 기능

① 리본 메뉴

- Microsoft Office 2007에서 새롭게 변한 메뉴 표시 도구이다.

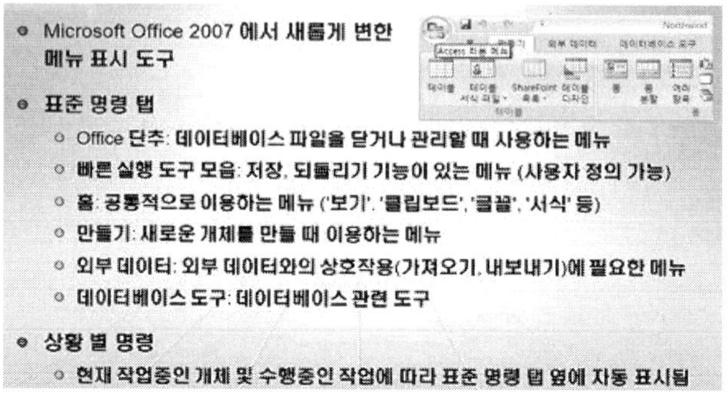

② 날짜 선택 자동 달력&서식 있는 텍스트 사용

- 날짜 선택을 쉽게 하기 위한 달력 컨트롤을 기본적으로 제공한다.
- 메모 필드에 서식 있는 텍스트를 사용할 수 있다.

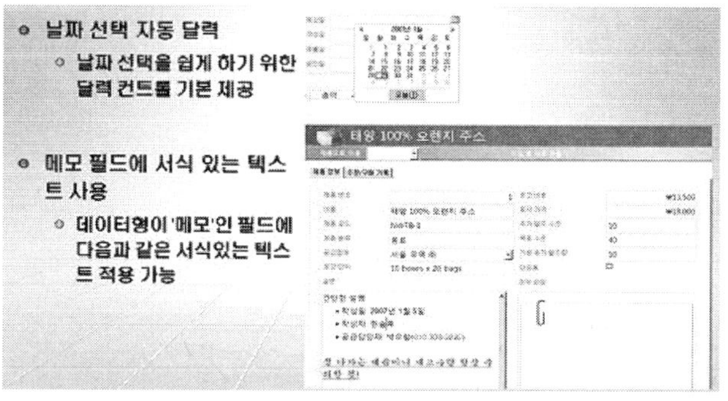

③ 다중값 필드 & 서식 파일

- 하나의 필드에 동일 계열의 값을 다중 입력할 수 있다.
- 매우 다양하고 완성도가 높은 서식 파일이 액세스 2007에서 기본적으로 제공된다.

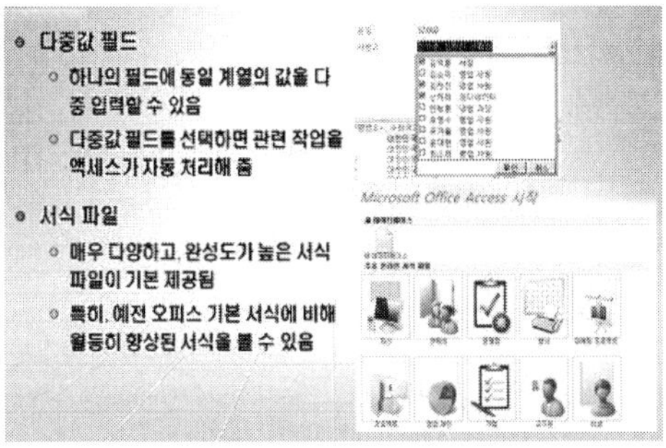

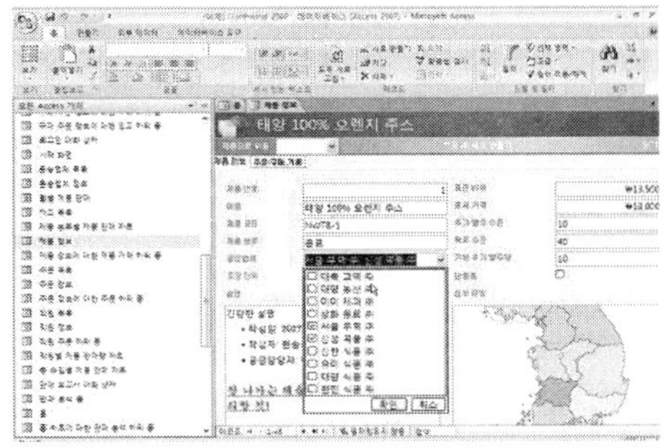

④ 정렬 및 필터링 기능

데이터 시트 형태의 모든 보기에서 엑셀의 '자동 필터'와 유사한 기능이다.

⑤ 데이터 시트의 요약 행

데이터시트 보기에서 '요약' 행 추가 기능입니다. 예전에는 동일한 기능을 복잡한 폼 참조 식을 이용하여 구현하여 사용했다.

⑥ 첨부 파일 데이터 형식

- 첨부 파일을 관리할 수 있는 새로운 데이터 형식이다.
- 그림, 동영상, 음악, 문서 등의 모든 형식의 데이터를 저장할 수 있다.

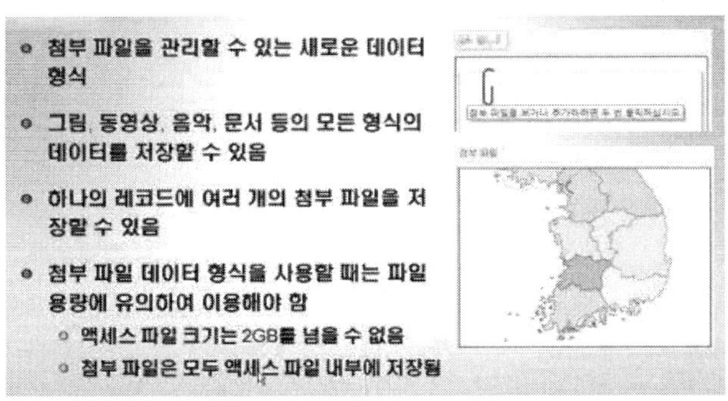

⑦ 빠른 필드 추가

- 테이블의 데이터를 보면서 새로운 필드를 추가할 수 있다.

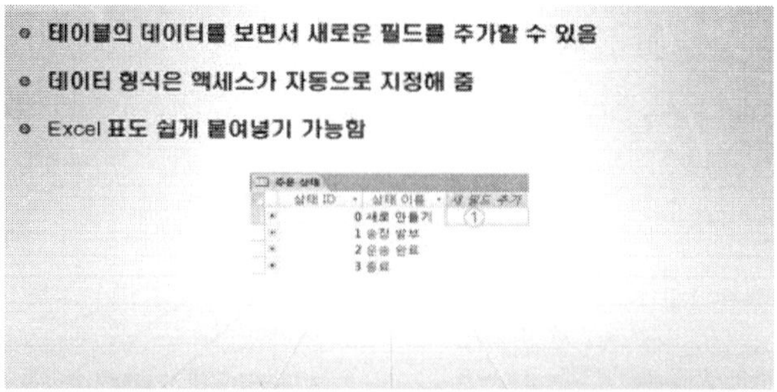

⑧ 레이아웃 보기

- 폼과 보고서에 새롭게 추가된 보기 모드이다.

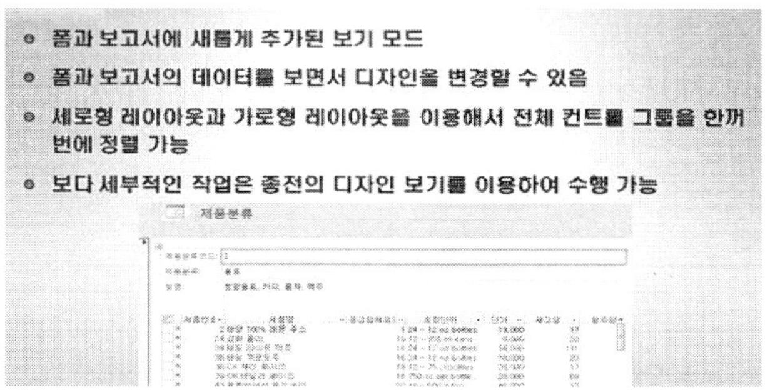

⑨ 그룹, 정렬 및 요약 기능

- 보다 직관적인 그룹 및 정렬 기능 수행이 가능하다.

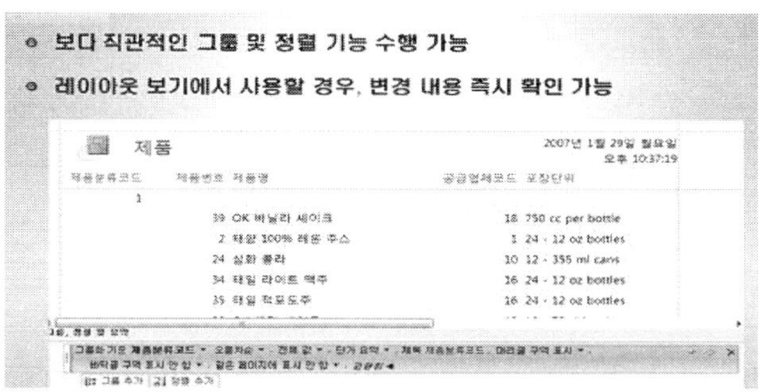

⑩ 보고서 보기 및 레이아웃 보기

- 레이아웃 보기는 폼과 동일하며, 보고서 보기는 '인쇄 미리 보기'에 추가된 보기 모드이다.

(2) Access 2007의 특징

① 새로운 사용자 인터페이스로 결과를 더욱 빠르게 얻을 수 있다.

Office Access 2007에서는 새로 디자인된 결과 지향 사용자 인터페이스, 새 탐색 창, 탭 창 보기 등 완전히 새로운 환경을 제공한다. 데이터베이스에 대한 경험이 없는 사용자도 누구나 쉽게 정보를 추적하고 보고서를 만들어 다양한 정보를 바탕으로 의사를 결정할 수 있다.

② 원본에서 직접 정보를 수집하고 업데이트할 수 있다.

Office Access 2007에서는 Microsoft Office InfoPath 2007 또는 HTML을 사용하여 포함된 폼이 있는 전자 메일을 만들어 사용자 테이블의 업무 규칙을 유지하는 데이터베이스에 대한 정보를 수집할 수 있다. 전자 메일 답장으로 Office Access 2007 테이블이 채워지고 업데이트되므로 정보를 다시 입력할 필요가 없다.

③ 같은 정보를 여러 가지 보기로 보여 주는 다양한 보고서를 만들 수 있다.

Office Access 2007에서는 “WYSIWYG"환경에서 보고서를 만들 수 있다. 실시간으로 제공되는 시각적 의견을 보고서에 반영하고 여러 계층의 사용자를 위한 다양한 보기를 저장할 수 있다. 또한 새로운 그룹화 창과 필터링 및 정렬 기능을 통해 정보를 표시하므로 다각적인 정보를 바탕으로 비즈니스를 결정할 수 있다.

④ 풍부한 클라이언트 기능을 사용하여 Windows SharePoint Services 목록을 추적할 수 있다.

Office Access 2007을 고급 사용자 인터페이스로 사용하여 Windows SharePoint Services 목록에서 보고서를 만들고 분석할 수 있다. 또한 목록을 오프라인으로 가져와서 변경한 다음 네트워크에 다시 연결할 때 변경 내용을 동기화할 수 있으므로 언제든지 데이터를 손쉽게 사용할 수 있다.

⑤ Microsoft Windows SharePoint Services 기술로 데이터를 이동하여 관리 효율을 향상시킬 수 있다.

데이터베이스를 Windows SharePoint Services 기술로 이동하면 데이터의 투명성을 유지할 수 있다. 즉, 일상적인 작업을 통해 데이터를 서버에 백업하고, 삭제된 데이터를 복구하며, 수정 기록을 추적하고, 사용 권한을 설정할 수 있어 정보를 보다 효율적으로 관리할 수 있다.

⑥ 여러 원본의 정보를 사용할 수 있다.

Office Access 2007을 사용하면 다른 Office Access 데이터베이스, Office Excel 스프레드시트, Office SharePoint Server 사이트, ODBC(Open DataBase Connectivity) 데이터 원본, Microsoft SQL Server 데이터베이스 등의 데이터 원본에서 사용자 데이터베이스로 테이블을 연결할 수 있다. 그런 다음 이러한 연결된 테이블을 사용하여 보다 포괄적인 정보 집합을 바탕으로 한 결정에 기초가 되는 보고서를 만들 수 있다.

⑦ 미리 만들어진 솔루션을 사용하여 빠르게 시작할 수 있다.

미리 만들어진 솔루션의. 풍부한 라이브러리를 사용하여 정보를 즉시 추적할 수 있다. 사용자 편의를 위해 폼과 보고서가 이미 만들어져 있지만 비즈니스 요구에 맞게 솔루션을 쉽게 사용자 지정할 수 있다.

⑧ 데이터베이스 복잡성에 대한 걱정 없이 신속하게 테이블을 만들 수 있다.

Office Access 2007에는 자동 데이터 형식 검색 기능이 있어 Excel 표를 작성하는 것처럼 쉽게 테이블을 만들 수 있다. 사용자는 정보만 입력하면 된다. 입력된 정보가 날짜인지, 통화인지, 다른 일반 데이터 형식인지는 자동으로 인식된다.

⑨ 사용자 정보를 Windows SharePoint Services와 공유할 수 있다.

Windows SharePoint Services와 Access 2007을 사용하여 사용자의 Office Access 2007 정보를 팀원과 공유할 수 있다. 두 응용 프로그램의 강력한 기능을 바탕으로 팀원들은 웹 인터페이스를 통해 실시간 보고서를 바로 보고 데이터에 액세스하거나 편집할 수 있다.

⑩ 다양한 시나리오에 대비한 새 필드 형식을 즐길 수 있다.

Office Access 2007에서는 첨부 파일 및 다중 값 필드와 같은 새 필드 형식을 사용할 수 있다. 따라서 응용 프로그램의 모든 레코드에 문서, 이미지, 스프레드시트를 첨부할 수 있다. 또한 다중 값 필드를 통해서는 각 셀에서 둘 이상의 값을 선택할 수 있다.

1 4 Access 2007의 사양

Access 2007의 각 구성 요소의 사양들은 다음과 같다.

Microsoft Access 데이터베이스의 일반 사양

속 성	최대 크기
Microsoft Access 데이터베이스(.accdb) 파일 크기	2GB까지 지정할 수 있다. 그러나, 데이터베이스에 다른 파일의 연결 테이블을 포함할 수 있으므로 데이터베이스의 전체 크기는 사용할 수 있는 저장 용량에 의해서만 제한된다.
데이터베이스의 개체 수	32,768개까지 포함할 수 있다.
모듈 포함/HasModule 속성이 True로 설정된 폼과 보고서를 포함한 모듈	1,000개까지 포함할 수 있다.
개체 이름의 문자 수	64자까지 지정할 수 있다.
암호의 문자 수	20자까지 지정할 수 있다.
사용자 이름이나 그룹 이름의 문자 수	20자까지 지정할 수 있다.
동시에 가능한 사용자 수	255명까지 가능하다.

Microsoft Access 프로젝트 일반 사양

특 성	최대값
Microsoft Access 프로젝트(.adp)의 개체 수	32,768개까지 사용할 수 있다.
모듈 포함/HasModule 속성이 True로 설정된 폼과 보고서를 포함한 모듈 수	1,000개까지 사용할 수 있다.
개체 이름의 문자 수	64자까지 지정할 수 있다.
테이블의 열 수	250(Microsoft SQL Server) 1024(Microsfot SQL Server 7.0, 2000 및 2005)

Microsoft Access 데이터베이스 테이블 사양

속성 최대	크 기
테이블 이름의 문자 수	64자까지 지정할 수 있다.
필드 이름의 문자 수	64자까지 지정할 수 있다.
테이블의 필드 수	255개까지 지정할 수 있다.
열려 있는 테이블 수	2,048개까지 지정할 수 있다. Microsoft Access에서 내부적으로 여는 테이블 때문에 실제 개수는 더 적을 수 있다.
테이블 크기	2GB에서 시스템 개체에 필요한 공간을 제외한 값
텍스트 필드의 문자 수	255자까지 지정할 수 있다.
메모 필드의 문자 수	사용자 인터페이스를 사용해 데이터를 입력할 때는 65,535자까지 지정할 수 있다. 프로그램에서 데이터를 입력할 때는 2GB까지 지정할 수 있다.
OLE 개체 필드의 크기	1GB까지 지정할 수 있다.
테이블에서의 인덱스 수	32개까지 지정할 수 있다.
인덱스의 필드 수	15개까지 지정할 수 있다.
유효성 검사 메시지의 문자 수	255자까지 지정할 수 있다.
유효성 검사 규칙의 문자 수	2,048자까지 지정할 수 있다.
테이블이나 필드 설명의 문자 수	255자까지 지정할 수 있다.
메모와 OLE 개체 필드를 제외한 레코드의 문자 수	4,000자까지 지정할 수 있다.
필드 속성 설정의 문자 수	255자까지 지정할 수 있다.

Microsoft Access 데이터베이스 쿼리 사양

속 성	최대 크기
관계 수	테이블마다 테이블에서 관계에 포함되지 않는 필드나 필드 조합에 대한 인덱스 수를 32에서 뺀 수까지 지정할 수 있다.
쿼리의 테이블 수	32개까지 지정할 수 있다.
쿼리의 조인 수	16개까지 지정할 수 있다.
레코드 집합의 필드 수	255개까지 지정할 수 있다.
레코드 집합의 크기	1GB까지 지정할 수 있다.
정렬 제한	하나 이상의 필드에서 255자까지 지정할 수 있다.
중첩된 쿼리의 수준 수	50까지 지정할 수 있다.
쿼리 디자인 눈금에서 셀의 문자 수	1,024자까지 지정할 수 있다.
매개 변수 쿼리에서 매개 변수의 문자 수	255자까지 지정할 수 있다.
WHERE나 HAVING 절의 AND 수	90개까지 지정할 수 있다.
SQL 문의 문자 수	약 64,000자까지 지정할 수 있다.

* 쿼리에 다중값 조회 필드가 포함된 경우에는 최대값이 더 작아질 수 있다.

폼 및 보고서 사양

속 성	최대 크기
레이블의 문자 수	2,048자까지 지정할 수 있다.
입력란의 문자 수	65,535자까지 지정할 수 있다.
폼이나 보고서의 너비	22인치(55.87cm)까지 지정할 수 있다.
구역 높이	22인치(55.87cm)까지 지정할 수 있다.
디자인 보기에서 모든 구역과 구역 머리글을 합한 높이	200인치(508cm)까지 지정할 수 있다.
중첩된 폼이나 보고서의 수준 수	7까지 지정할 수 있다.
보고서에서 정렬이나 그룹화 할 수 있는 필드나 식의 수	15개까지 지정할 수 있다.
보고서의 머리글과 바닥글 수	보고서 바닥글 하나에 보고서 머리글 하나, 페이지 바닥글 하나에 페이지 머리글 하나, 그룹 바닥글 하나에 그룹 머리글 10개까지 지정할 수 있다.
보고서에 인쇄되는 페이지 수	65,536페이지까지 지정할 수 있다.
폼이나 보고서를 사용하는 동안 추가할 수 있는 컨트롤과 구역의 수	754개까지 지정할 수 있다.
폼, 보고서 또는 컨트롤(.accdb와 .adp)의 Recordsource 또는 Rowsource 속성으로 사용되는 SQL 문의 문자 수	32,750개까지 지정할 수 있다.

매크로 사양

속 성	최대 크기
매크로의 매크로 함수개수	999개까지 지정할 수 있다.
조건의 문자 수	255자까지 지정할 수 있다.
설명의 문자 수	255자까지 지정할 수 있다.
매크로 함수	인수의 문자 수 255자까지 지정할 수 있다.

1 5 데이터베이스 만들기

Microsoft Access를 사용하여 데이터베이스를 구성하는 테이블, 폼, 기타 개체를 실제로 만들기 전에 설계한 데이터베이스의 레이아웃을 다시 한 번 살펴보는 것이 좋다. 데이터베이스 레이아웃이 제대로 만들어져야 데이터베이스를 효과적이고 정확하게, 그리고 능률적으로 사용할 수 있게 된다.

(1) 데이터베이스의 용도 결정

Microsoft Access 데이터베이스 디자인의 첫 단계는 데이터베이스의 용도와 사용 방법을 결정하는 것이다. 그러기 위해서는 데이터베이스에 필요한 정보를 알아야 한다. 그런 다음, 어떤 주제(테이블)의 내용을 저장할 것인지, 각 주제에 대해 어떤 내용(테이블의 필드)을 저장할 것인지를 결정한다.

데이터베이스를 사용할 사람들과 의견을 교환하고 데이터베이스로부터 어떤 정보를 얻을 것인지에 대해 고려해야하며 보고서의 초안을 작성하고 현재 데이터 기록에 사용하고 있는 폼을 수집한다. 디자인할 데이터베이스와 비슷한 디자인의 데이터베이스를 참고하는 것도 좋다.

(2) 데이터베이스에 포함할 테이블 결정하기

포함할 테이블을 결정하는 것은 데이터베이스 디자인 과정에서 가장 중요한 과정이다. 그 이유는 인쇄할 보고서, 사용할 폼, 응답할 질문 등 데이터베이스로부터 원하는 결과만으로 이들을 생산하는 테이블 구조에 대한 실마리를 반드시 얻을 수는 없기 때문이다.

반드시 Microsoft Access를 사용하여 테이블을 디자인할 필요는 없다. 먼저 종이에 데이터베이스의 초안을 디자인해 보는 것이 좋은데, 테이블을 디자인할 때는 이러한 기본적인 원칙을 바탕으로 한다.

① 한 테이블의 정보는 중복될 수 없으며, 같은 정보가 두 테이블에 중복되게 나타날 수도 없다. 스프레드시트와 같은 평면 파일 응용 프로그램의 테이블과 관계형 데이터베이스의 테이블의 차이점이 바로 여기에 있다. 각 정보가 한 테이블

에만 저장되어 있는 경우에는 한 곳에서만 업데이트하면 된다. 이 방법은 매우 효율적일 뿐 아니라, 다른 정보를 포함하는 중복된 내용이 입력될 가능성을 배제할 수 있다.

② 각 테이블에는 한 가지 주제에 대한 정보만 들어 있어야 한다. 각 테이블에 한 가지 주제에 대한 정보가 들어 있으면 다른 주제에 관계없이 각 주제별로 정보를 관리할 수 있다.

(3) 테이블에 필요한 필드 결정하기

각 테이블에는 같은 주제에 대한 정보가 있어야 하며 테이블의 각 필드에는 테이블의 주제에 대한 정보가 포함되어야 한다. 각 필드를 테이블의 주제에 직접 연결시키며, 파생된 데이터나 계산 데이터(식의 결과인 데이터)가 포함되지 않게 한다. 그리고 필요한 모든 정보를 포함시킨다. 또한 정보를 논리적으로 세분화하여 저장한다.

(4) 각 레코드의 고유값으로 필드 구별하기

각 고객과 해당 고객의 주문 내역 등 별도의 테이블에 저장된 정보를 연결하려면 데이터베이스에 있는 각 테이블의 레코드를 고유하게 구분할 수 있는 필드나 필드 집합이 있어야 하는데 이러한 필드나 필드 집합을 기본 키라고 한다.

(5) 테이블간의 관계 지정하기

테이블에 정보를 분류하여 입력하고 기본 키 필드를 지정한 다음에는 관련 정보를 사용할 수 있도록 다시 가져오는 방법을 지정해야 한다. 이렇게 하려면 Microsoft Access 데이터베이스의 테이블 간 관계를 지정해야 한다.

(6) 디자인 정리하기

필요한 테이블, 필드, 관계를 디자인한 후에는 문제가 없는지를 확인해야 한다. 데이터베이스 디자인은 테이블에 데이터를 채워 넣기 전에 변경하는 것이 좋다.

Microsoft Access를 사용하여 테이블을 만들고, 테이블간의 관계를 지정하고, 각 테이블에 데이터의 레코드를 입력하여 디자인을 테스트한다. 데이터베이스의 관계를 테스트하려면 쿼리를 만들어 원하는 대답을 얻을 수 있는지 확인하면 된다. 폼과 보고서의 초안을 만들어 기대한 데이터가 나오는지 확인하고 중복되는 데이터가 있는지 확인하고 있으면 삭제한다.

(7) 데이터 입력 및 다른 데이터베이스 개체 만들기

테이블 디자인이 여기서 설명한 디자인 원칙을 모두 만족한다면 기존의 데이터를 모두 테이블에 추가해야 한다. 그런 다음 원하는 쿼리, 폼, 보고서, 데이터 Access 페이지, 매크로, 모듈을 만들 수 있다.

(8) Microsoft Access 분석 도구 사용하기

Microsoft Access에는 Microsoft Access 데이터베이스 디자인의 효율성을 판단할 수 있는 두 가지 도구가 포함되어 있다. 그 한 가지는 테이블 분석 마법사로, 한 테이블씩 디자인을 분석하여 필요하면 새 테이블 구조와 관계를 제안하고 테이블을 새 관련 테이블로 다시 구축하기도 한다. 또 하나는 성능 분석 마법사로 전체 데이터베이스를 분석하여 성능 향상을 위한 권장 사항을 제안하고 구현한다.

Chapter 2
테이블

새로운 관계형 데이터베이스를 구축하려고 할 때 가장 먼저 정의해야 하는 데이터베이스 구성요소는 테이블이다. 테이블이란 입금이나 상품(가격, 상품코드)에 대한 데이터를 한 곳에 모아 놓은 것을 의미하는데, 관련된 항목들만으로 테이블을 구성하게 되고 한 테이블에 모아 놓은 데이터는 또 다른 테이블에 저장하지 않게 함으로써 데이터의 중복 저장으로 인한 번거로움을 제거할 수 있고 데이터를 입력하거나 수정시에 발생할 수 있는 오류도 줄일 수 있다.

테이블은 필드라고 하는 열과 레코드라고 하는 행으로 구성된다. 또한, 두 테이블에 하나의 공통된 필드가 있을 때 두 테이블로부터 데이터를 가져와서 보여줄 수 있으며 편집하고 인쇄할 수 있다.

Access에서 테이블을 만드는 작업은 데이터시트를 보면서 간단하게 만드는 방법에서부터 테이블 마법사를 이용하는 방법과 디자인 보기를 통하여 작업하는 방법이 있는데, 이 단원에서는 이 세 가지 방법 모두를 설명한다.

앞으로 구축해 나갈 데이터베이스의 개요는 다음과 같다.

대상이 되는 회사는 신용판매회사이다. 인터넷 쇼핑몰이나 통신 판매 회사 유형으로 생각하면 될 것이다. 먼저, 일반적으로 회원인 고객에게만 판매가 이루어지므로 회원 관리를 위한 테이블이 필요하다. 그리고 보유하고 있는 상품에 대한 정보를 위한 테이블과 해당 상품을 공급하는 공급업체 테이블이 요구된다. 이 같은 테이블 유형은 마스터 테이블 개념으로 구축된다. 이런 마스터 테이블을 기반으로 하여 수시로 발생하는 트랜잭션 테이블로는 고객이 상품을 주문하는 데이터를 관리하는 판매 테이블과 공급업체로부터 상품이 입고되는 것을 관리하는 입고 테이블, 그리고 구매한 고객으로부터 온라인 입금을 관리하는 입금 테이블 등을 생각해볼 수 있다.

데이터베이스 명 : 통신판매.mdb

테이블과 각 필드 이름

테이블 명	고 객	상 품	판 매	공급자	입 고
필드	고객코드 고객명 주소 전화번호 신용한도액 보너스금액	상품코드 상품명 단가 공급업체코드	고객코드 상품코드 판매일 수량 카드결제 카드번호	공급업체코드 공급업체이름 영업대표 주소 전화번호	공급업체코드 상품코드 입고일 수량

이 테이블들은 앞으로 모든 단원에 걸쳐서 사용될 것이고 각 예제에 따라서 필드들이 추가, 수정, 삭제 될 것이다.

2 1 데이터시트를 이용한 테이블 만들기

앞에서 설명한 바와 같이 테이블은 데이터베이스의 한 구성요소이다. 따라서 테이블은 특정 데이터베이스 내에서 정의된다. 그러므로 테이블을 정의하려면 그 테이블을 구성요소로 가지는 데이터베이스가 먼저 필요하게 된다.

① Access 2007을 기동시키면 다음과 같이 새 파일을 만들 수 있는 메뉴가 실행된다. 여기서 '새 데이터베이스'를 클릭 한다.

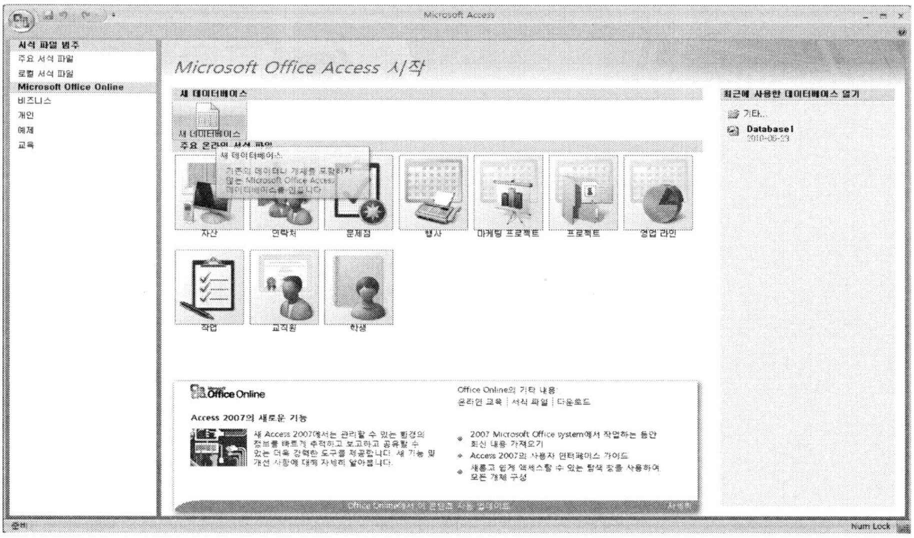

② 새로 만들어지는 데이터베이스 이름은 기본적으로 "database"에 숫자 "n"이 붙여진다. 파일 이름 상자에 다음과 같이 "통신판매"라고 입력하고 <만들기>단추를 선택하면 새 데이터베이스 이름은 "통신판매.accdb"가 된다.

③ 다음과 같이 “통신판매" 데이터베이스의 창이 열린다.

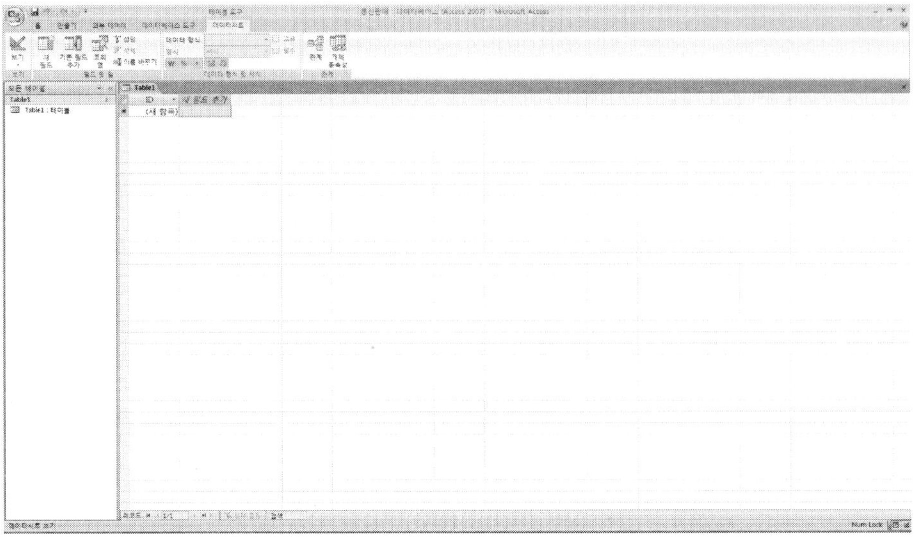

④ 창의 왼쪽 화면은 데이터베이스 개체를 선택할 수 있는 창이고, 오른쪽 화면은 테이블 개체의 데이터시트 보기 화면이다. 데이터시트보기 화면에서는 데이터 값을 직접 입력할 수 있다.

⑤ 다음과 같이 데이터 값을 직접 입력한다.

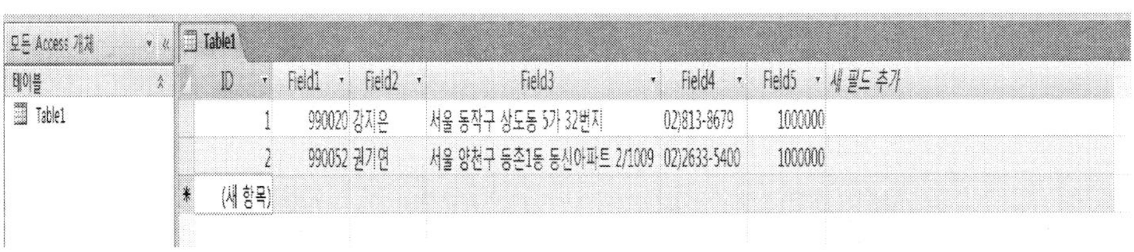

> **Tip** 입력할 때 필드 길이를 조절하려면 필드이름과 이름(Field1, ...)사이에 있는 경계선에 마우스 포인터를 놓고 드래그 한다.

위의 화면을 보면 필드 이름이 Field1, Field2,...라고 붙여져 있는 것을 볼 수 있다. 이 이름들은 기본적으로 붙여주는 필드 이름들인데 다음과 같은 방법으로 수정할 수 있다.

Field1, Field2....라고 붙여져 있는 이름 위에서 마우스를 두 번 누르고 다음과 같이 필드 이름을 입력한다. 그리고 필요 없는 필드들은 해당 필드의 필드 이름을 선택하고 편집 > 열 삭제 메뉴를 선택하여 삭제한다. 또한 작업도중에 필드(열)를 추가할 경우에는 삽입할 필드(열)가 들어갈 위치의 오른쪽에 있는 필드(열)를 선택한 다음 삽입 > 열 메뉴를 선택한다. 필드 간의 위치를 변경할 수도 있는데, 변경하려는 필드 이름을 클릭하여 해당 열 전체를 반전시킨 다음 마우스를 이용하여 원하는 위치로 끌고 가면 된다.

다음 그림을 참고로 필드명을 변경한다.

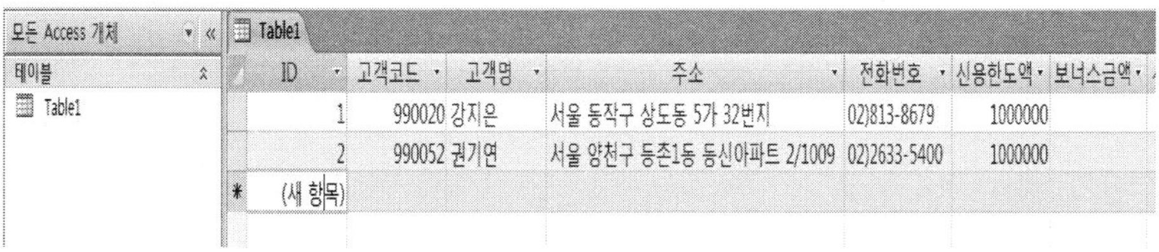

⑥ 데이터 몇 행을 입력하고 필드에 대한 수정 작업이 끝났으면 파일 > 저장 메뉴를 선택하거나 저장 도구 단추를 누른다. 다음의 대화상자에서 테이블 이름을 "고객"이라고 입력한 뒤에 <확인> 단추를 선택한다.

ID 필드는 새로운 데이터(행)가 추가 될 때마다 고유 숫자(순서화된 번호)를 자동으로 생성해서 가지게 되는데, 자세한 내용은 뒤의 기본 키를 다룬 단원을 참조하도록 한다.

실습 데이터시트를 이용한 방법을 사용하여 아래와 같이 상품 테이블과 공급자 테이블을 작성한다.

상품

상품코드	상품명	단가	공급업체코
AT20	텔레비전 20"	450,000	A2
BT20	텔레비전 20"	465,000	A1
*			

공급자

공급업체코	공급업체 C	영업대표	주소	전화번호
A1	㈜성한전자	고수호	서울 영등포구 문래동 2가	(02)2645-2121
A2	㈜대영전자	장희현	서울 구로구 가리봉동 5가	(02)832-2132
*				

2 2 디자인 보기를 이용한 테이블 만들기

데이터 시트에서 간단하게 작성할 수 없는 테이블이거나 테이블 서식파일에서 제공하고 있는 기본적인 테이블과 필드를 참조하기 어려운 경우에는 디자인 보기를 통하여 테이블을 정의하여야 한다.

실습 "판매" 테이블을 디자인 보기를 이용하여 작성해 보자.

① 테이블 작성하는 다른 방법과 마찬가지로 "통신판매" 데이터베이스 창에서 만들기 탭을 선택한다.

② 다음의 화면에서 <테이블 디자인> 단추를 누른다.

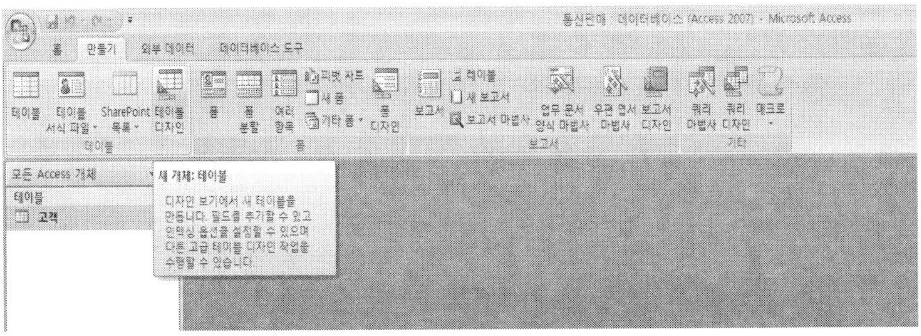

③ 다음은 디자인 보기로 보여준 테이블 창이다. 필드 이름에 각각의 필드 이름을 정의하고 각 데이터 형식에는 다음과 같이 적합한 데이터 형식을 오른쪽 콤보 상자를 눌러서 나온 목록에서 선택한다.

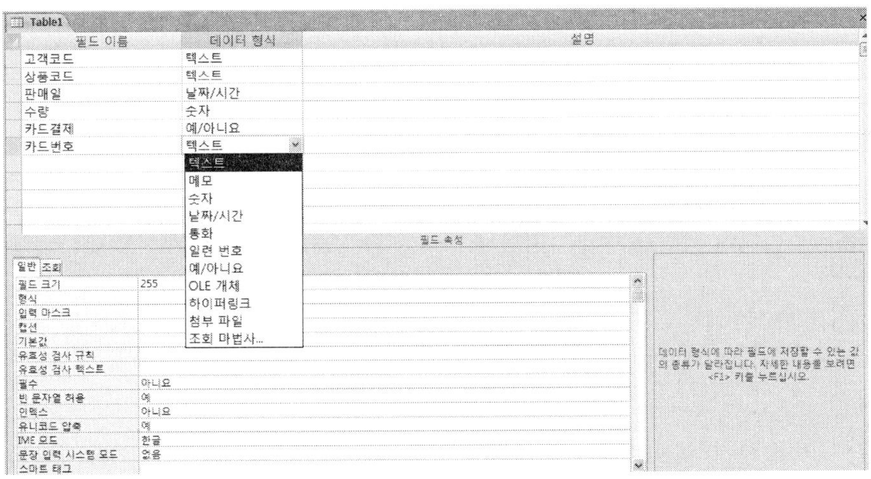

④ "판매" 테이블에 레코드가 입력될 때 고객코드 필드에 값이 들어오지 않았다고 가정해 보자. 고객이 없는 판매 데이터가 완전한 데이터라고 할 수 있는가? 또한 상품코드 값이 없는 데이터는 어떠한가? 몇 개 판매 되었는지의 데이터가 없다면 또 어떻게 되는가? 이와 같이 어떤 테이블에는 반드시 그 값이 있어야만 하는 필드가 존재한다. "판매" 테이블에는 "고객코드", "상품코드", "수량" 필드에 값이 꼭 들어와야 되는데 각 필드에 대해서 다음과 같이 <필수>를 <예>로 설정하면 된다. 카드 결제여부와 판매일에 대해서는 이후에 다른 내용으로 다루어질 것이므로 여기에서는 필수에서 제외한다.

⑤ 모든 테이블에는 기본 키가 있어야 한다. 디자인 보기에서 기본 키를 정의하려면 먼저 해당 필드의 이름 왼쪽에 있는 행 선택기를 클릭하는데 만일 기본 키로 두 개 이상의 필드를 설정해야 한다면 먼저 한 필드를 선택한 다음 Ctrl 키를 누른 상태에서 나머지 필들을 선택해 나가면 된다.

실습 "판매" 테이블에서는 어떤 필드를 기본 키로 설정해야 하는가?

"고객코드"를 기본 키로 설정해 보자. 한 고객이 여러 가지 상품을 구매했다면 한 고객에 대한 판매 데이터는 여러 건 있게 되고 "고객코드"는 기본 키의 가장 큰 특징인 "유일성"을 가지지 못한다. 그러면 "상품코드"는 어떤가? 동일한 상품을 다른 여러 고객에 의해 구매 될 수 있으므로 이것 역시 적합하지 않다. 그러면 "고객코드"와 "상품코드"를 기본 키로 설정하면 "유일성"을 보장할 수 있겠는가? 여기에도 문제가 있다. 어떤 고객이 같은 상품을 여러 번 구매했다면? 따라서 "판매" 테이블에서는 "고객코드" 와 "상품코드", 그리고 "판매일"을 기본 키로 설정해야 한다.

다음과 같이 세 개의 필드를 모두 선택한 뒤에 편집 > 기본 키 메뉴를 선택하거나 기본 키 도구 단추를 클릭하면 세 개의 필드 왼쪽에 있는 행 선택기 영역에 키 아이콘이 보이게 된다.

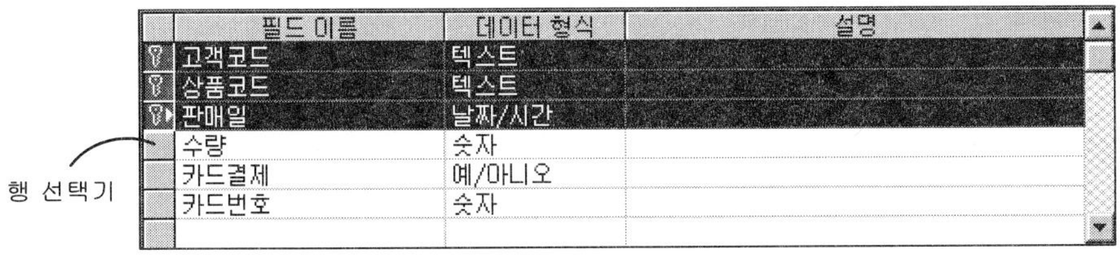

⑥ 파일 > 저장 메뉴를 선택하거나 저장 도구 단추를 클릭한다. 다음의 대화상자에서 테이블 명을 입력하고 <확인> 단추를 눌러서 "판매" 테이블을 저장한다.

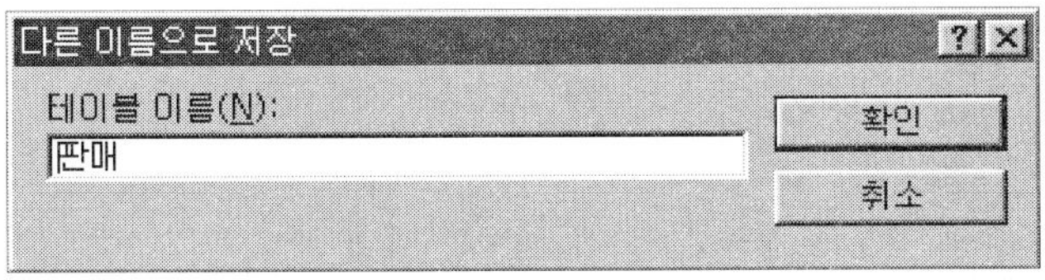

실습 입고 테이블을 디자인 보기를 이용하여 작성한다. 내용은 다음을 참고한다.

필드명	데이터 형식	필수	키
공급업체코드	텍스트	예	키
상품코드	텍스트	예	키
입고일	날짜/시간		키
수량	숫자	예	

2.3 필드

테이블의 각 필드를 정의할 때 각 필드의 이름과 데이터 형식을 지정하고 속성을 정의하게 되는데 데이터시트를 이용한 테이블 만들기에서는(단원 2.1 참조) 필드 이름만을 정의했었다. 또한 테이블 서식파일을 사용하여 테이블을 만들 때도 기존에 정의되어 있는 필드의 속성을 그대로 가져왔다. 이 단원에서는 데이터 시트 보기를 통해서 정의된 각 필드들은 어떤 데이터 형식과 속성을 기본적으로 가지는지 알아보고 시스템이나 사용자에 의해서 이미 정의되어 있는 필드들의 데이터 형식과 속성들을 수정하는 방법과 각 데이터 속성의 기능을 예제를 통하여 살펴본다.

먼저 Access 2007에서 지원하는 필드의 데이터 형식은 다음과 같다.

데이터 형식	용 도	크 기
텍스트	텍스트와 숫자가 조합된 데이터를 비롯해서 전화 번호나 지역 번호, 우편 번호와 같이 계산이 필요 없는 번호	255 문자까지
메모	참고나 설명과 같이 길이가 긴 텍스트나 숫자.	64,000 문자까지
숫자	화폐 계산(통화 형식 사용)을 제외한 산술 계산에 사용되는 숫자 데이터.	1 또는 2, 4, 8바이트. 16바이트는 복제 ID(GUID) 에만 사용.

날짜/시간	날짜와 시간.	8바이트.
통화	통화 값. 계산 중에 반올림되지 않도록 할 때 사용된다. 소수점 위 15자리, 소수점 아래 4자리까지의 숫자를 저장할 수 있다.	8바이트.
일련 번호	레코드가 추가될 때 자동으로 삽입되는 1씩 증가하는 숫자 또는 임의 숫자.	4바이트. 16바이트는 복제 ID(GUID)에만 사용된다.
예/아니오	Yes/No, True/False, On/Off 등, 두 값 중 하나만 갖는 필드.	1비트.
OLE 개체	OLE 프로토콜을 사용해서 다른 프로그램에서 만들어진 Microsoft Word 문서나 Microsoft Excel 스프레드시트, 그림, 소리, 기타 이진 데이터 등의 개체. 이 개체는 Microsoft Access 테이블에 연결 또는 포함될 수 있다.	1GB까지 사용.
하이퍼링크	하이퍼링크를 저장할 필드. 하이퍼링크는 UNC 경로나 URL이 될 수 있다.	64,000 문자까지 사용.
조회 마법사	다른 테이블이나 콤보 상자를 사용한 값 목록에서 값을 선택할 수 있도록 하는 필드를 정의한다. 데이터 형식 목록에서 이 옵션을 선택하면 마법사가 실행되어 대신 정의해준다	조회 필드인 기본 키 필드의 크기와 같으며, 보통 4바이트.

다음은 필드에 데이터 형식을 지정할 때 고려해야 할 사항이다.

① 필드에 저장할 내용.
② 필드 값에 사용할 저장 공간 크기.
③ 필드 값으로 수행할 연산의 종류. 예를 들어, 숫자나 통화 필드 값으로는 합계를 구할 수 있지만, 텍스트나 OLE 개체 필드 값으로는 합계를 구할 수 없다.
④ 필드를 정렬하거나 인덱스로 지정할지의 여부. OLE 개체 필드는 정렬하거나 인덱스로 지정되지 못한다.
⑤ 필드를 사용해서 쿼리나 보고서의 레코드를 그룹화 할지의 여부. OLE 개체 필드는 레코드 그룹화에 사용할 수 없다.
⑥ 필드 값 정렬 방법. 텍스트 필드에서 숫자는 숫자 값이 아니라 문자열(1, 10, 100, 2, 20, 200, 등)로 정렬된다. 숫자를 숫자 값으로 정렬하려면 숫자나 통화 필드를 사용해야 하며, 또한 텍스트 필드에 입력된 날짜 형식은 제대로 정렬되지 않으므로 제대로 정렬되도록 하려면 날짜/시간 유형으로 정의해야 한다.

(1) 데이터시트 보기를 통해서 정의한 테이블의 수정

데이터시트 보기를 통해서 정의한 "고객" 테이블의 필드를 수정해 보자.

① 데이터베이스 창에서 "고객"을 선택한 다음 디자인(D) 단추를 누른다.

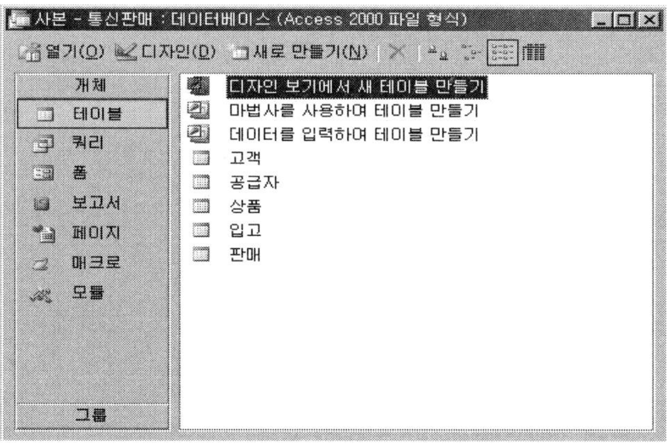

② 다음의 디자인 보기 창이 열리면 필드에 정의된 데이터 형식을 살펴보자. 데이

터시트를 통해서 입력한 데이터 값에 따라서 숫자와 텍스트 형식으로 정의되어 있을 것이다. 다음 표를 참고하여 각 필드의 속성을 수정한다.

필드명	데이터 형식	필드 크기	필수	기본값
고객코드	텍스트	10	예	
고객명	텍스트	10	예	
주소	텍스트	30	예	
전화번호	텍스트	15	예	
신용한도액	통화			1000000
보너스금액	통화			

"신용한도액" 필드에 정의한 <기본값>은 해당 필드에 입력 값이 없을 경우에는 <기본값>에서 설정한 값이 자동적으로 입력됨을 의미한다. 주로 어떤 필드에 특정 값이 주로 입력되는 경우에 <기본값>을 이용하면 편리하다.

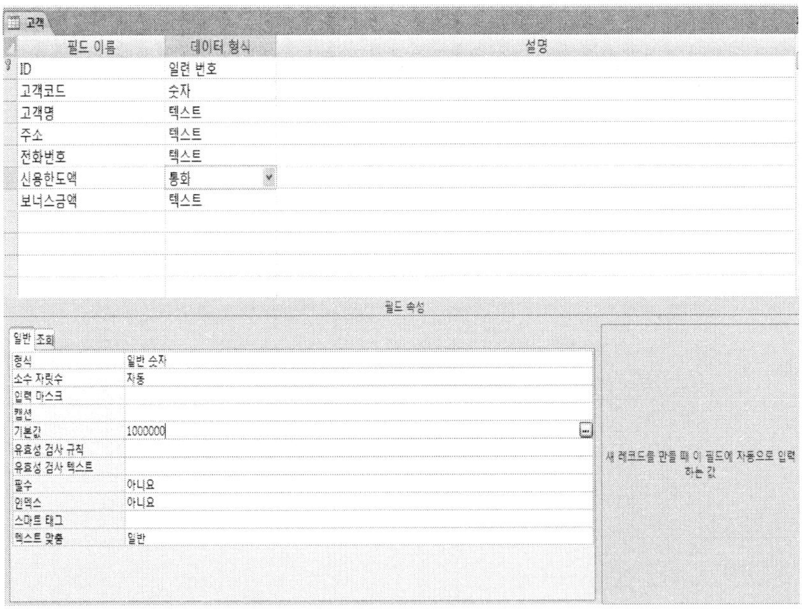

③ 기본 키를 "고객코드"로 설정하기 위해 기본 키로 설정된 "ID" 필드를 선택하고 편집 > 삭제 메뉴를 선택한다. 몇 개의 경고 메시지가 나오는데 <예>를 계속 선택하여 작업을 진행한다. 삭제되었으면 고객코드 필드를 선택하고 툴바에서

기본 키 도구를 클릭한다. 제대로 설정되었다면 "고객코드" 필드 옆의 행 선택기에 기본 키 아이콘이 나타날 것이다.

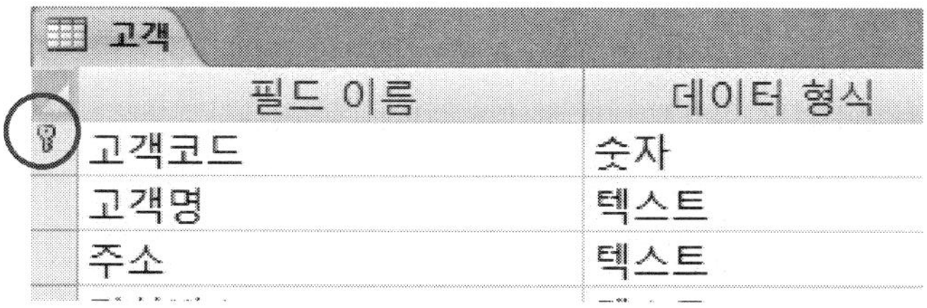

④ "고객" 테이블에 주민등록 번호 필드를 추가한다.

새 필드를 삽입하려는 위치 아래의 필드를 선택하고 마우스 오른쪽 버튼- 행삽입 (삽입 - 행) 메뉴를 선택한다.

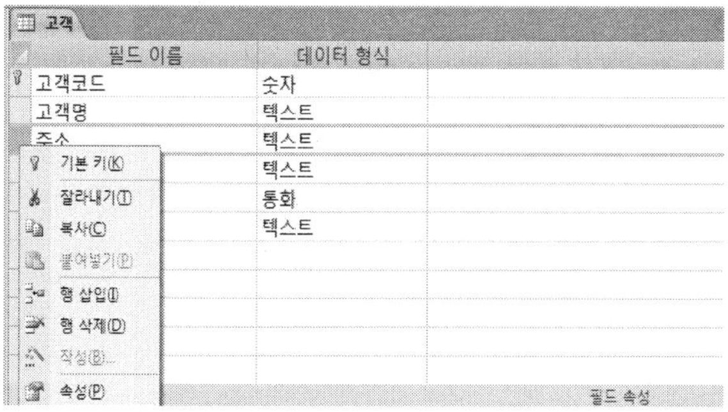

빈 행이 삽입되면 다음과 같이 필드 이름을 입력하고 데이터 형식을 지정한다.

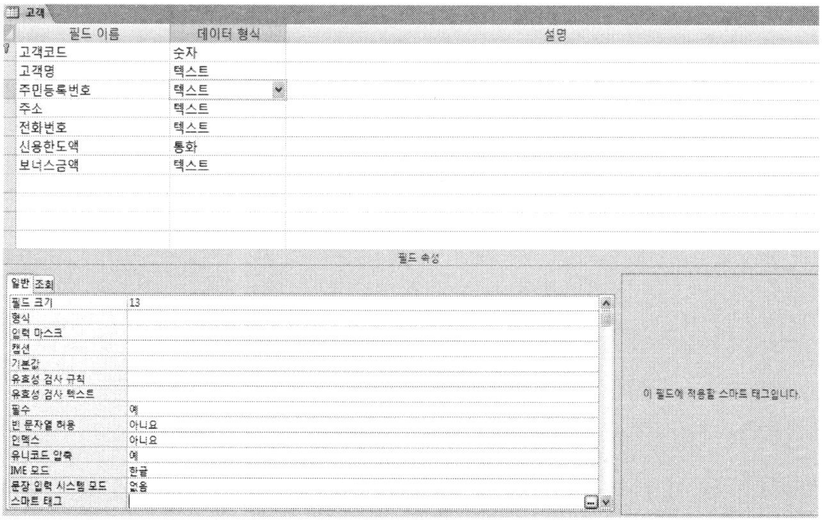

여기에서, 잠시 <입력 마스크> 필드 속성에 대해서 살펴보자.

주민등록 번호는 앞의 생년월일 6자리와 뒤의 7자리 숫자로 이루어져 있다. 이 사이에 있는 "-" 문자는 데이터로 저장할 필요는 없으나 데이터를 입력할 때 나타난다면 시각적인 구분자 효과를 주어서 사용자로 하여금 편하게 입력할 수 있게 하며 입력된 값에 대한 오류를 검사하는 데에 있어서 도움을 줄 것이다. 또한 이 필드에는 숫자만이 입력되어야 한다.

> 주의
>
> 입력 마스크 필드 속성을 사용하려면 데이터 형식은 텍스트나 날짜/시간이어야 한다.

이러한 사항을 <입력 마스크> 필드 속성으로 구현해 보자.

① <입력 마스크> 속성 영역을 선택하면 옆에 ... 작성 단추가 나타나는데 이 단추를 누른다. 만일 이제까지의 작업을 저장하지 않았다면 경고 메시지가 나타날 것이다. <예>를 선택해서 저장한 뒤에 다시 작업한다. 또한 변경된 필드 속성에 따라서 기존에 입력된 데이터가 변경될 수 있기 때문에 이와 관련된 경고 메시지가 나타날 수 있다. 예를 들어서 크기를 줄인 필드의 경우 기존에 입력된 데이터가 잘린다는 메시지가 나타날 것이다. 상관없다면 <예>를 계속 선택하여 작업을 진행한다.

② 다음과 같은 <입력 마스크 마법사>가 시작된다.
첫 단계에서 "주민등록번호"를 선택하고 <다음> 단추를 누른다.

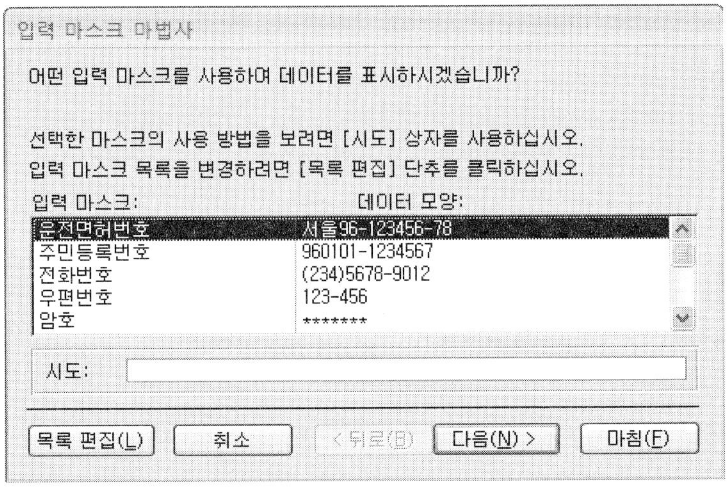

③ 다음 단계에서 <입력 마스크 기호>를 정의하는데, <입력 마스크 기호>란 데이터를 입력할 때 데이터의 각 자릿수 위치를 사용자에게 알려주기 위한 문자를 말한다. "-" 기호가 기본적으로 선택되어 있다. 변경하지 않고 <다음> 단추를 누른다.

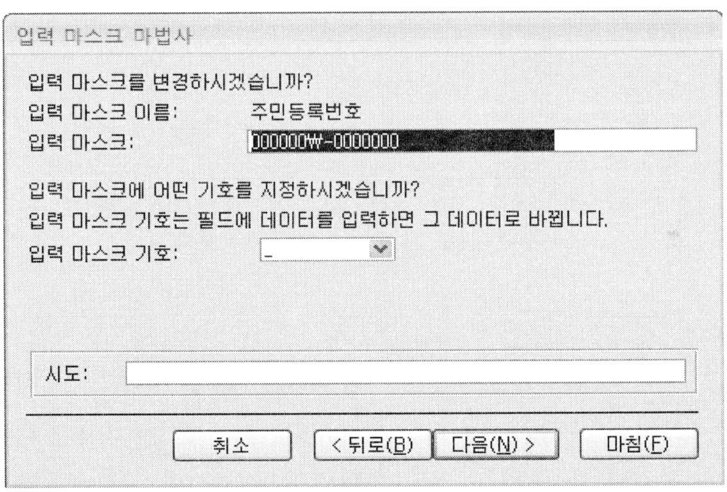

④ 다음 단계에서는 데이터베이스에 실질적으로 저장될 데이터 형식을 정의한다. 여기서는 "기호 없이"를 선택하였다. <마침> 단추를 누른다.

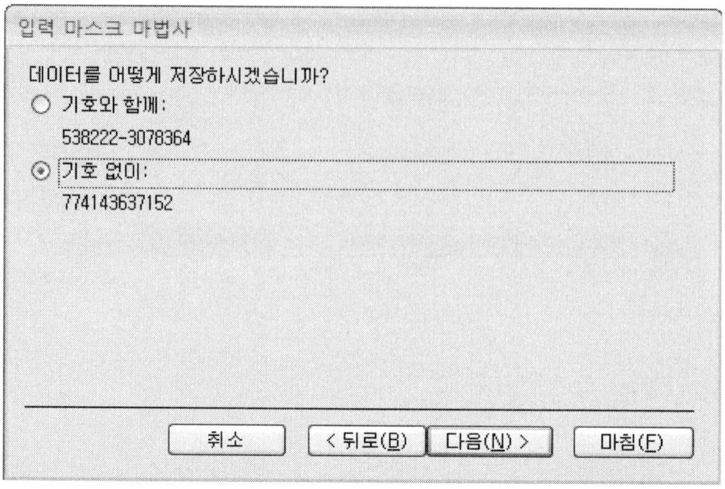

⑤ 다음과 같이 <입력 마스크> 속성에 값이 들어온다. 입력 마스크는 세미콜론(;)으로 나눈 세 개의 부분으로 구성된다. 첫 번째 부분은 마스크 정의문자와 마스크 문자열을 정의하고 두 번째 부분은 선택사항으로 서식문자(여기서는 6자리 다음에 있는 "-" 문자)를 저장하는 지를 정의한다. 값이 "0"이면 저장하고 "1"이나 공백이면 저장하지 않는다. 앞의 <입력 마스크> 마법사 마지막 단계에서 "기호 없이"를 선택했기 때문에 두 번째 부분이 공백으로 되었다. 세 번째 부분도 선택사항이며 입력하는 위치를 가리키는 자리 표시를 정의하는데 앞의 <입력 마스크> 마법사 두 번째 단계에서 <입력 마스크 문자>를 "_"로 정의했기 때문에 "_" 문자로 정의되었다.

⑥ 이제, 정의한 <입력 마스크> 속성이 어떻게 적용되는지 알아보자.
보기 > 데이터시트 보기 메뉴를 선택한다(먼저 저장해야 한다.).

⑦ 데이터 시트 보기를 통해서 열린 "고객" 테이블 창의 "주민등록번호" 필드에 값을 입력해 보자. <입력 마스크> 속성이 어떻게 적용되는지 이해할 수 있을 것이다.

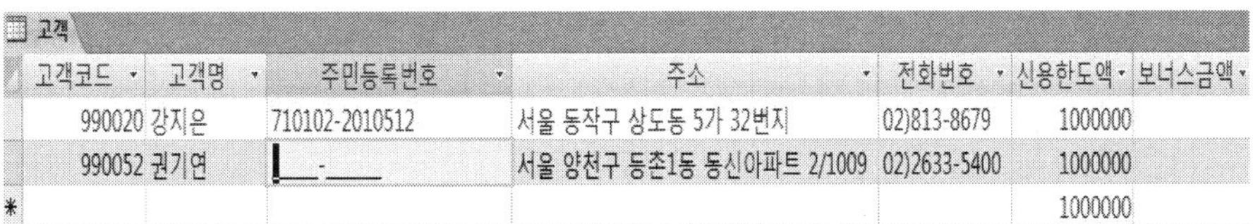

참고 : 입력 마스크

■

(999) 000-0000! ; 0 ; " "

구 역	기 능
첫 번째	입력 마스크 자체를 의미한다.
두 번째	리터럴 표시 문자를 저장할 것인지를 결정한다. 0 : 입력된 값과 함께 리터럴 문자를 저장한다. 1 또는 빈 상태 : 빈칸에 입력된 문자만 저장한다.
세 번째	입력 마스크의 빈칸을 표시하는 문자로, 모든 문자를 사용할 수 있다. 공백을 표시하려면 " "(따옴표, 공백, 따옴표)를 입력하고 이 구역을 빈칸으로 두면 '_' 가 기본적으로 지정된다.

■

입력마스크 구역의 첫 번째 구역에 있는 문자는 다음 표와 같이 해석된다. 리터럴 문자를 정의하려면 공백과 기호를 포함하여 표에 나타난 문자 이외의 문자를 입력하며 다음 문자를 리터럴 문자로 정의하려면 문자 앞에 '\'를 붙인다.

문자	설 명
0	숫자를 입력해야하며 반드시 입력해야한다. 0에서 9까지의 숫자를 입력하며, 덧셈 기호[+]와 뺄셈 기호[-]는 사용할 수 없다.
9	숫자나 공백을 입력하며 반드시 입력하지 않아도 된다. 덧셈 기호[+]와 뺄셈 기호[-]를 사용할 수 없다.
#	숫자나 공백을 입력하며 반드시 입력하지 않아도 된다. 빈칸은 공백으로 바뀌며 덧셈 기호[+]와 뺄셈 기호[-]를 사용할 수 있다.
L	A부터 Z까지의 문자를 입력해야하며 반드시 입력해야한다.
?	A부터 Z까지의 문자를 입력하며 반드시 입력하지 않아도 된다.
A	A부터 Z까지의 문자나 숫자를 입력해야하며 반드시 입력해야한다.
a	A부터 Z까지의 문자나 숫자를 입력하며 반드시 입력하지 않아도 된다.
&	문자나 공백을 입력해야하며 반드시 입력해야한다.
C	문자나 공백을 입력하며 반드시 입력하지 않아도 된다.
. , : ; - /	소수 자릿수와 1000 단위, 날짜, 시간 구분 기호를 나타낸다. 실제로 사용되는 문자는 Windows 제어판의 국가별 설정에서 지정한 설정에 따라 다르다.
<	이 입력 마스크 뒤에 있는 모든 문자가 소문자로 변환된다.
>	이 입력 마스크 뒤에 있는 모든 문자가 대문자로 변환된다.
!	마스크에 입력되는 문자는 항상 왼쪽에서 오른쪽으로 채워진다. 입력 마스크의 어느 위치에서나 이 문자를 삽입할 수 있다.
\	이 입력 마스크 뒤에 있는 문자가 리터럴 문자로 표시된다. 이 표에서 설명하고 있는 마스크 문자들을 입력 마스크로서가 아닌 일반적인 리터럴 문자로 표시할 때 사용된다. 예를 들어, \A는 A만 표시된다.
암호	입력마스크 속성을 암호로 설정하면 암호 입력란이 만들어진다. 입력란에 입력하는 문자는 문자로 저장되지만 화면에는 별표(*)로 표시된다.

■

입력 마스크 정의	값의 예
(000) 000-0000	(206) 555-0248
(999) 999-9999!	(206) 555-0248, ( ) 555-0248
(000) AAA-AAAA	(206) 555-TELE
#999	-20, 2003
>L????L?000L0	GREENGR339M3, MAY R 452B7
>L0L 0L0	T2F 8M4
00000-9999	98115-, 98115-3007
>L<??????????????	Maria, Pierre
ISBN 0-&&&&&&&&&-0	ISBN 1-55615-507-7, ISBN 0-13-964262-5
>LL00000-0000	DB51392-0493

실습 "고객" 테이블의 "전화번호" 필드에 입력 마스크를 정의한다.

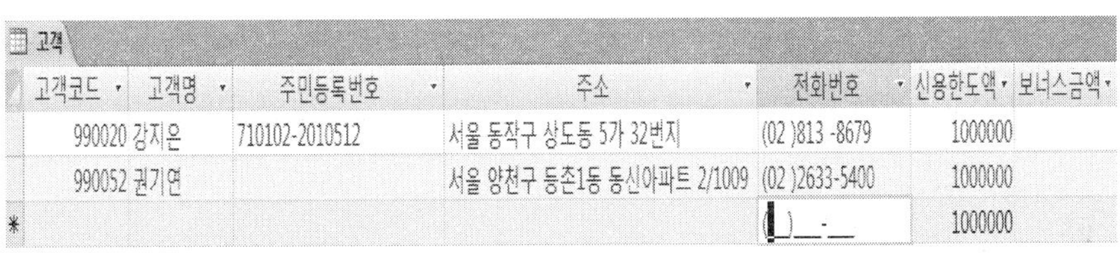

(2) 데이터시트 보기로 작성한 테이블의 수정

테이블 마법사를 이용하여 작성한 "상품" 테이블의 필드에 대하여 수정해 보자.

① "고객" 테이블과 마찬가지로 "통신판매" 데이터베이스 창에서 "상품" 테이블을 디자인보기 모드로 연다.

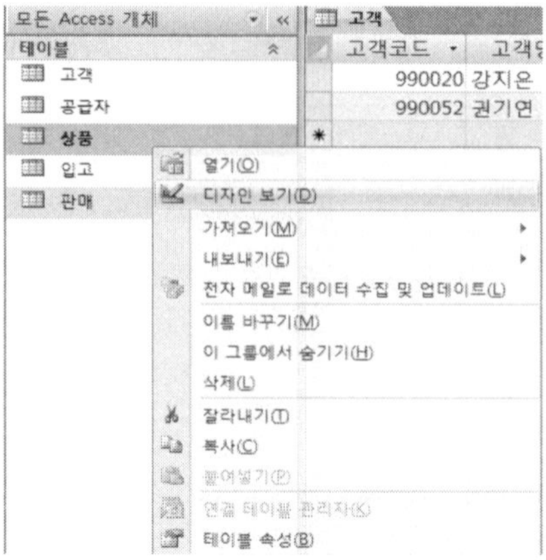

② 다음을 참고하여 필드의 속성을 수정한다. 이미 "상품" 테이블에 데이터가 있었다면 경고 메시지가 나타난다. <예> 단추를 선택하면 기존의 데이터가 지금 작업한 필드 속성에 의거해서 자동적으로 수정된다.

필드명	데이터 형식	필드 크기	필수
상품코드	텍스트	10	예
상품명	텍스트	20	예
단가	통화		예

③ 필드 중에 "공급업체코드"는 "공급자" 테이블에서 기본 키인 "공급업체코드"와 관련된다.

(3) 디자인 보기로 작성한 테이블 수정

디자인 보기를 통하여 작성한 "판매" 테이블의 필드를 수정하는데, 수정할 내용은 다음과 같다.

- ▶ "고객코드"는 "고객" 테이블에 등록한 "고객코드" 중에서만 입력해야 한다.
- ▶ "상품코드"는 "상품" 테이블에 등록한 "상품코드" 중에서만 입력해야 한다.
- ▶ "판매일" 필드는 직접 입력하지 않으면 데이터를 입력하는 현재 날짜와 시간을 기본적으로 입력 되도록 한다.

① "통신판매" 데이터베이스 창에서 "판매" 테이블을 선택한 다음 디자인 보기모드로 연다.

② 첫 번째를 해결하기 위해 "고객코드" 필드의 데이터 형식을 "조회 마법사"로 변경한다. 다음의 조회 마법사가 시작된다.

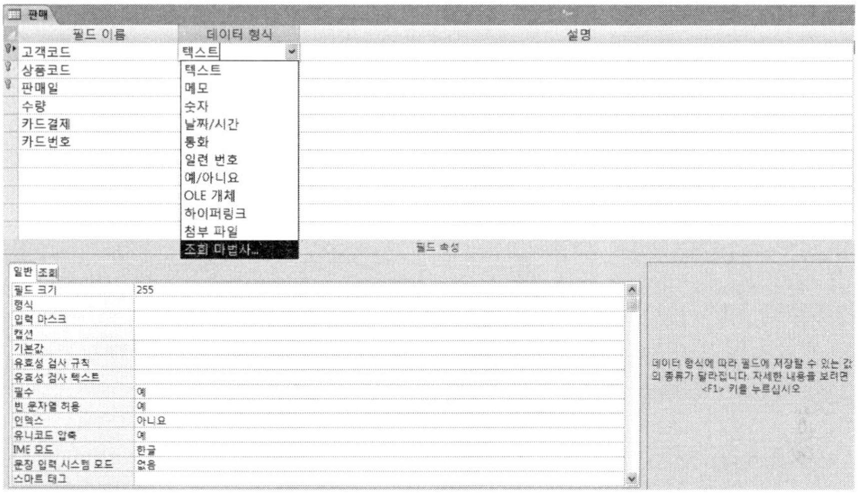

③ 첫 단계에서 "고객" 테이블에서 값을 조회하도록 하기 위해 "조회 열에서 테이블이나 쿼리에 있는...." 옵션을 선택하고 <다음>을 누른다.

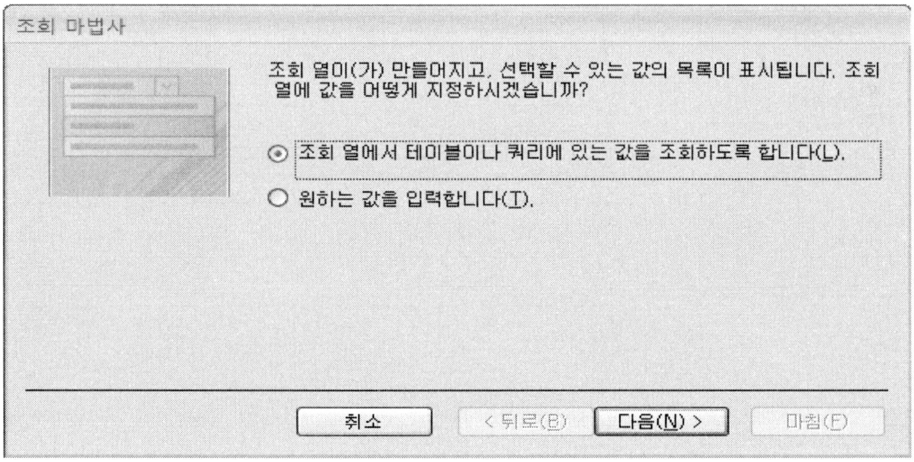

④ "고객" 테이블을 선택하고, <다음>을 누른다.

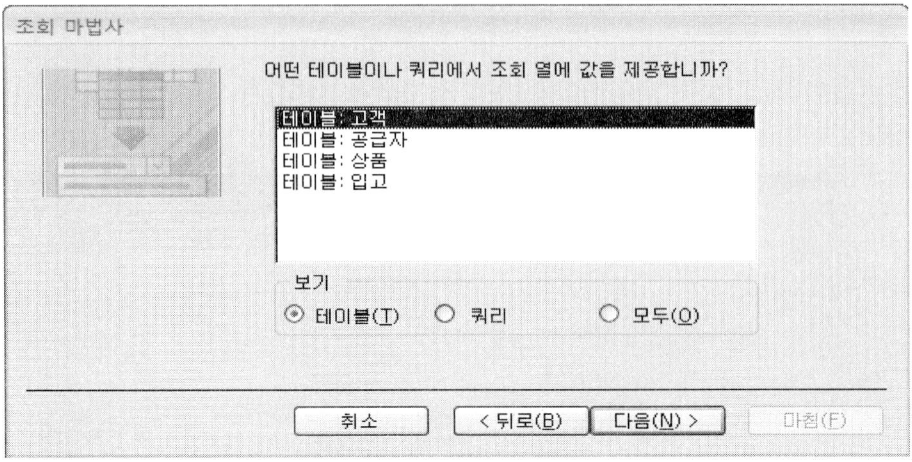

⑤ "고객코드" 필드를 선택하고 <다음>을 누른다.

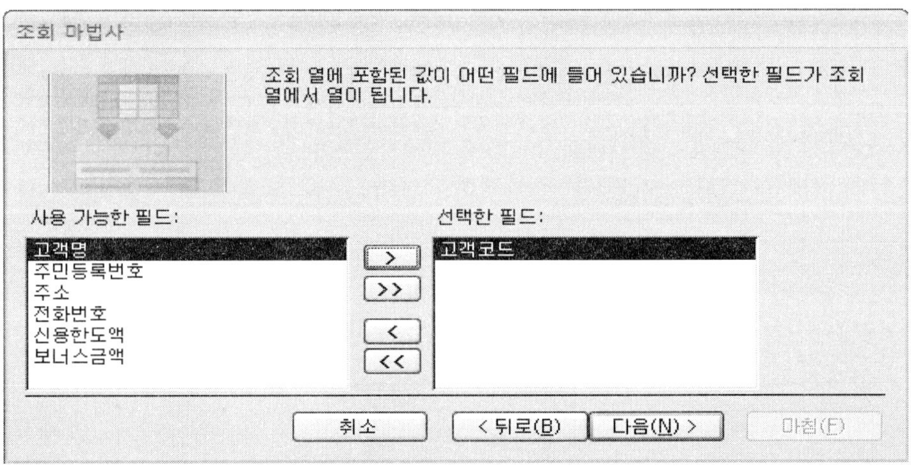

⑥ 다음 단계에서는 정렬 기준을 선택한다. 고객코드 기준 오름차순으로 정렬할 수 있도록 선택을 한다.

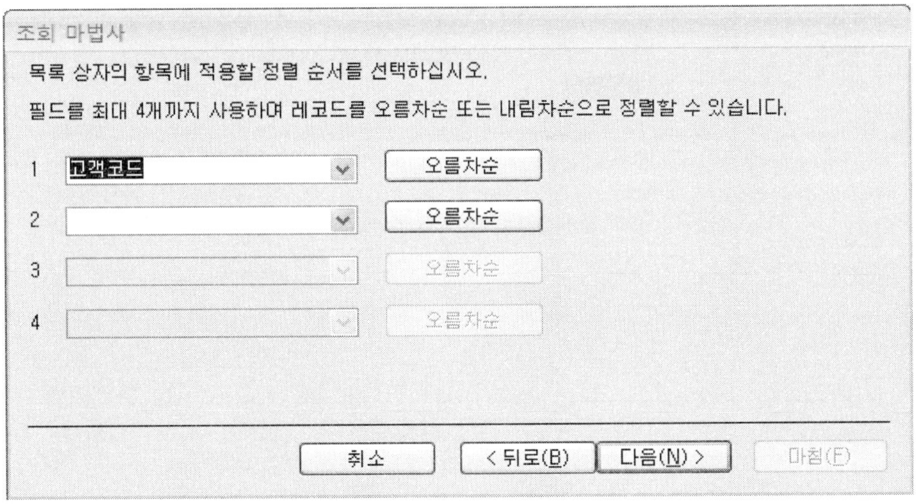

⑦ 다음 단계에서는 열 너비를 조정하는데, "고객코드" 이름표 오른쪽 경계선을 마우스로 드래그 하거나, 두 번 클릭하여 자동 조절한다.

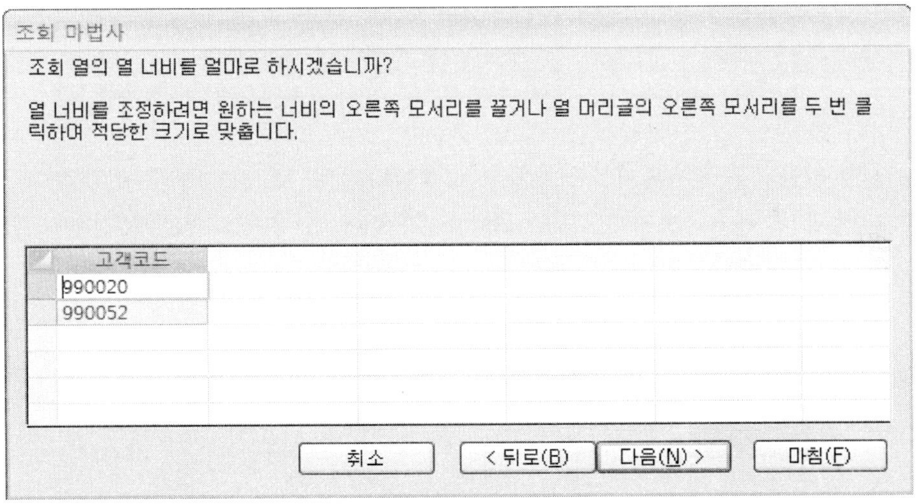

⑧ 조회할 열에 이름표로 사용될 레이블을 정의하고 <마침>을 클릭한다.

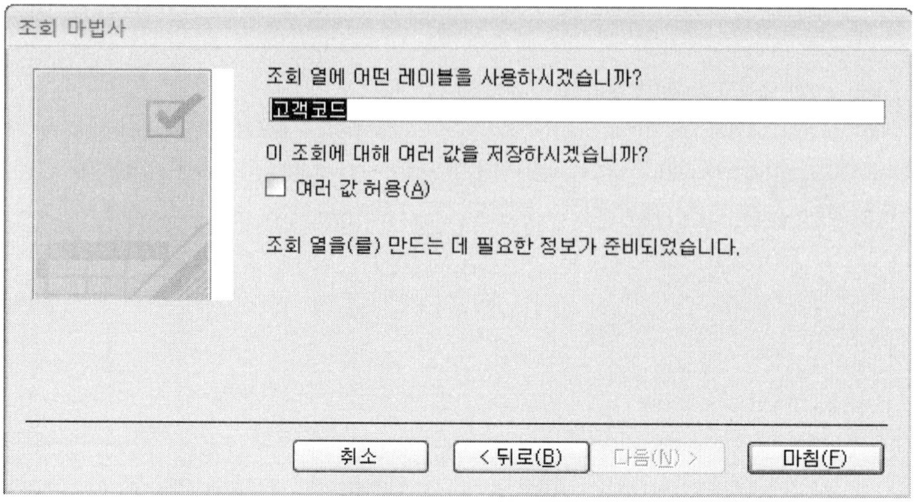

⑨ 저장 명령 대화상자가 나오면 <예>를 선택하여 저장한다.

⑩ 저장한 다음 "판매" 테이블을 보기 > 데이터시트 보기 메뉴를 선택하여 열어보면 다음과 같이 "고객코드" 필드 옆의 목록다운 단추를 누르면 "고객" 테이블로부터 조회된 필드 값들의 목록이 나타난다.

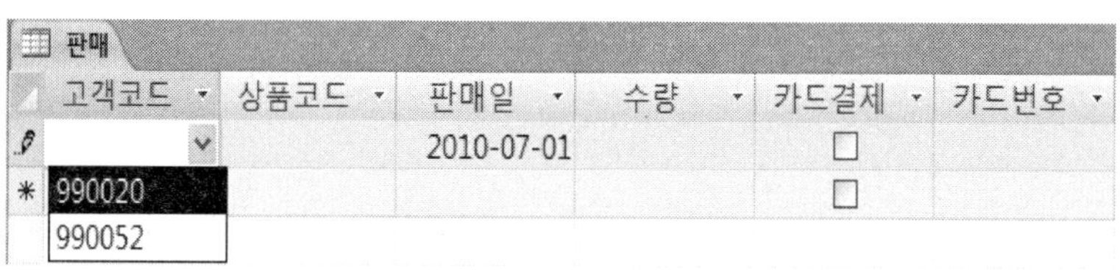

실습

"판매" 테이블의 "상품코드" 필드를 "조회마법사"로 정의하여 "상품"테이블의 "상품코드" 필드 값이 조회될 수 있도록 한다. 레이블은 "상품코드"라고 지정한다.

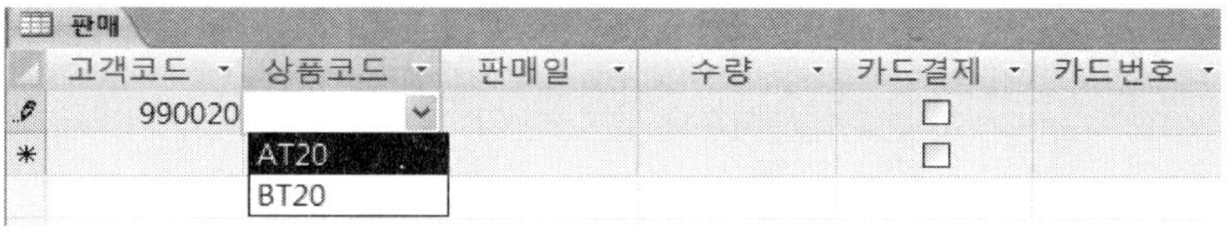

⑨ "판매일" 필드에 기본적으로 데이터를 입력한 날짜와 시간이 저장될 수 있도록 <기본값> 속성을 선택하고 [...] 작성 단추를 누른다.

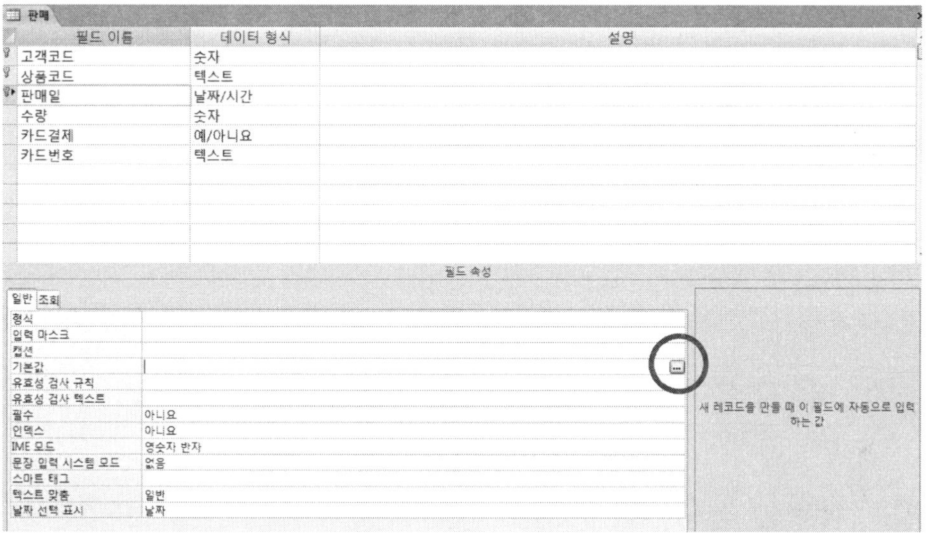

⑩ 다음의 <표현식 작성기> 화면에서 함수 > 기본함수를 선택하고 <날짜/시간>을 선택한 다음 <Now>를 두 번 누르면 함수 식이 상단 영역에 들어온다. <확인> 단추를 클릭한다.

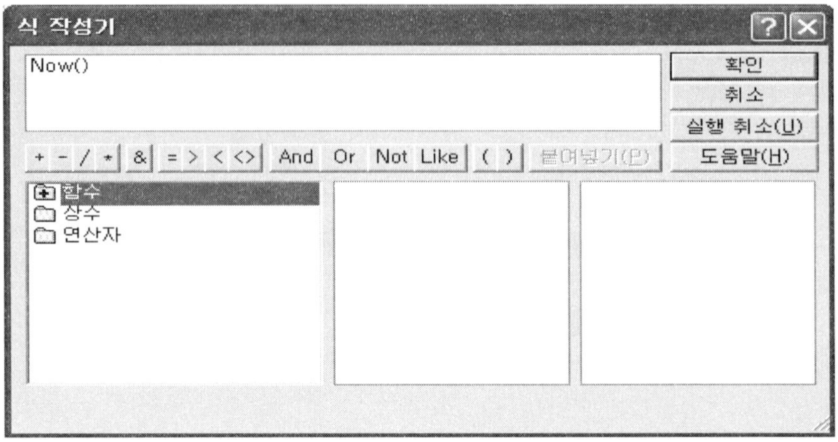

⑪ 앞의 작업을 저장한 다음 보기 > 데이터시트 보기 메뉴를 선택한다. “판매일” 필드에는 현재 날짜와 시간이 자동적으로 입력된다. 물론, 직접 값을 입력할 수 있다.

이 단원에서 설명하지 않은 필드 속성에 대해서는 앞으로 해당하는 예제가 나오면 그때 그때마다 설명하기로 한다.

2 4 유효성 검사 규칙

(1) 필드 유효성 검사

각 필드에 허용되는 데이터 값에 대한 확인 사항을 정의하려면 해당 필드에 대한 필드 속성 <유효성 검사 규칙>에서 식을 입력한다.

예를 하나 들어보자.

“고객” 테이블에 성별을 구분하는 필드 하나를 추가하고 이 필드에는 “여” 혹은 “남” 만을 값으로 허용할 수 있도록 해보자.

① 먼저, 디자인 보기를 통하여 “고객” 테이블 창을 연다.

② 새 필드 “성별”을 앞에서 설명한 대로 추가하는데, 데이터 형식은 “텍스트”로 하고 <필드 크기> 속성은 “1”로 정의하여 “주소”필드 위에 삽입한다.

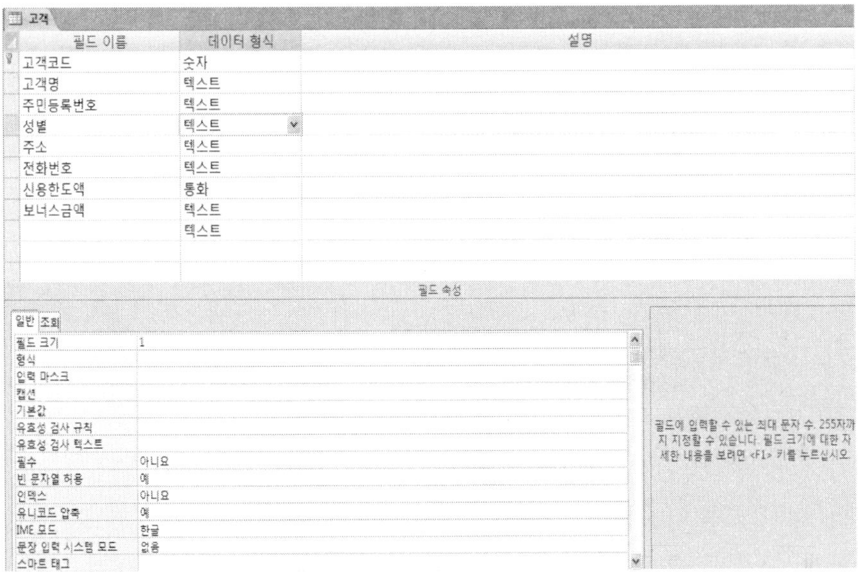

③ <유효성 검사 규칙> 속성을 선택하고 ... 작성 단추를 누른다.

④ 다음과 같이 먼저 “여”를 입력하고 <Or> 단추를 누른 다음 “남”을 입력하고 <확인> 단추를 클릭한다.

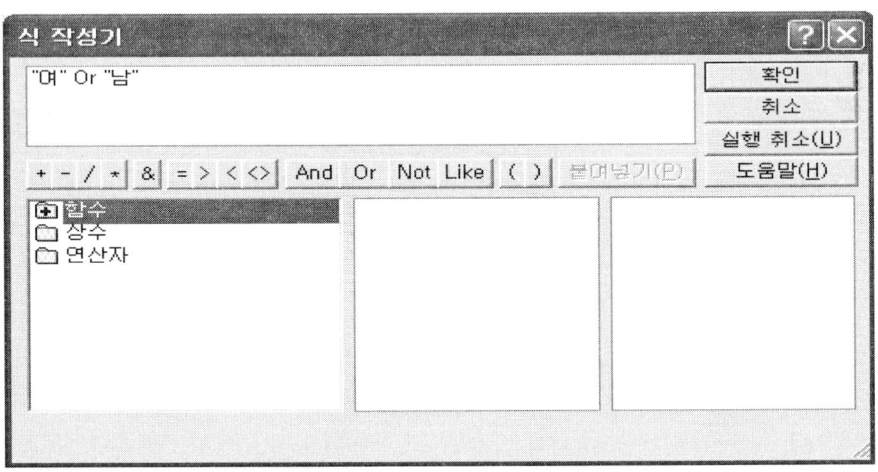

⑤ <유효성 검사 메시지> 속성에 다음과 같이 입력해보자.

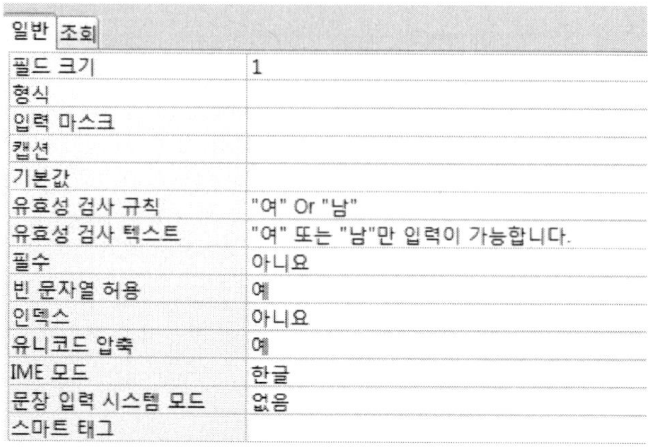

⑥ 지금까지의 작업을 저장한 다음 보기 > 데이터시트 보기 메뉴를 선택한다. 기존의 데이터가 저장되어 있는 경우에는 경고 메시지가 나오는데, 지금의 경우, 새롭게 추가된 필드이므로 기존의 데이터를 이 필드에 적용할 필요가 없다. 따라서 <아니오>를 선택한다.

⑦ 다음의 데이터 시트에서 "성별" 필드에 값을 입력해 보자. 또한 "여" 혹은 "남"이 아닌 다른 값을 입력해 본다. 오류 메시지가 나타날 것이다.

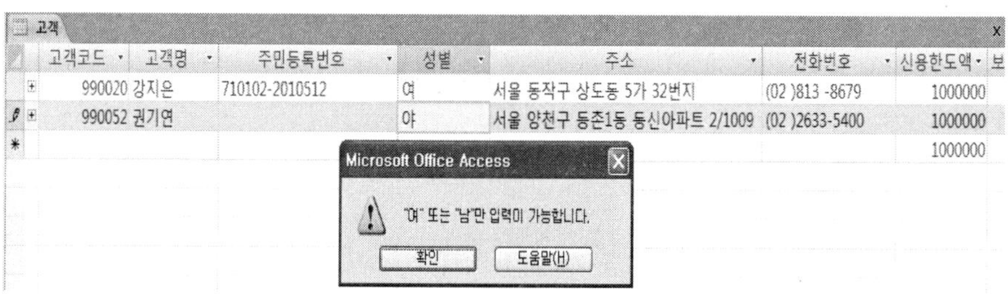

이번에는 "상품" 테이블의 "단가" 필드 값에 "0"보다 큰 값만 들어 올 수 있도록 해본다.

① 디자인 보기를 통하여 "상품" 테이블 창을 연다.

② “단가” 필드를 선택한다. 그리고 <유효성 검사 규칙> 속성을 선택하고 [...] 작성 단추를 누른다.

③ “>” 단추를 누르고 “0”을 입력한 다음 <확인> 단추를 선택한다.

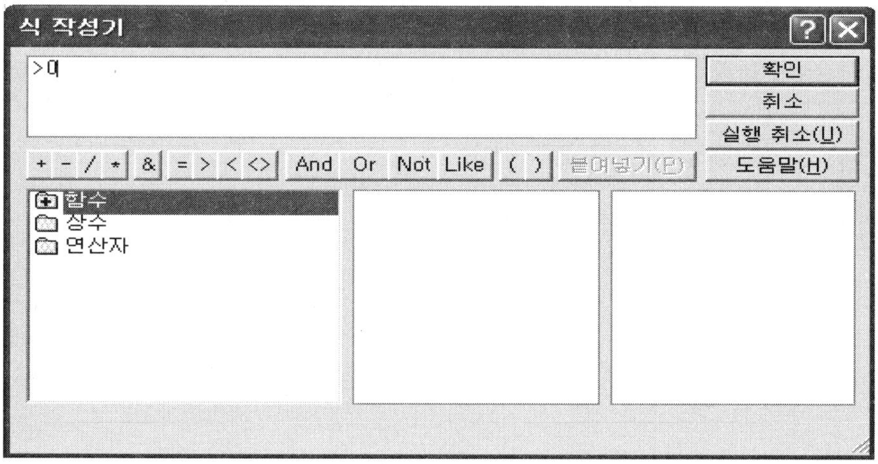

④ <유효성 검사 메시지> 속성에 다음과 같이 입력하고 저장한다. 경고 메시지가 나오면 <아니오> 단추를 누른다.

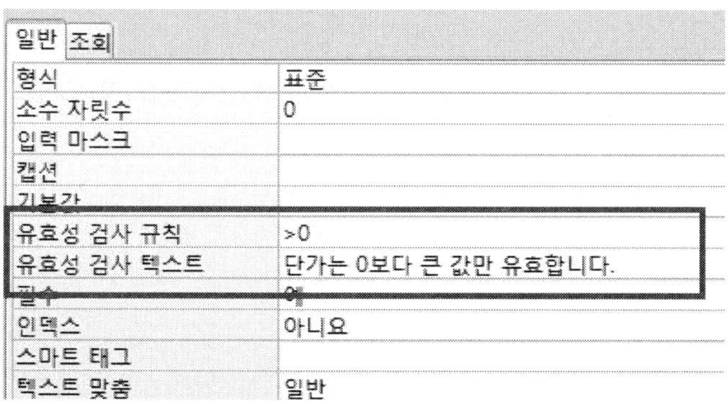

⑤ 보기 > 데이터시트 보기 메뉴를 선택하고 다음의 “상품” 테이블 창에서 기존에 입력되어 있는 데이터의 “단가” 값을 “0”으로 입력해 보자. 오류 메시지가 나타난다.

실습

"판매" 테이블의 "수량" 필드의 값이 1이상인 값만이 입력될 수 있도록 한다. 그렇지 않은 경우에는 적절한 메시지를 보여준다.

Tip

필드에 값을 입력할 때 키보드상의 한/영 전환키를 누르지 않고도 자동으로 각 필드에서 입력모드가 자동으로 변경되도록 하려면 필드의 "입력 시스템 모드" 속성을 해당하는 언어로 설정한다.

실습

각 테이블에서 기본 키에 해당하는 필드들의 "입력 시스템 모드"를 영문으로 설정한 다음 데이터시트 보기 형태로 테이블을 열고 데이터를 입력해 본다.

(2) 레코드 유효성 검사

한 개의 필드에 대한 유효성을 검사하는 것이 아니라 한 레코드가 입력되거나 수정될 때 특정 조건과 일치하는 레코드만 입력되도록 레코드 자체에 대한 유효성 검사 규칙을 정의한다.

"판매" 테이블에서 "카드결제" 필드가 "Yes"이면 "카드번호" 필드에 값이 반드시 입력되어야만 할 경우, 이것을 특정 필드의 유효성 검사 규칙으로 설정해 놓을 방법이 없다. 이 조건을 한 필드에 대한 입력 값의 조건이 아닌 한 레코드 값에 대한 조건으로 설정해야 한다. 다음의 단계를 따라해 보자.

① 먼저, "판매" 테이블을 "디자인 보기"로 열고 "카드번호" 필드의 기본값을 "Null"로 설정한다.

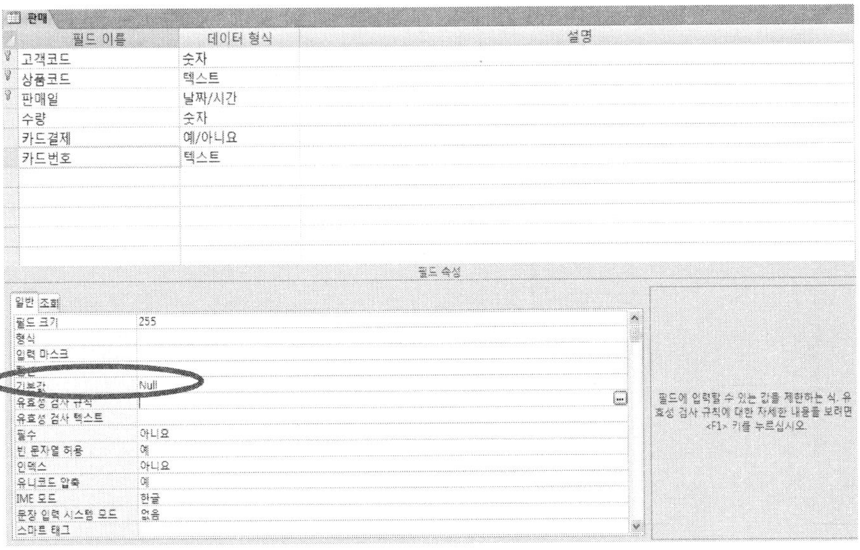

② 툴바에 있는 속성시트 도구를 눌러서 테이블에 대한 속성 대화상자를 연다. 속성 도구는 디자인 보기 상태로 테이블을 열었을 때 툴바에 나타나는 도구이다.

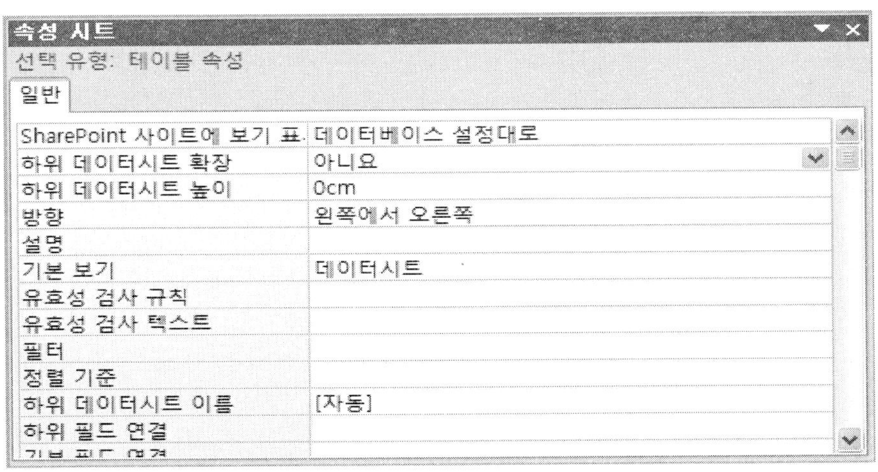

③ 다음 대화 상자에서 "유효성 검사 규칙" 필드를 선택하고 작성 단추를 클릭한 다음 식을 입력한다.

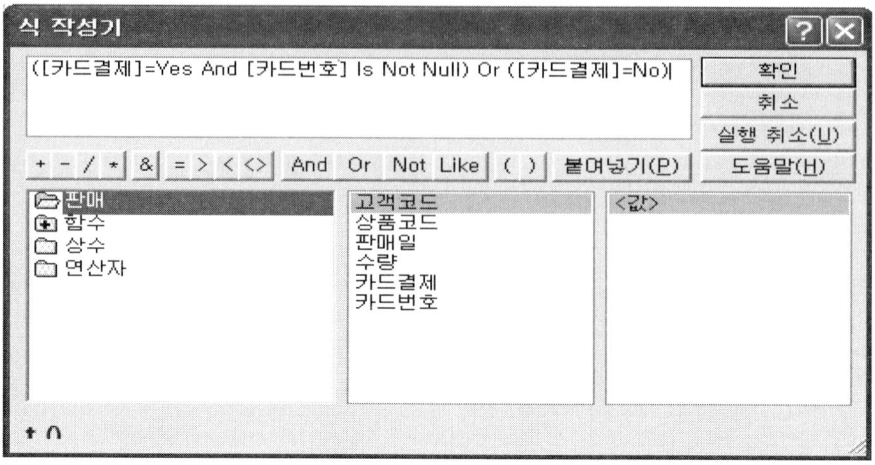

식의 내용은 다음과 같다.

식	내 용
([카드결제]=YES And [카드번호] Is Not Null)	"카드결제" 필드가 선택되면, 즉 Yes이면 "카드번호" 필드에는 반드시 값이 입력되어야한다.
Or ([카드결제]=No)	아니면, "카드결제" 필드가 선택되지 않은 경우라면 입력 가능하다. 즉, "카드결제"가 No인 경우에는 "카드번호"가 Null이거나 그 어떤 값이라도 유효하게 된다. 만일, "카드결제" 필드가 No인 경우에는 반드시 "카드번호" 필드 값이 Null이어야 한다면 식을 다음과 같이 작성한다. ([카드결제]=No And [카드번호] Is Null)

④ 조건에 맞지 않은 레코드를 입력한 경우에 보여줄 메시지를 위해 "유효성 검사 메시지" 필드에 다음과 같이 입력한다.

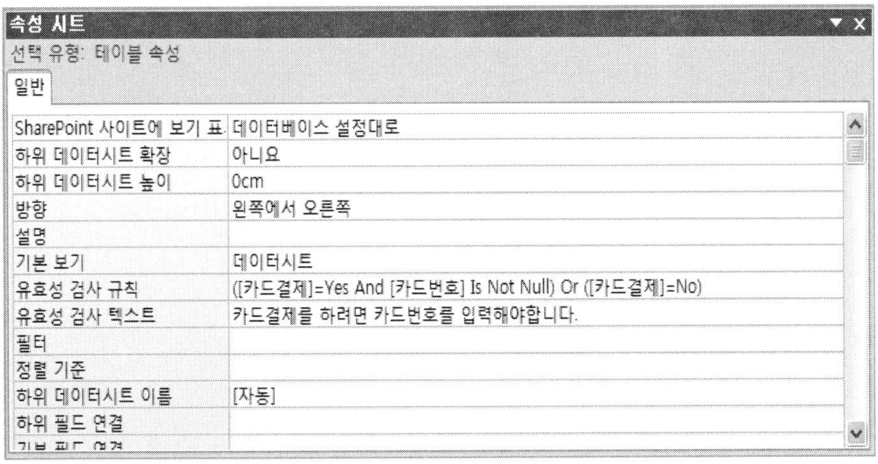

⑤ 저장한 다음, 테이블을 데이터시트 보기 형태로 열어서 "카드결제" 필드를 선택(체크)하고, "카드번호" 필드를 건너뛴 다음 Enter키를 누르면 오류 메시지가 나타난다.

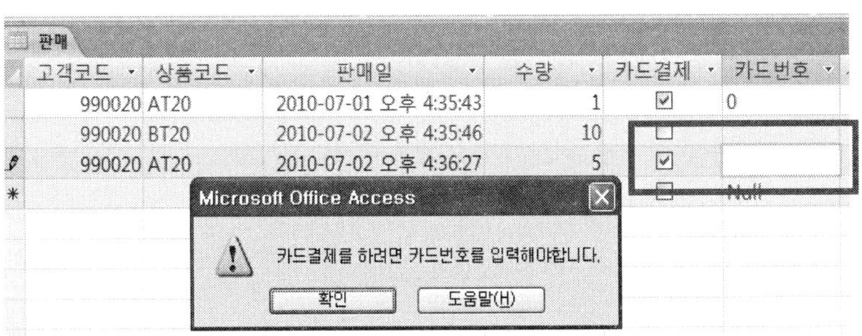

저장할 때 이전에 저장한 데이터에 대해서 검사를 할 것인지를 묻는 메시지가 나오면 <아니오> 단추를 선택한다. 또한 데이터를 입력할 때 "수량" 필드에 0보다 큰 값을 입력해야 된다는 것을 기억하자.

2 5 기본 키와 인덱스

(1) 기본 키

관계형 데이터베이스의 모든 테이블은 기본 키를 가져야 한다. 기본 키는 어떤 데이터를 기본 키 값으로 테이블 내의 다른 데이터와 구분을 지을 수 있어야 한다. 즉, 테이블 내에 오직 한번 존재해야 하는 값이다.

Access 2007에서 정의할 수 있는 기본 키의 종류는 다음과 같다.

① 일련 번호 기본 키

일련 번호 필드는 각 레코드를 테이블에 추가할 때마다 일련 번호가 자동 입력된다. 가장 쉽게 기본 키를 만들 수 있는 방법이다. 새로 만든 테이블을 저장하기 전에 기본 키를 설정하지 않았으면 기본 키를 만들 것인지를 묻는 메시지가 나타나는데, 여기에서 <예>를 클릭하면 일련 번호 기본 키가 만들어진다.

② 단일 필드 기본 키

주민등록 번호나 은행계좌번호와 같이 고유한 값이 들어 있는 필드를 기본 키로 지정한다. 이미 입력된 데이터에서 기본 키로 선택하려는 필드 값이 중복되어 있거나 Null 값을 가지면 기본 키로 설정되지 않는다. 테이블의 데이터가 유일한 값을 갖는 필드가 없을 경우에는 일련번호 기본 키를 설정하거나 몇 개의 필드들로 조합했을 때 그 값이 다른 데이터와 중복되지 않는 다면 다음에 설명하는 다중 필드 기본 키를 정의한다.

③ 다중 필드 기본 키

테이블의 데이터가 유일한 값을 갖는 필드가 없을 경우에는 두 개 이상의 필드를 기본 키로 지정한다. 다 대 다 관계에 있는 다른 두 테이블을 연결할 때 사용하는 테이블의 경우에는 보통, 다중 필드를 기본 키로 지정한다. 앞에서 작성한 테이블 중에서 "판매" 테이블에는 "고객코드" + "상품코드" + "판매일"을 기본 키로 정의했었다.

"고객" 테이블을 열고 한 레코드의 "고객필드" 값을 다른 레코드의 "고객필드" 값으로 입력해보자 다음과 같은 오류 메시지가 나타날 것이다.

기본 키 값은 해당 테이블에 오직 한번만 존재해야하는 것이다. 따라서 테이블에서 특정 데이터를 검색할 때 기본 키 값을 이용하면 해당하는 레코드를 쉽고 빠르게 찾을 수 있다.

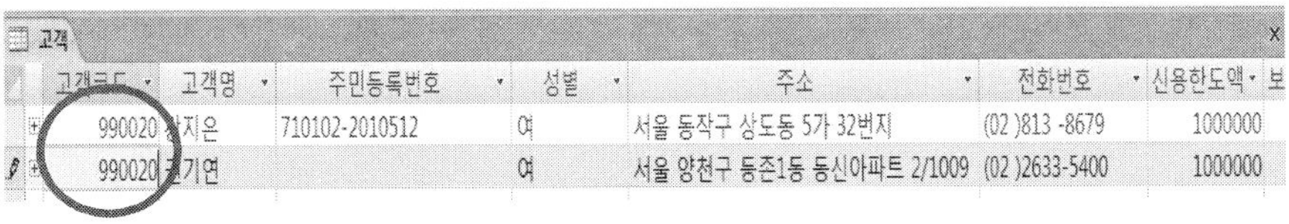

(2) 인덱스

테이블의 데이터를 검색할 때 기본 키 값을 모를 경우 데이터를 어떻게 찾아야 하는가? 테이블의 모든 데이터를 검색하는 방법이 있지만 그리고 데이터 양이 적은 경우에는 많은 시간이 걸리지 않겠지만 데이터 양이 많을 경우에는 어떻게 할 것인가? 특정 고객을 찾으려고 할 때, 찾고자하는 고객의 "고객코드"를 모르고 다만 고객의 이름만을 안다고 한다면, "고객" 테이블에서 "고객명"으로 데이터를 검색할 수 있게 해야 한다. 또한 "고객" 테이블의 데이터를 기본 키가 아닌, 예를 들어서 "고객명" 순으로 정렬할 수 있어야 한다.

데이터 양이 많아질수록 데이터를 좀더 다양하고 쉽게, 그리고 효율적으로 검색할 수 있는 기능이 요구되는데 인덱스는 이러한 기능을 제공한다.

인덱스는 두 개의 열로 구성되는 Access 2007의 내부 테이블이다. 한 열은 인덱스로 정의한 하나나 둘 이상의 필드이고 다른 한 열은 해당 필드의 값을 가지고 있는 원본 테이블 데이터에 대한 포인터 필드이다.

① 단일 필드 인덱스

테이블에서 하나의 필드를 인덱스로 정의하려면 다음과 같이 <인덱스> 필드 속성을 "예"라고 설정하면 된다. 그리고 해당 필드 값에 중복된 값을 허용하려면 "예(중복 가능)"을 설정하고 기본 키의 특징과 같이 중복되는 것을 허용하지 않으려면 "예(중복 불가능)"을 설정한다.

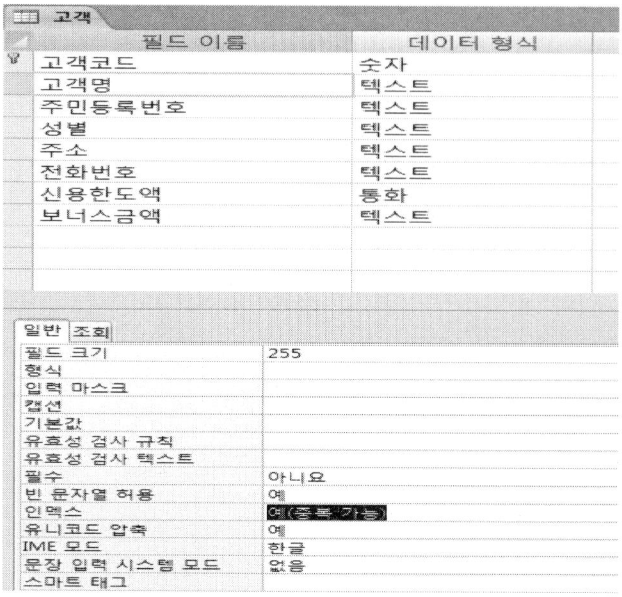

실습 다음 표를 참조하여 각 테이블에 인덱스를 정의한다.

테이블	인덱스필드	인덱스정의 내용
고객	고객명	예(중복 가능)
고객	주민등록번호	예(중복 불가능)
상품	상품명	예(중복 가능)
공급자	공급업체이름	예(중복 불가능)
판매	고객코드	예(중복 가능)
판매	상품코드	예(중복 가능)

② 다중 필드 인덱스

많은 필드로 구성된 테이블에서 원하는 데이터를 찾기 위해 하나의 필드만으로는 부족해서 여러 개의 필드에 대해서 검색 조건을 제공해야 하는 경우가 있다. 이런 경우에, 인덱스 필드를 여러 개의 필드로 정의해 놓으면 효과적으로 검색이 가능하다.

"판매" 테이블에서 "고객코드" 필드와 "상품코드" 필드를 하나의 인덱스로 정의해 보자.

① 디자인 보기를 통하여 "판매" 테이블을 연다.
② 테이블 도구 - 디자인 - 표시/숨기기 - 인덱스 메뉴를 선택하면 다음의 화면이 나타난다. 이미 정의되어 있는 인덱스가 나타날 것이다. 또한 기본 키로 설정한 필드들은 "PrimaryKey"로 정의되어 있다.

여기에서 인덱스나 기본 키의 정렬순서가 모두 "오름차순"으로 되어 있는 것을 알 수 있을 것이다. 내림차순으로 변경할 수 있다.
이제 새로운 인덱스 하나를 추가하자. <인덱스 이름> 열의 빈 공간에 인덱스 이름을 입력한다. 그리고 입력한 인덱스 이름과 같은 행에서 <필드 이름> 열을 선택하고 오른쪽에 나타나는 목록다운 단추를 눌러서 "고객코드"를 선택한다. 다음에 행을 바꾸어서 인덱스 이름 열은 그대로 공백인 채로 놔두고 <필드 이름> 열에서 "상품코드"를 선택하고 저장한다.

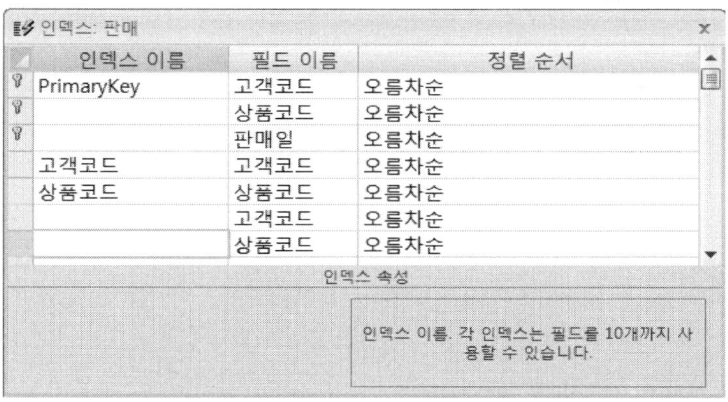

<인덱스> 필드 속성을 이용하여 정의한 인덱스들은 기본적으로 필드 명으로 인덱스 이름이 정의되는데, 수정할 수 있다. 또한 정의한 인덱스를 삭제하려면 해당 인덱스를 선택하여 반전시킨 다음 Del 키를 누른다.

2.6 테이블 수정

Access 2007에서는 이미 테이블에 데이터가 저장된 이후에도 테이블을 수정할 수 있지만 다음의 몇 가지 사항을 고려해야 한다.

① 테이블의 변경 사항을 기반으로 관련되어 있는 질의, 폼과 보고서, 그리고 모듈의 내용을 자동적으로 변경해 주지 않는다.
② 두 개의 테이블 간의 관계를 정의할 때 사용된 필드에 대해서는 변경할 수 없다. 꼭 변경해야만 한다면 2.8 관계 단원에서 설명한 방법으로 해당 관계를 삭제한 뒤에 필드를 변경하고 다시 관계를 정의해야 한다.
③ 현재 열려 있는 보고서나 질의, 그리고 폼에 연관된 테이블에 대해서는 수정 작업을 할 수 없다. 수정하려는 테이블을 참조하는 데이터베이스의 다른 구성요소들을 먼저 모두 닫은 다음 수정 작업이 가능하다. 마지막으로 수정하기 전에 테이블의 백업을 만들어 놓는다.

(1) 백업

① 데이터베이스 창에서 해당 테이블을 선택한 다음 홈 - 복사 메뉴를 선택한다.
② 홈 - 붙여 넣기를 선택하고 복사본의 테이블 명을 임의로 입력한다. 그리고 테이블 구조만 복사할 것인지, 아니면 데이터와 함께 복사할 것인지를 선택하고 <확인> 단추를 누르면 복사본이 만들어진다.

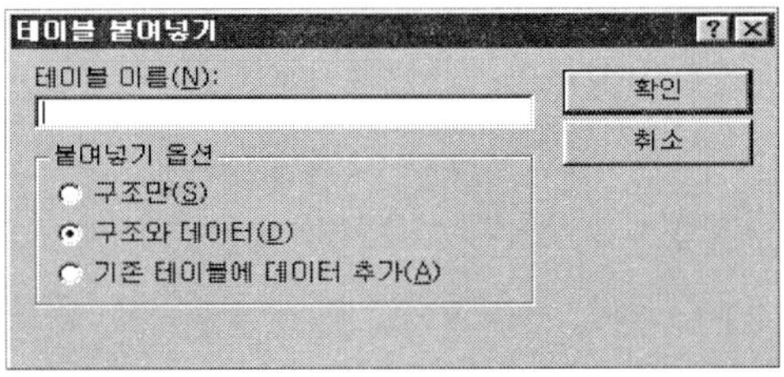

위의 고려 사항을 염두에 두고 테이블을 수정해 보자. 테이블의 모든 수정 작업은 항상 변경 작업에 대한 확인하는 과정이 나타난다. 본인이 수정한 사항이 확실하다면 경고 메시지 상자에서 <예> 단추를 선택하여 변경 작업을 진행시킨다. 또한 <예> 단추를 선택하여 수정 작업을 진행 시켰다고 하더라도 편집 > 실행 취소 메뉴를 사용하여 최종적으로 수행된 변경 작업을 취소시킬 수 있다.

(2) 테이블 삭제

① 데이터베이스 창에서 해당 테이블을 선택하고 Del 키를 누르거나 편집 > 삭제 메뉴를 실행한다.

② 삭제하려는 테이블에 관계가 설정되어 있다면 관계를 삭제할 것인지를 묻는 다음과 같은 메시지가 나타난다. 여기서 <예>를 선택하지 않으면 테이블은 삭제될 수 없다.

(3) 테이블 이름 수정

① 변경하려는 테이블을 데이터베이스 창에서 선택한다.

② 편집 > 이름 바꾸기 메뉴를 선택하면 해당 테이블 이름에 커서가 나타난다. 원하는 이름을 입력하고 Enter 키를 누른다.

(4) 필드 이름 수정

테이블의 필드 이름은 매우 중요하다. 필드 이름 하나만으로도 해당 필드가 어떤 데이터를 가지고 있는 지 알 수 있도록 해야 한다.

① 해당 테이블을 디자인 보기로 열고 수정하려는 필드를 선택하여 반전시킨다.

② <필드 이름> 열에서 원하는 필드 이름을 입력한다.

이렇게 이름이 변경된 필드를 다른 폼이나 보고서, 그리고 질의와 모듈에서 사용하고 있었다면 모두 찾아서 변경해야 한다. 도구 > 분석 > 데이터베이스 구조 분석을 실행 시켜서 나온 결과를 보고서로 저장시킨 뒤 문서 편집기의 검색 기능을 이용하면 쉽게 찾을 수 있다.

(5) 필드 삽입과 삭제

① 해당 테이블을 디자인 보기를 통해서 연다.
② 필드를 삽입하려면 삽입될 필드 위치 아래에 있게 될 필드를 선택하여 반전시킨 뒤에 삽입 > 필드 메뉴를 실행한다.

필드를 삭제하려면 삭제할 필드를 선택하여 반전시킨 뒤에 편집 > 삭제 혹은 편집 > 행 삭제 메뉴를 선택한다. 간단하게 Del 키를 눌러도 된다. 만일 삭제하려는 필드가 여러 개일 경우에는 먼저 한 필드를 선택한 뒤에 Shift 키를 누른 채로 나머지 필드들을 선택해 나간다.

(6) 필드 복사

테이블을 작성하다보면 여러 테이블에 같은 이름, 같은 데이터 유형, 그리고 같은 필드 속성을 가진 필드를 정의하는 경우가 많다. 이런 때는 한 테이블에 정의된 필드를 다른 테이블의 필드로 간단하게 복사해 올 수 있다. 또한 필드 이름은 다르지만, 또 몇 가지 속성만 다를 경우에도 복사를 수행하고 나서 약간의 작업만 해 주면 되므로 매우 효율적으로 작업할 수 있다. 필드 복사는 한 테이블에서도 가능하다.

① 복사하려는 테이블과 복사해 놓을 테이블을 디자인 보기로 연다.
② 복사하려는 테이블 필드를 선택하고 편집 > 복사 메뉴를 선택한다.
③ 복사해 놓을 테이블에 앞에서 설명한대로 필드 하나를 삽입한다.
④ 편집 > 붙여 넣기를 실행한다.
⑤ 복사해 온 필드에 대해서 변경할 사항이 있으면 변경한다.

한 테이블 내에서의 필드 복사도 같은 방법으로 할 수 있다.

(7) 필드 이동

테이블 내에서의 필드들의 순서는 그렇게 중요한 사항은 아니다. 하지만 테이블에서 중요도가 높은 필드나 자주 사용하는 필드는 보통 앞에 위치하도록 하는 것이 작업하는 데 있어서 편리하다.

① 해당 테이블을 디자인 보기로 연다.

② 이동하려는 필드를 선택하여 반전시킨 뒤에 원하는 위치로 마우스를 끈다.

여러 개의 필드를 같이 이동하려면 Shift 키를 누른 채 나머지 필드들을 선택한 다음 이동하면 된다.

2 7 관계

Access 2007 데이터베이스에서 각 주제별로 관련된 데이터들을 모아 하나의 테이블을 만든 다음에는 이 데이터들을 이용할 수 있는 방법을 지정해야 한다. 이 과정의 첫 번째 단계는 테이블 간의 관계를 정의하는 것이다. 테이블간의 관계를 정의한 다음에는 쿼리, 폼, 보고서를 만들어 여러 테이블에 저장된 데이터를 원하는 내용만으로 요약 또는 결합해서 볼 수 있다.

관계는 주로 두 테이블에서 이름이 같은 키 필드의 데이터를 대응시킴으로써 만들어진다. 대부분 서로 대응되는 필드는 한 테이블에서의 기본 키와 다른 테이블의 외래 키로 지정된 필드가 된다.

Tip

외래 키

외래 키는 다른 테이블의 기본 키 필드와 대응하는 하나 이상의 테이블 필드(열)이다. 외래 키는 테이블간의 관계를 나타내므로 외래 키와 기본 키 필드의 이름은 서로 달라도 되지만 저장된 값은 일치해야 한다. 예를 들어,"판매" 테이블에서 다른 테이블과 관계를 만들기 위해 정의할 수 있는 외래 키는"상품코드"필드와"고객코드"필드가 될 수 있는데,"상품코드"필드는"상품"테이블에서 기본 키로 정의된 필드이고"고객코드"필드는"고객"테이블에서 기본 키로 정의된 필드이기 때문이다.

정의할 수 있는 관계 유형은 다음과 같다.

① 일 대 다 관계

일반적인 관계이다. 일대다 관계에서 테이블 A의 한 레코드는 테이블 B의 여러 레코드와 대응될 수 있지만, 테이블 B의 한 레코드는 테이블 A의 한 레코드에만 대응된다.

② 다 대 다 관계

다 대 다 관계에서는 테이블 A의 한 레코드는 테이블 B의 여러 레코드와 대응되며, 테이블 B에서도 한 레코드가 테이블 A의 많은 레코드와 대응된다. 이런 종류의 관계는 기본 키가 테이블 A와 테이블 B의 외래 키로 구성된 제3의 테이블(병합 테이블)을 정의해야 한다. 즉, 다 대 다 관계는 제3의 테이블에 연결된 두 개의 일대다 관계로 이루어진다. 예를 들어, "고객" 테이블과 "상품" 테이블은 각각 "판매" 테이블에 대해 일대다 관계를 갖는 다 대 다 관계로 연결되어 있다.

(1) 관계 보기

앞에서, "판매" 테이블의 "고객코드" 필드와 "상품코드" 필드를 조회 마법사유형으로 정의하면서 "고객" 테이블에 등록된 "고객 코드"에게만 "판매"할 수 있고 "상품" 테이블에 등록된 "상품코드"만 판매될 수 있도록 하였다.

이렇게 정의하게 되면, 자동으로 테이블 간의 관계가 형성되는데 이 내용을 먼저 살펴보자.

① 열려있는 테이블의 모든 창을 닫고 "통신판매" 데이터베이스 창만 열어 놓는다.

② 데이터베이스 도구 - 관계 메뉴를 선택하면 다음과 같은 관계 창이 열린다. 형태가 다음 그림과 다르다면 판매테이블을 마우스로 끌어서 다음과 같이 보이도록 이동시킨다.

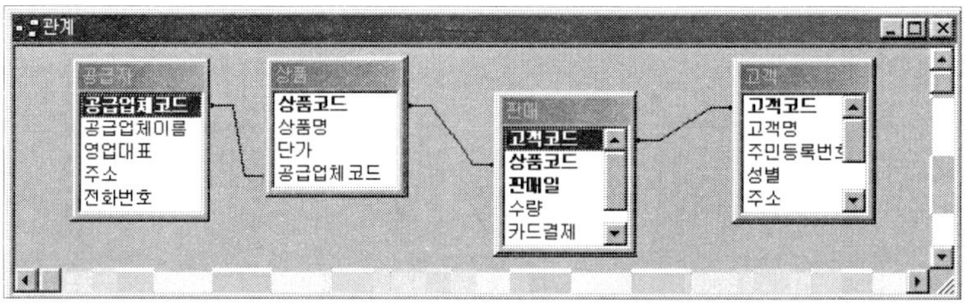

③ 테이블간의 선은 관계를 표시한다. 설정된 관계의 내용을 보거나 수정하려면 관계선을 마우스로 두 번 클릭한다. 다음은 "판매" 테이블과 "고객"사이의 관계선을 두 번 클릭해서 나온 창이다. "고객" 테이블에서의 "고객코드"와 "판매" 테이블에서의 "고객코드"간에 일대다 대응으로 관계가 설정되어 있음을 보여준다. "고객" 테이블에서의 "고객코드"는 기본 키이고 "판매" 테이블에서의 "고객코드" 필드는 왜래 키가 되는 것이다. 관계되는 필드를 수정하려면 이 창에서 작업하

면 된다.

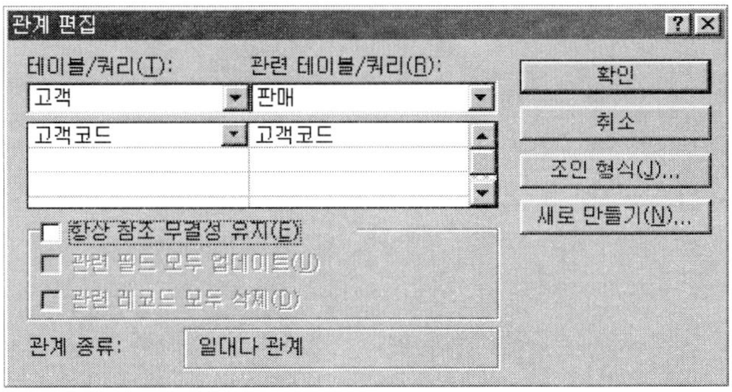

(2) 관계 삭제

"공급자" 테이블의 "공급업체코드" 필드는 텍스트 유형으로, 그리고 필드 크기는 4로 정의되어있을 것이다. "공급업체코드" 필드의 크기를 10으로 변경하려면 "상품" 테이블과 관계가 정의되어 있기 때문에 관계를 삭제하기 전까지는 필드를 수정할 수 없다는 메시지가 나타난다. 다음 작업을 통해서 테이블간의 관계를 삭제하고 필드를 수정해 보자.

① 관계 창이 열려있지 않다면 도구 > 관계 메뉴를 선택하여 관계 창을 연다.

② "공급자" 테이블과 "상품" 테이블사이에 연결된 관계선을 클릭하고 DEL 키를 누른다. 확인 메시지가 나타나는데 <예> 단추를 누른다. 관계선이 없어진다.

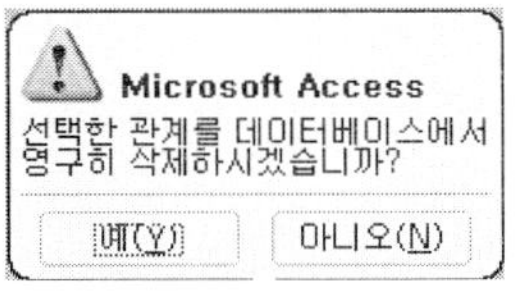

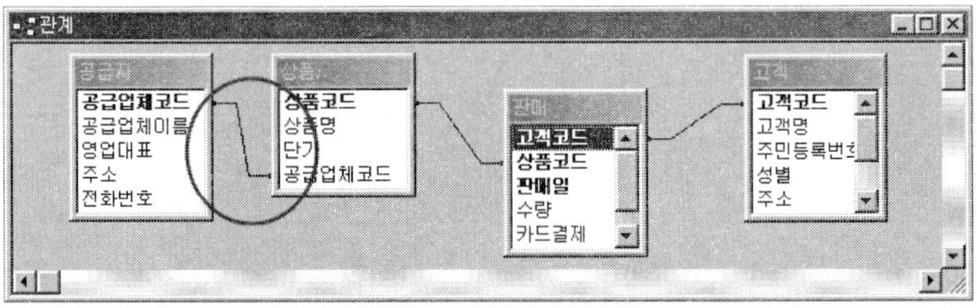

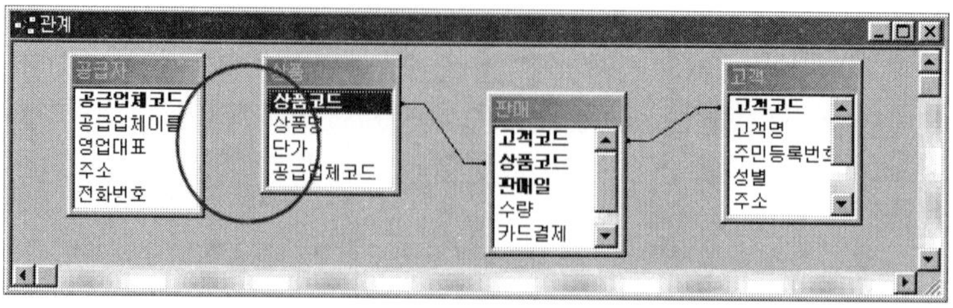

③ 관계 창을 닫고 "공급자" 테이블과 "상품" 테이블을 각각 디자인 보기로 열어서 "공급업체코드"의 필드크기를 10으로 변경한 다음 저장한다.

(3) 관계 정의하기

"공급자" 테이블의 "공급업체코드"를 수정했다면, "상품" 테이블과의 삭제한 관계를 다시 설정하자.

① 관계 창이 열려있지 않다면 도구 > 관계 메뉴를 선택하고 다음의 화면에서 "공급자" 테이블 목록에 있는 "공급업체코드"를 선택한 다음 "상품" 테이블의 "공급업체코드"로 드래그 한다.

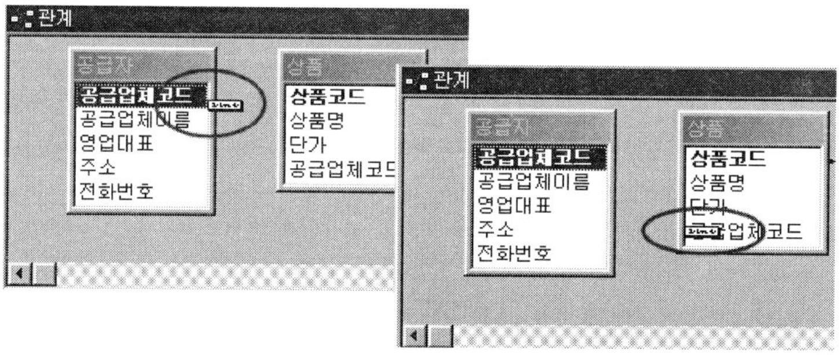

② 다음과 같은 대화상자가 나타나면, 선택된 필드를 확인하고 옵션을 선택한 다음 <만들기> 단추를 누른다.

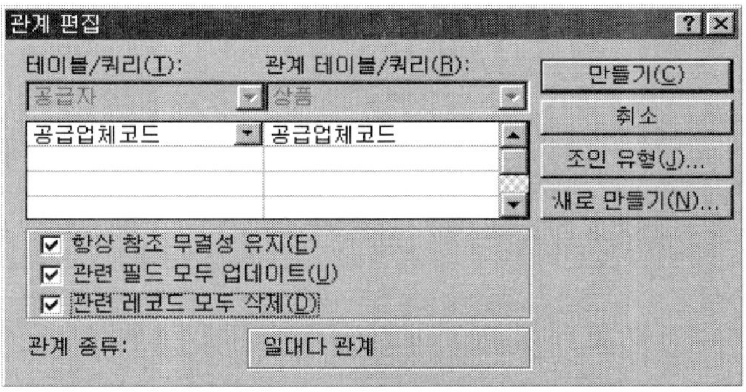

옵 션	설 명
항상 참조 무결성 유지	"공급자" 테이블에 등록되어 있지 않은 "공급자코드"를 "상품" 테이블에서 입력하지 못한다. 그러나 "상품" 테이블의 "공급자코드"에 Null 값을 입력하여 레코드가 관련되지 않음을 나타낼 수는 있다. 예를 들어, 존재하지 않는 공급자의 상품은 있을 수 없지만 "공급자코드" 필드에 Null 값을 입력하여 공급할 업체가 없음을 나타낼 수 있다. "공급자" 테이블에서 레코드를 삭제할 때 삭제하려는 레코드의 "공급자코드"와 일치하는 "상품" 테이블에 레코드가 있다면 레코드를 삭제할 수 없다. "공급자" 테이블의 레코드에서 "공급자코드"를 변경할 때, 일치하는 "공급자코드"를 가진 레코드가 "상품" 테이블에 있다면 변경할 수 없다
관련 필드 모두 업데이트	"항상 참조 무결성 유지" 옵션이 선택된 경우에만 선택할 수 있다. "공급자" 테이블의 레코드에서 "공급자코드"를 변경할 때, 일치하는 "공급자코드"를 가진 레코드가 "상품" 테이블에 있다면 그 레코드들의 "공급자코드" 값도 자동으로 변경된다.
관련 레코드 모두 삭제	"항상 참조 무결성 유지" 옵션이 선택된 경우에만 선택할 수 있다. "공급자" 테이블에서 레코드를 삭제할 때 삭제하려는 레코드의 "공급자코드"와 일치하는 "상품" 테이블에 레코드가 있다면 해당 레코드들이 삭제된다.

③ 다음은 관계를 정의한 결과 화면이다. 앞 단계에서 참조 무결성 옵션을 선택했기 때문에 다른 관계선과는 다른 모습으로 나타나는데, 관계선에 1:n 대응 관계를 표시해준 것이다.

실습 테이블간의 관계를 정의하기 위해 먼저 새로운 테이블을 다음을 참고로 하여 만들고 "판매" 테이블에 필드 하나를 추가한다.

필드 이름	데이터 유형	필드 크기	비　고
사원번호	텍스트	10	기본 키
사원명	텍스트	10	인덱스 정의, 중복 가능
주소	텍스트	20	
입사년월일	날짜/시간		기본 값, Date()함수로 정의
주민등록번호	텍스트	13	입력 마스크 정의
전화번호	텍스트	15	입력 마스크 정의

필드 이름	데이터 유형	필드 크기
사원번호	텍스트	10

(4) 새로운 테이블을 추가하여 관계 정의하기

새로운 테이블(판매사원)이 만들어졌고, "판매" 테이블에 필드를 추가했으면 이 두 테이블 간의 "사원번호"를 가지고 관계를 설정한다.

① 관계 창이 열려있지 않다면 도구 > 관계 메뉴를 선택해서 관계 창을 연다.

② 새롭게 만든 "판매사원" 테이블은 보이지 않을 것이다. 마우스 오른쪽 선택 > 테이블표시 메뉴를 선택하고 다음의 테이블 표시 창에서 "판매사원" 테이블을 선택한 다음 <추가> 단추를 누른다. 테이블 표시 창을 닫는다.

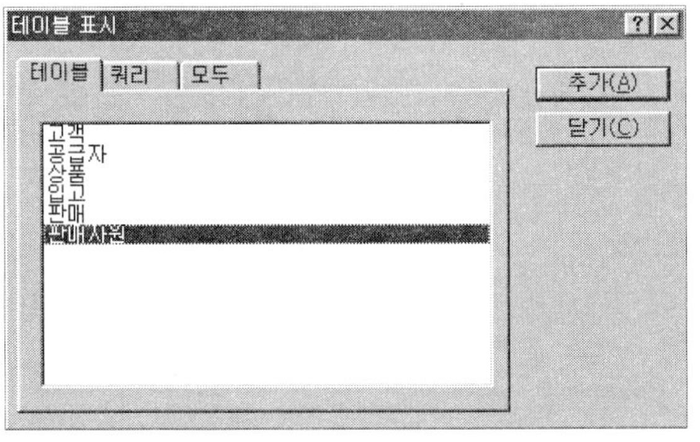

③ 관계 창에 다음과 같이 "판매사원" 테이블이 추가되었을 것이다. 앞에서 한 작업과 동일하게 "판매사원" 테이블에서 "사원번호"를 선택하고 "판매" 테이블 목록의 "사원번호"로 드래그 한다.

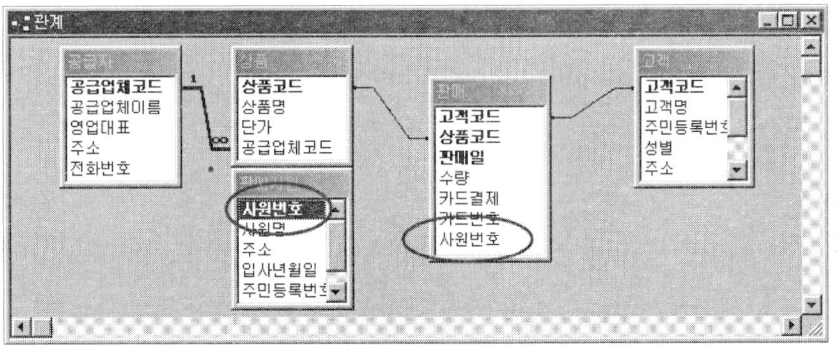

④ 다음의 관계 편집 대화상자가 나타나면 필드를 확인하고 이번에는 <조인 형식> 단추를 눌러보자.

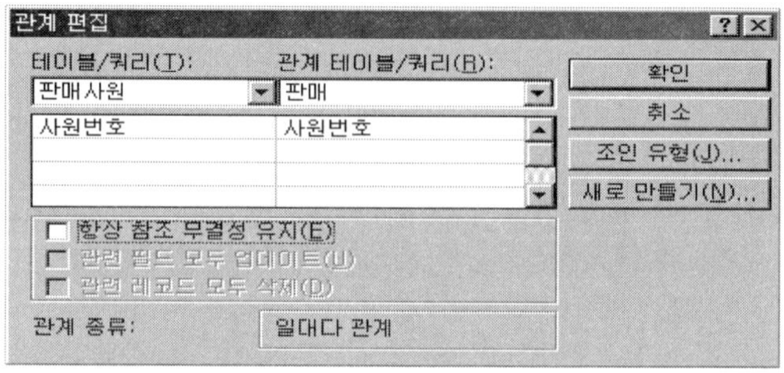

⑤ 이제, 조인 속성을 정의하는데, <1: 두 테이블......>를 다음과 같이 선택하고 <확인> 단추를 누른다. <1: ....>이 기본 값이다.

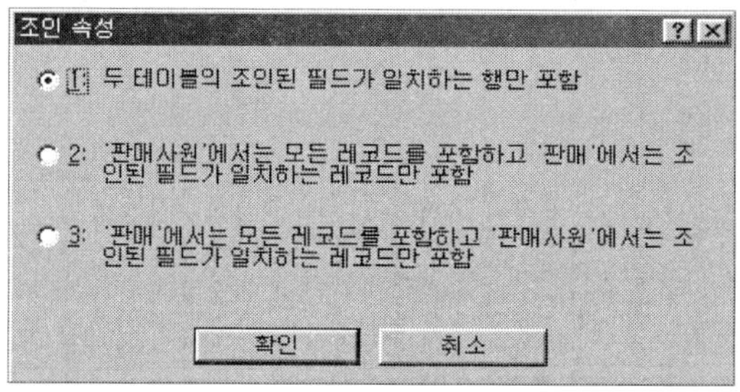

조인속성 종류	설 명
1:	두 개의 테이블을 조인할 때, 안쪽 테이블에 존재하는 "사원코드"를 가진 레코드들만 조회된다.
2:	두 개의 테이블을 조인할 때, "판매사원" 테이블의 레코드는 모두 검색되지만 "판매" 테이블에서는 "판매사원" 테이블의 "사원코드" 필드 값과 일치하는 레코드만 조회된다. 즉, 판매가 한번도 일어나지 않은 " 판매사원 "도 조회된다.
3:	두 개의 테이블을 조인할 때, "판매" 테이블의 모든 레코드는 검색되지만 "판매사원" 테이블에서는 "판매" 테이블의 "사원코드" 필드 값과 일치하는 레코드만 조회된다. 즉, 판매가 한번도 일어나지 않은 "판매사원"은 조회되지 않는다. 조인속성 1번과 다른 점은 "판매" 테이블에 "사원코드" 값이 NULL인 레코드도 조회된다는 점이다.

⑥ 관계 편집 창에서 <만들기> 단추를 누른다. "항상 참조 무결성 유지" 옵션은 선택하지 않는다.

다음 예제를 보면서 조인 유형을 이해하자.

판매사원과 판매 테이블에 다음과 같은 레코드가 입력되어 있다고 했을 때, 3개의 조인 속성을 각각 설정한 결과를 보여준다.

사원번호	사원명
s1	안승묵
s2	유근명
s3	이선애

상품코드	고객코드	사원번호	수량
p1	c1	s1	10
p2	c2	s2	5
p3	c2		7
p1	c3	s1	9

① 조인 속성에서 1번을 선택하여 조인한 결과

사원코드	사원명	상품코드	고객코드	수량
s1	안승묵	p1	c1	10
s1	안승묵	p1	c3	9
s2	유근명	p2	c2	5

② 조인 속성에서 2번을 선택하여 조인한 결과

사원번호	사원명	상품코드	고객코드	수량
s1	안승묵	p1	c1	10
s1	안승묵	p1	c3	9
s2	유근명	p2	c2	5
s3	이선애			

③ 조인 속성에서 3번을 선택하여 조인한 결과

사원번호	사원명	상품코드	고객코드	수량
s1	안승묵	p1	c1	10
s1	안승묵	p1	c3	9
s2	유근명	p2	c2	5
		p3	c2	7

관계 데이터베이스에서 각 테이블간의 조인 방법은 매우 중요하다. 이 조인 방법을 제대로 이해하고 있어야만 여러 개의 테이블에서 원하는 데이터를 제대로 찾아올 수 있다. 위에서 보여준 조인의 결과는 질의를 어떻게 작성하느냐에 따라서 달라질 수 있지만 조인 방법만을 비교하는데는 무리가 없을 것이다.

실습

"고객" 테이블과 "판매" 테이블간의 관계에서 "항상 참조 무결성 유지" 옵션을 선택하고, 또한 "상품"과 "판매" 테이블간의 관계에서 "항상 참조 무결성 유지" 옵션을 선택하여 관계를 수정한다.

다음은 수정한 다음의 관계창을 보여준 것이다.

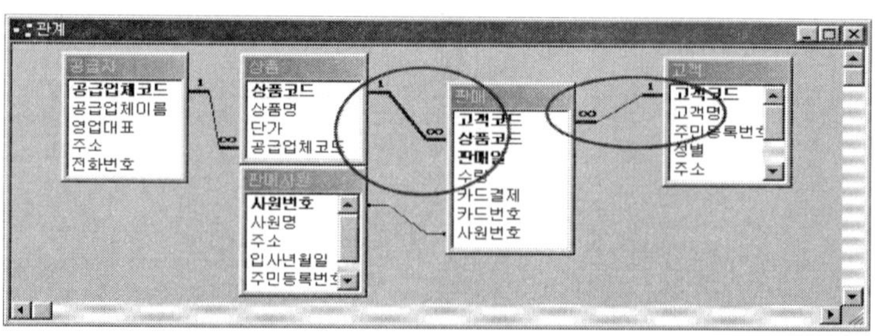

(5) 참조 무결성의 효과

"항상 참조 무결성 유지" 옵션을 선택한 관계가 어떻게 관리되는지 알아보자.

① 관계 창을 닫고(저장이 필요하다면 저장한다.) "통신판매" 데이터베이스 창에서 "공급자" 테이블을 선택하여 <열기> 단추를 누른다.

다음과 같이 공급업체코드로 "A1"과 "A2"가 입력되어 있다. 레코드가 없다면 2개정도의 데이터를 입력해 놓는다.

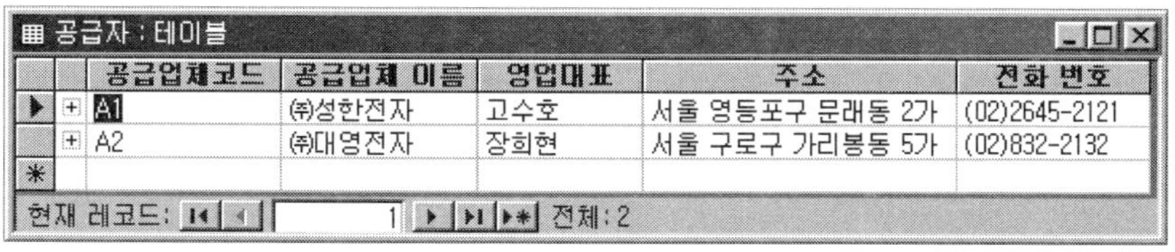

② 같은 방법으로(공급자 테이블을 닫지 말고) "상품" 테이블을 연다.

③ "상품" 테이블의 한 레코드에서 "공급업체코드"를 입력하는데 "공급자" 테이블에 등록되지 않은 값을 입력하고 Enter 키를 눌러본다. 오류 메시지가 나타난다. 이번에는 "공급자" 테이블에 등록된 "공급업체코드" 값을 입력해본다. 정상적으로 입력이 될 것이다.

(6) 관련 필드 모두 업데이트 옵션의 효과

이번에는 "관련 필드 모두 업데이트" 옵션을 설정한 관계가 어떻게 유지되는지 알아보자.

① 앞의 작업 단계를 참고로 하여 "공급자" 테이블과 "상품" 테이블을 열어 놓는다.
② "공급자" 테이블에서 레코드를 선택한 다음 "공급업체코드"를 변경해보자. 이때, "상품" 테이블에도 입력한 "공급업체코드" 값을 가진 레코드를 선택한다.

변경 전 두 테이블의 데이터

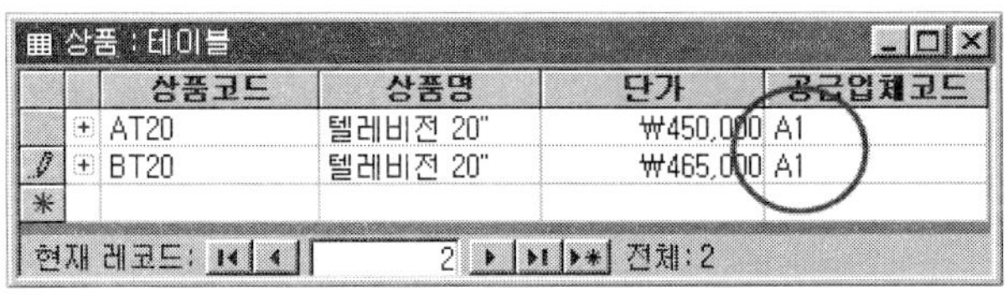

"공급자" 테이블에서 "공급업체코드" 필드 값을 "A1"에서 "A001"로 변경한 다음 Enter 키를 누르면 다음과 같이 "상품" 테이블에서 해당하는 필드 값이 자동으로 변경된다.

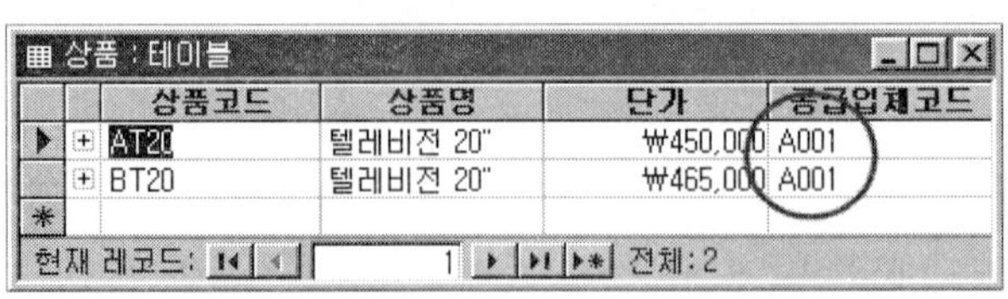

(7) 관련 필드 모두 삭제 옵션의 효과

"관련 필드 모두 삭제" 옵션을 설정한 관계가 어떻게 유지되는지 알아본다.

① 앞의 작업 단계를 참고로 하여 "공급자" 테이블과 "상품" 테이블을 열어 놓는다.

② "공급자" 테이블에서 레코드를 선택한 다음 편집 > 삭제 메뉴를 선택하여 레코드를 삭제한다. 이때, "상품" 테이블에도 입력한 "공급업체코드" 값을 가진 레코드를 선택한다.

③ "공급자" 테이블에서 "공급업체코드"가 "A2"인 레코드를 삭제하면 다음과 같은 메시지가 나오고 여기서 <예>를 선택한다.
"상품" 테이블에 해당하는 레코드도 함께 삭제된다.

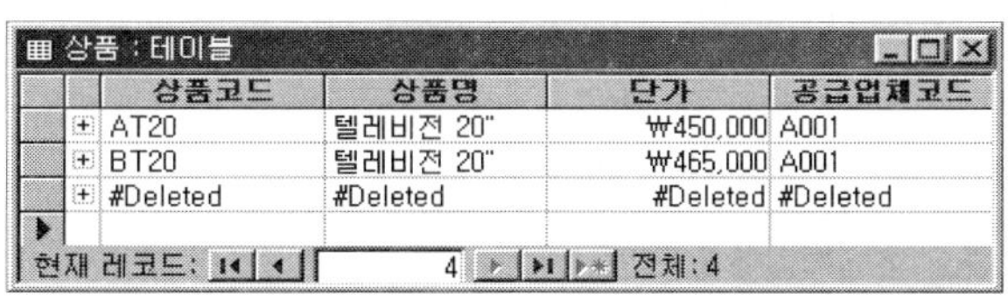

혹시 이 작업들이 정상적으로 수행되지 않고 오류 메시지가 나타나면, 또 그 메시지 내용이 "판매" 테이블에 대한 언급이 있다면 다음의 경우에 해당된다.

"상품" 테이블의 "상품코드"와 "판매" 테이블의 "상품코드"간에 관계가 설정되어 있다는 것을 기억하자. 현재 "공급자" 테이블의 변경에 대해서 "상품" 테이블에 그대로 적용하려고 할 때 변경되는 "상품" 테이블의 레코드가 "판매" 테이블의 어떤 레코드가 연관되어 있는 레코드일 것이다.

"공급자" 테이블에 새로운 레코드를 입력하고 그 레코드의 "공급업체코드"와 관련되는 레코드를 "상품" 테이블에 입력한 다음 다시 해본다.

다음에서는 이러한 경우에 대해서 보여주고 있다.

"공급자" 테이블에서 한 레코드를 선택한 다음 삭제할 때 그 레코드와 관련된 "상품" 테이블에서 관련된 레코드를 삭제하려고 할 것이다. 이때, 삭제해야할 "상품" 테이블의 레코드가 "판매" 테이블에 관련된 레코드라면 "항상 참조 무결성 유지" 원칙에 의거하여 해당 레코드를 삭제할 수 없게 된다. 따라서 다음과 같은 오류 메시지가 나타난다.

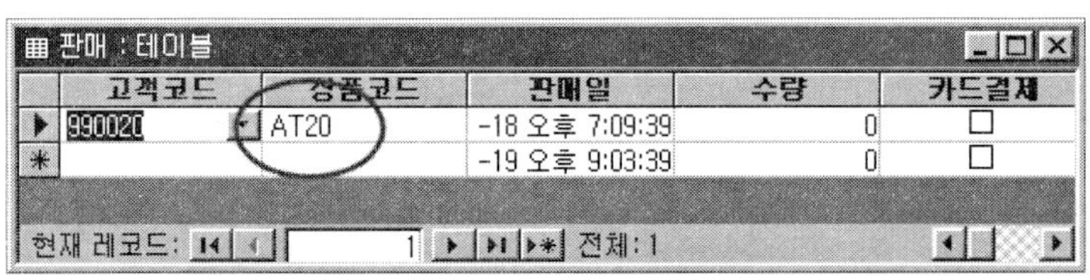

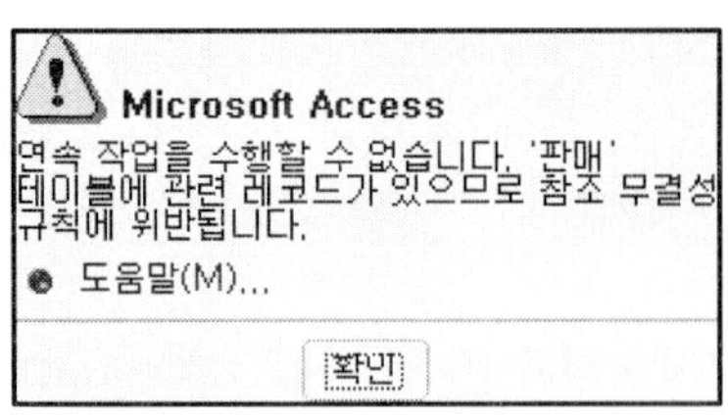

Chapter 3

데이터시트

데이터시트는 테이블, 폼, 쿼리, 뷰, 저장 프로시저 등의 데이터를 행과 열 서식으로 표시한다. 데이터시트 보기에서 필드를 편집하거나 데이터를 추가하거나 데이터를 검색할 수 있다. 우리는 이미 앞 단원에서 데이터시트 보기를 이용하여 여러 가지 작업을 해 보았는데 이 단원에서는 조금 더 자세하고 효율적으로 데이터시트를 사용하는 방법에 대해서 설명한다.

3 1 데이터시트 보기

데이터시트 보기 창에서 테이블, 폼, 쿼리, 뷰, 저장 프로시저 등을 열기 위한 방법은 다음과 같다.

■

데이터베이스 창의 [개체]에서 데이터베이스 개체 형식을 선택하고, 원하는 데이터베이스 개체(특정 테이블, 특정 폼,……)를 더블클릭한다. (폼은 기본적으로 폼 보기상태로 열리는데 열린 폼 보기 상태에서 데이터시트 보기로 전환하려면 마우스오른쪽버튼 - 데이터시트 보기 메뉴를 선택한다.).

■

테이블, 쿼리, 뷰, 저장 프로시저가 이미 열려 있으면 아래와 같이 보기 > 데이터시트 보기 메뉴를 선택하거나 툴바에서 보기 형식 단추를 클릭하여 데이터시트 보기 메뉴를 선택하여 전환할 수 있다.

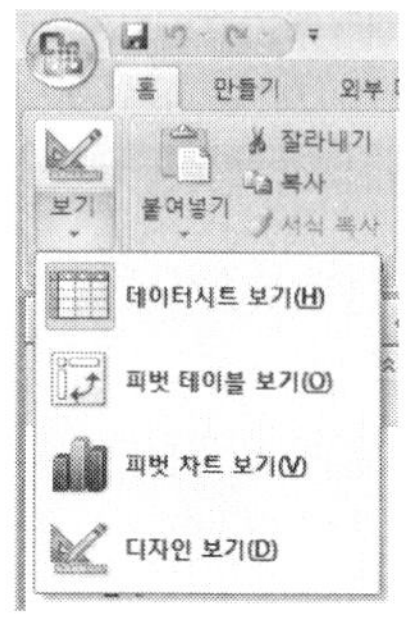

Tip

데이터시트 보기를 통해 열린 테이블이나 폼, 쿼리, 모듈 등은 모두 보기 > 디자인 보기 메뉴를 선택하거나 툴바에서 보기 형식 단추를 눌러서 나온 메뉴 중에 디자인보기 메뉴를 선택하면 디자인 보기로 열린다.

다음은 데이터 시트 보기로 연 "판매" 테이블 창이다. 창의 각 기능에 대해서 살펴 보자.

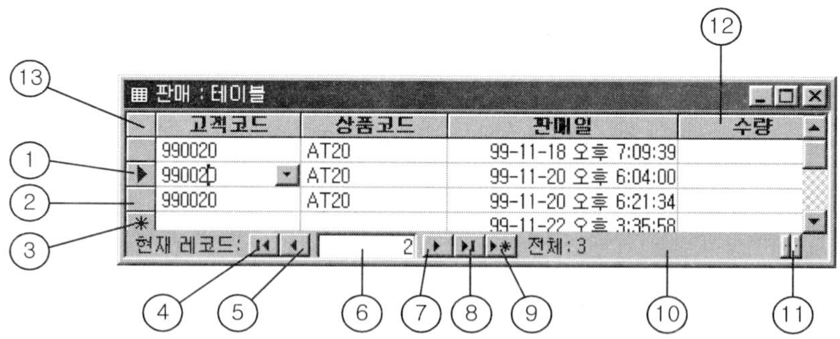

① 현재 레코드 표시기 : 현재 레코드를 표시한다.

② 레코드 선택기 : 레코드를 선택한다. 레코드를 선택하면 현재 레코드로 표시된다.

③ 새 레코드가 입력되는 위치 : 마지막 레코드 아래에 표시된다.

④ 첫 레코드로 이동 : 현재 레코드가 어디에 있건 관계없이 첫 레코드로 이동한다.

⑤ 이전 레코드로 이동 : 현재 레코드의 앞 레코드로 이동한다. 현재 첫 레코드인 경우에는 흐리게 나타난다.

⑥ 현재 레코드 번호 : 현재 레코드 표시기가 있는 레코드 번호를 나타낸다. 이곳에 직접 값을 입력하면 원하는 레코드 위치로 이동할 수 있다.

⑦ 다음 레코드로 이동 : 현재 레코드의 다음 레코드로 이동한다. 현재 마지막 레코드인 경우에는 흐리게 나타난다.

⑧ 마지막 레코드로 이동 : 현재 레코드가 어디에 있건 관계없이 마지막 레코드로 이동한다.

⑨ 새로운 레코드 입력 : 새 레코드를 입력할 수 있는 행으로 이동한다.

⑩ 전체 레코드의 수 : 테이블에 저장되어 있는 전체 레코드 수를 나타낸다.

⑪ 수평 이동 줄 : 화면에 나타나지 않은 필드들을 이동하면서 볼 수 있다. 레코드가 많은 경우에는 한 화면에서 모든 레코드를 볼 수 없는데 이런 경우에는 데이터시트 보기 오른쪽에 수직 이동 줄이 나타난다. 이 수직 이동 줄을 사용하여 레코드들을 이동하면서 볼 수 있다.

⑫ 필드 선택기 : 필드 선택기를 누르면 전체 필드(열)가 선택되어 반전된다.

⑬ 전체 레코드 선택 : 테이블의 전체 레코드가 선택된다.

다음은, 데이터시트 보기를 통하여 테이블 창을 열면 데이터시트 보기에 해당하는 도구 단추들이 다음과 같이 추가되는데 각각의 기능에 대해서 알아본다.

도구	이 름	기 능
	보기형식	오른쪽 목록다운 단추를 누르면 선택할 수 있는 메뉴가 나타난다. 현재 보기 형식(데이터시트 보기, 디자인 보기)을 전환할 수 있다.
	맞춤법 검사	문자열의 맞춤법을 검사한다.
	오름차순 정렬	필드(열)를 선택한 뒤 오름차순 정렬 단추를 누르면 선택한 필드의 값을 기준으로 레코드들을 오름차순으로 정렬한다.
	내림차순 정렬	필드(열)를 선택한 뒤 내림차순 정렬 단추를 누르면 선택한 필드의 값을 기준으로 레코드들을 내림차순으로 정렬한다.
	선택 필터	선택된 데이터를 기준으로 레코드들을 필터링 한다.
	폼 필터	데이터를 필터링 할 수 있는 폼 필터 창을 보여준다.
	필터 적용	폼 필터 창을 연 뒤에 사용할 수 있다. 정의한 필터를 실행한다.
	찾기	데이터시트에서 특정 필드에 특정 값을 가진 레코드를 찾는다.
	새 레코드	새 레코드를 입력하도록 현재의 레코드 위치를 이동한다.
	레코드 삭제	현재 레코드를 삭제한다.

데이터시트 보기에서 작업할 때는 대부분 작업을 키보드를 이용하게 된다. 이때, 보여주는 레코드들을 이동하기 위해서나 커서의 위치를 변경하기 위해서, 그리고 레코드를 선택하려고 마우스를 사용하게 되면 작업하는 사람은 꽤 번거롭게 느껴지게 된다. 다음에 설명하는 단축키를 알고 있다면 조금 더 편하게 작업할 수 있을 것이다.

단축 키	기 능
PgUp	한 페이지만큼 데이터시트의 레코드들을 위로 이동하여 보여준다.
PgDn	한 페이지만큼 데이터시트의 레코드들을 아래로 이동하여 보여준다.
Ctrl+PgUp	데이터시트의 필드들을 맨 왼쪽부터 보여준다.
Ctrl+PgDn	데이터시트의 필드들을 맨 오른쪽부터 보여준다.
Tab	현재 커서가 있는 위치에서 다음 필드로 이동한다.
Shift+Tab	현재 커서가 있는 위치에서 다음 필드로 이동한다.
Home	현재 레코드의 첫 필드로 커서를 이동시킨다.
End	현재 레코드의 마지막 필드로 커서를 이동시킨다.
↑	현재 레코드의 앞 레코드로 이동한다.
↓	현재 레코드의 다음 레코드로 이동한다.
Ctrl+↑	첫 레코드로 이동한다.
Ctrl+↓	마지막 레코드로 이동한다.
Ctrl+Home	첫 레코드로 이동하면서 커서는 첫 필드에 놓인다.
Ctrl+End	마지막 레코드로 이동하면서 커서는 마지막 필드에 놓인다.
F5	커서를 레코드번호 상자에 놓이게 한다.

다음은 데이터시트 보기에서 마우스로 데이터나 레코드를 선택하는 다양한 방법에 대한 설명이다.

선택 대상	마우스를 이용한 방법 / 키보드만을 이용한 방법
필드 데이터	선택을 시작할 위치를 클릭하고 데이터를 끌어 놓는다.
	선택할 텍스트의 시작 부분으로 삽입 포인터를 이동한 다음 Shift 키를 누른 채 화살표 키를 눌러 선택 영역의 끝으로 이동한다.
필드 전체	데이터시트에서 필드의 왼쪽 모서리에 포인터를 놓고 포인터가 모양으로 바뀔 때 클릭한다.
	필드로 삽입 포인터를 이동한 다음 F2 키를 누른다.
인접 필드	필드의 왼쪽 모서리를 클릭하고 원하는 범위까지 끈다.
	필드를 선택하고 Shift 키를 누른 채 해당 화살표 키를 누른다.
열	필드 선택기(필드 이름)를 클릭한다.
인접 열	열 위쪽에 있는 필드 이름을 클릭한 다음, 원하는 범위까지 끈다.

레코드	레코드 선택기를 클릭한다.
	Ctrl+스페이스 바를 누른다.
여러 레코드	첫 레코드의 선택기를 클릭한 다음 원하는 범위까지 끈다.
	Shift+스페이스 바를 누른 다음 Shift+위쪽 화살표 키나 Shift+아래쪽 화살표 키를 누른다.
모든 레코드	편집 > 레코드 모두 선택 메뉴를 선택한다.

3 2 데이터시트 서식의 사용

Access 2007이 기본적으로 제공하는 데이터시트의 서식은 작업하는 사람 취향대로 얼마든지 변경할 수 있다. 열의 너비를 바꾸고, 작업하는데 필요 없는 열을 감출 수 있으며 보여주는 글꼴과 괘선의 형태를 변경할 수 있다. 지금부터 설명하는 데이터시트 서식에 대한 변경은 거의 모두 <서식> 메뉴의 명령을 실행함으로써 이루어진다.

(1) 데이터시트의 기본 모양 설정

① 데이터시트 보기에서 테이블이나 쿼리, 폼, 뷰 또는 저장 프로시저를 연다.

② 홈 버튼 - Access 옵션 메뉴에서 데이터시트 탭을 선택하고 원하는 옵션을 설정한다.

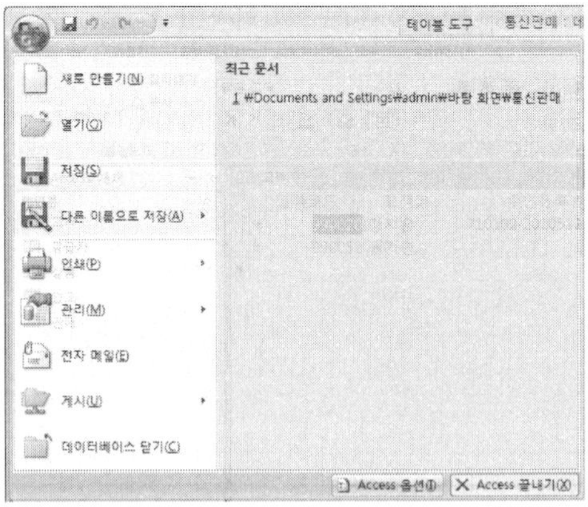

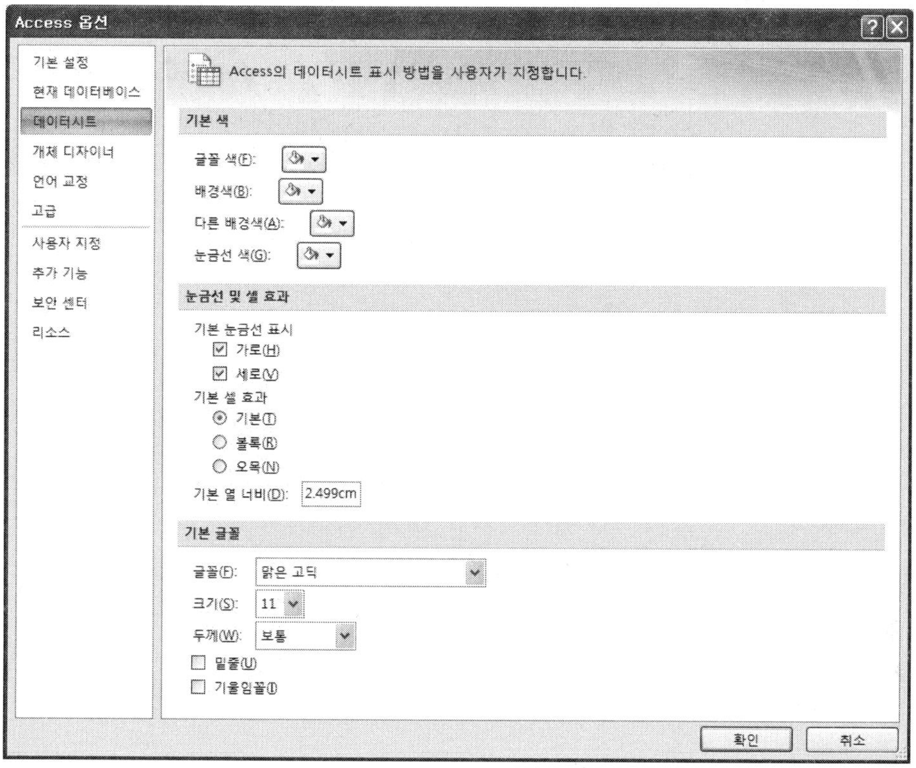

Tip 옵션을 설정해도 <서식> 메뉴를 이용하여 이전에 특정 데이터시트에 적용한 변경 내용은 계속 유효하다.

(2) 열 서식의 수정

■

① 변경하려는 열의 필드 선택기를 눌러서 해당 열을 반전시킨다.

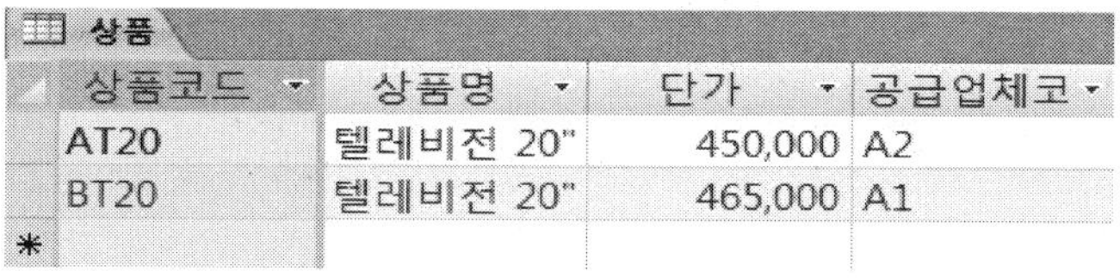

② 서식 > 열 너비 메뉴를 선택하거나 마우스를 선택한 열에 위치시키고 오른쪽 마우스 단추를 눌러서 나온 메뉴에서 <열 너비>를 선택한다.

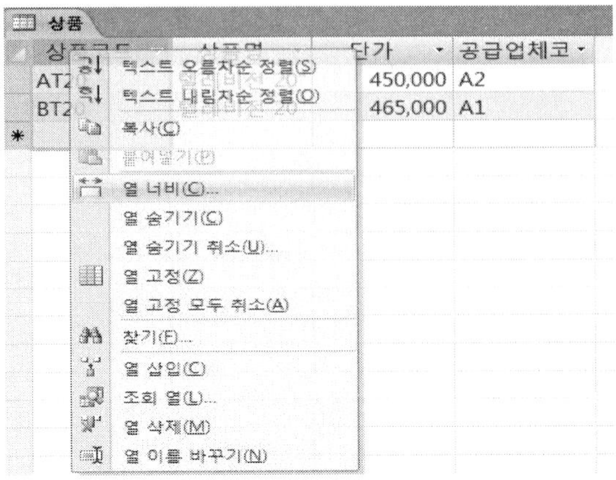

③ 다음의 열 너비 대화 상자에서 원하는 너비 값을 입력하고 <확인> 단추를 누른다. 현재 입력되어 있는 데이터 최대 길이에 맞추려면 <자동 맞춤> 단추를 누른다. 간단하게 열 너비를 조정하려면 변경하려는 필드의 필드 이름 오른쪽 경계선에 마우스를 놓고 원하는 너비가 될 때까지 끈다.

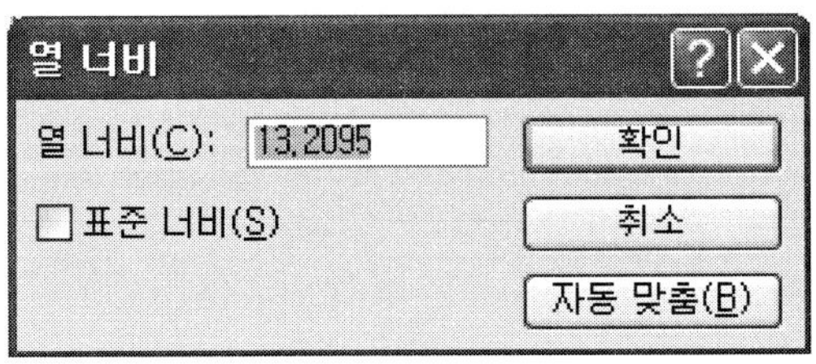

■

① 변경하려는 열의 필드 선택기를 눌러서 해당 열을 반전시킨다.
② 해당 필드 이름을 마우스로 누른 채로 원하는 열의 위치까지 끈다.

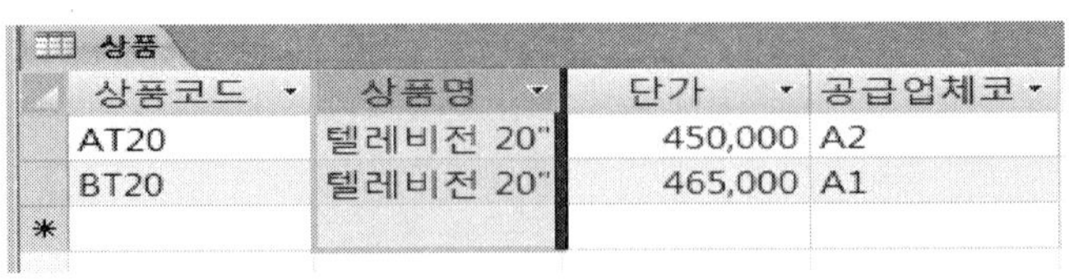

■

데이터시트 보기로 테이블 창을 열면 테이블의 모든 필드를 보여준다. 테이블의 필드 수가 적으면 문제 없겠지만 필드 수가 굉장히 많은 경우에는 수평 이동 줄을 이용하여 필드들을 이동시키면서 작업해야 한다. 작업자에게는 불편하게 느껴질 수가 있는데, 만일 모든 필드에 대해서 작업하는 게 아니라면 불필요한 필드들을 데이터시트 보기에서 숨길 수 있다.

① 감추려는 필드의 필드 선택기를 누른다.
② 홈 - 레코드 - 기타- 열 숨기기를 선택한다.
③ 숨긴 필드를 다시 보이게 하려면 기타 - 열 숨기기 취소 메뉴를 선택하고 다음 대화상자에서 체크되지 않은 필드를 체크한다.

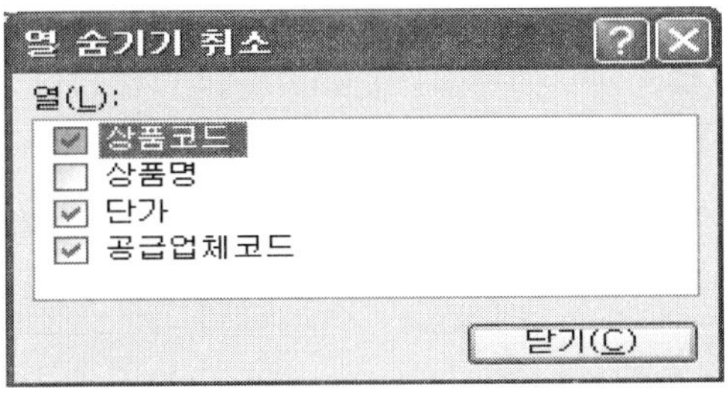

열을 숨길 때, 열을 선택한 다음 해당 열의 위치에 마우스를 놓고 오른쪽 단추를 눌러서 나온 메뉴에서 <열 숨기기>를 선택해도 된다.

■

테이블의 모든 필드가 데이터시트 보기에 나타나지 않게 되면 수평 이동 줄을 이용하여 필드들 간을 이동하면서 작업하게 된다. 그런데 데이터시트에서 현재 보이지 않는 오른쪽 필드들을 보려고 이동할 때 자동적으로 보이지 않게 되는 왼쪽 필드 중의 특정 필드나 필드들을 오른쪽 필드들과 같이 한 화면으로 봐야할 경우가 있다. 그 반대의 경우도 마찬가지인데 이런 경우에 수평 이동 줄로 필드들 간을 이동하더라도 하나나 그 이상의 필드들은 그대로 화면에 고정시켜 계속 나타나게 할 수 있다.

① 화면에 고정시키려는 필드의 필드 선택기를 누른다. 여러 개의 필드를 같이 고정시키려면 마우스로 한 필드 선택기를 누른 채로 나머지 필드로 끌어서 모두 선택한다.

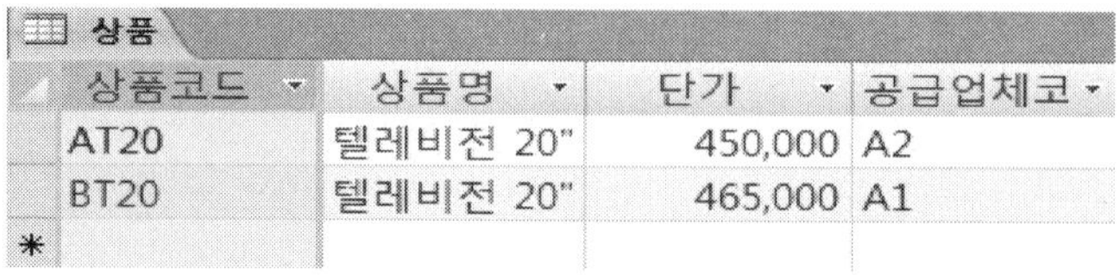

② 홈 - 레코드 - 기타 - 고정 메뉴를 선택한다.

③ 이제, 수평 이동 줄을 이용하여 오른쪽 필드들로 이동해 보자. 다음과 같이 고정시킨 필드는 그대로 화면에 보여질 것이다.

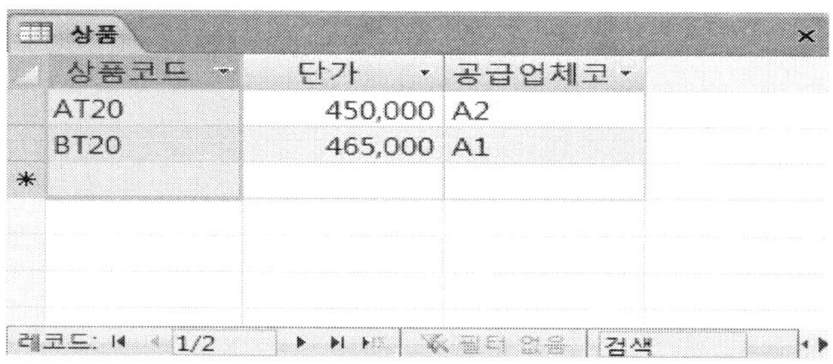

④ 고정시킨 열들을 취소하려면 홈 - 레코드 - 기타 - 고정 취소 메뉴를 선택한다.

■

데이터시트 보기에서 작업할 경우에는 기본적으로 제공하는 행 높이가 작업하는 데 있어서 그렇게 불편하지 않을 것이다. 하지만 데이터시트를 그대로 인쇄하는 경우에는 행의 높이를 조절할 필요가 있다.

홈 - 레코드 - 기타 - 행 높이 메뉴를 선택하면 다음의 대화 상자가 나타난다.

여기서, 행의 높이는 포인트로 계산된다. 대략 1/28cm(1/72inch)라고 생각하고 값을

입력하면 된다. <표준 높이>는 행과 행사이의 여백을 결정하는데 현재 선택된 글꼴의 포인트 크기보다 약 30% 크게 표준 높이를 계산한다.

계산하기가 번거롭다면 두 개의 행 선택기 사이에 있는 경계선을 마우스로 원하는 행 높이가 될 때까지 끌면 간단하게 조절할 수 있다.

(3) 괘선과 글꼴의 수정

■

괘선의 수정은 데이터시트를 그대로 인쇄할 경우에 주로 하게 된다.

① 홈 - 글꼴 리본 메뉴를 사용하여 설정한다.

■

① 홈 - 글꼴 메뉴의 오른쪽 하단 화살표를 선택한다.

② 다음의 대화 상자에서 원하는 서식을 설정한다.

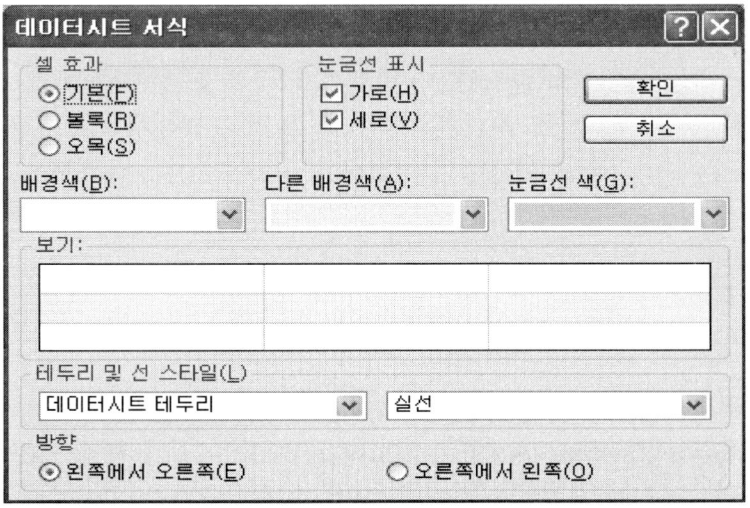

③ 다음과 같이 글꼴의 서식과 데이터시트의 서식이 변경된다.

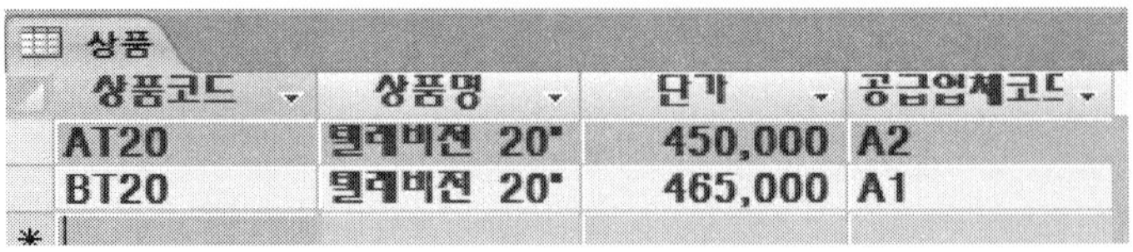

상품

상품코드	상품명	단가	공급업체코드
AT20	텔레비전 20"	450,000	A2
BT20	텔레비전 20"	465,000	A1

3.3 데이터 관리

데이터시트 보기를 통해서 연 테이블 창에서 데이터에 대한 다양한 작업을 어떻게 수행하는지 알아보자. 작업 과정을 설명할 때 나오는 데이터시트 창의 각 단추와 선택기들은 앞의 단원 3.1을 참조한다.

(1) 레코드 추가

① 데이터시트의 새 레코드 단추를 누른다.

② 현재 레코드 표시가 이동된 위치에서 데이터를 입력한다. 한 필드에서 다음 필드로 커서를 이동하려면 Tab 키를 이용한다. 추가한 한 레코드 끝 필드에서 Tab 키를 누르면 다음 새로운 레코드로 현재 레코드 표시기가 이동된다.

(2) 레코드 삭제

① 삭제하려는 레코드의 레코드 선택기를 누른다. 동시에 여러 개의 레코드를 선택하려면 한 레코드의 레코드 선택기를 누른 상태에서 마우스를 끈다.

② 홈 - 레코드 - 삭제 메뉴를 선택하거나 레코드 삭제 도구 단추(✕ 삭제)를 누른다.

(3) 레코드 수정

■

① 수정하려는 필드의 왼쪽 끝을 눌러서 셀을 반전시킨다.

② 해당 필드가 반전된 상태에서 값을 입력한다.

■

데이터시트 전체에서 특정 문자열을 찾아 모두 동시에 변경할 수 있다.

① 특정 문자열을 찾으려는 필드를 선택하거나 마우스 커서를 위치시킨다.
② 홈 - 찾기 - 바꾸기 메뉴에서 바꾸기 탭을 선택한다.
③ <찾을 내용> 영역에 찾는 문자열을 입력하고 <바꿀 내용> 영역에 변경하려는 문자열을 입력한 뒤 <모두 바꾸기>를 선택한다.
이때, 필드의 부분적인 내용과 찾을 내용에 입력한 문자열이 일치하는 레코드를 찾으려면 <찾을 조건>에 "필드의 일부"를 선택한다.

하나씩 찾아서 바꾸려면 <모두 바꾸기> 대신에 <바꾸기> 단추와 <다음 찾기>를 반복 선택한다.

■

새 레코드를 추가할 때 기존에 있는 어떤 레코드와 비교해서 약간의 데이터 값만 다르다면 기존의 레코드 값을 복사해 온다. 그런 다음 새 레코드에 대해서 데이터 수정 작업만 해 주면 될 것이다.

① 복사할 레코드의 ▭ 레코드 선택기를 눌러서 전체 필드를 반전시킨다.
② 홈 - 클립보트 - 복사 메뉴를 선택한다.
③ ▶* 새 레코드를 누른 다음 편집 > 붙여 넣기 메뉴를 선택한다.
④ 복사된 새 레코드를 수정한다.

레코드의 한 개 또는 몇 개의 필드만을 복사해 올 수 도 있다.

위의 단계 ①에서 복사하려는 필드 왼쪽 끝을 눌러서 하나의 필드를 선택한다. 몇 개의 필드를 선택하려면 이렇게 한 필드를 선택한 다음 Shift 키를 누른 채로 다른 필드들을 마우스로 선택한다. 다음 단계는 앞과 동일하다.

이전 레코드와 같은 필드에 있는 값으로 입력하려면 다음과 같이 작업한다.

① 값을 입력할 필드를 클릭한다.
② Ctrl+단일부호(')를 누른다.

■

① 레코드 선택기를 눌러서 인쇄할 레코드를 선택하거나 여러 레코드를 선택하려면 첫 번째 레코드 선택기를 누르고 인쇄할 마지막 레코드까지 끈다.
② 홈 - 인쇄 - 인쇄 메뉴를 선택하고 <인쇄 범위>를 "선택한 레코드" 옵션으로 설정한다.

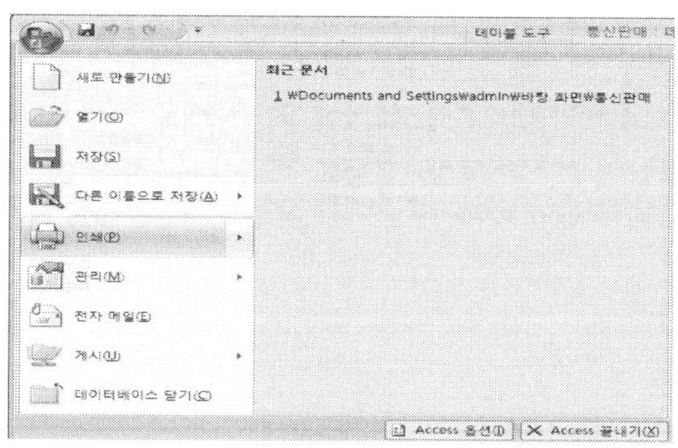

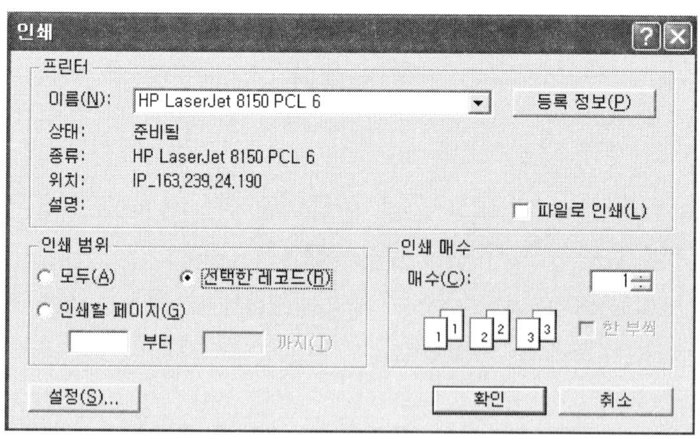

3 4 정렬과 검색

데이터시트는 테이블의 정의된 기본키 순으로 레코드를 정렬 시켜서 보여 준다. 이렇게 정렬된 레코드들을 필요에 따라서 다른 필드를 기준으로 정렬시킬 수 있다. 또한 데이터 양이 많아서 찾는 데이터를 눈으로 쉽게 찾지 못할 경우에 알고 있는 기본키 값, 또는 다른 필드의 값만을 이용해서 쉽게 레코드를 찾을 수 있다.

(1) 레코드 정렬

■

"판매사원" 테이블을 "사원명" 필드의 오름차순으로 정렬해 보자.

① "판매사원" 테이블을 데이터시트 보기로 열고 "사원명" 필드의 필드 선택기를 눌러 열을 선택한다. 테이블에 레코드가 입력되어 있지 않다면 다음과 같이 몇 개의 레코드만 입력한 다음 작업한다.

판매사원

사원번호	사원명	주소	입사년월일	주민등록번호	전화번호
S10-9311	이영준	서울 강서구 등촌동 5-312	1993-11-22	701102-1010214	(02)2645-7777
S10-9407	이범수	서울 동작구 상도동 3-765	1994-03-02	721021-1005143	(02) 813-7878
S10-9001	노영우	서울 노원구 상계동 한신A 1/10	1990-01-10	690102-1020514	(02) 776-7878
*					

② 홈 - 정렬 및 필터 - 오름차순 정렬 도구 단추( )를 클릭한다. 다음과 같이 "사원명" 필드의 오름차순으로 정렬된다.

판매사원

사원번호	사원명	주소	입사년월일	주민등록번호	전화번호
S10-9001	노영우	서울 노원구 상계동 한신A 1/10	1990-01-10	690102-1020514	(02) 776-7878
S10-9407	이범수	서울 동작구 상도동 3-765	1994-03-02	721021-1005143	(02) 813-7878
S10-9311	이영준	서울 강서구 등촌동 5-312	1993-11-22	701102-1010214	(02)2645-7777
*					

■

어떤 한 필드로 정렬시킬 때 이 필드의 데이터가 중복된 레코드에 대해서는 이들간의 순서를 어떻게 정할 것인가? 아무래도 상관없다면 앞에서 설명한 한 개의 필드에 의한 정렬 작업만 하면 될 것이다. 그러나 상관이 있다면 즉, 데이터 값이 같을 경우에 또 다른 필드 값에 의해서 레코드를 정렬해야한다.

"판매사원" 테이블에서 동일한 이름을 가진 사원들이 있을 경우, 다시 "입사년월일" 순으로, 이번에는 내림차순으로(신입사원 순으로) 정렬할 수 있다.

① "판매사원" 테이블에서 이름이 동일한 레코드를 입력해 놓는다.

판매사원

사원번호	사원명	주소	입사년월일	주민등록번호	전화번호
S10-9001	노영우	서울 노원구 상계동 한신A 1/10	1990-01-10	690102-1020514	(02) 776-7878
S10-9407	이범수	서울 동작구 상도동 3-765	1994-03-02	721021-1005143	(02) 813-7878
S10-9311	이영준	서울 강서구 등촌동 5-312	1993-11-22	701102-1010214	(02)2645-7777
S10-9920	노영우	서울 양천구 목2동 555-4	1990-12-10	701102-1010514	(02)2635-7878

② 홈 - 정렬 및 필터 - 고급 - 고급필터/정렬 메뉴를 선택한다. <필드> 입력란 오른쪽에 있는 콤보 상자의 목록 다음 단추를 눌러서 "사원명"을 선택하고 "오름차순"을 선택한다.

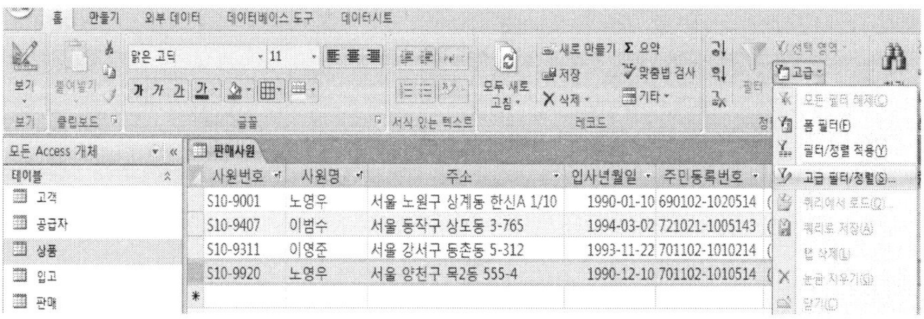

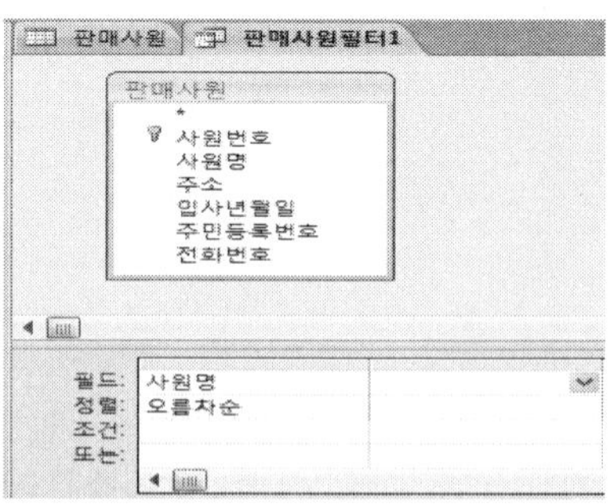

③ 두 번째 <필드> 에는 “입사년월일”을 선택하고 <정렬>에는 “내림차순”을 선택한다. 필터 적용/해제 도구 단추를 누른다.

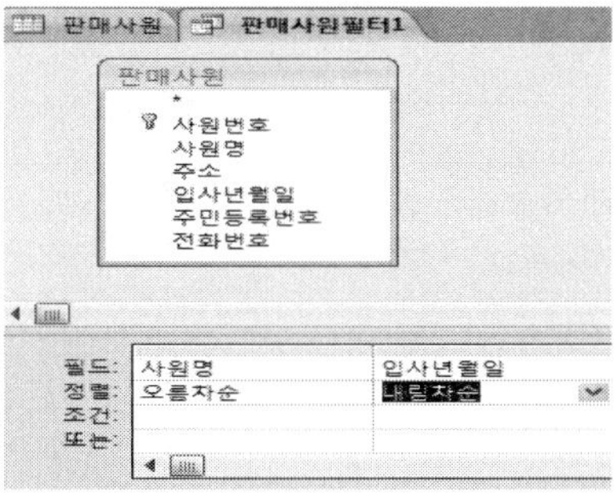

④ 다음은 필터를 적용한 결과 테이블이다. 필터링을 해제할 때도 이 도구( )를 누른다. 이 경우에는 <필터 삭제> 도구 단추가 된다.

사원번호	사원명	주소	입사년월일	주민등록번호	전화번호
S10-9920	노영우	서울 양천구 목2동 555-4	1990-12-10	701102-1010514	(02)2635-7878
S10-9001	노영우	서울 노원구 상계동 한신A 1/10	1990-01-10	690102-1020514	(02) 776-7878
S10-9407	이범수	서울 동작구 상도동 3-765	1994-03-02	721021-1005143	(02) 813-7878
S10-9311	이영준	서울 강서구 등촌동 5-312	1993-11-22	701102-1010214	(02)2645-7777

(2) 레코드의 검색

■

간단하게 한 필드의 값만을 가지고 레코드를 찾아준다.

① 레코드를 찾는데 사용되는 필드를 먼저 데이터시트에서 선택한다.
② 홈 - 찾기 - 찾기도구( )를 누른다.
③ <찾을 내용> 영역에 데이터 값을 입력하고 필드의 값 전체와 일치하는 레코드를 찾으려면 <찾을 조건>에서 “전체 필드 일치”를 선택하고 필드 값의 시작부분에서 일치하는 값을 찾으려면 “필드의 시작”을 선택한다. 또한 필드 값의 일부분과 일치하는 레코드를 찾으려면 “필드의 일부”를 선택한다.
<다음 찾기> 단추를 누른다. 데이터시트를 살펴보면 찾는 레코드에 <현재 레코드>가 표시 될 것이다.

Tip

세 자리이면서 노씨만을 찾으려면 <찾을 내용>에 "노??"라고 입력하고 <찾을 조건>에 "전체 필드 일치"로 설정한다.

실습

<찾을 내용>에 "노?"라고 입력하고 <찾을 조건>에 "전체 필드 일치"로 설정했을 때의 결과와 <찾을 내용>에 "노??"라고 입력하고 <찾을 조건>에 "필드의 일부"로 설정한 결과를 비교하라.

■

테이블에 입력한 데이터에서 특정 필드 값과 일부분과 일치하는 다른 모든 레코드를 찾으려면 선택 필터를 이용한다.

다음 "판매사원" 테이블의 "입사년월일" 필드에서 숫자 "90"을 가진 모든 레코드를 찾아보자.

① "입사년월일" 필드에서 숫자 "90"을 다음과 같이 선택한다.

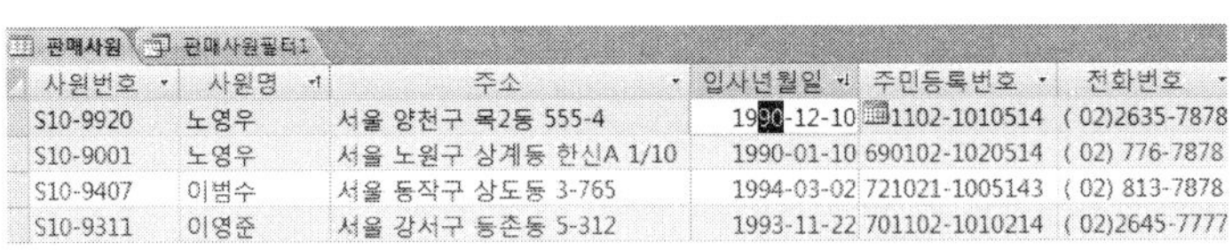

사원번호	사원명	주소	입사년월일	주민등록번호	전화번호
S10-9920	노영우	서울 양천구 목2동 555-4	1990-12-10	701102-1010514	(02)2635-7878
S10-9001	노영우	서울 노원구 상계동 한신A 1/10	1990-01-10	690102-1020514	(02) 776-7878
S10-9407	이범수	서울 동작구 상도동 3-765	1994-03-02	721021-1005143	(02) 813-7878
S10-9311	이영준	서울 강서구 등촌동 5-312	1993-11-22	701102-1010214	(02)2645-7777

② 홈 - 정렬 및 필터 - 선택 영역 메뉴( )의 메뉴의 선택단추를 누른다. 원하는 조건을 찾는다.

> **Tip** 선택 필터에 의해서 필터링 된 결과 테이블에서 또 다시 선택 필터를 적용할 수 있다.

③ 테이블을 저장하면 작성한 필터도 저장된다. 다음에 테이블을 열 때 필요하면 필터를 다시 적용할 수 있다.

실습 선택 필터 기능을 이용하여 "사원" 테이블에서 성이 "이"이고 "노원구"에 사는 고객 모두를 필터링 한다. 선택 필터 기능을 두 번 사용하면 된다.

■

특정 값과 일치하는 데이터를 가지고 있지 않은 레코드만을 필터링 하려면 선택 사항을 제외한 필터 기능을 적용한다. 작업 단계는 앞에서 설명한 선택 필터의 ①번 작업을 한 다음, 레코드 > 필터 > 선택 사항을 제외한 필터 > 메뉴를 선택한다.

■

"판매사원" 테이블에서 "주소"가 "마포구" 이거나, "동작구"인 경우에는 "상도동"인 레코드만을 찾으려면 어떻게 해야 하는가? 앞에서 설명한 선택 필터 기능으로는 해결할 수 없다. 선택 필터는 조건과 모두 일치하는 레코드만을 찾기 때문이다. 주어진 조건에서 한 조건이나 부분적인 조건만을 만족하는 레코드들을 찾으려면 폼 필터 기능을 이용해야 한다.

"고객" 테이블에서 "성별"이 "m"이고 "주소"가 "경기도" 이거나, "서울"인 경우에는 "마포구"인 레코드만을 찾아보자.

① 홈 - 정렬 및 필터 - 고급 - 폼 필터( )를 선택한다.

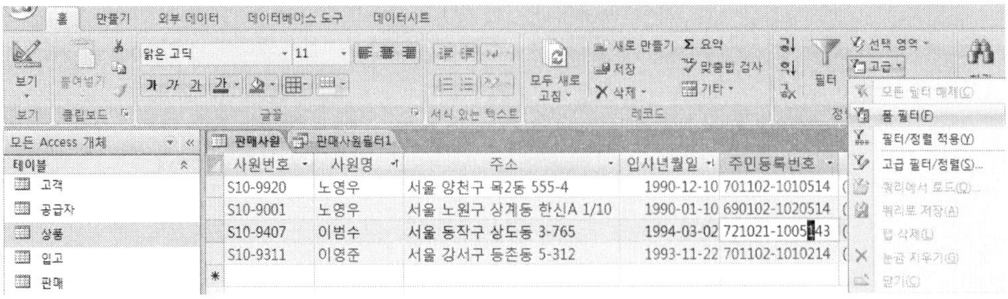

② 다음의 폼 필터 창이 열리면, “성별” 필드 오른쪽 콤보 상자를 눌러서 “m”을 선택한다. 그리고 “주소” 필드에는 다음과 같이 입력하고 창 아래쪽에 있는 첫 번째 <또는> 탭을 누른다.

③ 다음의 폼 필터 창이 열리면, “성별” 필드 오른쪽 콤보 상자를 눌러서 “m”을 선택한다. 그리고 “주소” 필드에는 다음과 같이 입력하고 필터 적용 도구 단추를 누른다.

④ 다음과 같이 원하는 레코드들을 찾을 수 있다.

실습 앞의 예제에서 "성별" 필드의 "m"을 필터 조건 한 곳에만 설정해서 결과를 확인 해 보자. 또 그 이유를 설명해 본다.

3 5 다중 테이블 보기

테이블의 데이터시트 보기에서 한번에 여러 테이블로부터 데이터를 표시할 수 있다. 데이터베이스의 테이블 간의 관계가 이미 정의되어 있으면 레코드의 ⊞ 확장 표시기를 클릭하면 관련 테이블의 데이터 시트(하위 데이터시트)가 표시된다. 보여주는 하위 데이터 시트에는 현재 선택한 레코드와 관련된 레코드만을 보여준다. 함께 열린 하위 데이터 시트에서 레코드를 추가, 수정 및 삭제할 수도 있다.

(1) 하위 데이터시트

하위 데이터시트에서는 테이블이나 쿼리, 폼 데이터시트, 하위 폼의 관계 또는 조인된 데이터를 보고 편집할 수 있다. 예를 들어, "고객" 테이블은 "판매" 테이블과 일대다 관계를 가지고 있기 때문에 데이터시트 보기에 나타난 "고객" 테이블의 각 레코드(행)에 대해 "판매" 테이블에서 관련된 레코드(행)들을 하위 데이터시트로 보여준다. 또한 하위 데이터시트에서 편집할 수도 있다.

하위 데이터시트 내에서 8개까지 하위 데이터시트를 중첩시킬 수 있다. 그러나 각 데이터시트나 하위 데이터시트는 하나의 중첩 하위 데이터시트만 가질 수 있다. 예를 들어, "고객" 테이블은 하나의 "판매" 테이블 하위 데이터시트를 가질 수 있으며, "판매" 테이블 하위 데이터시트는 하나의 하위 데이터시트를 가질 수 있다. 그러나 "고객" 테이블이 "판매" 테이블 하위 데이터시트이외에 또 다른 하위 데이터시트를 가질 수는 없다.

"고객" 테이블과 "판매" 테이블 사이에는 관계가 정의되어 있다. "고객" 테이블을 데이터시트 보기로 열고 한 고객에 대한 판매 현황을 알아보자. 즉, "판매" 테이블에 관련된 "고객"의 레코드를 살펴본다.

① "고객" 테이블을 데이터시트 보기로 연다. 원하는 고객 레코드를 선택한 다음(현재 레코드 표시기를 위치시켜놓은 다음) ⊞ 확장 표시기를 클릭한다.

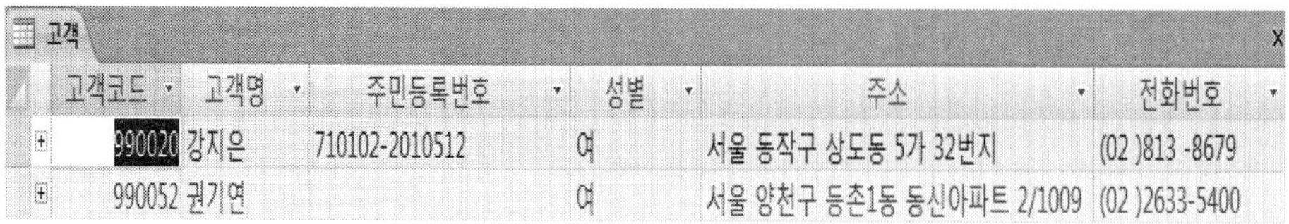

② 다음과 같이 선택한 레코드의 "고객코드" 값과 관련된 레코드만을 "판매" 테이블로부터 가져와서 데이터시트 보기를 통해 보여준다

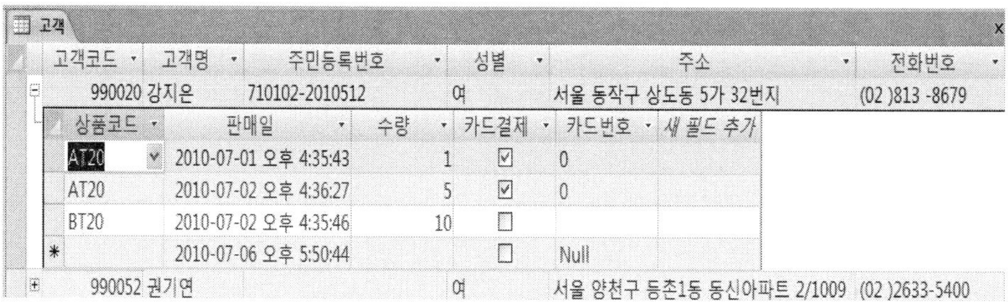

③ 열린 하위 데이터 시트를 감추려면 ⊟ 축소 표시기 단추를 클릭한다.

Tip

만일 현재 열린 데이터시트의 하위 데이터시트뿐만이 아니라 그 하위 데이터시트의 또 하위 데이터시트, 그 하위 데이터 시트의 또 하위 데이터 시트까지 모두 확장해서 보려면 서식 > 하위 데이터시트 > 모두 확장 메뉴를 선택하고 나타난 모든 하위 데이터시트를 감추려면 서식> 하위 데이터시트 > 모두 축소 메뉴를 선택한다.

36 바로 가는 메뉴

우리는 지금까지 데이터시트 보기 상태에서의 테이블 작업을 주로 메뉴나 도구를 이용했었다. 여기서는 바로 가는 메뉴(팝업 메뉴, 단축 메뉴, 돌출 메뉴)를 이용하여 작업하는 방법에 대해서 설명한다.

(1) 레코드에 대한 작업

① 데이터시트 보기 상태로 테이블을 열고 작업하려는 데이터의 <레코드 선택기>를 누른다.

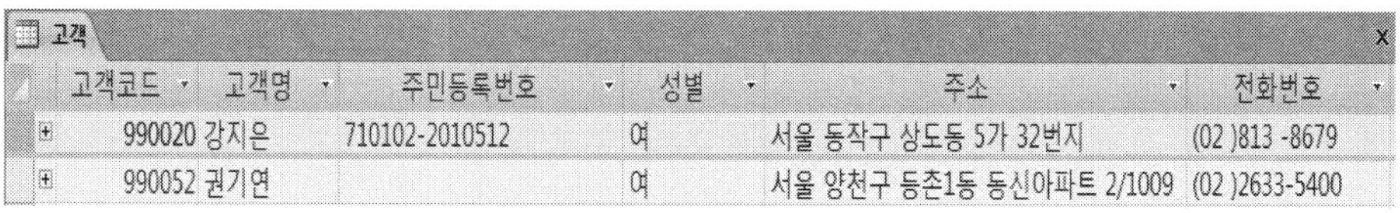

② 오른쪽 마우스 단추를 누르면 다음과 같은 바로 가는 메뉴가 나타난다. 원하는 메뉴를 선택한다.

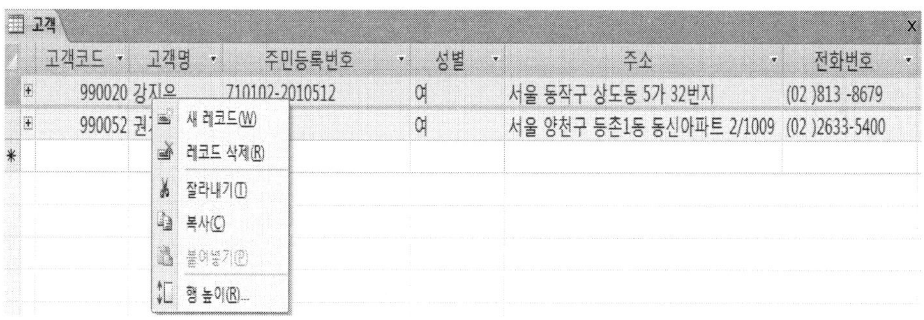

(2) 필드(열)에 대한 작업

① 작업하려는 필드의 <필드 선택기>를 누른다.

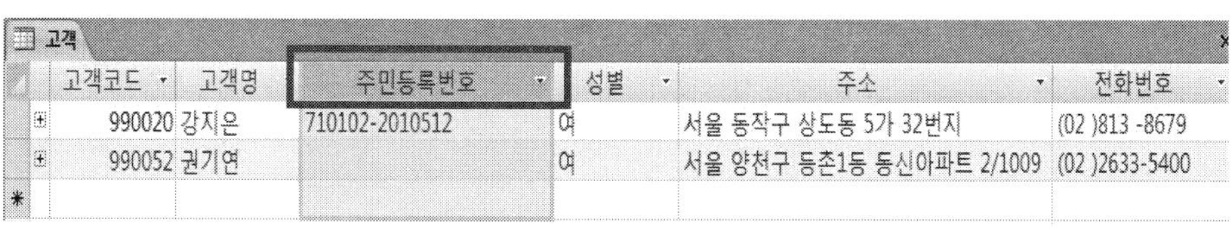

② 오른쪽 마우스 단추를 누르면 다음과 같은 바로 가는 메뉴가 나타난다. 원하는 메뉴를 선택한다.

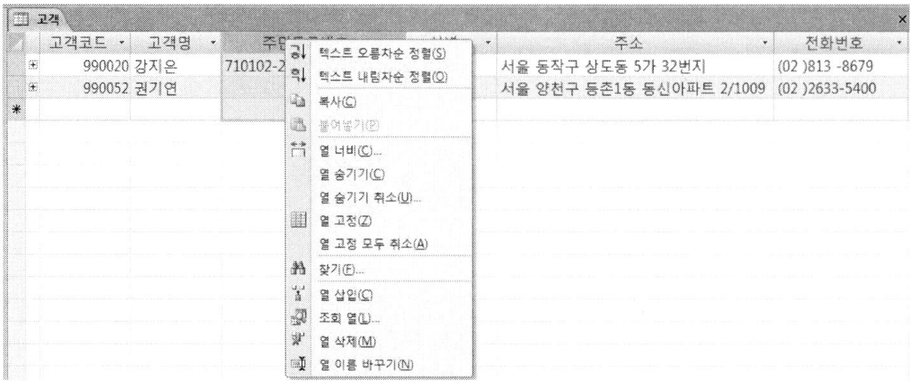

(3) 테이블에 대한 작업

① 테이블 창의 제목 표시줄에서 오른쪽 마우스 단추를 누르면 다음과 같은 메뉴가 나타난다

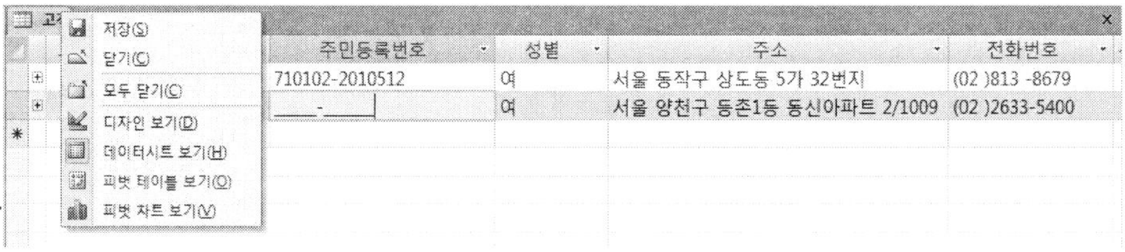

② 특정 필드를 선택한 상태 상태에서 오른쪽 마우스 단추를 누르면 다음과 같은 메뉴가 나타난다. <필터 대상> 메뉴를 보면 식을 입력할 수 있는 상자가 있는데 이 상자에 직접 필터의 조건식을 입력할 수 있다.

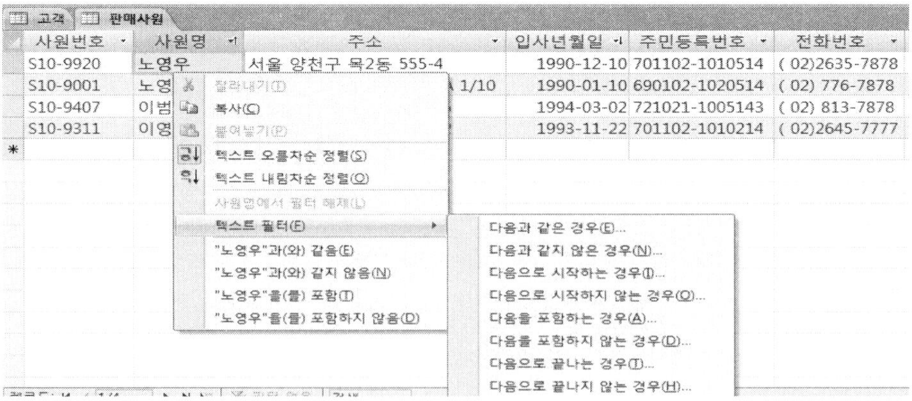

"사원명" 필드에 커서를 놓고 "필터 대상"에 "노영우"를 입력한 결과는 다음과 같다.

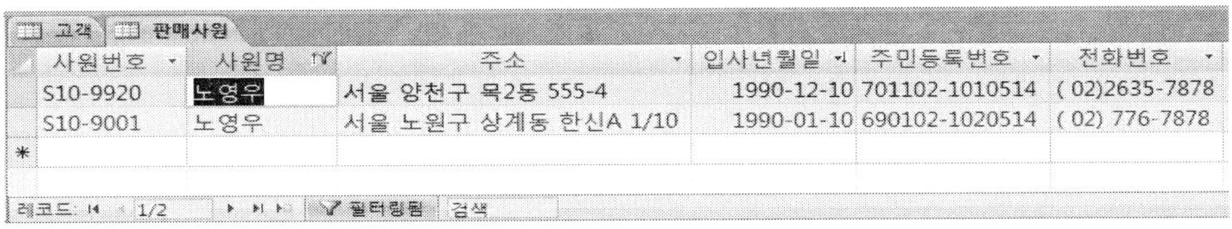

사원번호	사원명	주소	입사년월일	주민등록번호	전화번호
S10-9920	노영우	서울 양천구 목2동 555-4	1990-12-10	701102-1010514	(02)2635-7878
S10-9001	노영우	서울 노원구 상계동 한신A 1/10	1990-01-10	690102-1020514	(02) 776-7878

Chapter 4
쿼리

쿼리를 사용해 여러 가지 방법으로 데이터를 보고, 변경하고, 분석할 수 있다. 또한, 쿼리 결과로 반환되는 레코드 셋을 폼, 보고서, 데이터 액세스 페이지 등의 원본으로 사용할 수도 있다. 쿼리를 이용하여 한 테이블에서 원하는 필드들로만 구성된 레코드 셋을 만들 수 있으며, 또한 특정 조건에 맞는 레코드들만으로 구성하여 특정 필드 값에 의해 정렬시킬 수도 있다. 그리고 여러 개의 테이블로부터 데이터를 가져와서 지정한 순서로 정렬시킬 수 있으며 테이블에 없는 필드들을 추가하고 함수나 연산식을 이용하여 새로운 필드를 만들어낼 수도 있다.

Access 2007에서는 마법사를 사용하거나 쿼리 디자인 보기를 이용하여 쿼리를 만들 수 있다. 다음에서 설명한다.

4 1 쿼리의 종류

(1) 선택 쿼리

선택 쿼리는 가장 일반적인 형태의 쿼리이다. 테이블에서 데이터를 검색하여 데이터시트로 표시하므로 데이터시트에서 레코드를 수정할 수 있지만 수정시 약간의 제한이 있다. 또한 선택 쿼리를 사용하여 레코드를 그룹으로 묶어 합계, 개수, 평균, 기타 합계 등을 계산할 수도 있다.

(2) 매개 변수 쿼리

실행할 때 레코드 검색 조건이나 필드에 삽입할 값과 같은 정보를 입력할 수 있는 대화 상자를 표시하는 쿼리이다. 두 가지 이상의 정보를 물어 보는 쿼리를 디자인할 수도 있다. 예를 들어, 두 개의 날짜를 묻는 쿼리를 만들어 두 날짜 사이에 있는 레코드를 모두 검색할 수 있다.

매개 변수 쿼리는 폼, 보고서, 데이터 액세스 페이지의 기초로 사용하기에도 편리하다. 예를 들어, 매개 변수 쿼리를 기초로 월 판매 보고서를 만들 수 있다. 보고서를 인쇄할 때 보고서 표지에 인쇄할 월을 묻는 대화 상자가 표시되고, 월을 입력하면 해당 보고서가 인쇄된다.

(3) 크로스탭 쿼리

크로스탭 쿼리는 테이블의 특정 필드의 요약 값(합계, 개수, 평균 등)을 표시하고 그 값들을 그룹으로 만들어 한 집합은 데이터시트의 왼쪽에, 또 한 집합은 데이터시트의 위쪽에 나열한다.

(4) 실행 쿼리

실행 쿼리란 여러 레코드를 한꺼번에 변경할 수 있는 쿼리이다. 삭제 쿼리, 업데이트 쿼리, 추가 쿼리, 테이블 작성 쿼리 등 네 가지가 있다.

■

하나 이상의 테이블에서 레코드 그룹을 삭제한다. 예를 들어, 더 이상 취급하지 않은 상품이 있을 때 삭제 쿼리로 이 상품에 대한 관련된 "판매" 테이블의 레코드들을 모두 삭제할 수 있다. 삭제 쿼리를 사용하면 레코드 안에 있는 특정 필드만이 아니라 항상 레코드 전체가 삭제된다.

■

하나 이상의 테이블에서 레코드 그룹을 전체적으로 변경한다. 예를 들어, "A" 업체가 공급하고 있는 모든 상품의 가격을 모두 일정 비율만큼 올리려고 할 때 업데이트 쿼리를 사용하여 기존 테이블에 있는 데이터를 변경할 수 있다.

■

하나 이상의 테이블에 있는 레코드 그룹을 하나 이상의 테이블 끝에 추가한다. 예를 들어, 새로운 "판매"가 일어나서 "판매" 테이블에 레코드를 추가할 때 아직 등록하지 않은 "고객"을 "고객" 테이블에 추가할 수 있다.

■

하나 이상의 테이블에서 데이터의 일부나 전체를 가져와 새 테이블을 만든다. 다른 Microsoft Access 데이터베이스로 내보낼 테이블을 만들 수 있는데 예를 들어, "상품" 테이블과 "공급자" 테이블에 있는 필드 중에서 몇 개의 필드들을 포함하는 새로운 테이블을 만들거나 다른 데이터베이스의 테이블로 내보낼 수 있다. 그리고 테이블의 백업 복사 본을 만들며 변경되기 전의 레코드를 저장하는 히스토리 테이블을 만들 수 있다.

(5) SQL 쿼리

SQL 쿼리는 SQL 문을 사용하여 만드는 쿼리이다. SQL 쿼리의 예로는 통합 쿼리, 창구 쿼리, 데이터 정의 쿼리, 하위 쿼리 등이 있다.

■

하나 이상의 테이블이나 쿼리 필드(열)를 결합하여 쿼리 결과는 하나의 필드나 열로 만들어진다. 예를 들어, 지점별로 "판매" 테이블을 매달 보내오는 경우 통합 쿼리를 사용하여 이 테이블들을 하나의 결과 집합으로 결합한 다음 통합 쿼리를 기초로 하는 테이블 작성 쿼리를 만들어 새로운 테이블을 만들 수 있다.

■

서버에서 인식할 수 있는 명령을 사용하여 Microsoft FoxPro와 같은 ODBC 데이터베이스로 명령을 직접 보낸다.

■

Microsoft Access나 Microsoft FoxPro 테이블과 같은 데이터베이스에서 테이블을 만들거나 삭제, 수정하거나 색인을 만든다.

■

다른 선택 쿼리나 실행 쿼리 안에서 SQL SELECT 문으로 이루어진 쿼리이다. 쿼리 디자인 눈금의 필드 행에서 명령문을 입력하여 새 필드를 정의하거나 조건 행에서 필드 조건을 입력한다. 예를 들어서 EXISTS나 NOT EXISTS 등의 예약어를 사용하여 하위 쿼리의 결과 유무를 확인할 수 있다. 그리고 ANY, IN, ALL 등의 예약어를 사용하여 하위 쿼리에서 반환된 값과 같은 값, 큰 값, 작은 값을 각각 기본 쿼리에서 찾을 수 있다. 또한, 하위 쿼리 내에서 하위 쿼리(하위 쿼리 안의 하위 쿼리)를 만든다.

4 2 마법사를 이용하여 쿼리 만들기

(1) 단순 쿼리 마법사

단순 쿼리 마법사를 사용하여 하나 이상의 테이블이나 쿼리에서 지정한 필드에서 데이터를 검색하는 쿼리를 만든다. 필요하면 마법사로 모든 레코드나 레코드의 그룹의 합계, 개수 및 평균값을 내거나 필드의 최소 값이나 최대 값을 계산할 수는 있으나 조건을 설정하여 검색할 레코드를 제한할 수는 없다.

① 만들기 - 기타 - 쿼리마법사 도구모음을 선택한다.

② 새 쿼리 대화 상자에서 단순 쿼리 마법사를 클릭하고 <확인>을 선택한다.

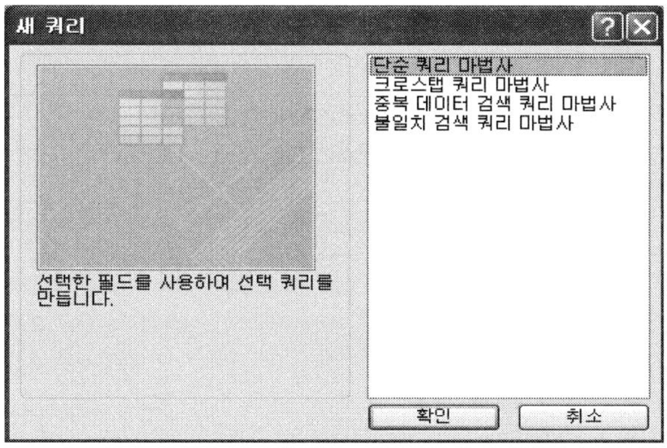

③ 새 쿼리에서 기본 테이블로 사용할 테이블이나 쿼리 이름을 선택한 다음, 검색할 데이터가 있는 필드를 왼쪽 상자에서 선택하고 > 오른쪽으로 단추를 눌러서 오른쪽 상자에 넣는다. 테이블이나 쿼리를 더 선택할 수 있다. <다음>을 누른다.

다음과 같이 필드를 선택한다.

선택할 테이블	선택할 필드
판매	고객코드
고객	고객명
판매	상품코드
상품	상품명
판매	판매일
판매	수량

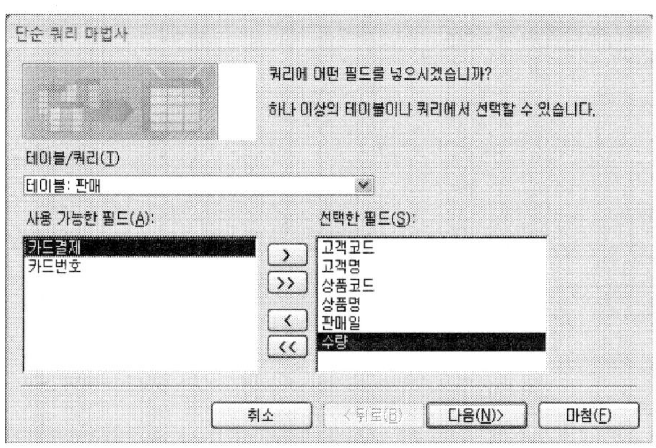

④ 다음 단계에서 쿼리 유형을 정한다. “상세 ...” 옵션을 선택한다.

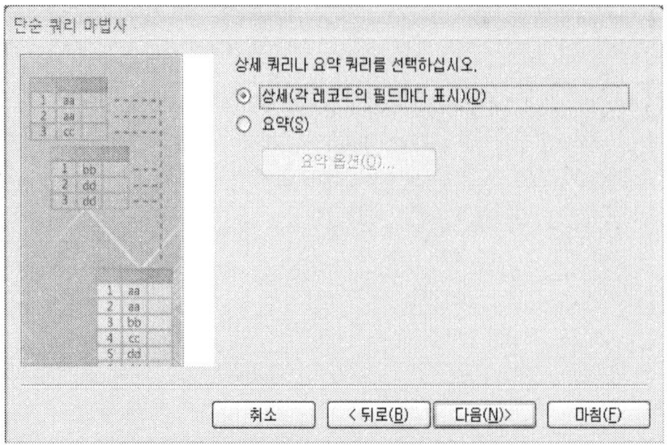

⑤ 다음 단계에서 쿼리 제목을 입력하고 쿼리 실행 결과의 레코드셋을 보려면(데이터 시트 보기로 열려면) “쿼리 정보 보기” 옵션을 선택하고 만들어진 쿼리를 디자인 보기 형태로 열려면 “쿼리 디자인 수정” 옵션을 선택한다. “쿼리 정보 보기” 옵션을 선택한다.

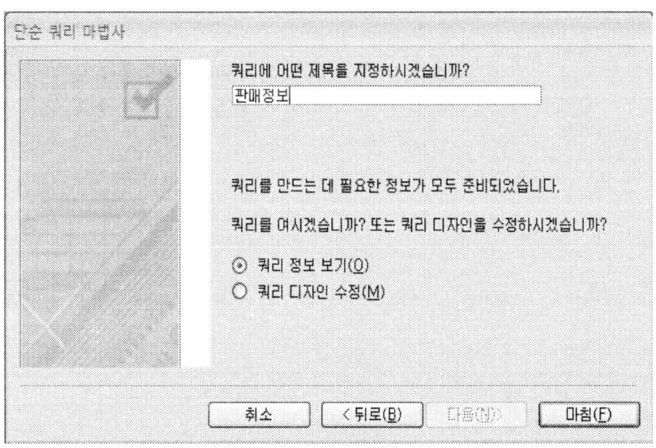

⑥ 다음은 쿼리 결과를 데이터시트 보기로 연 것이다.

판매정보

고객코드	고객명	상품코드	상품명	판매일	수량
990020	강지은	AT20	텔레비전 20"	2010-07-01 오후 4:35:43	1
990020	강지은	AT20	텔레비전 20"	2010-07-02 오후 4:36:27	5
990020	강지은	BT20	텔레비전 20"	2010-07-02 오후 4:35:46	10

⑦ 다음은 쿼리 결과를 디자인 보기로 연 것인데, 데이터 시트 보기로 열린 상태에서 도구 모음에 있는  보기형식을 눌러도 된다.

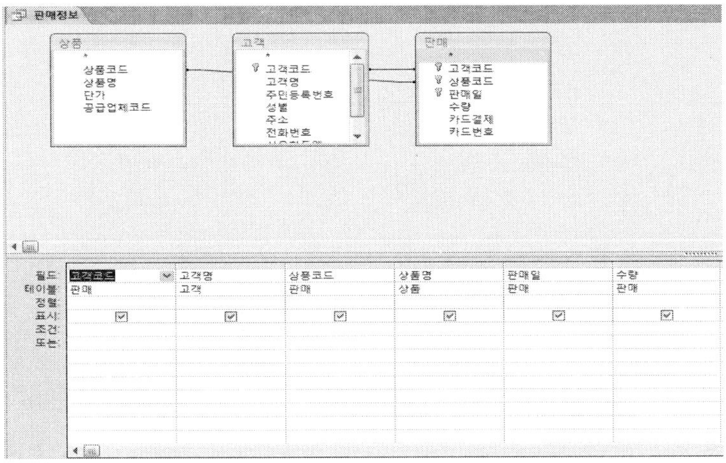

디자인 창에서 보여주고 있는 테이블의 위치가 위와 같다면 이해하기 쉽도록 테이블의 위치를 다음과 같이 드래그 하여 변경한다.

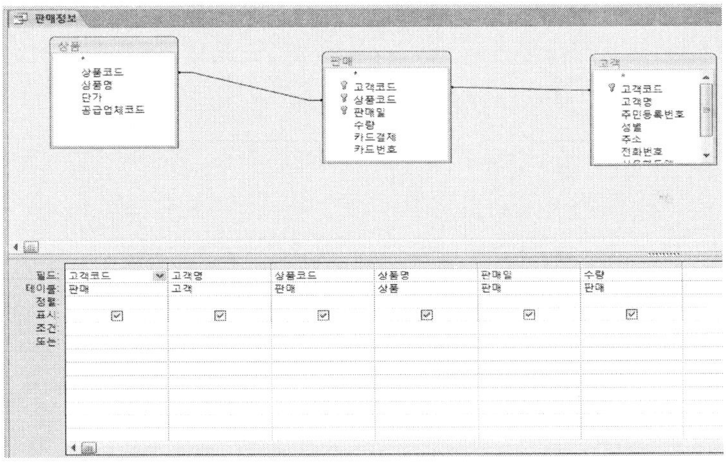

⑧ 데이터베이스 창에서 모든 Access 개체를 선택하면 다음과 같이 앞에서 정의한 쿼리 개체가 나타난다.

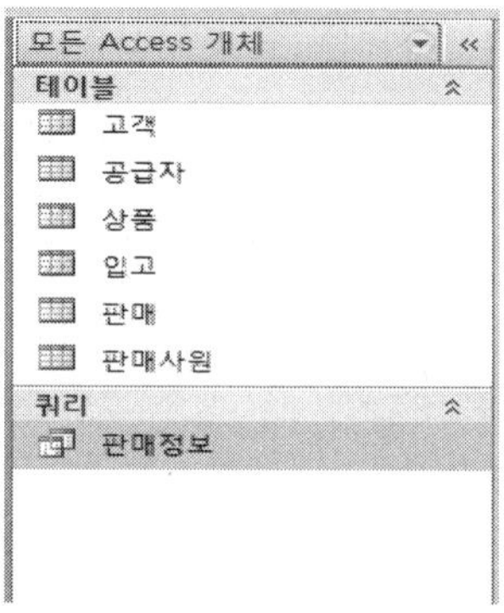

■

"판매" 테이블에서 각 상품에 대한 판매 데이터를 알아보려고 한다. 결과에는 먼저 "판매일"이 나오고 "상품코드" 다음에 그날 판매된 해당 상품의 총 개수를 원한다.

테이블의 "판매일" 필드에는 판매한 시간까지 저장되어 있는데 날짜가 같은 모든 레코드에 대해서는 해당 날짜만, 그리고 한번만 나와야 한다. 그리고 그날 판매된 각 상품의 총 개수는 계산을 해야한다. 이것을 해결하려면 "판매일"과 "상품코드" 필드의 값으로 레코드들을 그룹화해야 한다. 단순 쿼리 마법사를 이용하여 쿼리를 만들어 보자.

① 만들기 - 기타 - 쿼리 마법사를 선택한다.
② <단순 쿼리 마법사>를 선택하고 <확인> 단추를 누른다.
③ 다음 단계에서 <테이블>을 "판매"로 설정하고 오른쪽 <선택 필드> 영역에 다음과 같은 순서로 정의될 수 있도록 왼쪽 <사용 가능한 필드> 영역에서 각 필드를 선택하고 [>] 단추를 누른다. <다음> 단추를 선택한다.

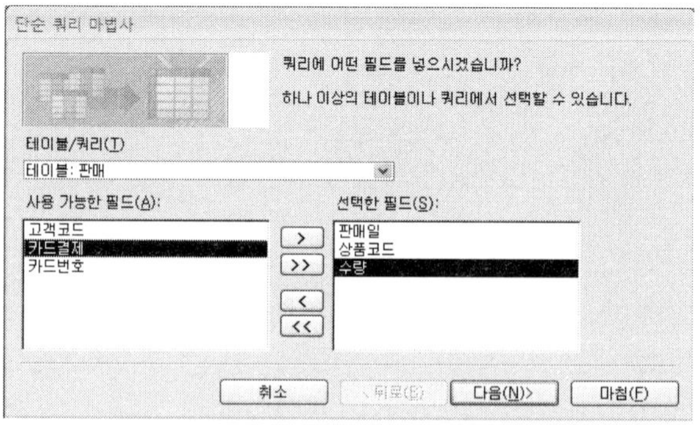

④ "판매" 테이블의 모든 레코드를 원하는 것이 아니고 날짜와 상품코드에 대한 총계만을 보려는 목적이므로 다음 단계에서는 <요약>을 선택한다. <요약>을 선택한 경우에는 반드시 <요약 옵션>을 누르고 기준을 정의해야 한다. <요약 옵션>을 눌러서 <합계>를 체크한다. <확인>하고 <다음>을 선택한다.

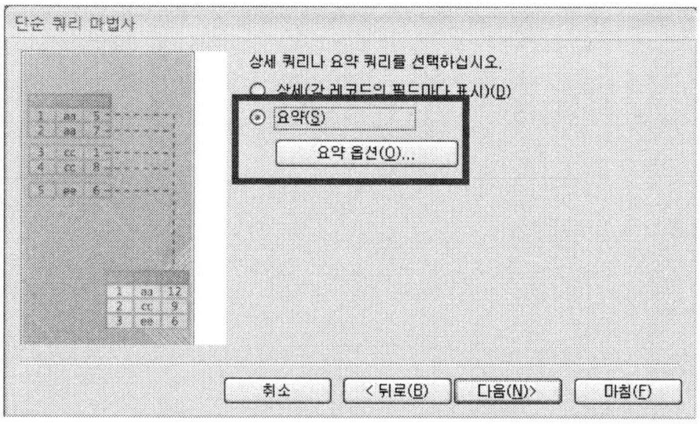

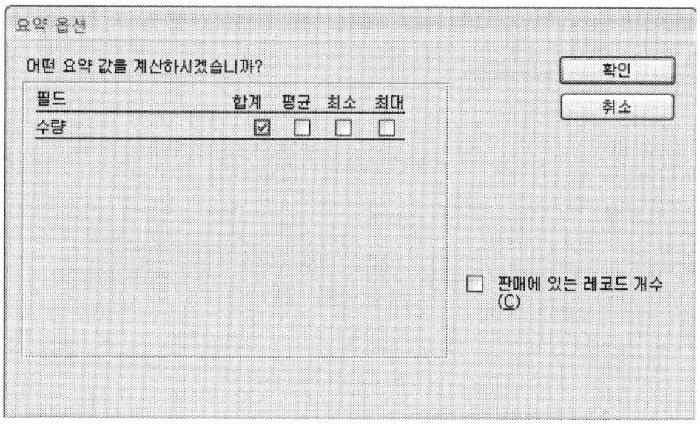

⑤ 다음 단계에서는 그룹 화할 기준을 정의하는데 일별로 "판매" 레코드를 묶으려면 <일>을 선택하고 <다음>을 누른다.

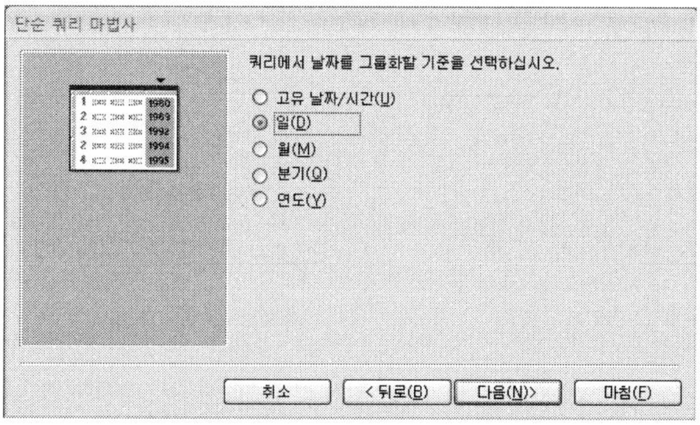

⑥ 마지막 단계에서 쿼리 이름을 정의하고, 마법사를 이용해서 정의한 내용이 어떻게 쿼리를 디자인했는지 보기 위해 <쿼리 디자인 수정>을 선택한다. <마침>을 누른다.

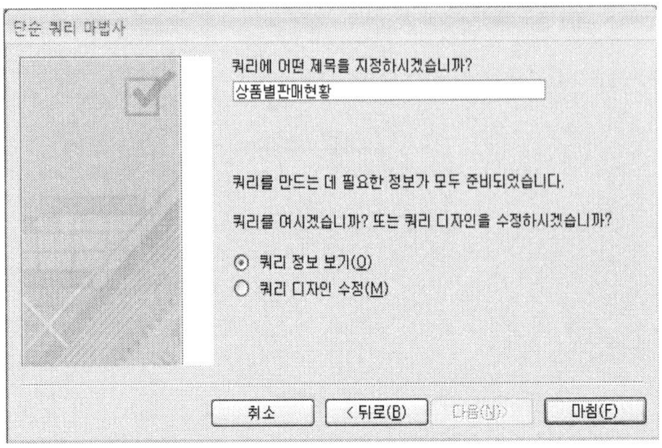

⑦ 디자인 보기로 열린 쿼리 창이다. 첫 번째 필드와 세 번째 필드의 내용의 의미는 같은 단원 SQL에서 자세히 설명하므로 여기서는 데이터시트 보기 형태로 열어서 쿼리 결과를 먼저 보자.

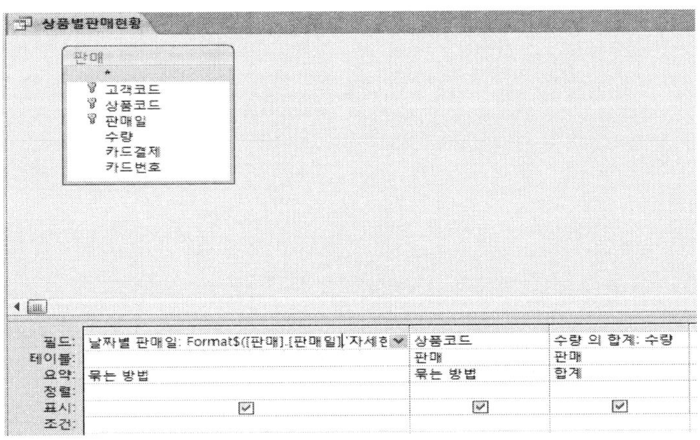

⑧ 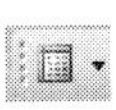 보기 형식 도구 단추를 누르거나 ! 실행 도구를 클릭하면 쿼리 결과를 볼 수 있다.

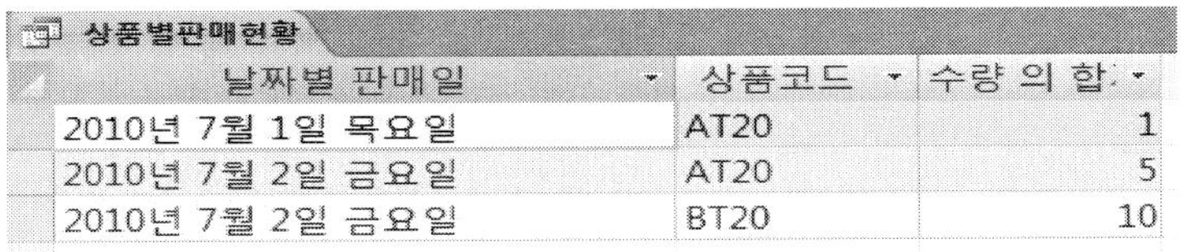

상품별판매현황

날짜별 판매일	상품코드	수량 의 합
2010년 7월 1일 목요일	AT20	1
2010년 7월 2일 금요일	AT20	5
2010년 7월 2일 금요일	BT20	10

실습 고객 코드별 판매 현황을 알고자 한다. "고객코드", "상품코드", 상품코드별 총 수량을 보여주는 쿼리를 작성하라.

(2) 크로스탭 쿼리

데이터시트의 데이터 값은 그대로 유지하면서 다른 각도로 데이터시트를 만들어서 볼 수 있다. 또한 그룹화 한 데이터에 대해 합, 개수, 평균, 기타 합계 등을 계산하여 표시할 수도 있다.

다음은 데이터시트의 데이터를 다른 각도로 보기 위해 크로스탭 쿼리를 사용한 하나의 예이다.

고객코드	상품코드	수량	판매일	....
c1	p1	3	99-11-1	
c1	p2	1	99-11-2	
c2	p3	2	99-11-1	
..				

고객코드	상품코드	99-11-1	99-11-2	....
c1	p1	3		
c1	p2		1	
c2	p3	2		
..				

■

① 만들기 - 기타 - 쿼리마법사를 선택한다.

② 새 쿼리 대화 상자에서 “크로스탭 쿼리 마법사”를 선택하고 <확인>을 클릭한다.

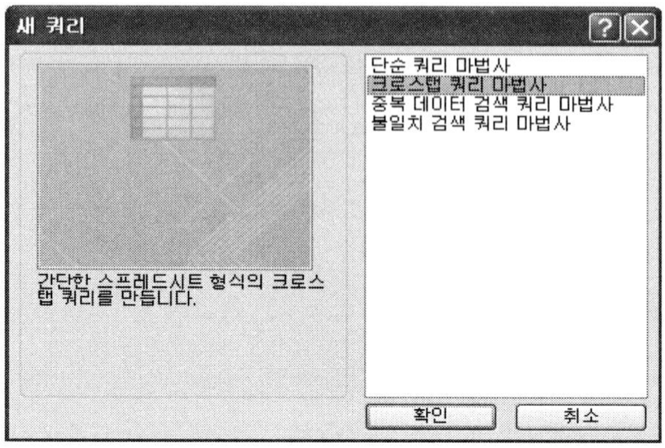

③ 다음 단계에서 원본이되는 테이블이나 쿼리를 선택한다. 테이블에서 “판매”를 선택한다.

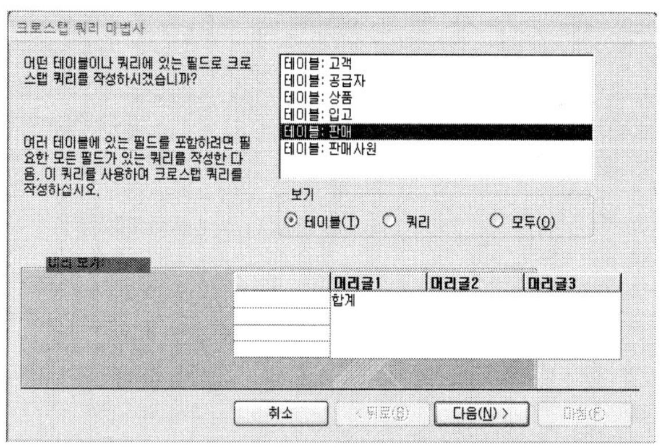

④ 크로스탭 쿼리에 그대로 보여줄 필드들을 선택한다. “고객코드”와 “상품코드” 필드를 선택한다.

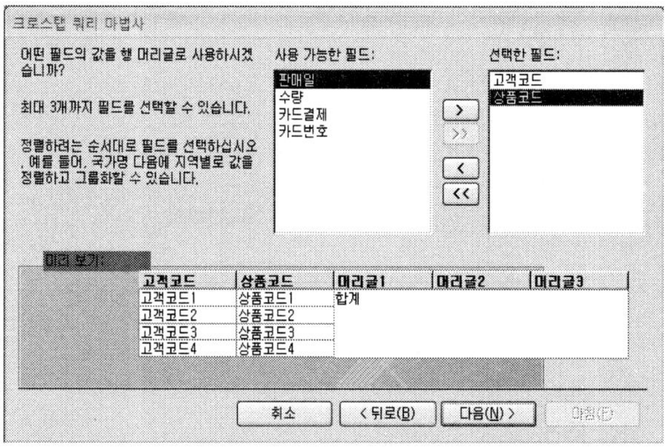

⑤ 새로운 필드이름으로 사용할 데이터 값을 가진 필드를 선택한다. “판매일”을 선택한다. “판매일” 필드에 데이터 값들이 모두 필드 이름으로 만들어진다.

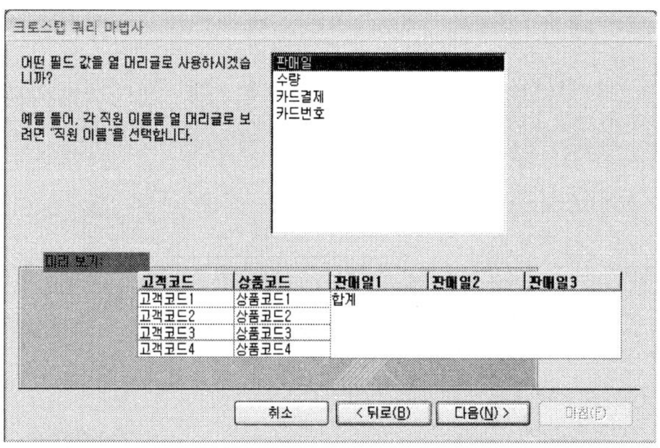

⑥ 필드 이름으로 사용할 데이터 값의 그룹 간격을 정한다. 앞 단계에서 선택한 "판매일" 필드의 데이터 값 중에서 어떤 간격으로 그룹화하고 표시할지를 정하는 것이다. "날짜"를 선택한다("판매일" 필드 값에는 날짜와 시간이 저장되어 있다.).

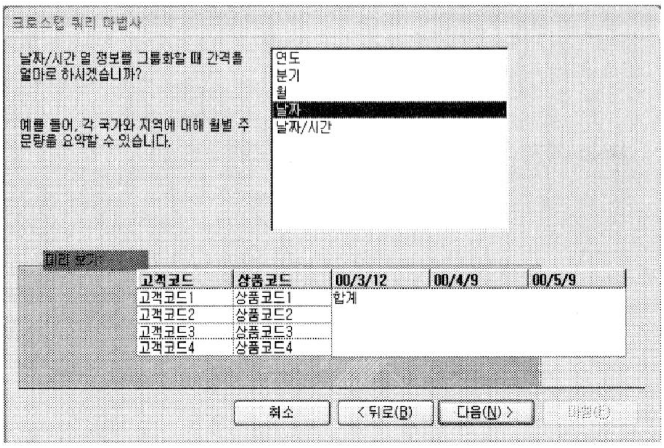

⑦ 앞 단계에서 선택한 "날짜" 그룹에 의해 표시할 필드 값을 선택하고 그 필드의 값을 그룹(날짜)에 따라서 어떤 계산을 해서 보여줄 것인지 정한다. "수량"을 선택하고 "총계"를 선택한다. 왼쪽에 있는 "예. 행 합계를 포함합니다." 옵션을 선택할 경우, 모든 날짜 그룹에 대한 수량 합계를 하나의 필드로 만들 것인지를 지정한다.

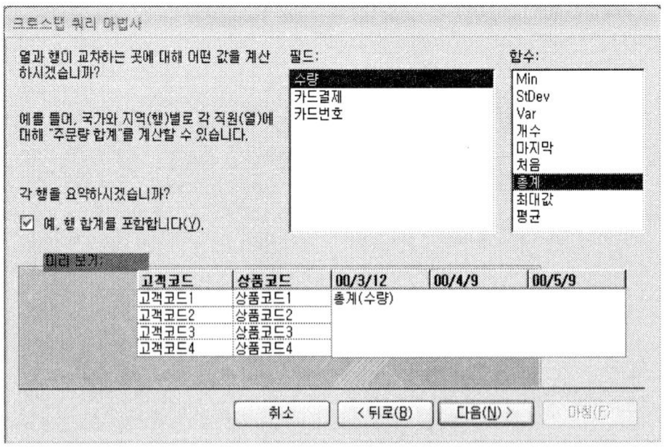

⑧ 쿼리 이름을 입력하고 <마침> 단추를 누른다.

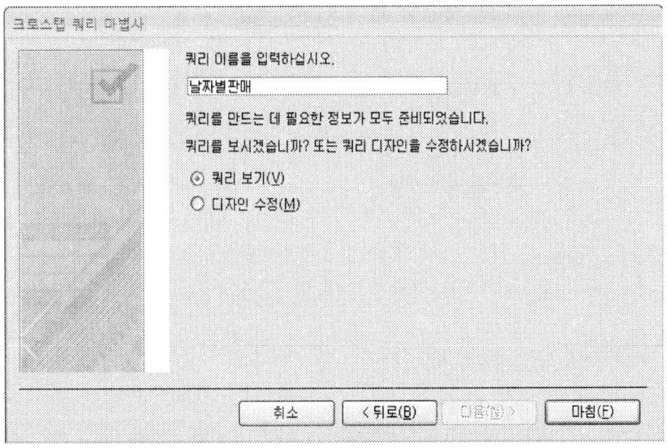

⑨ 다음은 앞 단계에서 “쿼리 보기” 옵션을 선택하여 연 데이터시트이다. 첫 번째 데이터 시트는 단계 ⑦에서 “예. 행 합계를 포함합니다.” 옵션을 선택한 경우이고 두 번째 데이터 시트는 선택하지 않은 경우를 보여준다.

상품별판매현황 | 날짜별판매

고객코드	상품코드	합계 수량	2010-07-01	2010-07-02
990020	AT20	6	1	5
990020	BT20	10		10

판매_Crosstab

고객코드	상품코드	2010-07-01	2010-07-02
990020	AT20	1	5
990020	BT20		10

실습

크로스탭 쿼리를 이용해서 “판매” 테이블을 원본으로 하여 다음과 같이 상품코드별로 판매 수량을 볼 수 있도록 한다.

상품별판매

고객코드	판매일	AT20	BT20
990020	2010-07-01 오후 4:35:43	1	
990020	2010-07-02 오후 4:35:46		1
990020	2010-07-02 오후 4:36:27	1	

(3) 중복 데이터 검색 쿼리

중복 데이터 검색 쿼리를 사용하여 테이블에 중복된 레코드가 있는지의 여부와 테이블에서 같은 값을 공유하는 레코드를 알아낼 수 있다. 예를 들어, "고객" 테이블에서 "주소" 필드에서 중복 값을 찾은 다음, "고객명" 필드 값이 동일한 경우에는 동일한 사람이 중복해서 고객으로 등록한 것을 알 수 있다.

이 예제를 위해서 "고객" 테이블을 데이터시트로 열고 기존의 레코드 중에서 "고객명"과 "주소"값이 동일한 레코드를 추가해 놓는다.

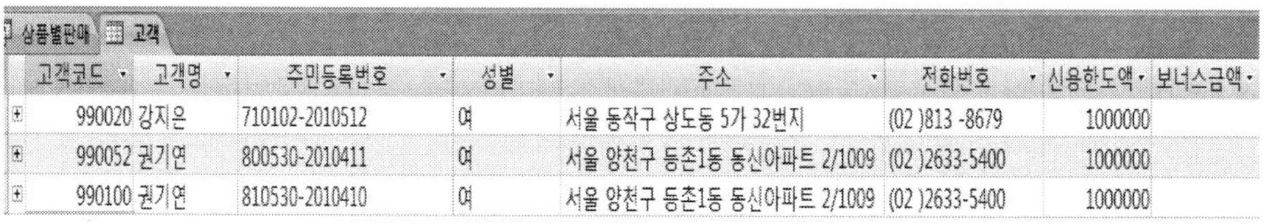

고객코드	고객명	주민등록번호	성별	주소	전화번호	신용한도액	보너스금액
990020	강지은	710102-2010512	여	서울 동작구 상도동 5가 32번지	(02)813 -8679	1000000	
990052	권기연	800530-2010411	여	서울 양천구 등촌1동 동신아파트 2/1009	(02)2633-5400	1000000	
990100	권기연	810530-2010410	여	서울 양천구 등촌1동 동신아파트 2/1009	(02)2633-5400	1000000	

① 만들기 - 기타 - 쿼리 마법사를 선택한다..

② 새 쿼리 대화 상자에서 중복 데이터 검색 쿼리 마법사를 선택하고, <확인>을 클릭한다.

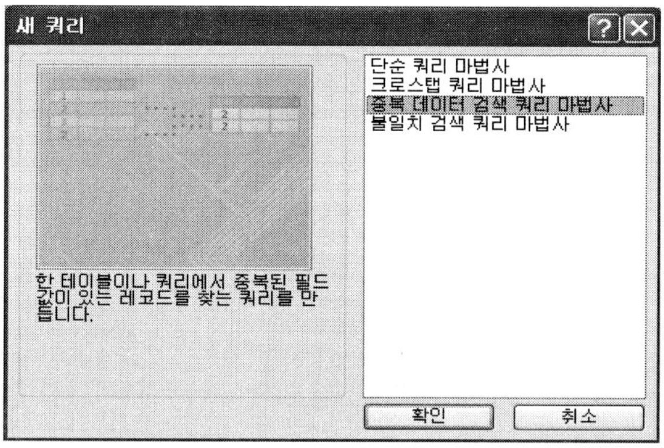

③ 중복 데이터를 찾으려는 테이블을 선택한다. “고객” 테이블을 선택한다.

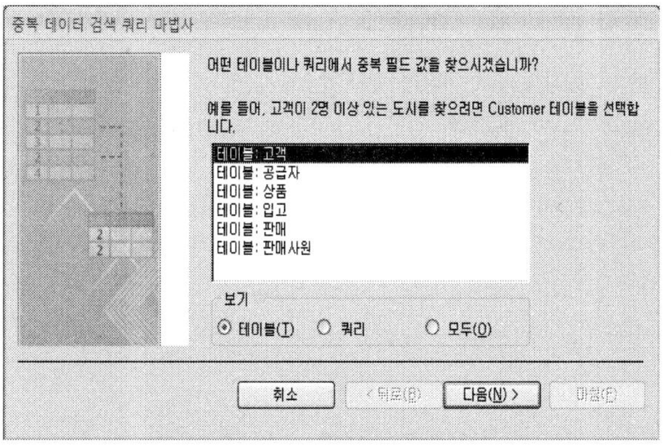

④ 동일한 값이 들어있는지 검사하려는 필드를 선택한다. “고객명”과 “주소” 필드를 선택한다.

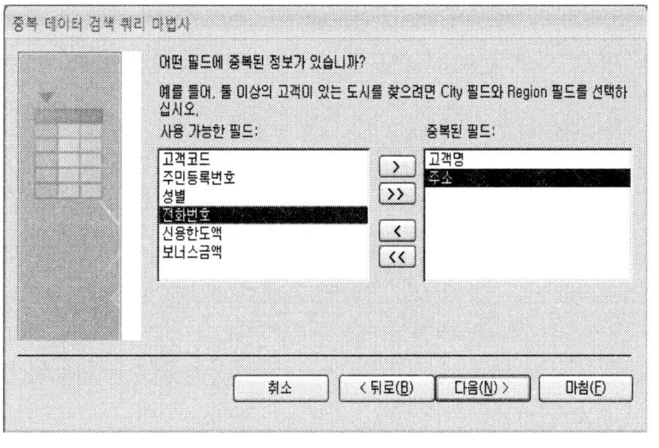

⑤ 쿼리 결과에 같이 보여줄 필드들을 선택한다. “고객코드”, “주민등록번호”, “전화번호” 필드를 선택한다.

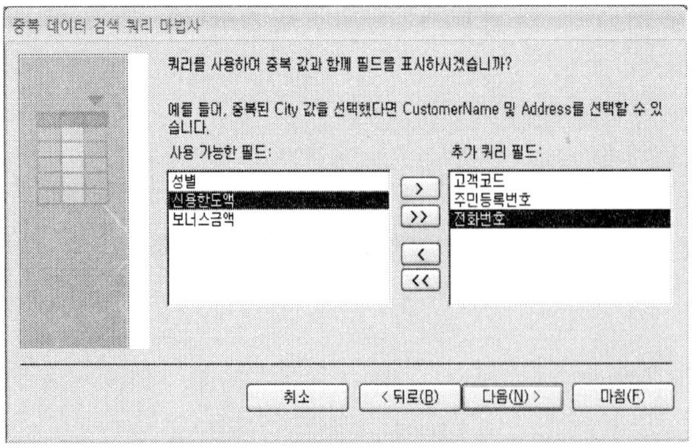

⑥ 쿼리 이름을 입력한 다음 <마침> 단추를 클릭한다.

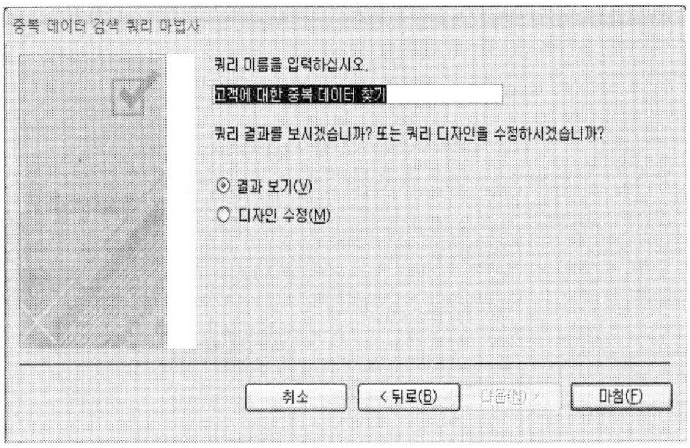

⑦ 다음과 같이 "고객명"과 "주소" 필드에 동일한 값이 들어있는 레코드들만을 결과에 보여준다.

고객에 대한 중복 데이터 찾기

고객명	주소	고객코드	주민등록번호	전화번호
권기연	서울 양천구 동촌1동 동신아파트 2/1009	990100	810530-2010410	(02)2633-5400
권기연	서울 양천구 동촌1동 동신아파트 2/1009	990052	800530-2010411	(02)2633-5400

실습

"공급자" 테이블에서 "영업대표"와 "주소" 필드에 동일한 값을 가진 레코드를 표시하는 쿼리를 만든다. 필요하다면, 먼저 "영업대표"와 "주소" 필드 값이 동일한 레코드를 입력해 놓고 테스트한다.

(4) 불일치 검색 쿼리

불일치 검색 쿼리를 사용하여 테이블 사이에 일치하지 않는 레코드를 검색한다. 즉, 다른 테이블과 관련된 레코드가 없는 테이블의 레코드를 검색할 수 있다. 예를 들어, 한번도 상품을 구매하지 않은 고객을 검색할 수 있으며, 한번도 구매되지 않은 상품을 검색할 수 있다.

실습하기 위해 "판매"테이블에 없는 "고객"을 "고객"테이블에 입력해 놓는다.

고객

고객코드	고객명	주민등록번호	성별	주소	전화번호	신용한도액	보너스금액
990020	강지은	710102-2010512	여	서울 동작구 상도동 5가 32번지	(02)813 -8679	1000000	
990052	권기연	800530-2010411	여	서울 양천구 동촌1동 동신아파트 2/1009	(02)2633-5400	1000000	
990100	권기연	810530-2010410	여	서울 양천구 동촌1동 동신아파트 2/1009	(02)2633-5400	1000000	
980140	안승묵	751211-1040112	남	서울 강서구 방화동 한양아파트 1/10	(02)6758-4444	1000000	

판매

고객코드	상품코드	판매일	수량	카드결제	카드번호
990020	AT20	2010-07-01 오후 4:35:43	1	☑	0
990020	AT20	2010-07-02 오후 4:36:27	5	☑	0
990020	BT20	2010-07-02 오후 4:35:46	10	☐	
990052	AT20	2010-07-07 오후 3:51:41	4	☑	111111
990052	BT20	2010-07-05 오후 3:51:46	2	☐	Null

■

① 만들기 - 기타 - 쿼리 마법사를 선택한다.

② 새 쿼리 대화 상자에서 불일치 검색 쿼리 마법사를 선택하고 <확인>을 클릭한다.

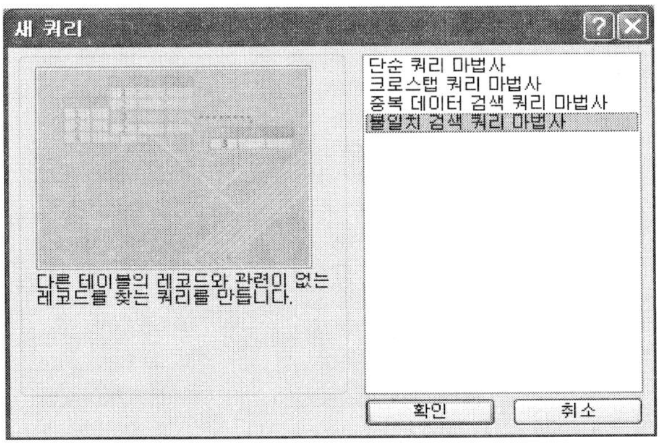

③ 쿼리 결과에 들어올 필드를 포함하고 있는 테이블을 선택한다. "고객" 테이블을 선택한다.

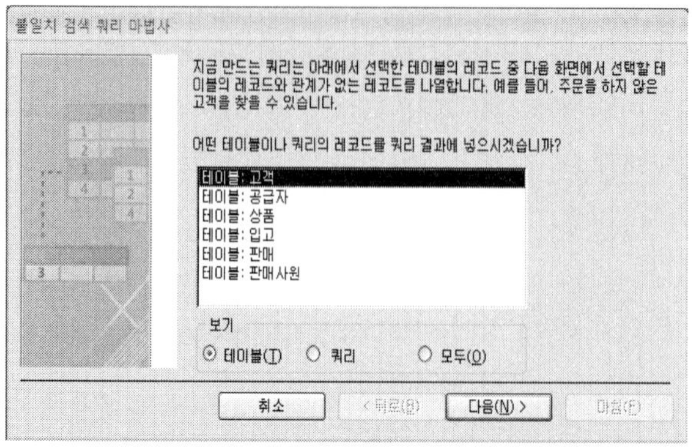

④ 앞 단계에서 선택한 테이블과 관련된 테이블이면서, 조건에 사용될 테이블을 선택한다. "판매" 테이블을 선택한다.

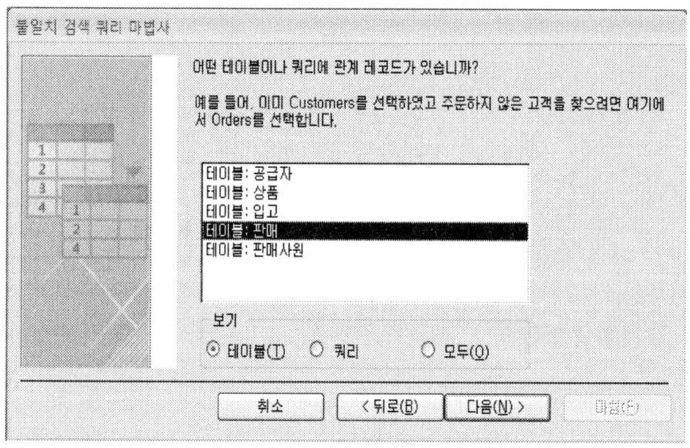

⑤ 두 개의 테이블 간의 서로 일치하는 필드를 선택한 다음 가운데 <=> 단추를 클릭한다.

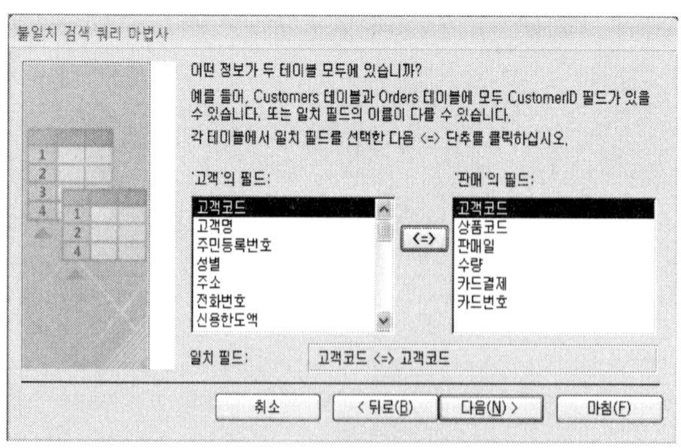

⑥ 쿼리 결과에 포함될 필드들을 선택한다. "고객코드", "고객명", "주소", "전화번호" 필드를 선택한다.

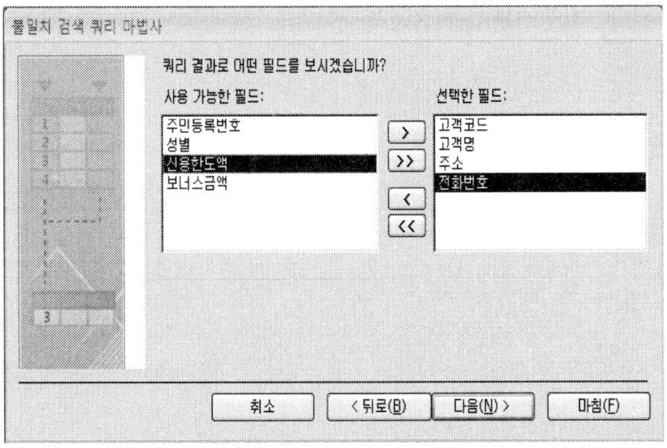

⑦ 쿼리이름을 입력하고 <마침>을 누른다.

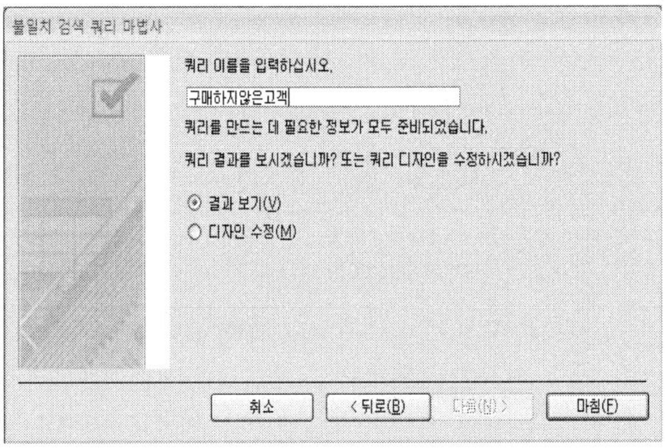

⑧ 다음은 쿼리 결과를 데이터시트로 본 것이다.

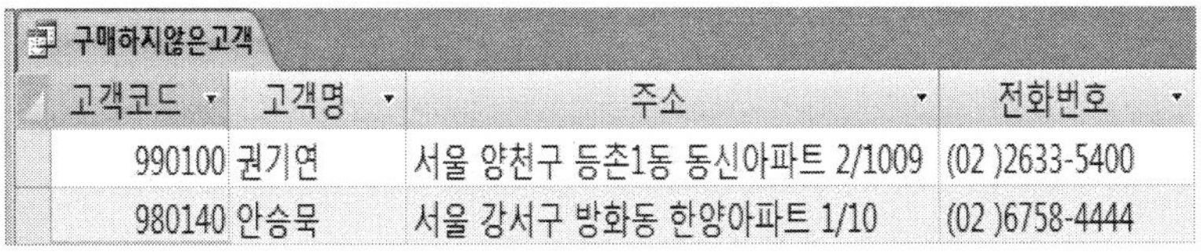

구매하지않은고객

고객코드	고객명	주소	전화번호
990100	권기연	서울 양천구 등촌1동 동신아파트 2/1009	(02)2633-5400
980140	안승묵	서울 강서구 방화동 한양아파트 1/10	(02)6758-4444

실습

"판매"가 한번도 일어나지 않은 "상품"을 알아본다. 결과 쿼리에는 "상품코드", "상품명", "단가" 필드가 포함되도록 한다.

4 3 직접 만들기

마법사를 사용하지 않고 쿼리를 만드는 방법을 설명한다. 쿼리를 직접 만들기 위해 디자인 창을 이용하는데 쿼리를 위한 디자인 창을 열었을 때 도구모음에 변경되는 도구들에 대해서 먼저 알아보자.

도 구	이 름	설 명
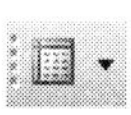	보기 형식	디자인 보기 상태에서 데이터시트 보기 상태로 쿼리를 보여준다. 오른쪽 콤보 상자를 눌러서 디자인 보기, 데이터시트 보기, SQL 보기를 선택할 수 있다.
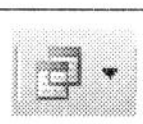	쿼리 유형	쿼리 유형을 선택한다.
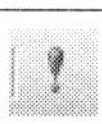	실행	쿼리 결과를 데이터시트 보기 상태로 보여준다.
	테이블 표시	디자인 보기 상태에서의 위쪽 관계 창에 테이블을 추가할 수 있는 대화 상자를 보여준다.
Σ	요약	요약 행을 숨기거나 보여준다. 쿼리에서 데이터를 그룹화 하여 평균과 기타 계산을 하기 위해 사용된다.
모두	상위 값	쿼리 결과에서 몇 행만 볼 건인지를 선택한다. 개수를 선택할 수도 있고 백분율을 선택할 수도 있다.
	속성	선택한 필드, 쿼리에 대한 속성을 정의할 수 있다.
	작성	비어 있는 필드를 누르면 나타나고 필드에 식을 입력할 수 있는 대화 상자를 보여준다.
	자동 폼	현재 작성된 쿼리에 의해 폼을 자동으로 만든다. 오른쪽 목록 단추를 누르면 다른 데이터베이스 개체도 만들 수 있다.

(1) 한 테이블로부터 만들기

한 테이블로부터 특정 조건에 맞는 레코드들을 골라내어 특정 필드 값 순서대로 정렬시키는 방법은 다음과 같다.

특정 "공급업체"에 의해 공급되는 "상품"을 "상품" 테이블에서 골라낸다. 결과에는 "상품코드", "상품명", "단가" 필드를 포함하고 "단가" 순으로 정렬한다.

① 만들기 탭을 선택한다.

② 기타 그룹에서 쿼리 디자인을 선택한다.

③ 화면 맨 앞에는 테이블 표시 대화상자가 보이고 그 뒤에는 쿼리의 디자인 창이 열린다. 쿼리에 포함할 테이블을 선택하고 <추가> 단추를 누른다. 선택된 테이블이 뒤의 디자인 창에 표시될 것이다. "상품" 테이블을 선택한다. <닫기>를 누른다.

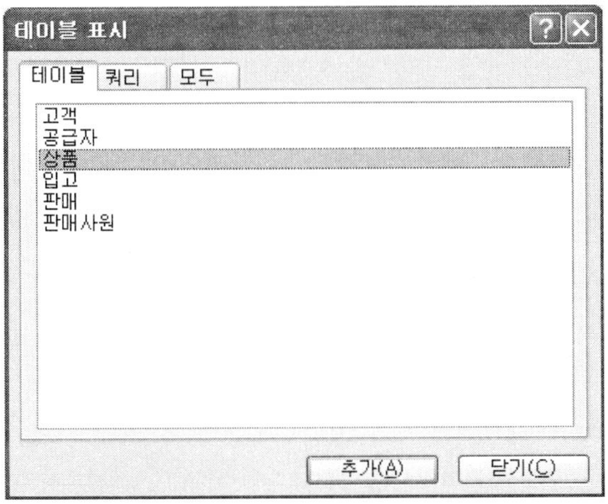

④ 디자인 창에는 다음과 같이 "상품" 테이블이 포함된 필드목록과 함께 나타난다.

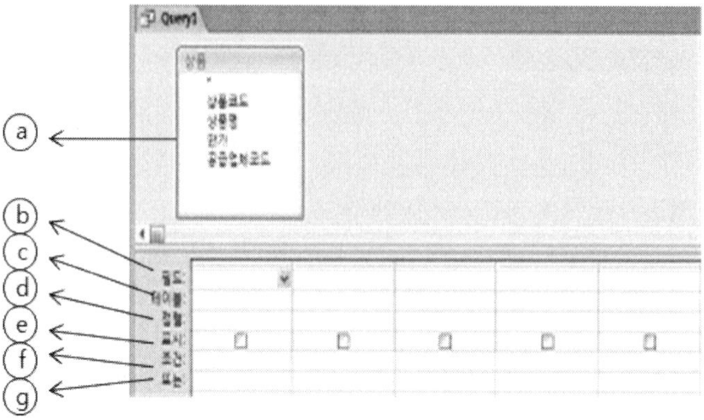

ⓐ 관계 창 : 쿼리의 대상이 되는 테이블을 보여준다. 여러 테이블일 경우에는 테이블간의 관계가 나타난다.

ⓑ 필드 행 : 쿼리 결과에 포함될 필드나 조건을 줄 필드들을 선택한다. 각 필드 셀에는 목록 단추가 있으며 해당 셀이 선택되면 나타난다. 이 목록 단추를 누르면 선택할 수 있는 필드들의 목록이 나타난다.

ⓒ 테이블 행 : 필드를 가져올 테이블을 선택한다. 각 테이블 셀에는 목록 단추가 있으며 해당 셀이 선택되면 나타난다. 이 목록 단추를 누르면 선택할 수 있는 테이블 이름의 목록이 나타난다. 여기서 선택된 테이블에 따라서 필드 목록이 결정된다.

ⓓ 정렬 행 : 쿼리 결과에 포함되는 레코드들을 특정 필드 순으로 정렬한다.

ⓔ 표시 행 : 쿼리 결과에 해당 필드를 나타낼 것인지를 정의한다.

ⓕ 조건 행 : 필드에 대한 쿼리 조건을 정의한다. 같은 행에서 정의한 모든 조건은 "그리고" (And)로 연결된다.

ⓖ 또는 행 : 조건과 조건을 "또는"으로 정의하려면 두 번째 조건부터 또는 행에 정의해 나간다.

⑤ 쿼리 디자인 창의 아래 영역에 있는 "필드" 열에서 목록 다음 단추를 눌러서 쿼리 결과에 포함될 필드들을 선택한다.

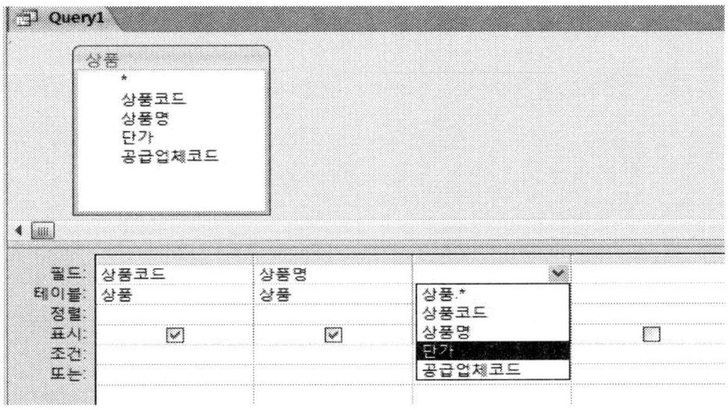

Tip 필드 목록에 첫 번째 항목인 테이블이름.*를 선택하면 테이블의 모든 필드를 한꺼번에 선택할 수 있다.

⑥ 이번에는 조건을 주기 위해 필드 "공급업체코드"를 선택한 다음, 조건에서 값을 입력한다. 그리고 조건에 사용할 "공급업체코드" 필드는 쿼리 결과에 포함시키지 않을 것이므로 "표시"열 항목을 해제한다.

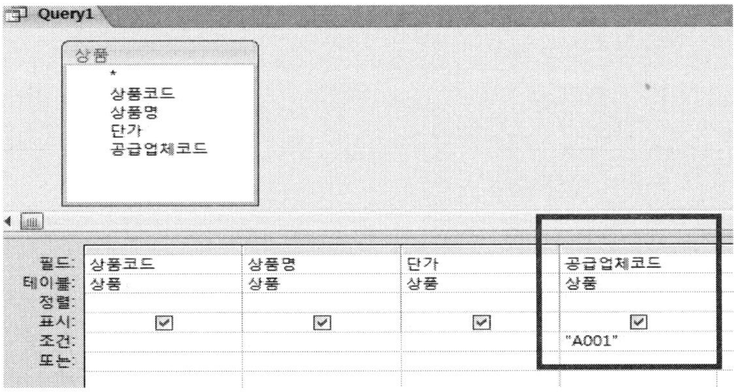

⑦ 다음에는 쿼리 결과에 포함될 레코드들을 "단가" 필드 값에 의해 내림차순으로 정렬되도록 다음과 같이 "단가" 필드의 "정렬" 항목에 "내림차순"을 선택한다.

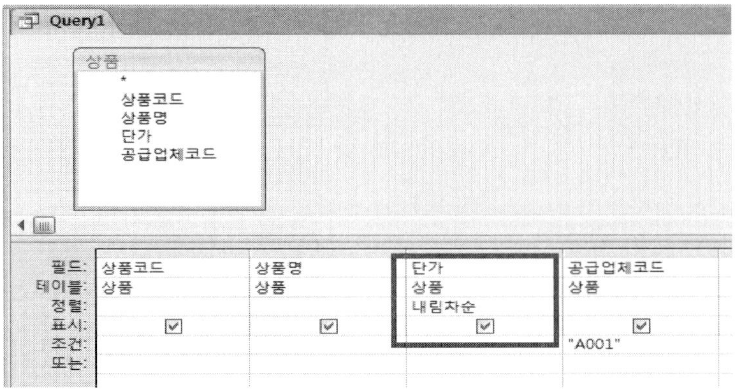

⑧ 쿼리의 디자인이 모두 끝났으면 쿼리를 실행하기 위해 도구 모음에 있는 실행 도구를 누른다. 다음과 같은 쿼리 결과를 데이터시트 보기 형태로 보여준다. 쿼리를 저장한다.

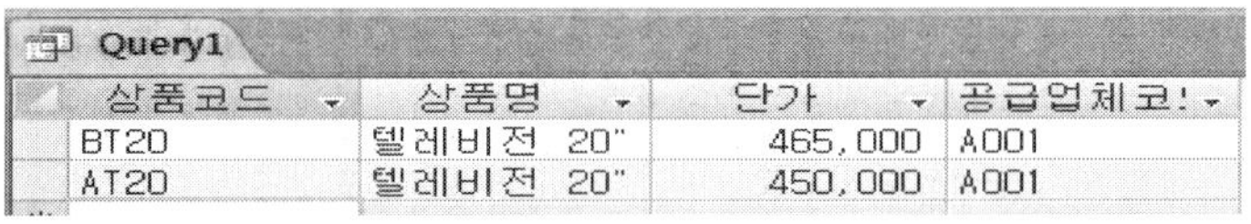

Tip

데이터보기 형태로 열린 쿼리 결과를 디자인 보기 상태로 열려면 도구모음에서 보기형식을 누른다.

⑨ <저장> 도구를 눌러서 쿼리 이름을 입력한다.

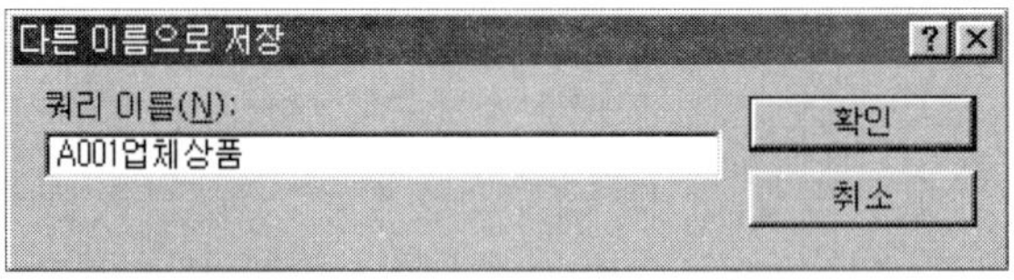

(2) 여러 테이블로부터 만들기

여러 테이블이나 쿼리로부터 데이터를 가져오는 방법에 대해서 알아본다.

앞에서는 특정 "공급업체"에 의해 공급되는 "상품"을 "단가"순으로 정렬하였는데, 이때, 결과에 포함되는 필드는 한 테이블로부터 선택된 것("상품코드", "상품명", "단가")이었다. 여기에 해당 상품이 판매된 정보도 포함시켜보자. 즉, "판매" 테이블로부터 해당 상품이 판매된 날짜("판매일")와 판매 개수("수량")도 쿼리 결과에 포함시키도록 한다.

앞에서 만든 쿼리를 디자인 보기 상태로 열어서 몇 가지 추가 작업을 통해 새로운 쿼리를 만들어 보자.

① 데이터베이스 창에서 앞에서 만든 쿼리(A001업체상품)을 디자인보기로 실행한다.
② 디자인 보기 상태로 쿼리가 열리면 새로운 테이블을 추가하기 위해 오른쪽 마우스 > 테이블 표시 메뉴를 선택하고 목록에서 "판매"를 클릭하고 <추가>를 누른다. 디자인 창에 선택한 테이블 "판매"가 나타날 것이다. <닫기>를 누른다.

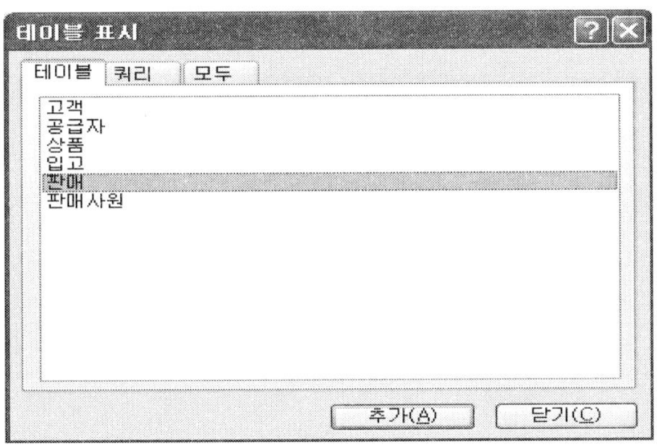

③ 두 개의 테이블 간의는 관계가 이미 정의되어 있기 때문에 조인선이 나타난다.

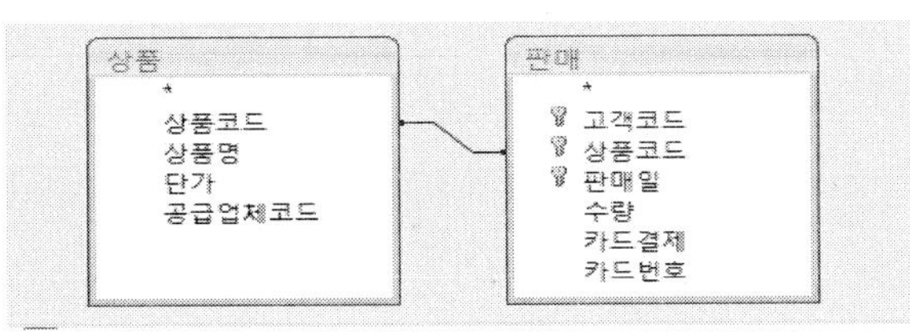

두 테이블 간의 관계를 정의하지 않았어도 쿼리에 두 테이블을 추가하고 그 테이블

에 데이터 형식이 같거나 호환되는 필드가 있으면, 그리고 그 호환되는 필드 중에서 하나가 한 테이블에서 기본 키이면 자동으로 조인이 만들어진다. 이 때 참조 "무결성이 강화" 옵션이 설정되지 않으므로 "1"과 "∞" 기호는 표시되지 않는다.

> **Tip**
> 쿼리에 추가하는 테이블에는 다른 테이블과 조인할 수 있는 필드가 포함되지 않을 수도 있다. 이러한 경우에는 사용할 테이블 간의 연결 역할만을 하는 별도의 테이블이나 쿼리를 하나 이상 추가해야 한다. 예를 들어, "고객"과 "상품" 테이블을 쿼리에 추가할 때 서로 조인할 수 있는 필드가 없으므로 두 테이블 사이에 조인선이 만들어지지 않게 된다. 그러나 두 테이블과 관련된 "판매" 테이블을 쿼리에 포함하면 그 두 테이블 사이를 연결할 수 있게 된다. 이 때 "판매" 테이블은 다른 두 테이블을 연결하는 다리 역할을 하는 것이다.

④ "상품코드"에 대한 "판매일"과 "수량"을 쿼리 결과에 포함하도록 다음과 같이 필드를 추가한다.

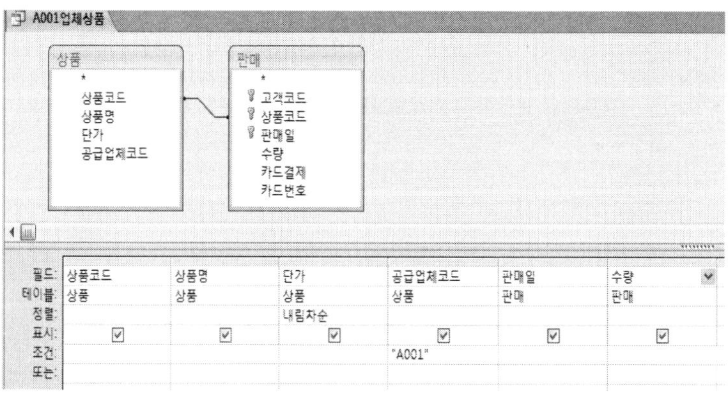

⑤ 결과를 보기 위해 도구 모음에 있는 실행 도구를 누른다. 다음과 같은 쿼리 결과를 데이터시트 보기 형태로 보여준다.

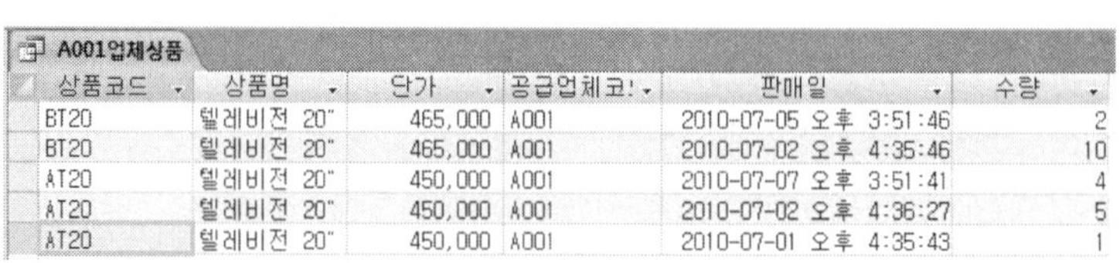

A001업체상품

상품코드	상품명	단가	공급업체코!	판매일	수량
BT20	텔레비전 20"	465,000	A001	2010-07-05 오후 3:51:46	2
BT20	텔레비전 20"	465,000	A001	2010-07-02 오후 4:35:46	10
AT20	텔레비전 20"	450,000	A001	2010-07-07 오후 3:51:41	4
AT20	텔레비전 20"	450,000	A001	2010-07-02 오후 4:36:27	5
AT20	텔레비전 20"	450,000	A001	2010-07-01 오후 4:35:43	1

⑥ 동일한 상품에 대한 판매 정보를 날짜 순(오름차순)으로 보기 위해 도구모음에서 보기형식을 눌러서 디자인 보기 형태로 쿼리를 연다. "판매일" 필드의 정렬을 설정한다.

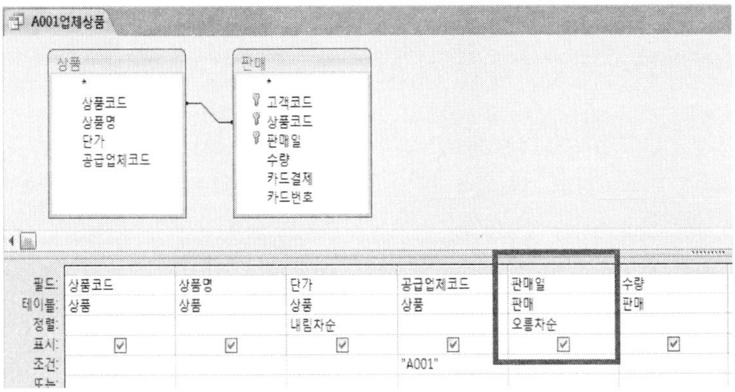

⑦ 도구 모음에 있는 실행 도구를 누른다. 판매일 순으로 정렬되었을 것이다.

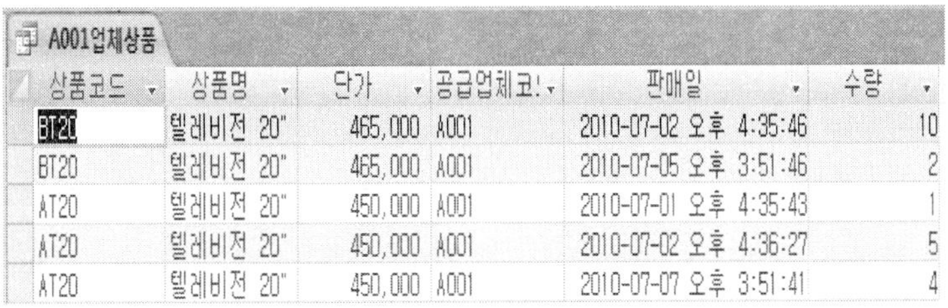

A001업체상품

상품코드	상품명	단가	공급업체코!	판매일	수량
BT20	텔레비전 20"	465,000	A001	2010-07-02 오후 4:35:46	10
BT20	텔레비전 20"	465,000	A001	2010-07-05 오후 3:51:46	2
AT20	텔레비전 20"	450,000	A001	2010-07-01 오후 4:35:43	1
AT20	텔레비전 20"	450,000	A001	2010-07-02 오후 4:36:27	5
AT20	텔레비전 20"	450,000	A001	2010-07-07 오후 3:51:41	4

⑧ 홈 - 다른 이름으로 저장 - 다른 이름으로 개체 저장 메뉴를 선택하고 쿼리를 다른 이름으로 저장한다.

(3) 조건식

쿼리에서 한가지 이상의 조건을 지정할 수 있는데, 한 필드에 대한 조건값을 여러 개 설정하거나 두 개 이상의 필드에 대한 조건을 OR나 AND로 연결하여 지정할 수 있다.

■

"고객" 테이블에서 "강서구"나 "동작구"에 살면서 신용한도액이 1000000원 이상인 레코드만을 검색해보자. 쿼리 결과에는 "고객명", "고객코드", "주소", "신용한도액" 필드만 포함한다. 작업은 쿼리의 디자인 창에서 한다.

① 디자인 창에 "고객" 테이블을 추가한다(작업 과정은 앞에 설명을 참조한다.).
② 쿼리 결과에 포함해야 하는 필드들을 <필드> 행에서 차례로 선택한다. 그리고 <표시> 행을 각각 체크한다.
③ <주소> 열의 <조건> 셀에 다음과 같이 조건을 정의한다. <주소> 필드의 값의 조건은 OR로 연결되므로 "조건" 열에 한 조건을 입력하고 "또는" 열에 또다른 조건을 입력한다. 그리고 <신용한도액> 필드의 조건은 "그리고"로 연결되므로 같은 행에 정의한다.

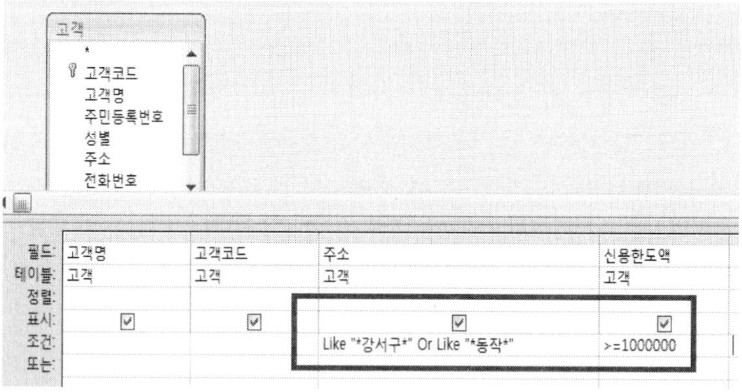

만약에 조건이 "강서구"에 살면서 신용한도액이 1000000원 이상이거나 "동작구"에 사는("동작구"에 사는 경우 신용한도액이 관계없음.) 레코드를 검색하려면 조건을 다음과 같이 입력한다.

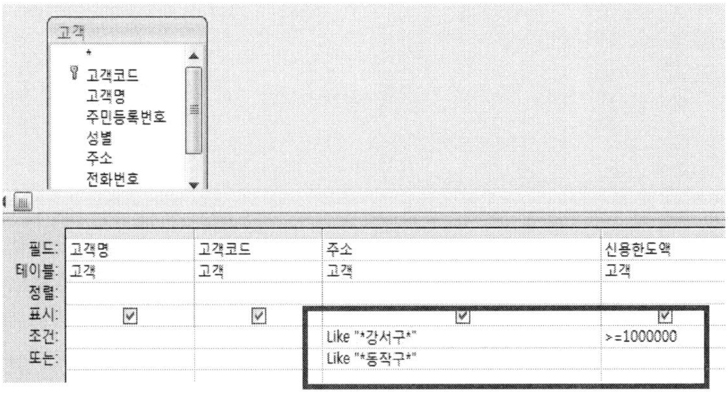

④ 쿼리를 저장(파일 > 저장)한 다음 도구 모음에 있는 ! 실행 도구를 누른다.

고객명	고객코드	주소	신용한도액
강지은	990020	서울 동작구 상도동 5가 32번지	1000000
안승묵	980140	서울 강서구 방화동 한양아파트 1/10	1000000
*			1000000

■

2개 이상의 테이블에 조건을 주는 방법은 단일 테이블에 조건을 주는 방법과 동일하다.

"고객" 테이블에서 "강서구"나 "동작구"에 살면서 신용한도액이 1000000원 이상인 레코드 중에 상품 "AT20"을 구매한 고객을 검색해보자. 쿼리 결과에는 "고객명", "고객코드", "주소", "판매일", "수량" 필드를 포함한다. 작업은 쿼리의 디자인 창에서 한다.

① 앞에서 저장한 쿼리를 디자인 보기 형태로 열고 "판매" 테이블을 추가한다(보기 > 테이블 보기 메뉴).
② "신용한도액" 필드가 조건에는 관계하지만 쿼리 결과에는 포함되지 않으므로 "표시"를 체크하지 않는다. 그리고 "상품코드", "판매일", "수량" 필드를 추가하고 "상품코드"는 조건에만 관계하므로 "표시"를 체크하지 않는다. 그리고 "상품코드"에 대한 조건을 AND로 연결하기 위해 "조건"줄에 입력한다.

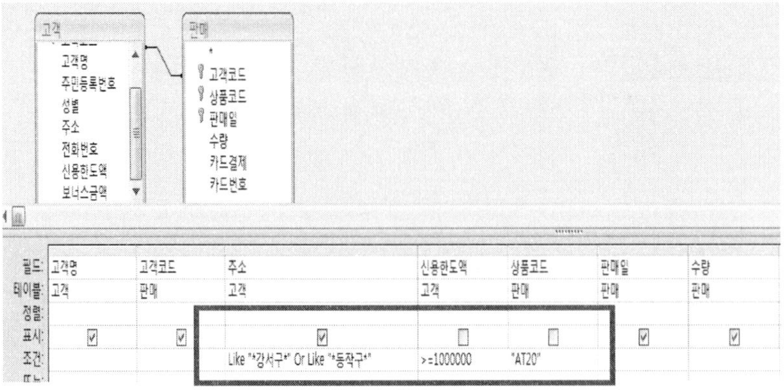

③ 쿼리를 다른 이름으로 저장(파일 > 다른 이름으로 저장)한 다음 도구 모음에 있는 ! 실행 도구를 누른다.

강서동작AT20고객

고객명	고객코드	주소	판매일	수량
강지은	990020	서울 동작구 상도동 5가 32번지	2010-07-01 오후 4:35:43	1
강지은	990020	서울 동작구 상도동 5가 32번지	2010-07-02 오후 4:36:27	5

앞의 결과에서 "AT20" 상품을 구매하지 않은 레코드는 포함되지 않는다. 앞의 결과는 다음 두 테이블로부터 만들어진 것이다.

고객코드	고객명	주민등록번호	성별	주소	전화번호	신용한도액
980140	안승묵	751211-1040112	남	서울 강서구 방화동 한양아파트 1/10	(02)6758-4444	1000000
990020	강지은	710102-2010512	여	서울 동작구 상도동 5가 32번지	(02)813 -8679	1000000
990052	권기연	800530-2010411	여	서울 양천구 동촌1동 동신아파트 2/1009	(02)2633-5400	1000000
990100	권기연	810530-2010410	여	서울 양천구 동촌1동 동신아파트 2/1009	(02)2633-5400	1000000

고객코드	상품코드	판매일	수량	카드결제	카드번호
990020	AT20	2010-07-01 오후 4:35:43	1	☑	0
990020	AT20	2010-07-02 오후 4:36:27	5	☑	0
990020	BT20	2010-07-02 오후 4:35:46	10	☐	
990052	AT20	2010-07-07 오후 3:51:41	4	☑	111111
990052	BT20	2010-07-05 오후 3:51:46	2	☐	Null

실습 조건식 예제

조건 : "고객" 테이블에서 "강서구" 혹은 "동작구"에 살거나 신용한도액이 1000000원 이상

필드:	고객명	고객코드	주소	신용한도액
테이블:	고객	고객	고객	고객
정렬:				
표시:	☑	☑	☑	☑
조건:			Like "*강서구*" Or Like "*동작구*	
또는:				>=1000000

조건 : "고객" 테이블에서 김씨이면서 "강서구"에 살거나, "동작구"에 살면서 신용한도액이 1000000원 이상

필드:	고객명	고객코드	주소	신용한도액
테이블:	고객	고객	고객	고객
정렬:				
표시:	☑	☑	☑	☑
조건:	Like "김*"		Like "*강서구*"	
또는:			Like "*동작구*"	>=1000000

다음 표에서는 다양한 조건에 대한 간단한 예제에 대해서 보여준다.

테이블/필드의 예	조 건	설 명
고객/고객명	"홍길동" OR "이몽룡"	"홍길동" 이거나 "이몽룡" 인 경우
고객/고객명	In("홍길동" , "이몽룡")	"홍길동" 이거나 "이몽룡" 인 경우
고객/고객명	Not "홍길동"	"홍길동" 이 아닌 경우
고객/고객명	Like "[ㄱ-ㅁ]*"	ㄱ에서 ㅁ사이의 문자로 시작하는 이름
고객/고객명	>= "이몽룡"	"이몽룡" 보다 큰 값을 가진 경우
고객/고객코드	Right([고객코드], 1)= "1"	고객코드 오른쪽 한자리 값이 1인 경우
고객/주소	Len([주소])>Val(5)	주소값의 길이가 5보다 큰 경우
고객/주소	Is Null	Null인 경우
고객/주소	Is Not Null	Null이 아닌 경우
고객/주소	""	공백인 경우
판매/판매일	Between #99/1/5# And #99/1/10#	99/1/5에서 99/1/10사이에 해당하는 경우
판매/판매일	#99/1/5#	판매일이 99년 1월 5일인 경우
판매/판매일	< Date( )- 30	오늘부터 30일 이전에 해당하는 경우
판매/판매일	Year([판매일])=1999	1999년에 해당하는 경우
판매/판매일	DatePart("q" , [판매일])=4	4/4분기에 해당하는 판매일 (10, 11, 12월에 해당하는 데이터)
판매/수량	>DAvg("[수량]" , "판매")	평균 판매량보다 많은 수량이 판매된 경우

다음은 날짜를 제어하는 함수 중에서 가장 자주 사용되는 함수들에 대하여 설명한 것이다.

함 수	기 능
Day	월요일 날짜에 대해서 1부터 31까지를 반환한다. "판매일" 필드의 값이 2번째 월요일에 해당하는 조건을 주려면 필드에는 "Day([판매일])" 를 입력하고 조건에는 "2" 를 입력한다.
Month	1년의 월에 대하여 1부터 12까지의 값을 반환한다. "판매일" 필드의 값이 "11" 월에 해당하는 조건을 설정하려면 필드에 "Month([판매일])" 를 입력하고 조건에 "11" 을 입력한다.
Year	연도에 대하여 100부터 9999까지의 값을 반환한다. "판매일" 필드 값이 "99" 년 이전에 해당하는 레코드만을 찾으려면 필드에 "Year([판매일])" 을 입력하고 조건에 "< 1999" 를 입력한다.
Weekday	한 주의 요일에 대하여 일요일을 1로 해서 토요일의 7까지의 값을 반환한다. "판매일" 필드의 값이 수요일과 금요일에 해당하는 레코드만을 찾으려면 필드에 "Weekday([판매일])"를 입력하고 조건에 "4 Or 6" 을 입력한다.
Hour	0에서부터 23까지의 값을 반환한다. "판매일" 필드의 값이 오전 10:00시부터 11:00시까지의 값에 해당하는 레코드만을 찾으려면 필드에 "Hour([판매일])" 를 입력하고 조건에 "Between 10 And 11" 을 입력한다.
DatePart	시간 간격에 따라서 달라지는데 "q" 는 분기(1에서 4까지)를 나타내고 "ww" 는 1년의 주의 수(1에서 53까지)를 나타낸다. "판매일" 필드의 값이 2사분기에 해당하는 레코드만을 찾으려면 필드에 "DatePart(q,[판매일])" 를 입력하고 조건에 "2" 를 입력한다.
Date	현재 시스템 날짜를 반환한다. "판매일" 필드의 값이 현재부터 10일 이내에 해당하는 레코드만을 찾으려면 필드에 "판매일" 을 설정하고 조건에 "<Date − 10" 을 입력한다.

4 4 매개변수 쿼리

앞에서 쿼리에 대한 조건을 직접 값을 지정했었다. 예를 들어서 "고객명"이 "김"씨인 경우, "공급업체코드"가 "A001"인 경우와 같이 필드에 조건 값을 지정했다.

만일, 상황에 따라서 그때 그때마다 변하는 조건 값일 경우라면 쿼리를 작성할 때 직접 값을 줄 수 없다.

매개 변수 쿼리를 사용하면 쿼리를 열 때마다 매개 변수 값(조건)을 물어 보는 한 개 이상의 미리 정의한 대화 상자가 표시된다. 또한 쿼리의 매개 변수를 묻는 사용자 정의 대화 상자를 작성할 수도 있다.

(1) 변수 쿼리 만들기

① 선택 쿼리나 크로스탭 쿼리를 작성하거나(앞의 설명 참조) 앞에서 만든 쿼리("A001업체상품판매" 쿼리)를 연다.

② 테이블을 선택하고 쿼리 결과에 포함될 필드들을 정의한 다음(앞에서 만든 쿼리를 불러온 경우라면 생략) 조건에서 다음과 같이 값 대신에 매개변수를 받기 위한 메시지를 입력한다. 메시지 내용을 대괄호([])로 묶는다.

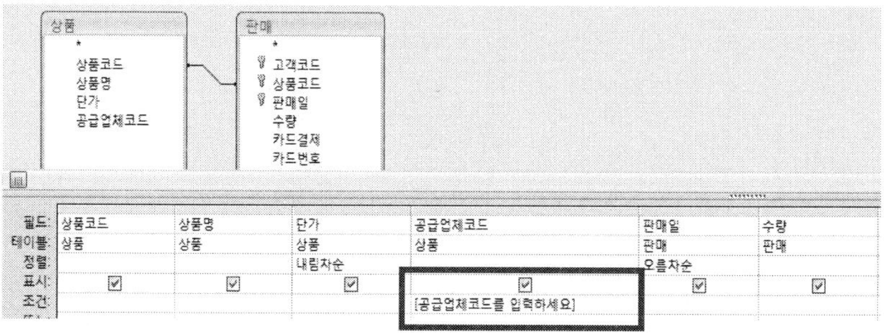

③ 쿼리를 다른 이름으로 저장(파일 > 다른 이름으로 저장)한 다음 도구 모음에 있는  실행 도구를 누른다.

④ 다음과 같은 입력 상자가 나타나는데 앞 단계에서 입력한 조건의 메시지와 입력 상자에 나타난 메시지를 비교해보면 동일할 것이다. 입력 상자에 원하는 공급업체코드 값을 입력하고 <확인>을 누른다. 결과를 데이터시트 보기 형태로 보여준다. 이 쿼리는 실행할 때마다 공급업체코드를 묻는 대화상자를 보여주게 된다.

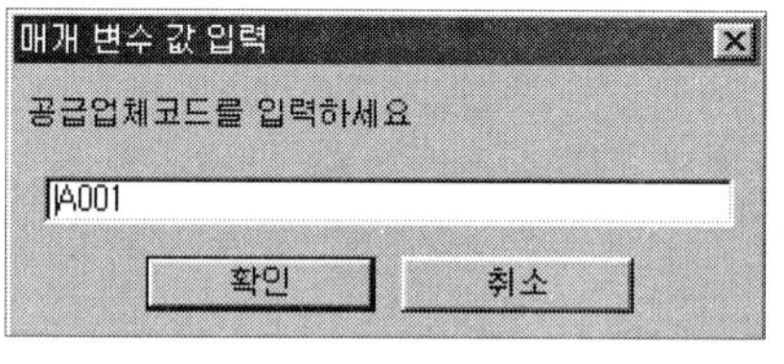

⑤ 특정 날짜 기간의 레코드만을 구하려면, 그리고 상황에 따라서 그 값을 주려고 한다면 다음과 같이 조건을 입력한다.

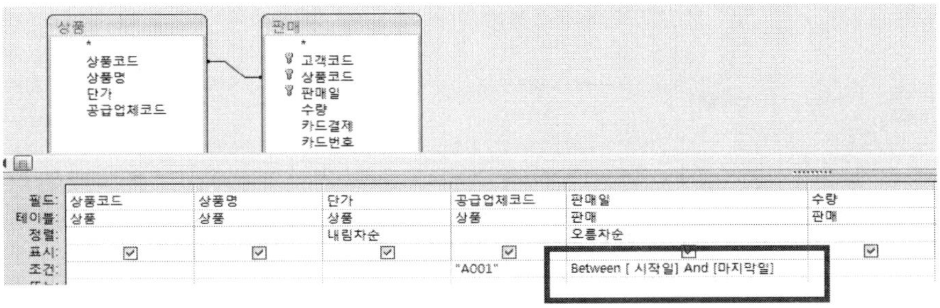

위와 같이 입력한 다음 실행하면 다음과 같이 매개변수 값을 요구하는 입력 상자가 순서대로 2개 열린다.

다음은 매개변수 값을 입력한 쿼리 결과이다.

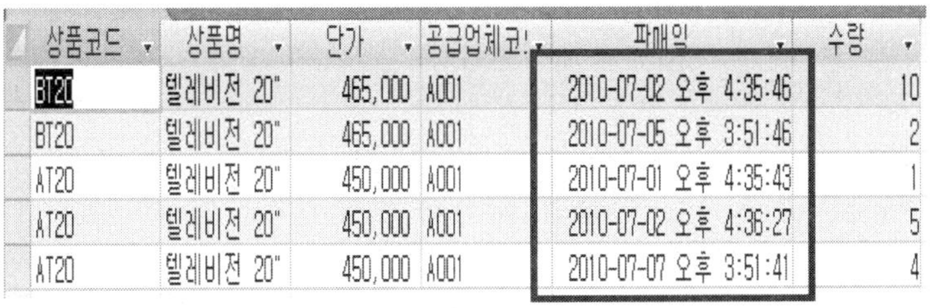

4 5 실행 쿼리

이제까지의 쿼리는 하나 혹은 두 개의 테이블로부터 특정 조건에 맞는 레코드들에서 원하는 필드들을 선택해오는 것이었다. 쿼리를 실행하고 난 결과는 또 새로운 테이블의 형태로 만들어진다.

선택하는 쿼리가 아닌 기존에 있는 테이블에 어떤 작업을 실행하는 쿼리를 실행 쿼리라고 하는데, 이 단원에서는 실행 쿼리의 다양한 적용에 대해서 설명한다.

(1) 테이블 만들기 쿼리

기존에 있는 테이블이나 쿼리의 데이터로부터 새로운 테이블을 만드는 쿼리를 작성하는 방법은 다음과 같다.

① 새로운 쿼리를 디자인 보기에서 열고 가져올 데이터가 있는 테이블과 쿼리를 추가한다. “상품”과 “공급자” 테이블을 추가한다.

② 쿼리도구 - 디자인 - 쿼리 유형 - 테이블 만들기 메뉴를 선택한 다음 새롭게 만들 테이블 이름을 입력한다. 새롭게 만들 테이블을 현재 작업하는 데이터베이스에 만들려면 “현재 데이터베이스” 옵션을 선택한다. “다른 데이터베이스”를 선택한 경우에는 새로 만들어지는 테이블을 삽입할 데이터베이스의 이름을 입력해야 한다.

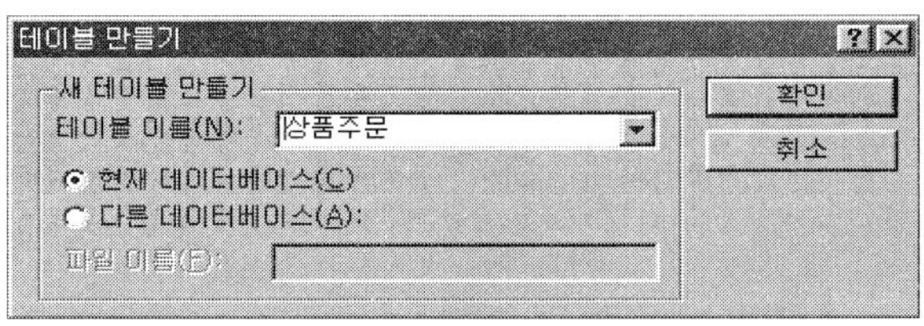

③ 디자인 창에서 가져올 필드들을 선택한다.

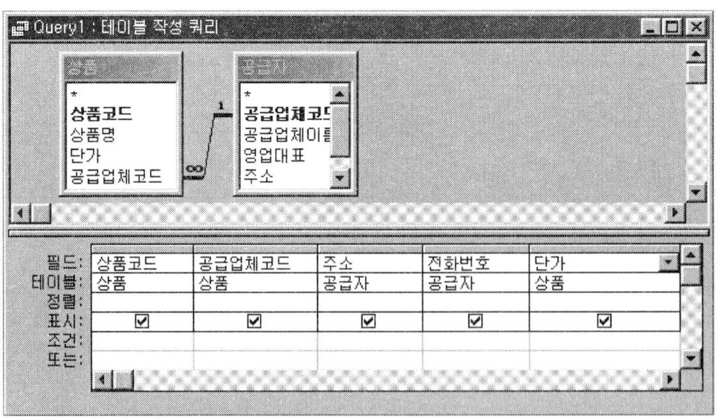

④ 새 테이블을 만들기 전에 미리 보려면 보기 형식 도구를 클릭한다. 원하는 테이블이라면 다시 보기 형식 도구를 눌러서 디자인 창을 연 다음 실행 도구를 눌러서 새로운 테이블을 만든다. 메시지가 나타나면 <예>를 선택한다.

Tip 테이블 만들기 쿼리에 의해서 새로운 테이블을 만든 다음 새로운 테이블을 만들기 위해 작성한 쿼리도 따로 저장할 수 있다.

⑤ 데이터베이스 창에서 테이블 개체를 선택하면 쿼리로 작성한 "상품주문" 테이블이 나타난다. 또한 쿼리 개체를 선택하면 "상품주문" 테이블을 만들어낸 테이블 작성 쿼리도 보인다. 쿼리 이름 앞에 보이는 아이콘은 실행쿼리를 의미한다.

(2) 매개변수 있는 테이블 작성 쿼리

한 달이 넘어가면 "판매" 테이블의 레코드에서 지난 한 달 동안의 데이터를 따로 저장해야 할 경우, 즉 월별 데이터가 각각의 테이블에 저장해서 관리해야 된다면 월별 데이터를 수집하는 쿼리를 한번 만들어 놓고 매월마다 해당하는 날짜기간을 매개변수로 줌으로써 새로운 테이블을 만들어 놓을 수 있다.

"월별판매정보" 테이블을 만들어보자.

① 일반적인 선택 쿼리를 만든 다음 새로운 테이블을 만드는 시점에서 쿼리의 종류를 "테이블 작성 쿼리"로 정의하여 새로운 테이블을 만들어 나간다.

② 새 쿼리를 디자인 보기 형태로 열고 "판매" 테이블을 쿼리 디자인 창에 포함한다.

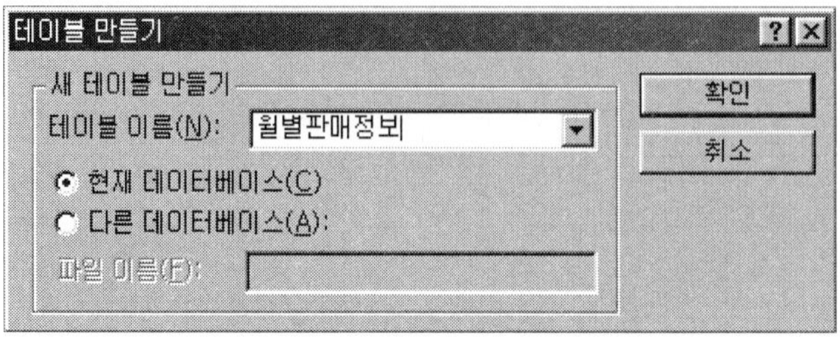

③ 디자인 창에서 첫 번째 필드 위에서 오른쪽 마우스 단추를 누르고 <작성> 메뉴를 선택한 다음, 다음을 입력한다.

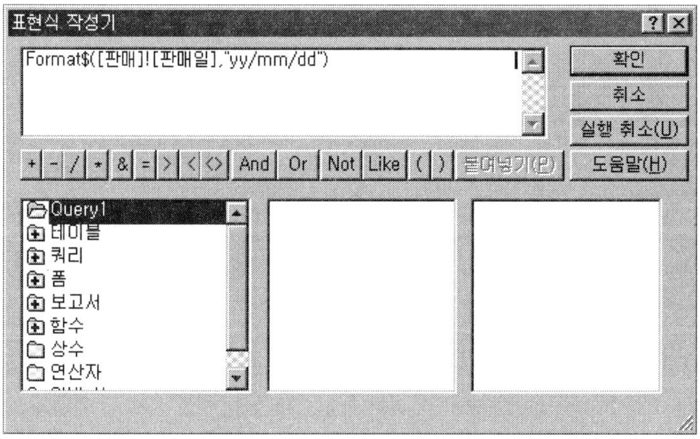

④ 디자인 창에서 나머지 필드들("상품코드", "수량")을 정의하는데, 상품의 일별 판매 수량의 총계를 내야하므로 "수량"위에서 오른쪽 마우스 단추를 누른 다음 <요약> 메뉴를 선택한다. "요약"행이 보이게되는데, "수량"열에 해당하는 "요약"은 "합계"를 선택한다.

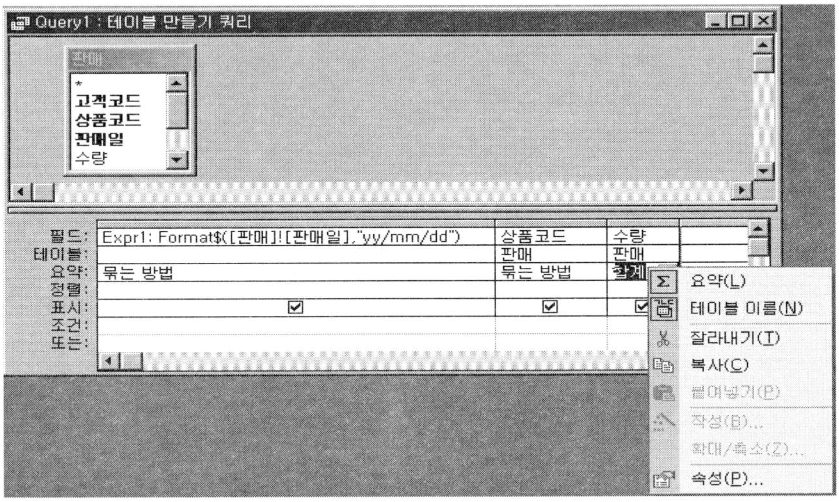

⑤ 다음으로, 매번 테이블을 만들 때마다 쿼리에 기간을 매개변수로 주기 위해 첫 번째 필드 "조건"에 다음과 같이 입력한다.

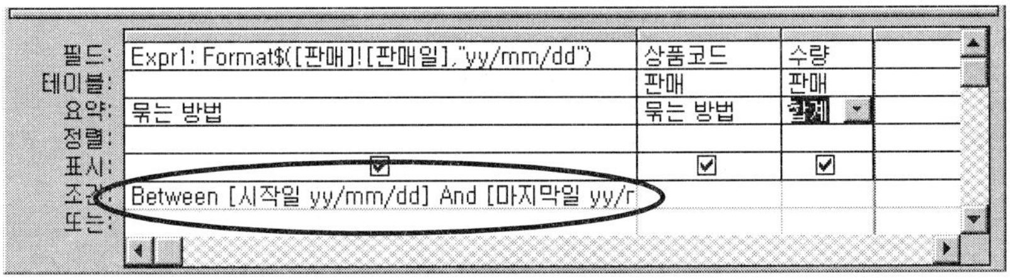

⑥ <보기형식> 도구를 누르면 다음의 매개변수를 입력하는 대화상자가 두 번 나타난다. 원하는 달의 시작일과 마지막일을 입력하면 선택된 레코드들이 데이터 시트 보기 형태로 열린다.

Expr1	상품코드	수량의합계
06/11/08	AT20	9
06/11/10	BT20	45

⑦ 위의 결과에서 "판매일"의 데이터 값을 연도와 월과 일 만으로 된 형식으로 만들기 위해 FORMAT이라는 함수를 사용했기 때문에 필드 이름이 "Expr1"로 만들어 졌다. 의미 있는 필드 명으로 만들기 위해 디자인 창에서 다음과 같이 "필드"의 내용을 변경한다.

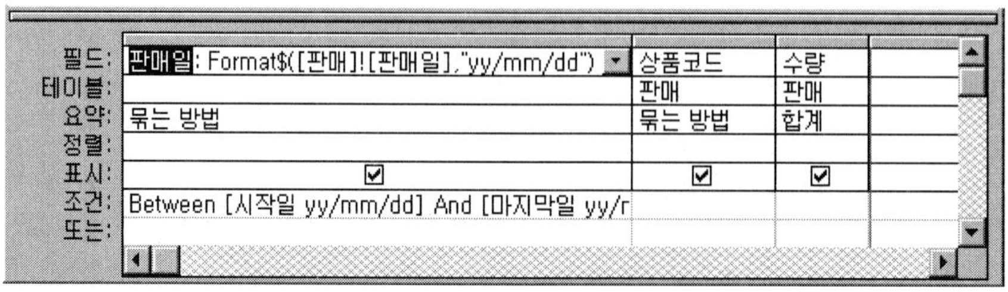

⑧ 다시 결과를 보면 다음과 같이 필드의 이름이 변경된다. 쿼리를 저장한다.

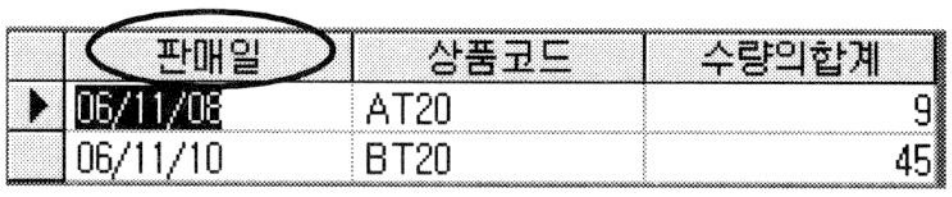

⑨ 이렇게 저장한 선택쿼리(매개변수쿼리)를 새로운 테이블을 만들기 위해 디자인 보기 형태로 연 다음, 쿼리 > 테이블 작성 쿼리 메뉴를 선택하고 테이블 이름을 입력한다.

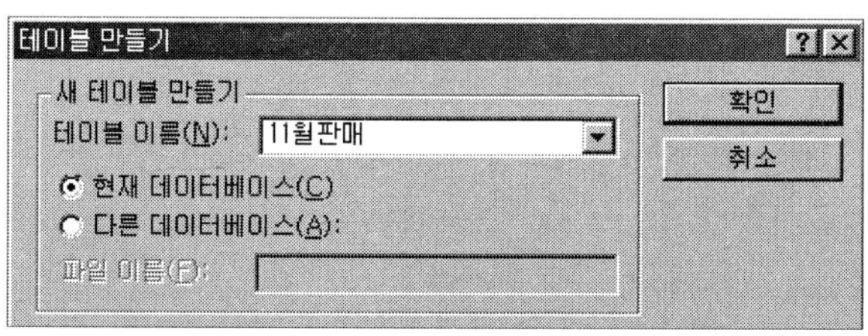

⑩ 실행 도구를 눌러서 쿼리를 실행시키면 새로운 테이블에 몇 개의 레코드가 추가된다는 메시지가 나타난다. <예>를 누르면 새로운 테이블이 만들어진다.

이때, 주의할 것은 선택 쿼리를 테이블 작성 쿼리로 변경한 내용을 저장하지 않고 닫는다는 점이다. 즉, 단계 ⑧에서 저장한 선택 쿼리 상태로 저장해 두어야 또다시 다른 이름의 테이블을 만들어 낼 수 있다. 또 다른 월의 판매 테이블을 만들려면 단계 ⑨와 ⑩을 실행한다.

(3) 삭제 쿼리

쿼리를 사용하여 레코드를 삭제할 수 있다. 예를 들어 "고객" 테이블에서 삭제하려는 특정 고객에 대한 모든 "판매" 레코드들을 삭제할 수 있는데, 삭제 쿼리로 하나의 테이블이나 일대일 관계에 있는 여러 테이블 또는 일대다 관계에 있는 여러 테이블에서 레코드를 삭제할 수 있다.

■

① 새 쿼리를 디자인 보기로 열고 삭제할 레코드가 있는 테이블을 포함시킨다. 테이블 작성 쿼리로 만들어진 "상품주문" 테이블을 선택한다.

② 쿼리도구 - 디자인 - 쿼리 유형 - 삭제 메뉴를 선택한다. "삭제"열이 추가된다.

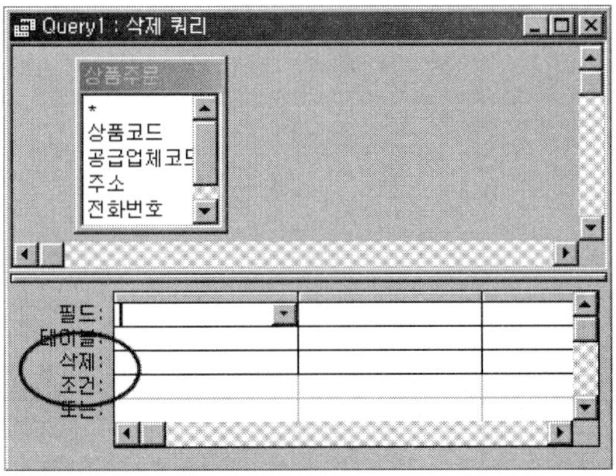

③ "필드"열과 "삭제"열에 다음과 같이 입력한다. "상품코드"가 "BB01" 보다 작은 값을 가진 레코드들을 삭제할 것이다.

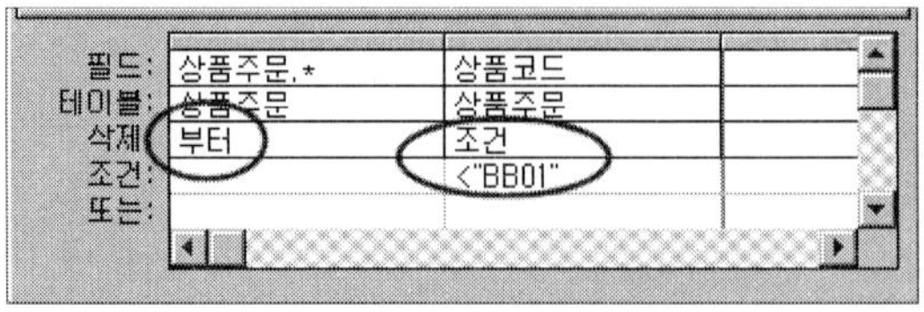

④ 아직 쿼리를 실행하지 말고 보기 형식 도구를 눌러서 삭제 쿼리의 내용을 데이터시트 보기 형태로 열어본다. 보여주는 레코드들은 삭제 쿼리에 의해 삭제될 레코드들을 보여준다.

⑤ 확인이 되었으면, 보기 형식 도구를 눌러서 디자인 보기 형태로 연 다음 실행 도구를 누른다. 메시지에는 삭제 쿼리에 의해 삭제될 레코드 건수를 확인해 준다. <예>를 누르면 테이블에서 레코드들이 삭제된다.

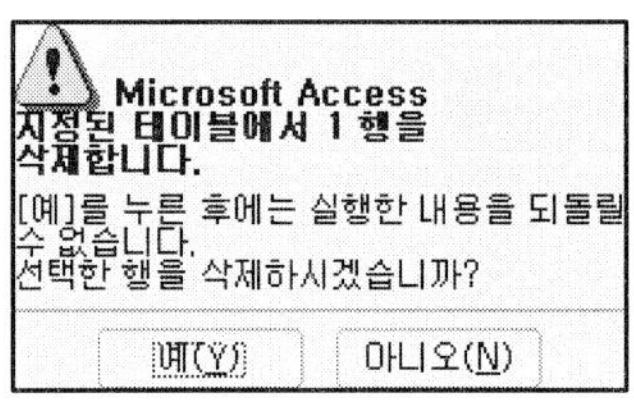

⑥ "상품주문" 테이블을 데이터시트 보기로 열고 삭제되었는지 확인한다.

■

① 새 쿼리를 디자인 보기로 열고 삭제할 레코드가 있는 테이블과 삭제할 레코드

에 조건으로 사용할 테이블을 포함시킨다. “판매” 테이블과 “상품” 테이블을 추가한다.

② 쿼리도구 - 디자인 - 쿼리 유형 - 삭제 메뉴를 선택한다. “삭제” 열이 추가된다.

③ 필드 열에 일대다 관계의 "다" 쪽에 해당하는 테이블(“판매” 테이블)의 모든 필드를 지정하기 위해 “테이블이름.*”을 설정한다. 그리고 일대다 관계의 "일" 쪽에 해당하는 테이블(“상품” 테이블)에서 조건을 설정할 필드를 지정한다.

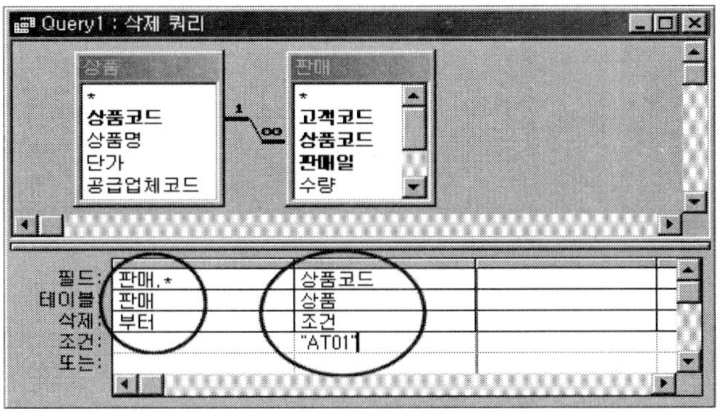

④ 실행시키거나 실행시켰을 때 삭제될 레코드들을 미리 보려면 앞의 예제의 단계 ④와 ⑤를 참조한다.

(4) 추가 쿼리

쿼리를 이용하여 테이블에 레코드를 추가한다. 다른 테이블에 있는 레코드 값을 이용하여 또 다른 테이블에 레코드로 추가할 수 있는 경우에 추가 쿼리를 사용할 수 있다.

앞에서 “테이블 작성” 쿼리를 이용하여 “상품주문” 테이블을 만들었다. 이 테이블의 데이터는 “상품”과 “공급자” 테이블의 데이터만을 가지고도 만들어진다.

추가 쿼리를 작성해서 다른 테이블의 데이터를 가지고 “상품주문” 테이블에 레코드를 추가하자.

① 새 쿼리를 디자인 보기 형태로 열고 다른 테이블에 추가할 레코드가 들어 있는 테이블을 포함시킨다. “상품” 테이블과 “공급자” 테이블을 추가한다.

② 쿼리도구 - 디자인 - 쿼리 유형 - 추가 메뉴를 선택하고 추가 대화 상자에서 레

코드를 추가할 테이블을 목록에서 선택한다.

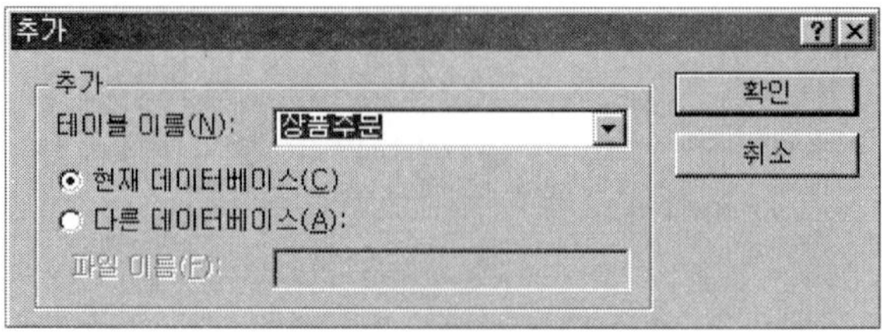

③ 필드들을 선택하고 가져올 조건과 일치하는 레코드만을 추가하려면 조건을 입력한다. 앞에서 "삭제 쿼리"를 만들면서 삭제했던 레코드만을 다시 추가하기 위해 다음과 같은 조건을 입력하였다.

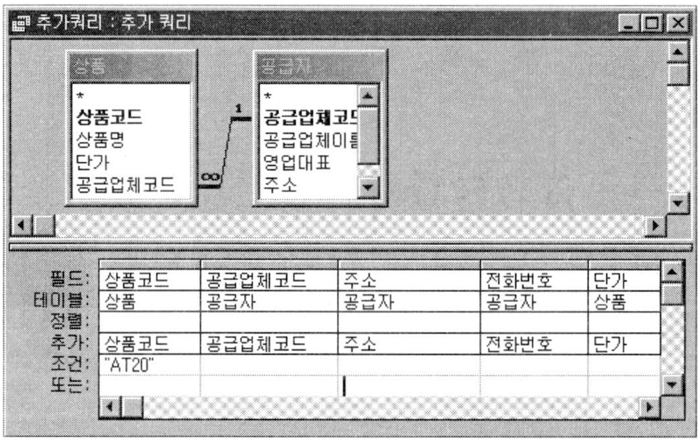

선택한 필드의 이름이 양쪽 테이블에서 모두 같다면 일치하는 이름이 추가 행에 자동으로 채워진다. 두 테이블의 필드 이름이 같지 않으면 추가 행에 추가할 테이블의 필드 이름을 지정해야 한다.

④ 쿼리에서 추가할 레코드를 미리 보려면 보기 형식 도구를 클릭한다. 확인되었으면 보기 형식 도구를 클릭하여 디자인 보기 형태로 연 다음 실행 도구를 클릭하면 다음과 같이 추가되는 레코드 개수를 알려준다. <예>를 선택하면 레코드가 추가된다.

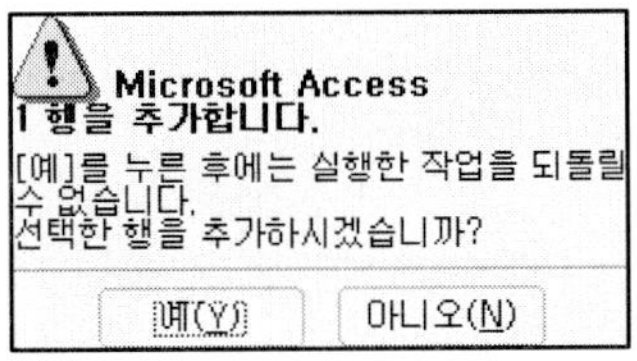

(5) 업데이트 쿼리

테이블의 모든 레코드 값이나 특정 조건에 맞는 레코드들의 값을 어떤 규칙에 맞게 변경해야 할 경우 일일이 레코드별로 그 값을 수정하기엔 너무 번거러운 작업이 된다. 이 경우에 업데이트 쿼리를 이용하면 쉽게 해결될 수 있다.

"상품" 테이블에서 특정 "공급업체코드"가 납품하는 상품의 단가를 일괄적으로 10% 인상해 보자.

① 새 쿼리를 디자인 보기로 열고 수정할 레코드와 조건을 설정할 필드를 포함하는 테이블 및 쿼리를 추가한다. "상품" 테이블을 추가한다.

② 쿼리도구 - 디자인 - 쿼리 유형 - 업데이트 메뉴를 선택한다. 디자인 창에 "업데이트"열이 나타난다.

③ 필드 열에 업데이트하거나 조건을 설정할 필드를 설정한다. 그리고 업데이트할 식과 조건을 입력한다.

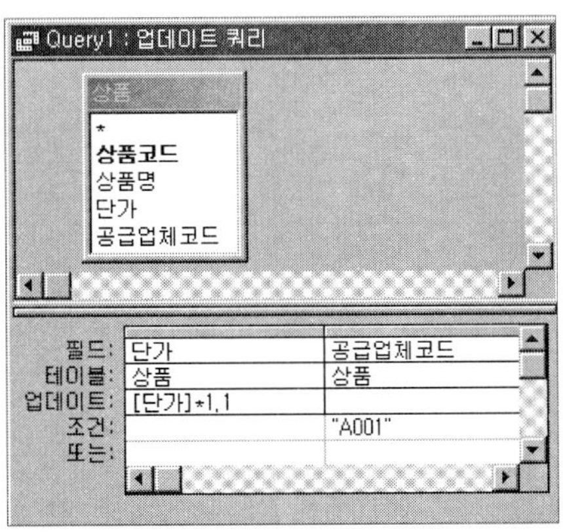

④ 업데이트할 레코드의 목록을 보려면 보기 형식 도구를 클릭한다. 이 목록에서는 새 값을 표시하지는 않는다.

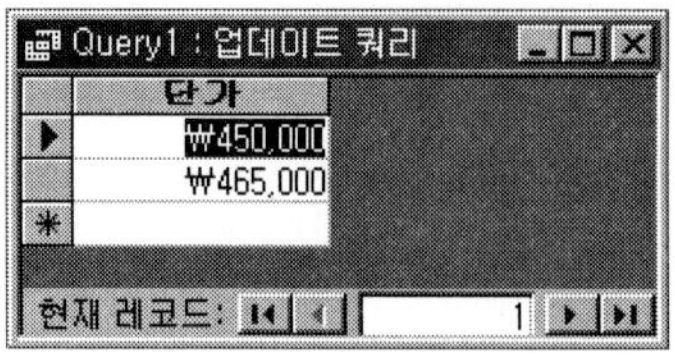

⑤ 실행하려면(업데이트하려면) 보기 형식 도구를 다시 클릭하여 디자인 보기 형태로 열고 실행 도구를 클릭한다. 메시지에는 업데이트할 레코드의 개수를 알려준다. <예>를 누르면 레코드 값이 업데이트된다.

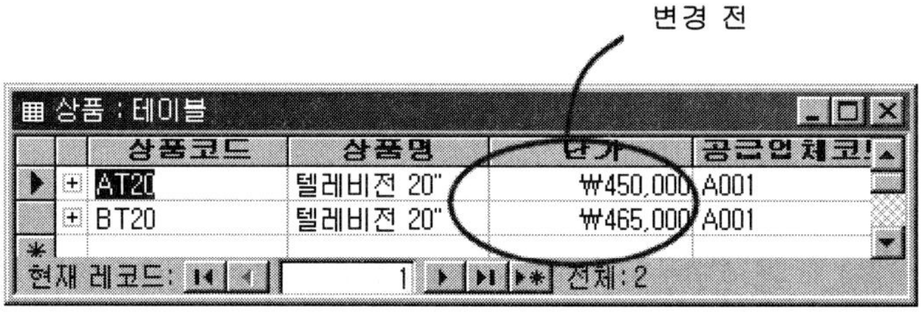

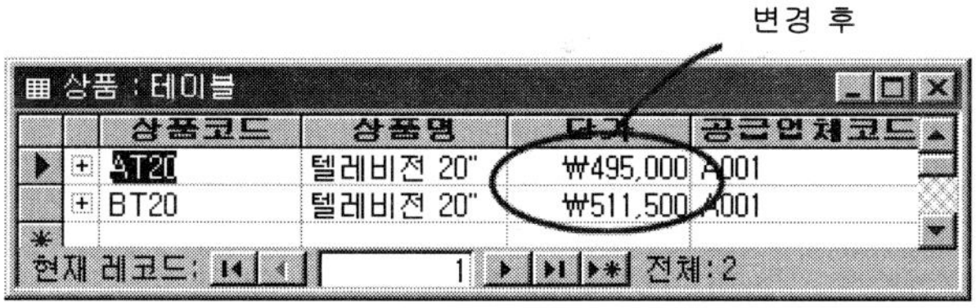

4 6 SQL 쿼리

SQL 쿼리는 SQL문을 사용하여 만드는 쿼리를 말한다. SQL 쿼리의 종류에는 통합 쿼리, 창구 쿼리, 데이터 정의 쿼리, 하위 쿼리 등이 있는데 이들 쿼리를 작성하기 위해서는 SQL문을 작성할 수 있어야 한다.

(1) SQL

지금까지 만들었던 쿼리(마법사를 이용했건, 디자인 창을 이용했건)들이 SQL로 어떻게 작성(자동으로)되었는지 알아보자.

다음은 앞에서 만든 "강서동작고객" 쿼리를 SQL보기로 열어본 것이다. "고객" 테이블에서 "강서구"와 "동작구"에 사는 고객 정보(고객명, 고객코드, 주소, 신용한도액)를 구하는 내용이다.

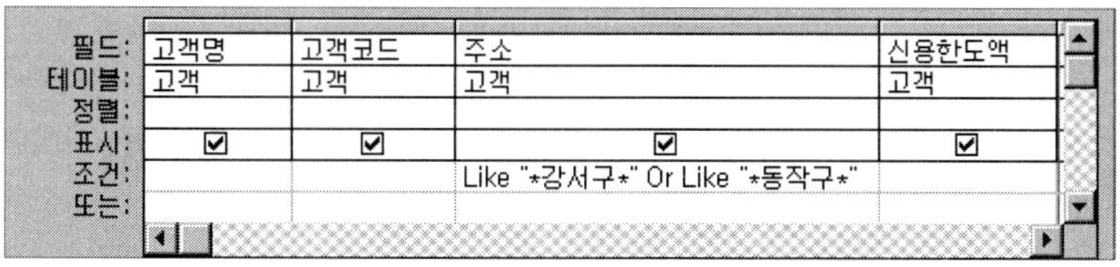

쿼리의 SQL문을 보기 위해 쿼리를 열어놓고(디자인 보기나 데이터 시트 보기 형태로) 보기 > SQL 보기 메뉴를 선택한다.

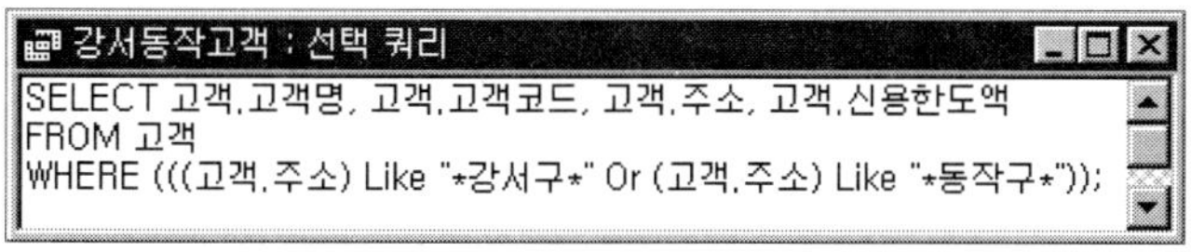

Tip

SQL보기 창에서 직접 수정해도 된다.

이와 같은 방법으로 지금까지 만들었던 다른 쿼리의 SQL문을 볼 수 있다.
다음에는 SQL문의 기본 구문에 대해서 설명한다.

■

구문 형식 : SELECT [서술자] {필드리스트}
FROM {테이블리스트}
[WHERE {조건}]
[GROUP BY {필드리스트}]
[HAVING {그룹화된 다음에 적용할 조건}]
[ORDER BY {필드명1} [ASC/DESC] [,{필드명2} [ASC/DESC][,...]]]

[WITH OWNERACCESS OPTION]

구성 요소	설　명
서술자	ALL, DISTINCT, DISTINCTROW, TOP중의 하나를 정의한다. 반환할 레코드 수를 제한할 때 사용하며 지정하지 않으면 기본 값은 ALL이다.
필드리스트	쿼리 결과에 포함될 필드들을 콤마(,)로 연결하여 나열한다. 여러 개의 테이블로부터 필드를 선택할 경우에는 "테이블이름.필드이름" 형식으로 지정한다. 모든 필드를 가져오려면 "테이블이름.*" 으로 지정한다.
테이블리스트	가져올 필드가 있는 테이블들을 콤마(,)로 연결하여 정의한다.
조건	가져올 레코드에 대한 조건을 지정한다.
GROUP의 필드리스트	레코드를 그룹으로 묶을 필드들을 콤마(,)로 연결하여 정의한다.
HAVING...	그룹화된 다음 최종적으로 선택될 레코드의 조건을 정의한다.
OREDER BY...	결과에 포함되는 레코드를 정렬하기 위해 사용되는 필드들을 정의한다. 정렬의 순서를 ASC(오름차순)나 DESC(내림차순)을 지정할 수 있는데 생략하면 ASC가 된다.
WITH ...	지정하면 다중 사용자 환경에서 쿼리를 실행하는 사용자에게 쿼리의 소유자와 동일한 권한을 부여한다.

Tip

구문 형식에서 "[]"표시는 생략이 가능한 항목이다.

앞에서 월별 판매 테이블을 매월 만들기 위해 선택 쿼리를 만들었는데, 다음은 그 쿼리를 SQL보기 상태로 열어본 것이다.

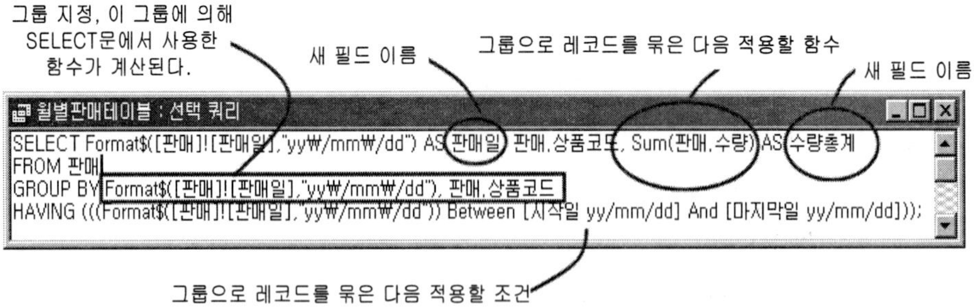

또한, 다음은 위의 선택 쿼리를 테이블 작성 쿼리로 변경한 다음에 SQL보기 상태로 연 것이다.

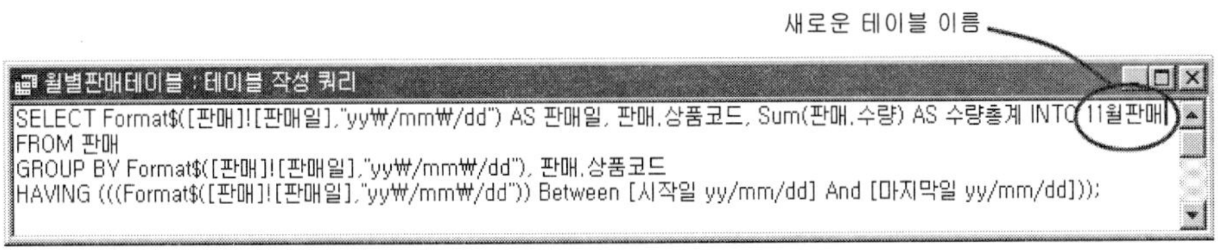

필드 값에 사용할 수 있는 기본적인 함수는 다음과 같다.

함 수	기 능
Sum	각 그룹에 속한 레코드별로 해당 필드의 값을 더한다. 숫자와 통화 필드에만 가능하다.
Avg	각 그룹에 속한 레코드별로 해당 필드의 평균값을 구한다. 숫자와 통화 필드에만 가능하다.
Min	각 그룹에 속한 레코드별로 해당 필드의 값중에서 가장 작은 값을 구한다.
Max	각 그룹에 속한 레코드별로 해당 필드의 값중에서 가장 큰값을 구한다.
Count	각 그룹에 속한 레코드별로 해당 필드의 값중에서 Null을 가진 필드를 제외한 데이터의 개수를 구한다.
StDev	각 그룹에 속한 레코드별로 해당 필드값의 표준편차를 구한다. 숫자와 통화 필드에서만 가능하다. 두 개 이상의 데이터가 없으면 Null을 반환한다.
Var	각 그룹에 속한 레코드별로 해당 필드값의 분산을 구한다. 숫자와 통화 필드에서만 가능하다. 두 개 이상의 데이터가 없으면 Null을 반환한다.
First	각 그룹에 속한 레코드별로 첫 레코드의 해당 필드 값을 반환한다.
Last	각 그룹에 속한 레코드별로 마지막 레코드의 해당 필드 값을 반환한다.

■

앞에서 작성한 업데이트쿼리를 SQL 보기형태로 열면 다음과 같다.

구문 형식 : UPDATE {테이블 이름}
SET {새 값}
WHERE {조건식};

구성요소	설 명
테이블 이름	수정할 데이터가 있는 테이블 이름.
새 값	특정 필드에 지정할 값을 "필드명=값" 형태로 표시한다.
조건식	업데이트할 레코드에 대한 조건을 설정한다.

▶ 특정 고객코드를 가진 고객에 대해 "신용한도액"과 "보너스금액" 필드 값을 변경한다.

UPDATE 고객
SET 신용한도액 = 신용한도액 * 1.2, 보너스금액 = 보너스금액 * 1.01
WHERE 고객코드 = "98001";

■

앞에서 작업한 두 개의 삭제 쿼리를 SQL보기 형태로 열면 다음과 같다.

구문 형식 : DELETE [테이블이름.*]
FROM {테이블이름}
WHERE {조건식}

구성 요소	설 명
테이블 이름.*	레코드를 삭제할 테이블 이름. 생략 가능하다.
테이블 이름	레코드를 삭제할 테이블 이름.
삭제할 레코드의 조건	삭제할 레코드를 결정하는 식.

앞의 삭제 쿼리 두 번째 예제를 보면 "상품"과 "판매" 테이블 두 개를 쿼리 대상으로 하되 이 두 개의 테이블을 조인하였다. "상품코드" 필드를 가지고 조인하였는데 양쪽 테이블에서 "상품코드" 필드 값이 일치한 레코드만을 대상으로 하기 위하여 "INNER JOIN"을 사용하였다.

조인 구문 형식 : FROM 조인테이블1 조인형식 조인테이블2 ON 기준필드조건

FROM 절에서 사용할 수 있는 조인 형식은 다음과 같다.

조인형식	기 능
INNER JOIN	조인테이블1과 조인테이블2에서 기준필드조건과 일치하는 레코드만을 가져온다.
LEFT JOIN	조인테이블1과 조인테이블2에서 기준필드조건과 일치하는 레코드를 가져오고 조인테이블2와 일치하지 않은 나머지 조인테이블1의 레코들도 포함한다.
RIGHT JOIN	조인테이블1과 조인테이블2에서 기준필드조건과 일치하는 레코드를 가져오고 조인테이블1과 일치하지 않은 나머지 조인테이블2의 레코들도 포함한다.

다음은 삭제쿼리의 몇 가지 예제이다.

▶ "상품" 테이블의 모든 레코드를 삭제한다.

DELETE FROM 상품;

Tip

모든 레코드를 삭제해도 테이블 자체를 삭제하는 건 아니다.

▶ "판매" 테이블에서 고객명 "홍길동"에 대한 레코드를 모두 삭제한다.

```
DELETE 판매.*
FROM 판매 INNER JOIN 고객 ON 판매.고객코드 = 판매.고객코드
WHERE  (((고객.고객명) = "홍길동"));
```

▶ "판매" 테이블에서 "판매일"이 99년 이전의 레코드는 삭제한다.

```
DELETE  판매.*
FROM 판매
WHERE  ((Year([판매].[판매일])) < 1999) ;
```

■

앞에서 작성한 추가 쿼리를 SQL보기 형태로 열면 다음과 같다.

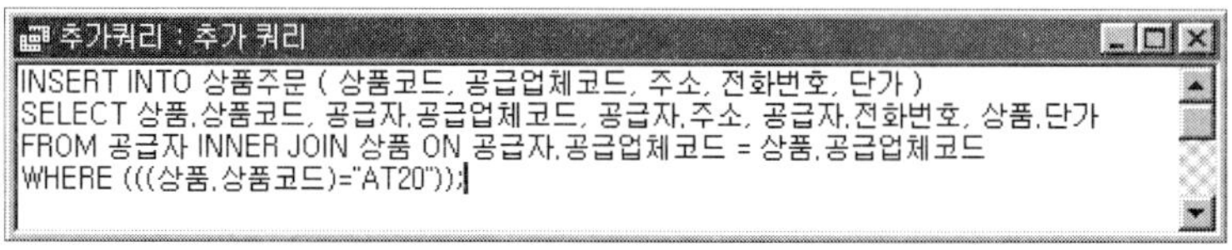

구문 형식 : INSERT INTO 대상테이블/쿼리 [(필드리스트)]
[IN 외부 데이터베이스이름]
일반적인 SELECT 문
또는
INSERT INTO 대상테이블/쿼리 [(필드리스트)]
VALUES {(값리스트)}

구성 요소	설 명
대상테이블/쿼리	레코드를 추가할 테이블이나 쿼리 이름.
필드리스트	데이터를 추가할 필드 이름.
외부 데이터베이스이름	외부 데이터베이스의 경로
일반적인 SELECT 문	레코드를 복사해 올 데이터를 SELECT문을 이용하여 테이블이나 쿼리에서 가지고 오기 위해 작성함.
값 리스트	새 레코드의 지정된 필드에 추가될 값의 목록.

▶ "고객" 테이블에 한 레코드(행)를 추가하려면 다음과 같이 정의한다. 모든 필드에 값을 다 지정할 필요는 없지만 "필수"로 설정한 필드는 모두 입력해야 한다.

```
INSERT INTO 고객 (고객코드, 고객명, 주소, 신용한도액)
VALUES ("990120", "동금래", "서울시 중랑구 면목동 2가 355번지", 100000);
```

(2) 통합 쿼리

SQL 쿼리 종류 중에 첫 번째로 설명할 쿼리는 통합 쿼리이다. 통합 쿼리는 두 개 이상의 테이블이나 쿼리에서 상응하는 필드들을 한 필드로 결합한다.

통합 쿼리는 SQL문에 둘 이상의 독립적인 테이블 또는 쿼리의 결과를 조합하는 UNION 연산자를 이용하는데 그 형식은 다음과 같다.

구문 형식 : [테이블] 쿼리1 UNION [ALL] [테이블] 쿼리2 [UNION [ALL] [테이블] 쿼리n [...]]

구성 요소	설 명
Table	키워드이며 생략 가능하다.
쿼리1-n	SELECT 문이나, 저장된 쿼리 이름, 또는 저장된 테이블 이름.
ALL	생략하면 통합될 때 중복된 레코드는 한 레코드만이 결과에 포함된다. ALL을 사용하면 중복된 모든 레코드들이 결과에 포함된다.

▶ "신규고객" 테이블과 "고객" 테이블 중에 특정 조건에 맞는 레코드들을 병합하여 "신규고객" 테이블에 저장된다.

```
TABLE [신규고객] UNION ALL
SELECT *
FROM 고객
WHERE 보너스금액 > 1000;
```

Tip

UNION 연산의 모든 쿼리(UNION되는 모든 테이블 또는 쿼리)의 필드 개수는 동일해야 하지만 필드 크기나 데이터 형식은 같지 않아도 된다.

■

① 데이터베이스 창에서 "쿼리" 개체를 선택하고 새로 만들기를 클릭한 다음 나온 대화상자에서 디자인 보기를 선택하여 쿼리의 디자인 창을 연다.
② 테이블 표시 대화 상자에서 아무 것도 선택하지 않고 닫는다.
③ 마우스 포인터를 쿼리 창에 두고, 마우스 오른쪽 단추를 눌러서 나온 메뉴에서

쿼리 > SQL 쿼리 > 통합 메뉴를 선택한다.

④ 다음 창에서 SQL문을 입력한다.

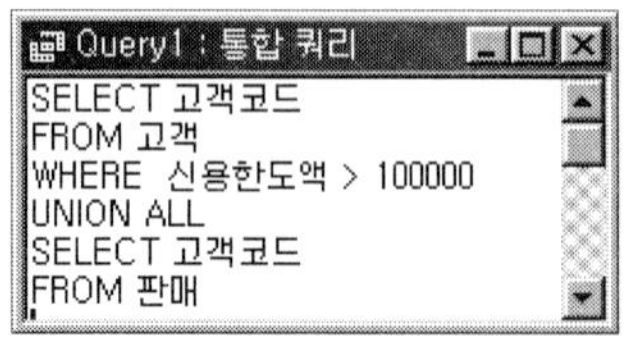

⑤ 쿼리 결과를 보려면 도구 모음의 보기 형식 도구를 클릭하거나 실행 도구를 클릭한다.

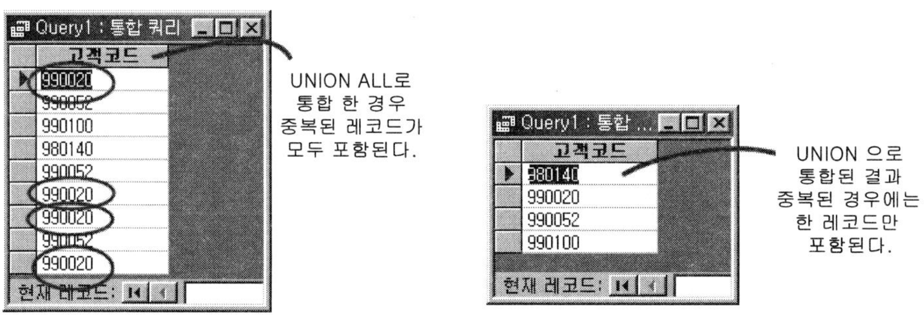

Tip 통합 결과를 정렬하려면 마지막 SELECT문 다음에 ORDER BY문을 추가한다.

(3) 데이터 정의 쿼리

SQL 데이터 정의 쿼리를 사용하여 현재 데이터베이스에서 테이블을 작성, 삭제, 변경하거나 인덱스를 작성할 수 있다.

데이터 정의 쿼리에서 사용할 SQL 명령은 다음과 같다.

SQL문	설 명
CREATE TABLE	테이블을 작성한다.
ALTER TABLE	새 필드나 제약 조건을 기존 테이블에 추가한다.
DROP	테이블을 데이터베이스에서 삭제하거나 필드나 필드 그룹에서 인덱스를 제거한다.
CREATE INDEX	필드나 필드 그룹에 인덱스를 만든다.

■

데이터 정의 쿼리를 이용하여 다음과 같은 테이블을 만들어보자.

필드이름	데이터 유형
배달코드(기본 키)	텍스트
고객코드	텍스트
상품코드	텍스트
주소	텍스트
전화번호	텍스트
배달예정일	날짜/시간
판매일	날짜/시간

① 새 쿼리를 디자인 창에서 열고 테이블 표시 대화 상자에서 테이블이나 쿼리를 추가하지 않고 닫는다.

② 마우스 포인터를 쿼리 창에 두고, 마우스 오른쪽 단추를 눌러서 나온 메뉴에서 쿼리 > SQL 쿼리 > 데이터 정의 메뉴를 선택한다.

③ SQL 창에서 다음을 입력한다.

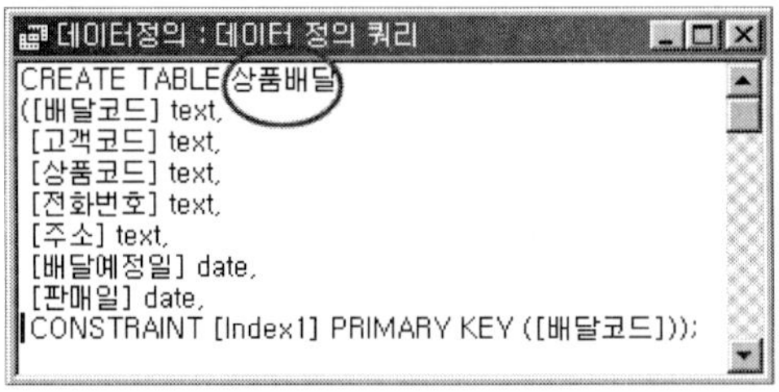

④ ! 실행 도구를 눌러서 실행시킨 다음(오류가 있으면 메시지가 나타난다.) 데이터베이스 창에서 테이블 개체에 "상품배달" 테이블이 들어와 있는지 확인한다.

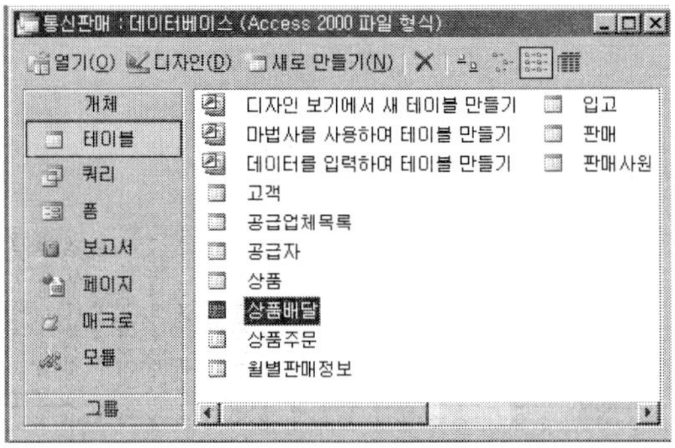

(4) 하위 쿼리

하위 쿼리는 다른 선택 쿼리나 실행 쿼리 안에서 SQL SELECT 문으로 이루어진 쿼리를 말한다.

다음과 같은 경우에 하위 쿼리를 사용할 수 있다.

① EXISTS나 NOT EXISTS 등의 예약어를 사용하여 하위 쿼리의 결과 유무를 확인할 경우.

② ANY, IN, ALL 등의 예약어를 사용하여 하위 쿼리에서 반환된 값과 같은 값, 큰 값, 작은 값을 각각 기본 쿼리에서 찾을 경우.

실습 "A001" 공급업체가 납품하는 그 어떤 상품들의 단가보다 높은 단가를 가진 상품을 선택한다.

```
SELECT * FROM 상품
WHERE 단가 > ALL
(SELECT 단가 FROM 상품
WHERE 공급업체코드 =“A001”);
```

실습 한번에 5개 이상이 판매된 경우가 있는 “상품”의 레코드를 구한다.

```
SELECT * FROM 상품
WHERE 상품코드 IN
(SELECT 상품코드 FROM 판매
WHERE 수량 >= 5);
```

③ 하위 쿼리 내에서 하위 쿼리(하위 쿼리 안의 하위 쿼리)를 만들 경우.

하위 쿼리를 디자인 창에서 만들려면 다음과 같이 조건에 SELECT문을 입력한다. 이때 앞뒤에 중괄호 “()”를 사용해야 한다.

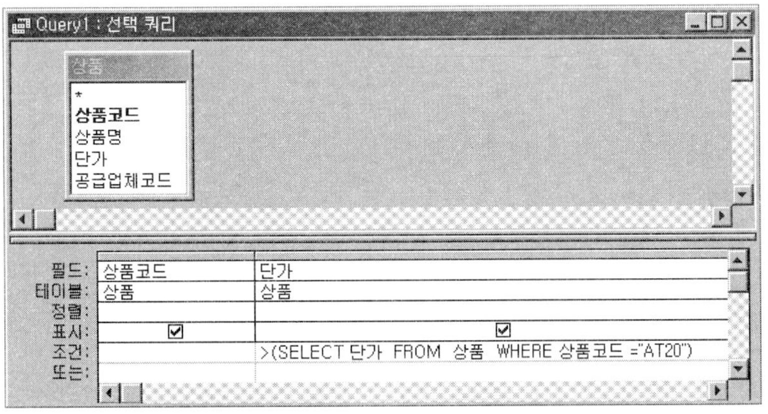

SQL보기 형태로 열면 다음과 같다.

```
Query1 : 선택 쿼리
SELECT 상품.상품코드, 상품.단가
FROM 상품
WHERE (((상품.단가)>(SELECT 단가 FROM 상품 WHERE 상품코드 ="AT20")));
```

Chapter 5
폼

폼은 테이블에 데이터를 쉽게 입력할 수 있도록 해주는 기능 이외에 또 다른 폼이나 보고서를 열 수 있는 기능을 제공한다. 또한 작업 진행 중에 어떤 선택에 따라서 작업의 흐름을 결정할 때 사용자로 하여금 선택할 수 있도록 하는 사용자 정의 대화상자 역할도 한다.

폼에 들어 있는 정보는 대부분 원본으로 사용하는 테이블 레코드의 정보이며, 나머지 정보는 폼 디자인으로 저장된다.

컨트롤이라고 하는 그래픽 개체를 사용해서 폼과 폼의 레코드 원본 간의 연결을 만든다. 데이터를 표시하고 입력할 때 사용되는 가장 일반적인 컨트롤은 입력란이다.

5 1 폼 만들기

Access 2007에서 폼을 만드는 방법은 자동 폼이나 마법사를 사용하거나 아니면 직접 폼을 만드는 방법이 있다. 그리고 두 개 이상의 테이블을 기초로 하여 폼을 만들 수 있는데 다음에서 이런 다양한 방법으로 폼을 만드는 방법에 대해서 설명한다.

(1) 자동 폼을 사용하여 폼 만들기

자동 폼을 사용하여 레코드 원본을 선택하고 컬럼 형식, 탭 형식이나 데이터시트 레이아웃 중 하나를 선택하면 선택한 레코드 원본의 모든 필드가 포함된 폼이 만들어진다.

① 데이터베이스 개체 창에서 폼을 작성할 개체를 선택한다.

② 폼 - 기타폼 - 폼을 선택한다.

폼	한 번에 한 개의 레코드에 대한 정보를 입력할 수 있는 폼 작성
폼 분할	위쪽 구역에 데이터시트를 표시하는 분할 폼을 만들고 아래쪽 구역에 데이터시트에서 선택한 레코드에 대한 정보를 입력하는 폼 작성
여러 항목	행마다 레코드가 하나인 데이터시트에 여러 레코드를 표시하는 폼 작성

③ 다음은 "고객" 테이블의 정보를 "자동 폼"유형의 폼으로 만든 결과이다. "고객" 테이블의 모든 필드들을 표현하기 위해 한 필드당 한 개의 레이블과 입력난이 만들어졌다. 앞으로는 폼의 디자인 창에 나타나는 모든 요소들을 컨트롤이라는 이름으로 부를 것이다. 만들어진 폼을 "고객관리"라는 이름으로 저장한다.

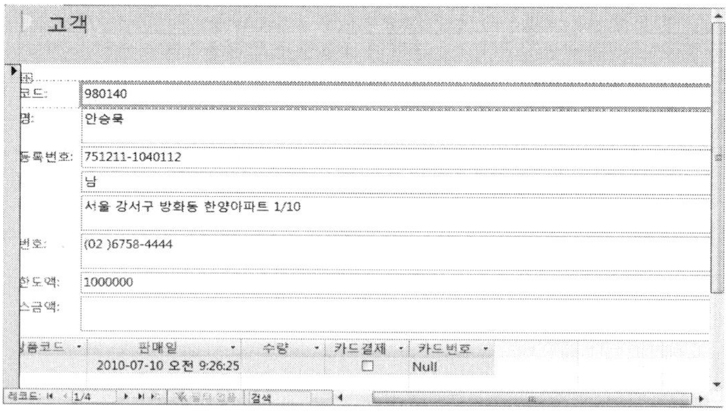

폼을 폼 보기로 열면 관련된 테이블의 첫 레코드 값이 나타난다.

창 아래에 나타나는 각 단추의 기능은 다음과 같다.

단 추	기 능
⏮	맨 처음 레코드로 간다.
◀	이전 레코드로 간다.
▶	다음 레코드로 간다.
⏭	맨 끝 레코드로 간다.
1	현재 레코드를 나타낸다. 이 값을 직접 변경하여 레코드를 이동시킬 수 있다.
▶*	새 레코드를 추가한다.

이러한 단추를 이용하여 레코드를 조회하고 수정하고 그리고 추가해 본다.

"공급자" 테이블에 대한 폼을 "자동 폼"으로 만든 다음(공급자관리) 공급자코드를 조회하고, 입력 및 수정하고 삭제한다.

실습

다음은 "자동 폼: 탭 형식" 유형을 선택한 경우의 폼이다. 한 행에 한 레코드를 보여주는데 각 필드의 내용은 필드형식으로 나타낸다.

다음은 "폼 분할" 유형을 선택한 경우의 폼이다. 테이블을 데이터시트 보기 형태로 연 것과 동일한 형식으로 보여준다.

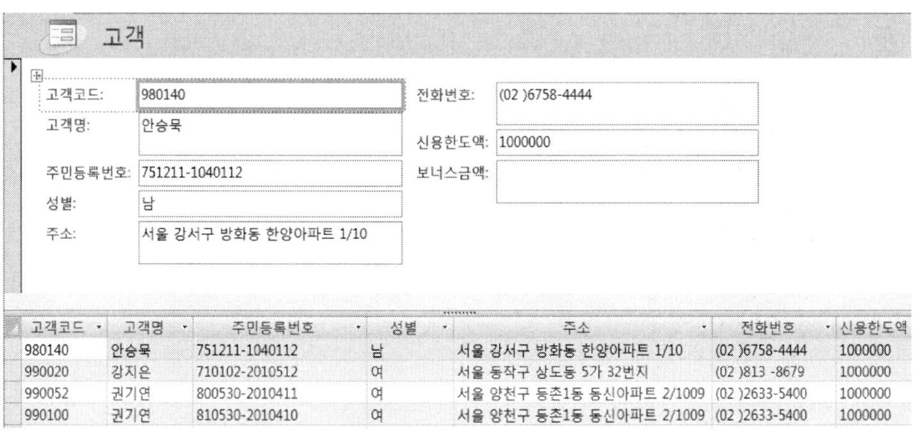

다음은 "여러 항목" 유형을 선택한 경우의 폼이다.

폼의 보기 형식에는 디자인 보기, 폼 보기, 데이터시트 보기, 피벗 테이블 보기, 피벗 차트 보기형식이 있는데, 보기 형식 도구를 클릭하여 이들 보기 형식을 전환할 수 있다. 만든 폼을 디자인 보기 형태로 열면 다음과 같다.

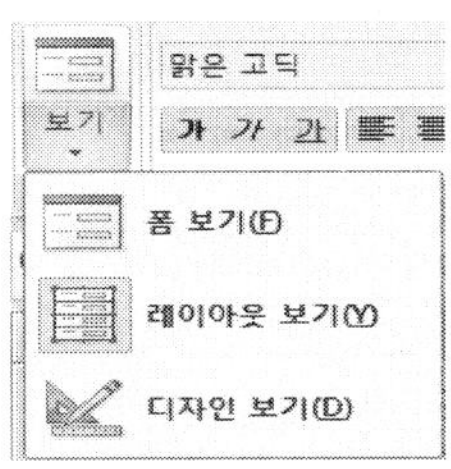

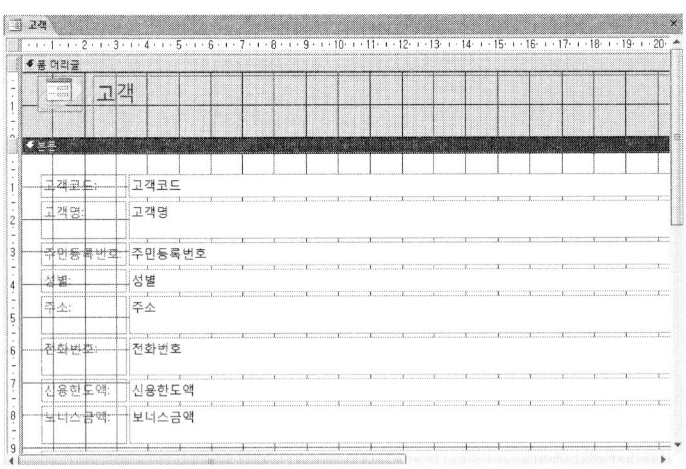

(2) 폼 마법사를 이용하여 테이블 만들기

폼 마법사를 이용하여 “상품” 테이블에 대한 폼을 만들어 보자.

① 만들기 - 폼 - 기타 폼 메뉴를 선택한다.

② 기타 폼 메뉴에서 폼 마법사를 선택한다.

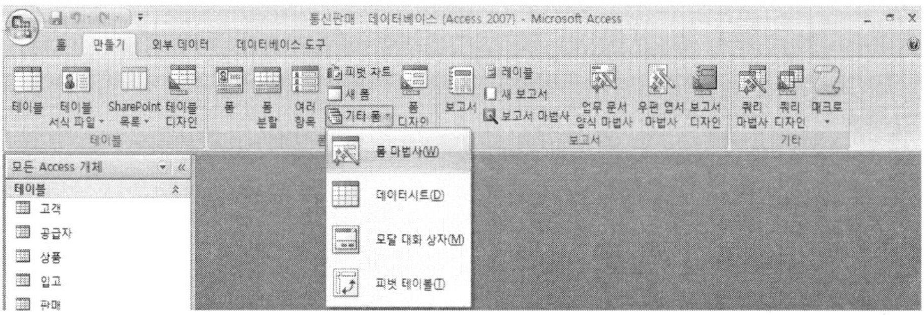

③ 폼에 포함할 필드들을 선택한다. 여기서는 (>>) 단추를 눌러서 모든 필드를 선택한다. 그리고 <다음>을 누른다.

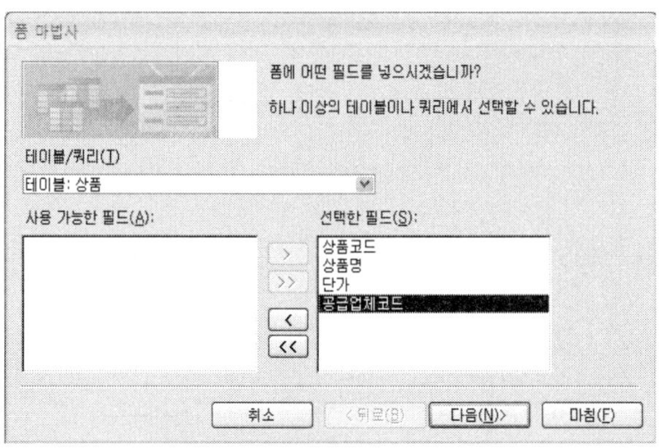

④ 다음 단계에서는 폼의 형식을 정의하는데 각 형식을 선택할 때마다 해당하는 폼의 형식을 보여준다. 여기서는 “컬럼 형식”을 선택하고 <다음>을 누른다.

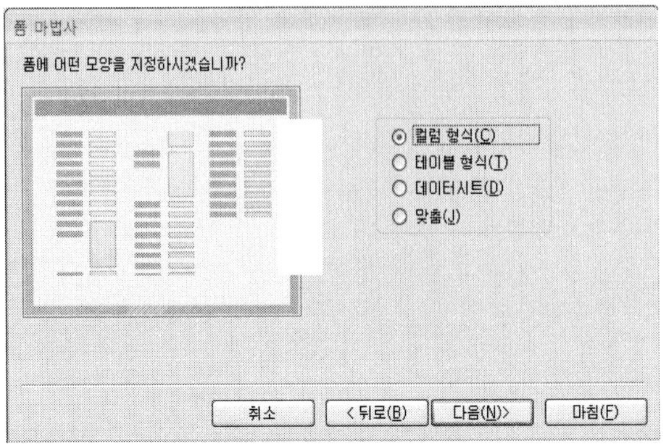

⑤ 폼의 유형을 정의한다. 각각의 유형을 선택할 때마다 해당하는 폼의 유형을 보여준다. “균형”형을 선택하고 <다음>을 누른다.

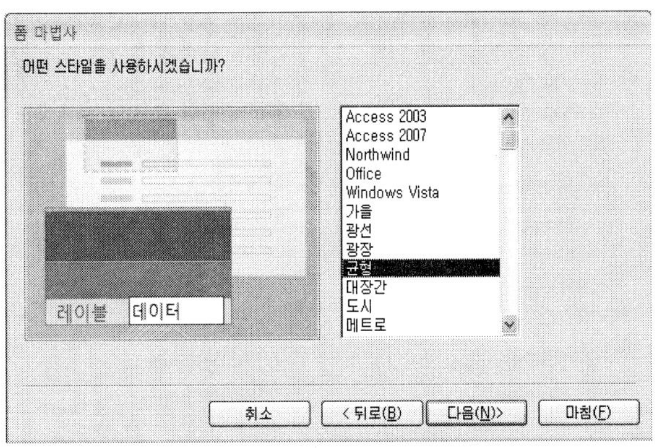

⑥ 다음 단계에서 폼 이름을 입력하고 정의한 폼을 폼 보기 형태로 열려면 "폼 정보를 보거나 입력" 옵션을 선택하고 폼을 디자인 보기 형태로 열려면 "폼 디자인 수정"을 선택한다. <마침>을 누른다.

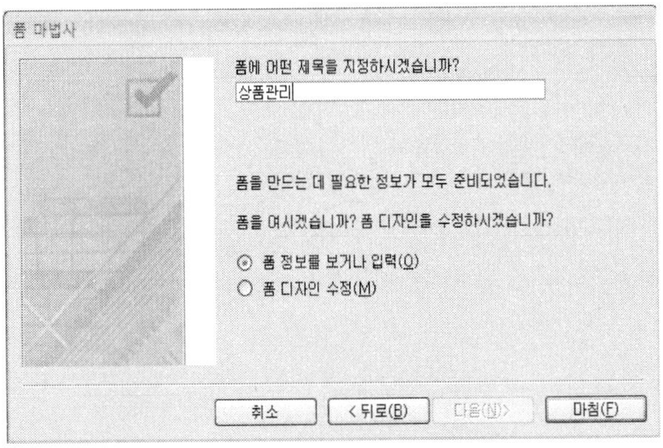

⑦ 다음과 같은 폼이 작성된다.

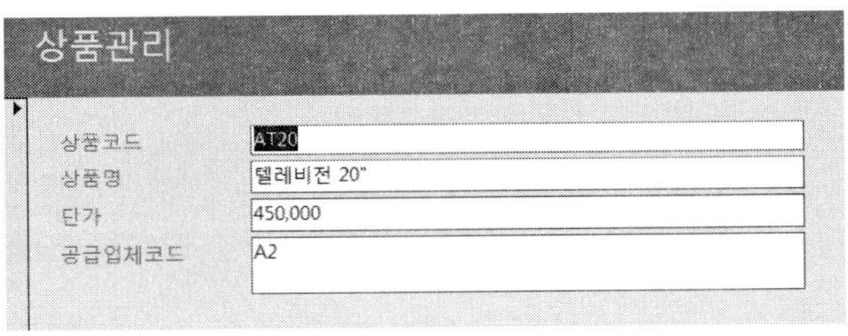

⑧ 만들어진 폼의 디자인을 변경하려면 폼을 디자인보기 상태로 연다. 폼을 디자인 보기 형태로 열면 폼 디자인 도구 메뉴가 나타난다. 디자인 탭과 정렬 탭 있는 도구들을 이용하여 폼의 디자인을 수정하거나 디자인 창에 있는 각 컨트롤들의 크기와 위치, 그리고 글꼴을 변경할 수 있다.

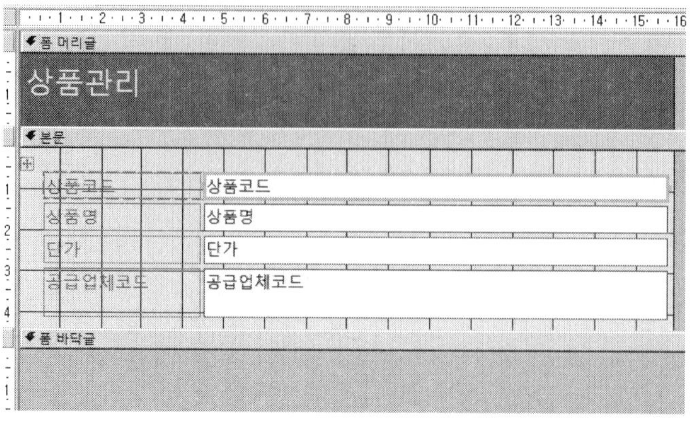

(3) 폼 수정하기

■

폼을 디자인 보기로 열면 폼의 영역을 구분하는 줄이 보인다. 폼은 각각 다른 정보를 표현하기 위해 영역이 구분되어 있는데 "본문"영역을 제외하고 모두 생략할 수 있다.

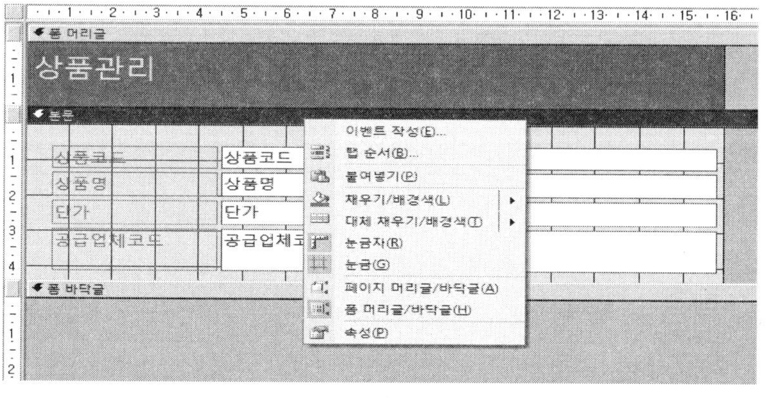

영 역	설 명
폼 머리글	폼 제목과 같이 본문의 내용이 바뀌어도 언제나 폼에 남아 있는 내용을 포함한다.
페이지 머리글	폼을 인쇄할 때만 나타나며 각 페이지가 시작될 때 인쇄된다.
페이지 바닥글	폼을 인쇄할 때만 나타나며 각 페이지가 끝날 때 인쇄된다.
폼 바닥글	각종 단추들, 합계값 등을 표시하기 위해 사용되며 폼 머리글과 같이 본문의 내용이 바뀌어도 언제나 폼에 남아 있는 내용을 포함한다.

■

① 폼의 선, 글꼴, 글꼴 크기, 텍스트 굵기를 한번에 변경하려면 기본 도구모음에서 자동 서식 도구를 클릭하고 폼에 적용할 서식을 선택한다.

② 컨트롤의 모양을 변경하려면 컨트롤을 클릭해서 선택하고 서식 도구모음에 있는 도구들을 이용하여 컨트롤의 서식을 지정한다.

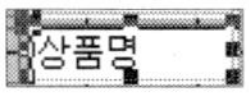

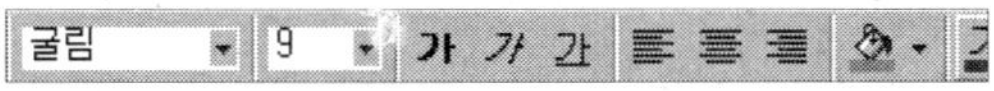

③ 폼에 배경을 넣으려면 기본 도구 모음에서 속성 도구를 클릭한 다음, "그림" 속성에서 배경 그림으로 사용할 파일을 지정하고 배경으로 보일 때의 크기나 모드는 "그림 유형" 속성이나 "그림 크기 조정 모드" 속성에서 정의한다.

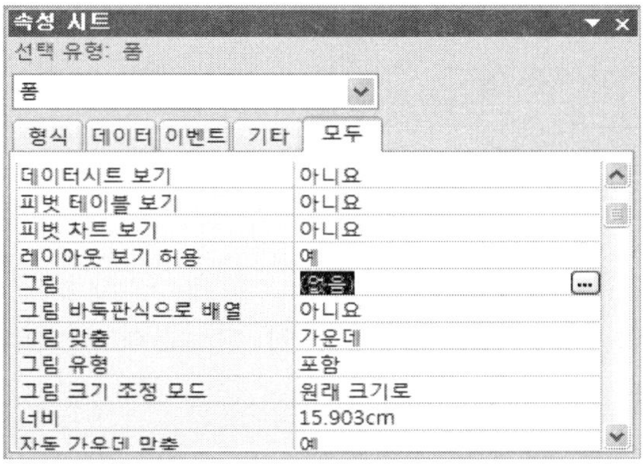

> **주의**
> 폼에 관한 속성 창이 열리지 않으면 폼에 특정 컨트롤이 선택된 경우인데, 폼의 왼쪽 위에 있는 "폼 선택기"를 누른 다음 다시 도구 모음에서 속성 도구를 클릭해 본다.

다음은 레이블(필드 이름표)과 입력난 컨트롤의 크기와 글꼴, 그리고 바탕색을 변경하고 폼의 배경 그림을 지정한 다음, 폼 보기 형태로 연 것이다.

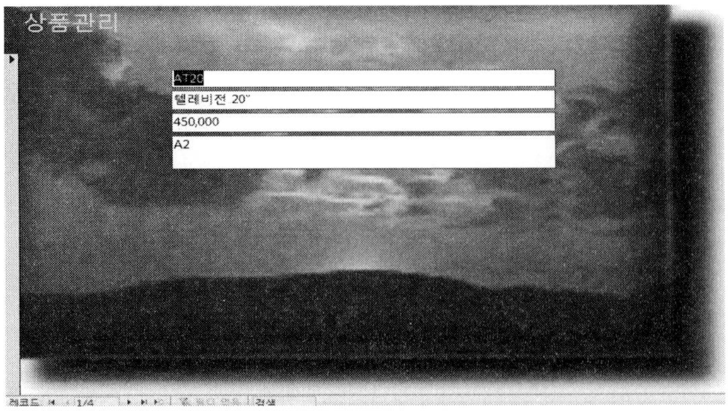

실습 앞에서 만든 "고객관리" 폼과 "공급자관리" 폼에서 각 컨트롤의 서식을 변경하고 배경 그림을 지정한다.

■

① 컨트롤의 위치를 변경하려면 폼 위에 컨트롤을 클릭하고 원하는 위치로 드래그한다. 한번에 여러 개의 컨트롤을 동시에 선택하려면 Shift 키를 이용하여 선택한다.

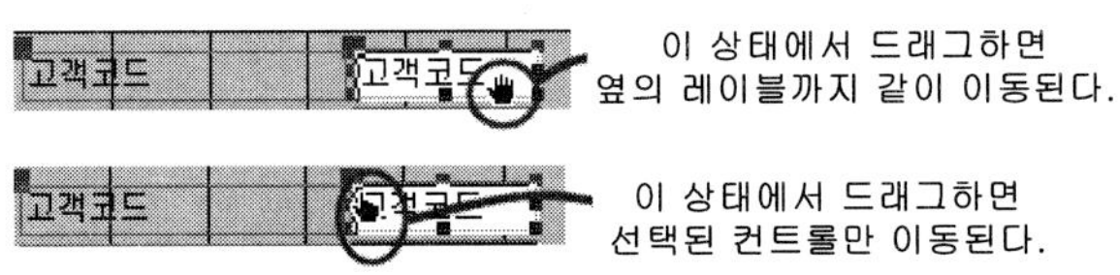

② 컨트롤들을 정렬하려면 컨트롤들을 Shift 키를 이용하여 선택한 다음, 서식 > 맞춤 메뉴에서 정렬하려는 기준을 선택한다.

■

① 레이블의 텍스트를 변경하려면 레이블을 클릭하고 텍스트를 선택한 다음 새로운 값을 입력한다.

② 테이블의 데이터와 연결된 컨트롤에서 연결된 필드를 변경하려면 컨트롤을 선택하고, 도구 모음에서 속성 도구를 누른 다음 "컨트롤 원본"속성 목록에서 원하는 필드를 선택한다.

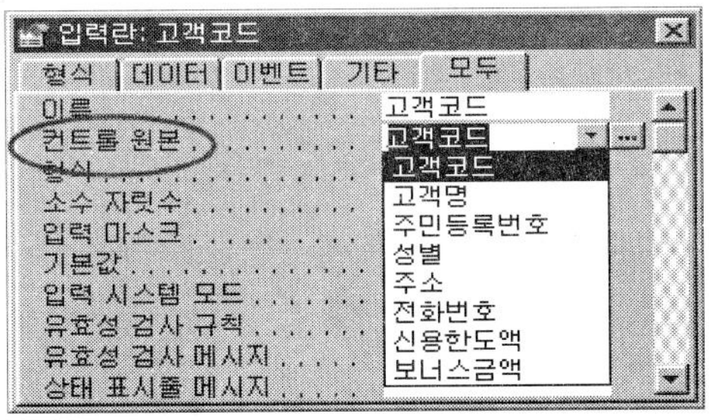

■

폼을 만들 때는 폼에 포함하지 않았던 테이블의 필드이거나 실수로 필드와 관련된 컨트롤을 삭제한 경우 원하는 필드를 폼에 추가할 수 있다.

① 기본 도구모음에서 필드 목록 도구를 클릭해서 필드의 목록을 표시한 다음 추가하려는 필드를 폼 안으로 드래그한다. 필드의 이름표 역할을 할 레이블도 함께 추가된다.

② 레이블을 추가하려면 폼을 디자인 보기 상태로 열었을 때 나타나는 도구 모음에서 가 레이블 도구를 클릭한 다음, 폼에 원하는 위치에서 드래그한다.

"상품관리" 폼에 레이블을 추가하여 폼 제목을 만들어 보자.

① 폼을 디자인 보기 형태로 연 다음, 폼의 제목이 추가될 영역(폼 머리글)을 넓히기 위해 "폼 머리글"과 "본문" 구분 상자 경계선에 마우스 포인터를 놓고 아래로 드래그한다.

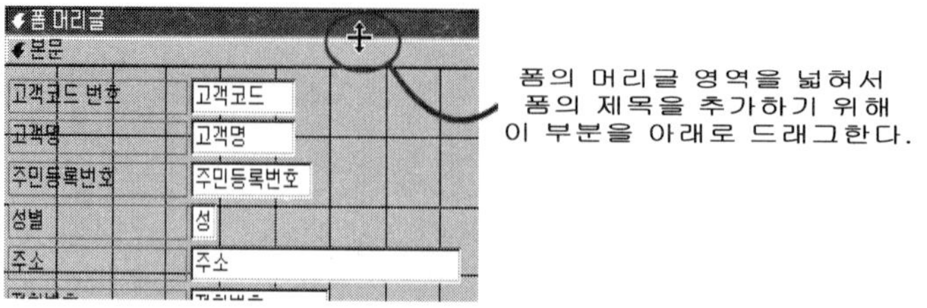

② 가나 레이블 도구를 클릭하고, 폼에 원하는 위치에서 드래그하여 레이블을 폼에 추가한 다음 텍스트를 입력하고 Enter를 누른다.

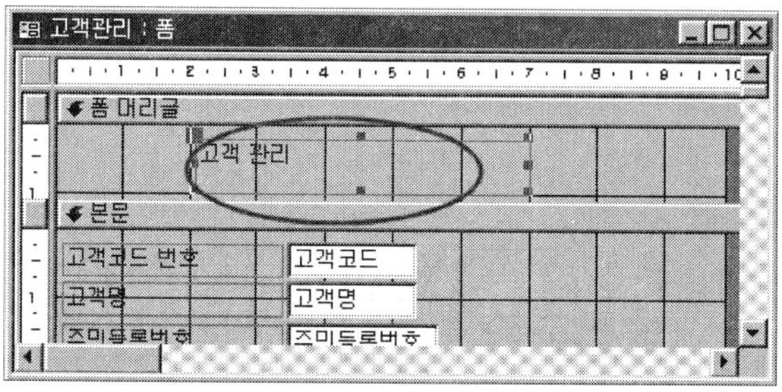

③ 추가된 제목에 서식을 설정한다.

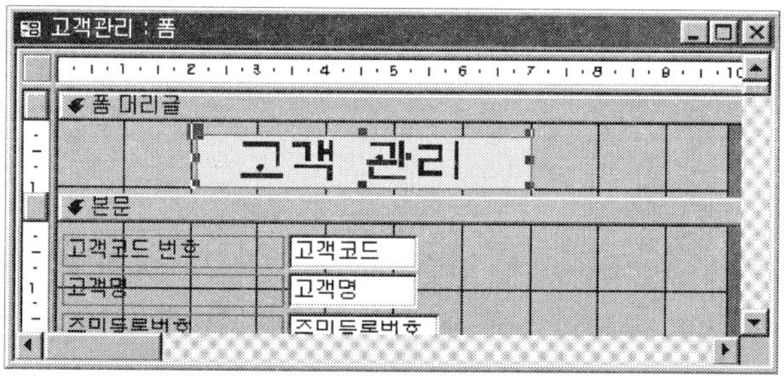

■

테이블의 필드 값을 표시하거나 입력하기 위해 일반적으로 입력란 컨트롤이 사용되는데 다른 컨트롤로 변경할 수 있다.

다른 종류의 컨트롤로 변경하려면 컨트롤을 선택한 다음 마우스 오른쪽 단추를 눌러서 나온 메뉴에서 <변경> 메뉴를 선택하고 원하는 컨트롤 유형을 선택한다.

■

① 폼을 디자인 보기 형태로 연 다음, "성별" 필드와 관련된 입력란 컨트롤을 선택한다.

② 마우스 오른쪽 단추를 눌러서 나온 메뉴에서 변경 > 콤보 상자 메뉴를 선택한다.

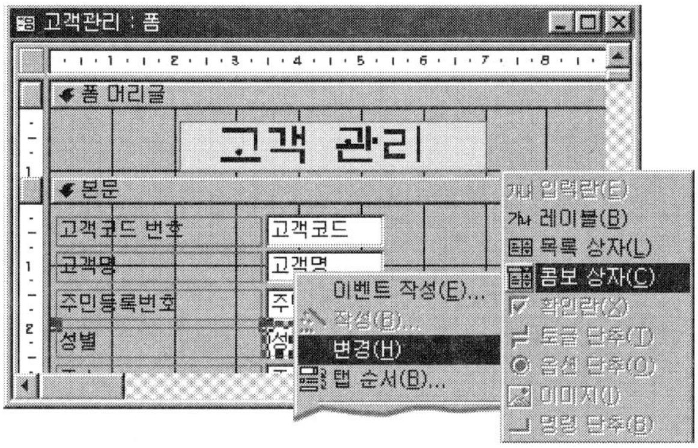

③ 다시, 변경한 컨트롤에서 마우스 오른쪽 단추를 누르고 <속성> 메뉴를 선택한다. 레코드를 조회할 경우에는 기존에 있는 레코드의 "성별" 필드 값을 표시하고 새로운 레코드를 추가할 경우에는 목록에서 선택할 수 있도록 하기 위해 "행 원본 형식" 속성과 "행 데이터" 속성을 다음과 같이 설정한다.

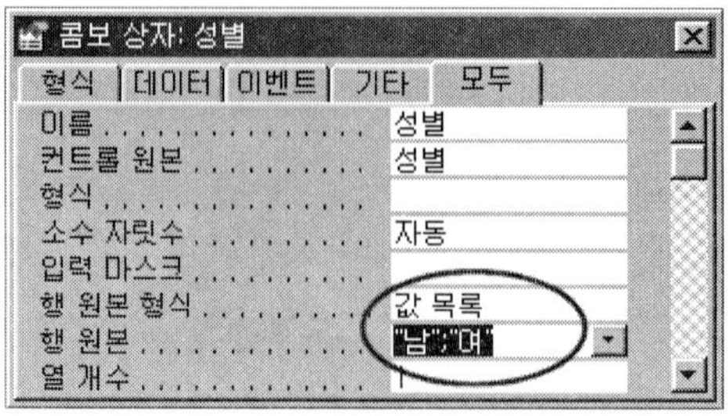

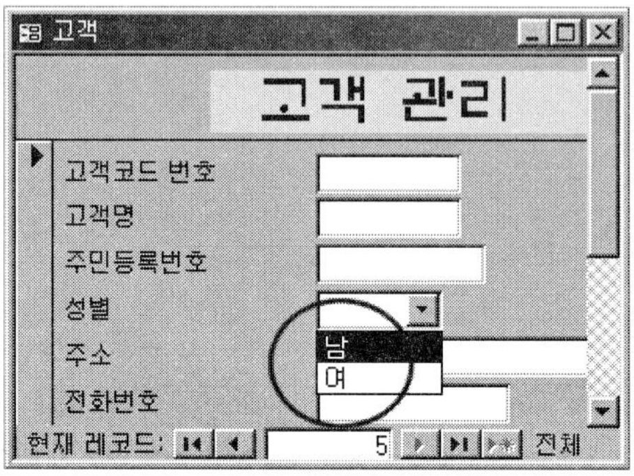

④ 폼을 폼 보기 형식으로 열어서 레코드를 조회해 보고 새로운 레코드를 추가할 때, "성별" 목록 상자의 목록다운 단추를 눌러서 값을 선택해 본다.

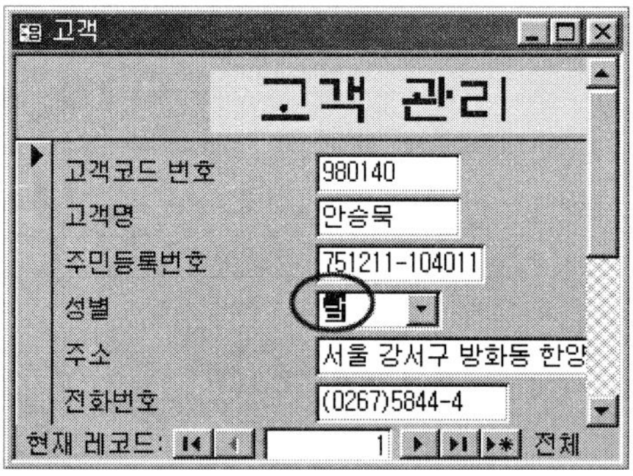

Tip

변경된 "성별" 목록 상자의 크기를 조절하여 값이 보이도록 한다.

(4) 직접 만들기

새로운 폼을 디자인 보기 형식으로 열어서 직접 폼을 만들 수 있다.

① 만들기 - 폼 - 폼 만들기 메뉴를 선택한다.

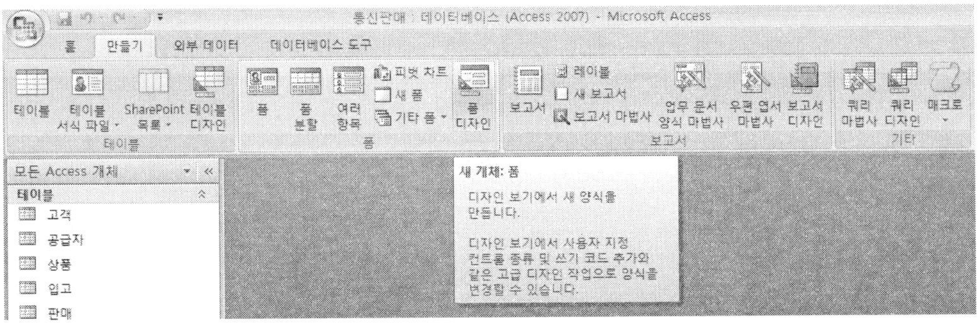

② 속성 시트를 메뉴를 선택하여 레코드 원본을 판매 테이블로 선택한다.

③ 다음의 디자인 창이 열리면 기존 필드 추가 목록 도구를 누른다. "판매" 테이블의 필드 명을 보여주는데 폼에 추가하려는 필드를 마우스로 끌어다 원하는 폼의 위치에 놓는다. 모든 필드를 선택하려면 Shift 키를 누른 상태에서 필드 목록의 제목 줄을 두 번 누르면 전체 필드가 선택되는데 폼 안으로 드래그해오면 된다. 모든 필드를 선택해온다.

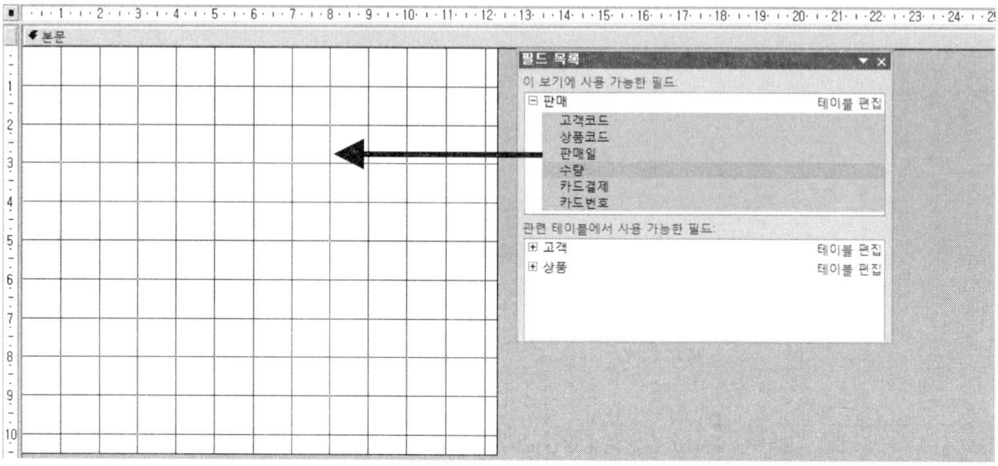

④ 폼을 폼 보기 형태로 열어서 조회와 추가를 실행해 본다.

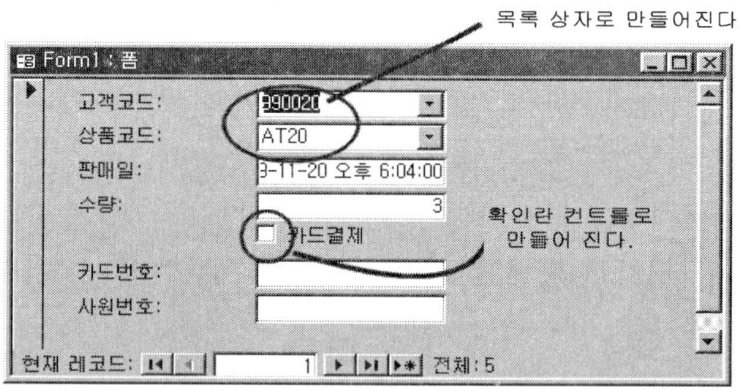

⑤ 폼을 다시 디자인 보기 형태로 열고 폼의 제목을 입력할 수 있도록 "폼 머리글" 영역을 폼에 추가한다. 디자인 창의 제목표시줄 위에서 오른쪽 마우스 단추를 누른 다음 <폼 머리글/바닥글> 메뉴를 선택한다.

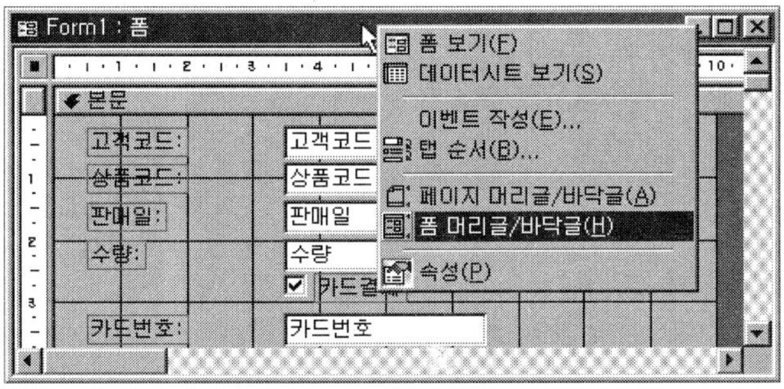

⑥ 가나 레이블 도구를 이용하여 제목을 추가한다.

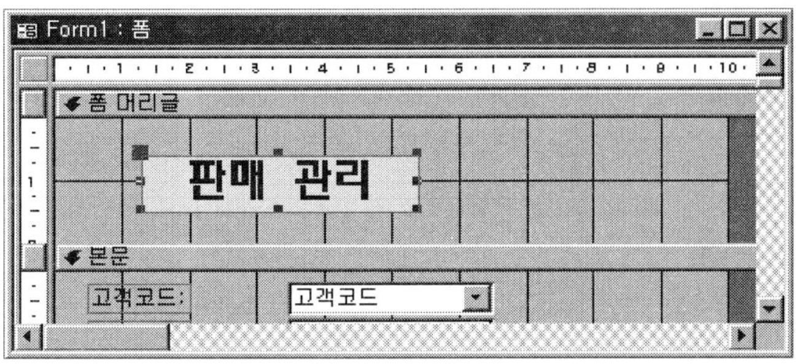

⑦ 폼을 폼 보기 형태로 열었을 때 다음과 같이 되도록 폼을 수정한다.

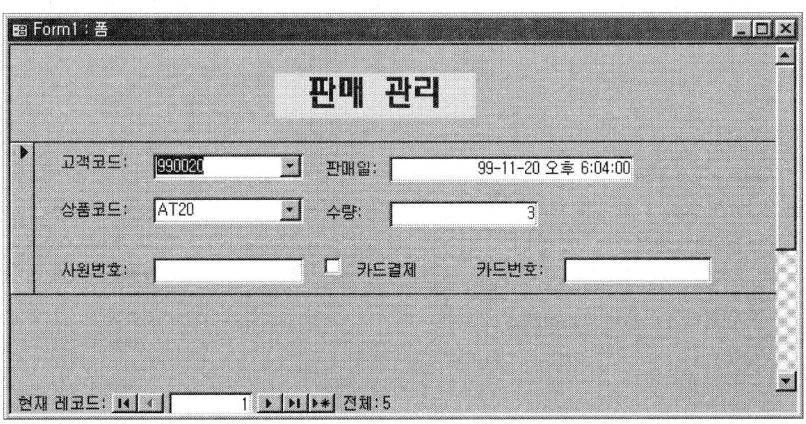

⑧ "사원번호" 필드와 관련된 입력란 컨트롤을 "고객코드"나 "사원코드"처럼 테이블("판매사원" 테이블) 목록으로부터 값이 선택되도록 해보자.

디자인 보기 형태로 폼을 열고 "사원번호" 입력란을 "콤보 상자" 컨트롤로 변경한다(앞의 컨트롤 변경하기를 참조한다.).

변경된 "콤보 상자" 컨트롤을 선택하고 속성 창을 열어서 다음과 같이 속성 값을 설정한다.

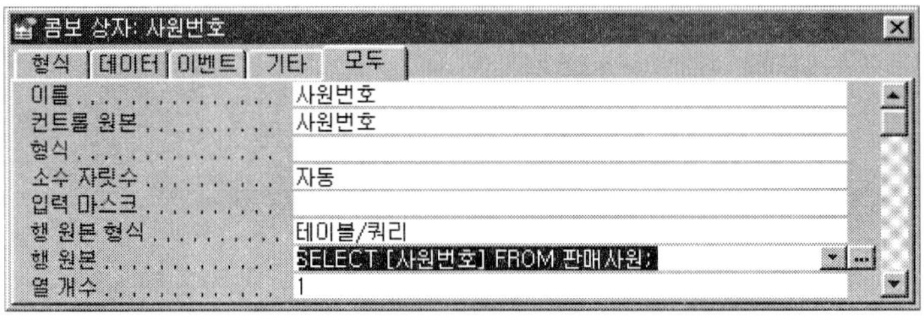

Tip

직접 SQL 문을 입력하기가 번거러우면, [...] 작성 단추를 눌러서 "쿼리" 만드는 방법과 동일하게 작업하면 결과가 SQL로 입력된다.

⑨ 폼을 폼 보기로 열어서 확인한다.

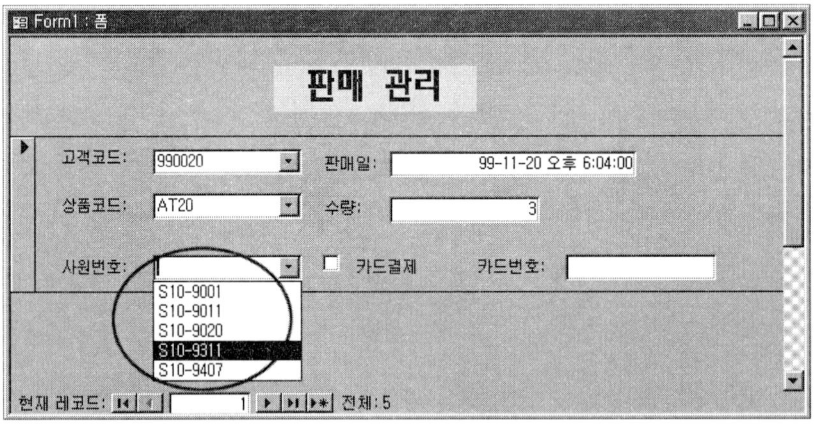

⑩ "판매" 테이블에는 고객이 해당 상품을 몇 개 구매했는지에 대한 정보만 들어있고 얼마나 구매했는지에 대한 정보는 없다. 만일 "판매" 테이블의 레코드를 조

회할 때 "판매" 테이블의 필드는 아니지만 구매한 금액을 같이 보여주고자 한다면 어떻게 해야 하겠는가? 다음과 같은 방법으로 이것을 해결해 보자. 구매금액은 "판매" 테이블의 "수량" 필드 값과 "상품" 테이블에서 해당 상품에 대한 "단가" 필드 값을 곱해서 구해진다.

가나 입력란 도구를 이용하여 다음과 같이 두 개의 컨트롤(레이블이 옆에 있는)을 추가한다. "입력란" 컨트롤을 추가하면 마법사 단계가 시작되는데 다른 것은 특별히 정의하지 말고 레이블의 텍스트를 묻는 마지막 단계(이름표를 묻는)에서 각각 "단가"와 "금액"을 입력한다. 폼에 만들어진 다음에는 위치와 크기를 조정한다.

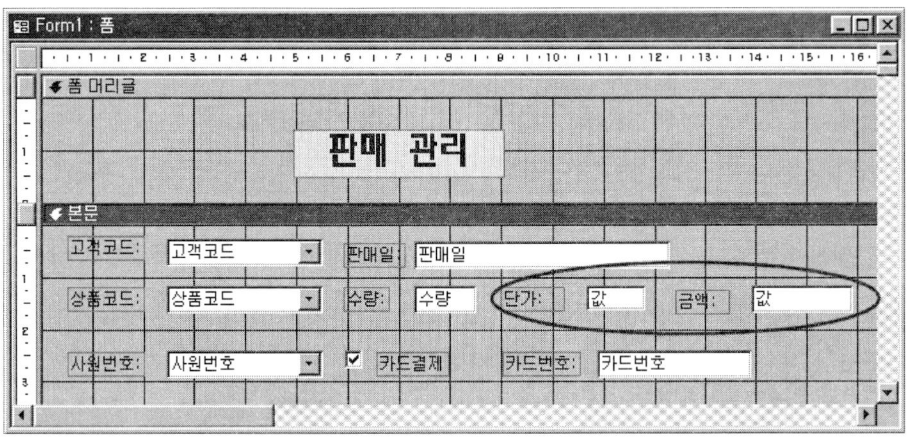

⑪ "단가"는 다른 테이블에 있기 때문에 폼에서 다른 테이블의 필드 값을 참조하기 위해서는 폼의 "레코드 원본" 속성을 변경해야 한다. 폼 선택기(폼의 왼쪽 위에 위치)를 눌러서 폼을 선택한 다음 속성 창을 열어서 "레코드 원본" 속성에 있는 ... 작성 단추를 누른 다음 일반적인 쿼리를 만들 듯이 정의한다.

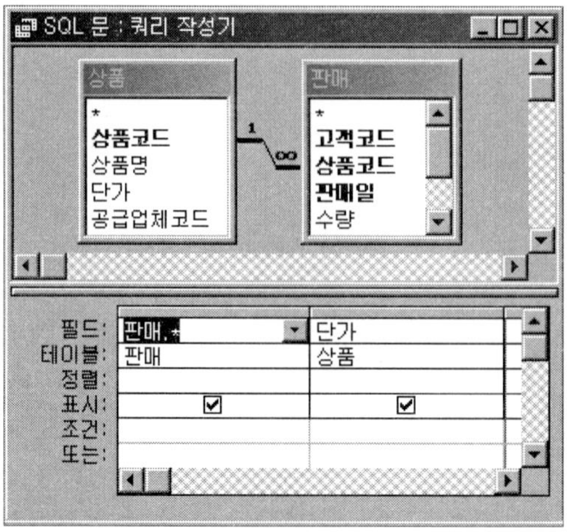

⑫ 쿼리 작성기를 닫으면 폼의 "레코드 원본"속성에 다음과 같이 SQL문이 정의되어 있게된다. 이제 "상품" 테이블의 "단가" 필드 값을 이 폼에서 사용할 수 있게 되었다.

SELECT 판매.*, [상품].[단가] FROM 상품 INNER JOIN 판매 ON
[상품].[상품코드]=[판매].[상품코드];

⑬ 폼에 추가한 "단가" 입력란을 선택하고 속성 창을 열어서 다음과 같이 속성을 정의한다. 폼을 폼 보기로 열어서 그 값을 확인한다.

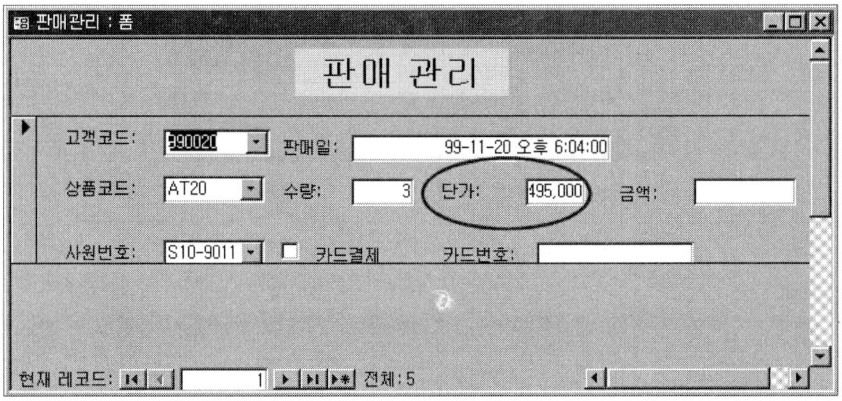

⑭ 다시 디자인 보기 형태로 폼을 열고 "금액" 입력란을 선택한 다음 속성 창을 열어서 "컨트롤 원본" 속성의 [...] 작성 단추를 누르고 다음과 같이 식을 정의한다.

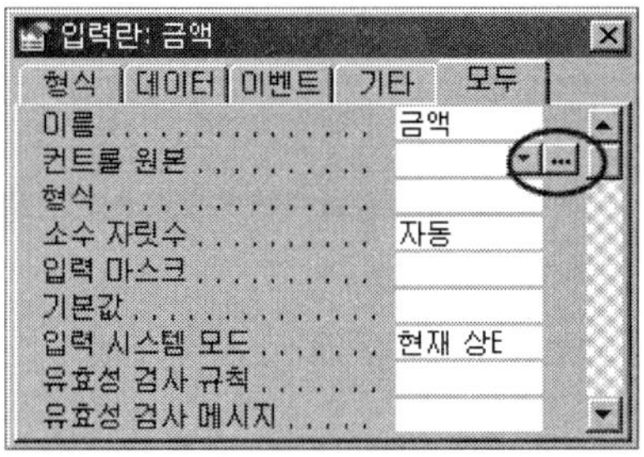

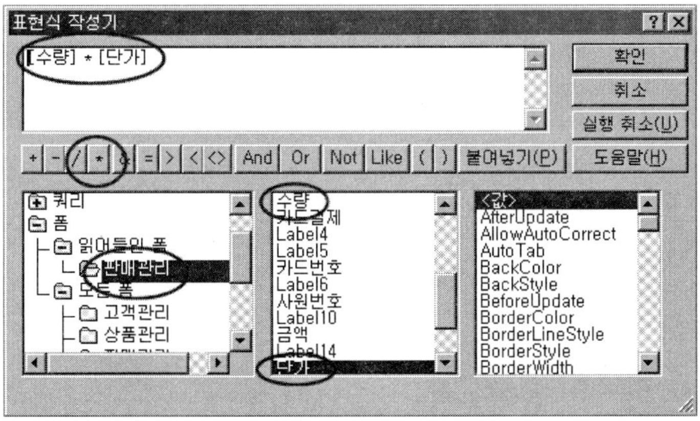

다음과 같이 속성에 식을 직접 입력해도 된다.

⑮ 폼을 폼 보기 형태로 열어서 "금액"을 확인한다.

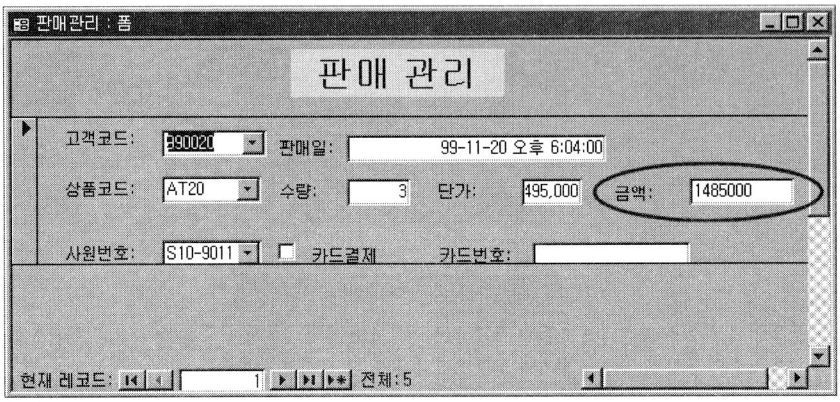

⑯ 추가한 "금액" 컨트롤은 사용자로부터 변경할 수 없도록 해야 한다. "금액" 컨트롤의 다음 속성 중 하나를 이용하면 보여주기만 할 뿐 입력할 수 없게 만들 수 있다.

속성	값	설 명
사용	아니오	컨트롤이 포커스를 가지지 못한다.
잠금	예	포커스는 가지지만 입력하려고 하면 경고음과 함께 입력이 되지 않는다.

5 2 컨트롤 이용하기

앞에서도 설명하였지만 폼(또는 보고서)에 나타나는 모든 구성 요소들을 컨트롤이라고 한다. 컨트롤은 데이터를 표시하고, 매크로 함수를 실행하고, 폼이나 보고서의 모양을 만드는 개체이다. 예를 들어, 폼에서 입력란을 사용하여 데이터를 표시하거나, 명령 단추를 사용하여 다른 폼이나 보고서를 열 수 있고, 선이나 사각형을 사용하여 컨트롤들을 그룹화 시킬 수도 있다.

폼을 디자인 보기 상태로 열면 나타나는 도구 상자에 포함되어 있는 입력란, 레이블, 옵션 그룹, 옵션 단추, 확인란, 목록 상자, 명령 단추, 이미지 컨트롤, 선, 사각형, ActiveX 사용자 정의 컨트롤 등을 이용할 수 있다. 그리고 토글 단추, 콤보 상자, 바운드 개체 틀, 언바운드 개체 틀, 하위 폼/하위 보고서, 페이지 나누기 컨트롤 등이 사용 가능하다.

컨트롤은 특정 데이터 값과 연결(바운드 컨트롤)되거나, 데이터 값과 연결되지 않거나 (언바운드 컨트롤), 계산식을 정의하여 그 결과를 표현(계산 컨트롤)할 수 있다. 바운드 컨트롤은 원본으로 사용된 테이블이나 쿼리의 필드에 연결되는데, 바운드 컨트롤을 사용하여 데이터베이스의 필드로부터 값을 표시하고, 입력하고, 업데이트할 수 있다. 언바운드 컨트롤은 데이터 원본과 연결되지 않으며, 언바운드 컨트롤을 사용하여 정보, 선, 사각형, 그림을 표시할 수 있다. 계산 컨트롤은 데이터의 원본으로 식을 사용하는데, 식은 폼이나 보고서의 원본으로 사용한 테이블 필드 또는 폼이나 보고서 쿼리의 데이터를 사용할 수 있고, 폼이나 보고서의 다른 컨트롤의 데이터를 사용할 수도 있다.

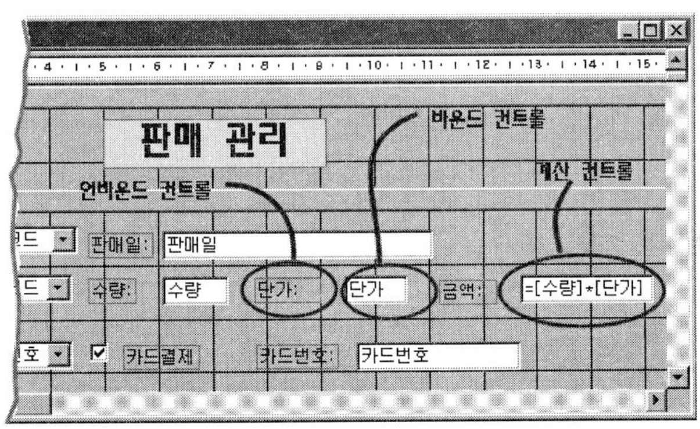

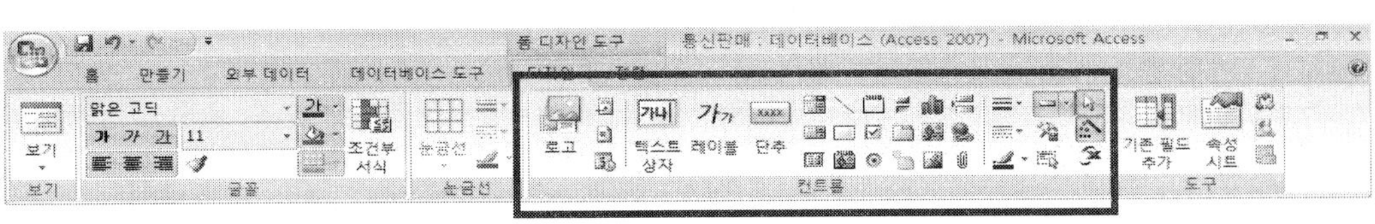

폼이나 보고서를 디자인 보기로 열거나 기본 도구 모음에서 도구 상자 도구를 누르면 다음과 같은 도구 상자가 화면에 나타난다.

각 도구의 기능은 다음과 같다.

도구	이 름	기 능
	개체 선택	컨트롤을 선택하고 크기를 변경하고 이동 및 편집하는 데 사용한다.
	컨트롤 마법사	컨트롤 마법사를 활성화한다. 이 단추가 눌러진 상태에서는 다른 단추를 선택할 때마다 컨트롤 마법사가 컨트롤 속성의 입력을 도와준다.
	레이블	폼이나 보고서에서 제목이나 표제, 간단한 명령 등의 설명문을 표시한다.
	입력란	테이블이나 질의 또는 SQL문에서의 필드 등을 표시할 때 사용된다. 입력란에는 필드에 데이터를 연결하는 바운드 입력란과 언바운드 입력란이 있다. 언바운드 입력란은 계산 값을 표시하거나 사용자 입력을 받아들인다.
	옵션 그룹	폼이나 보고서에서 제한된 선택 조합을 표시할 때 사용된다. 한 옵션 그룹에서는 한 번에 하나의 옵션만 선택할 수 있다.
	토글 단추	원본 테이블, 질의, SQL문에서의 어떤 필드에 예/아니오 값을 표시하는 독립형 컨트롤로 사용된다. "예/아니오" 필드에 연결되는 전환 단추를 누르면 필드의 형식 속성(예/아니오, 참/거짓, On/Off)에 따라 원본 테이블에 해당 값이 저장된다.
	옵션 단추	전환 단추 도구와 동일하다.
	확인란	전환 단추 도구와 동일하다.
	콤보 상자	일반적으로 값을 기억해서 입력하는 것보다 목록에서 값을 선택하는 것이 보다 빠르고 수월한데, 콤보 상자는 입력란과 목록 상자의 결합 형태로 폼에서 적은 공간만을 차지한다. 콤보 상자에서 값을 선택하거나 문자열을 입력하면, 해당 값이 콤보 상자가 연결되는 필드에 저장된다. 목록은 데이터 행으로 이루어진다. 행은 한 개 이상의 열로 이루어지며, 머리글이 있거나 머리글 없이 나타낼 수 있다. 여러 열이 있는 콤보 상자가 연결되어 있으면, 그 열 가운데 한 개 열의 값이 저장된다.
	목록 상자	콤보 상자의 기능과 동일하나 폼에 충분한 공간이 있어서 목록을 항상 표시하고 싶거나, 데이터 입력을 목록에 있는 값으로 항상 제한하고 싶으면 콤보 상자 대신 목록 상자를 사용한다.
	명령 단추	단일 매크로 함수나 매크로 함수 조합을 작동시킬 때 사용됩니다. 예를 들어, 다른 폼을 여는 명령 단추를 만들 수 있다. <표제> 속성을 설정하여 명령 단추에 문자열을 표시하거나 <그림> 속성을 사용하여 명령 단추에 그림을 표시할 수 있다.
	이미지	폼에 그림을 삽입한다. 삽입한 그림은 폼에서 편집할 수 없다.
	언바운드 개체 틀	OLE를 지원하는 다른 응용 프로그램으로부터 개체를 추가한다. 자주 변경할 필요가 있는 폼이나 보고서의 그림을 삽입할 때 주로 사용된다.

	바운드 개체 틀	원본 테이블의 OLE 개체 필드를 나타낼 때 사용한다. 그림과 그래프는 폼에 직접 나타나고 다른 개체는 해당 응용 프로그램의 아이콘을 표시한다.
	페이지 나누기	다중 페이지로 구성된 폼을 작성하기 위해 사용된다.
	탭 컨트롤	여러 쪽의 정보를 하나의 집합으로 나타낼 수 있다. 두 개나 그 이상의 종류로 정렬될 수 있는 여러 컨트롤에 대한 작업을 할 때 특히 유용하다. 예를 들어, "사원" 이라는 폼에서 탭 컨트롤을 사용하면 사원에 대한 정보를 일반 정보와 인사 정보로 나눌 수 있다.
	하위 폼	폼 안의 폼이다. 기본적인 폼을 기본 폼이라고 하고, 기본 폼 안에 들어 있는 폼을 하위 폼이라고 한다. 폼/하위 폼 조합은 또한 계층형 폼 또는 상위/하위 폼이라고도 한다. 하위 폼을 사용하면 일대다 관계에 있는 테이블이나 질의에서 데이터를 효과적으로 표시할 수 있다.
	선	수평이나 수직으로 선을 그린다
	직 사각형	네모 상자를 그린다
	기타 컨트롤	폼에 사용할 수 있는 또 다른 컨트롤들의 메뉴를 표시한다.

(1) 컨트롤 속성

폼이나 보고서에 포함된 모든 컨트롤에 대하여 속성을 정의할 수 있다. 각 컨트롤에 대한 속성 창을 열려면 해당 컨트롤을 선택한 다음 마우스 오른쪽 단추를 눌러서 <속성> 메뉴를 선택하거나 기본 도구 모음에서 속성 도구를 누른다. 또한 개체를 선택한 상태에서 마우스를 두 번 눌러도 된다.

(2) 탭 컨트롤 사용하기

윈도우즈 응용 프로그램을 작업하다보면 여러 가지 탭으로 구성된 창이나 대화 상자를 많이 보게 된다. 하나의 창에 내용을 전부 나타내지 못하는 경우나 하나의 창을 이용하여 주제가 다른 여러 가지 사항을 나타낼 때 주제별로 창을 구분하는 방법이다.

탭 컨트롤을 사용하여 "판매사원" 테이블에 대한 폼을 만들어 보자.

① 먼저 "판매사원" 테이블을 디자인 보기 형태로 열고 다음과 같이 "사진" 필드와 "약도" 필드를 추가한다. 데이터 형식은 "OLE 개체"라고 정의하고 저장한다.

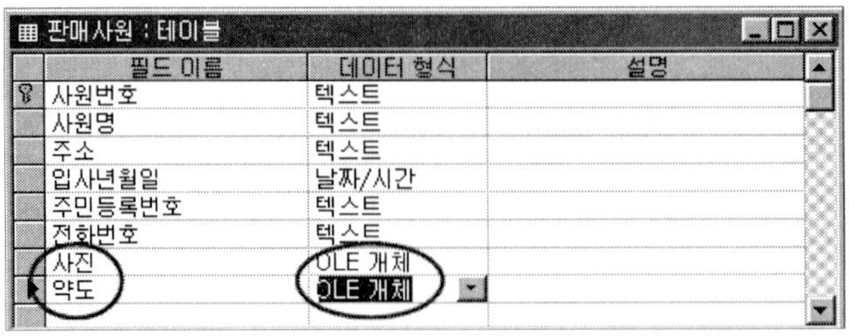

② 테이블을 데이터시트 보기로 열어서 데이터를 입력해 본다. "사진" 필드를 선택하고 삽입 > 개체 메뉴를 선택한다.

③ 다음 대화 상자에서 <파일로부터 만들기>를 선택하고 <찾아보기> 단추를 눌러서 그림 파일을 지정하거나 파일 이름 경로를 이미 알고 있으면 대화 상자에서 직접 입력한다. 그래픽 프로그램이나 페인트 프로그램을 이용해서 새로운 파일을 작성하려면 <새로 만들기> 단추를 선택하고 해당되는 프로그램을 선택하면 된다. 연결을 설정하게되면 원본 그림 파일이 변경될 때 레코드의 데이터도 함께 변경된다. <확인>을 누른다. "약도" 필드에 대해서도 같은 작업을 한다.

④ 데이터시트 보기를 열면 다음과 같이 삽입한 개체가 만들어진 응용 이름이나 삽입한 개체를 편집할 수 있는 응용 이름이 들어온다. 테이블을 저장한다.

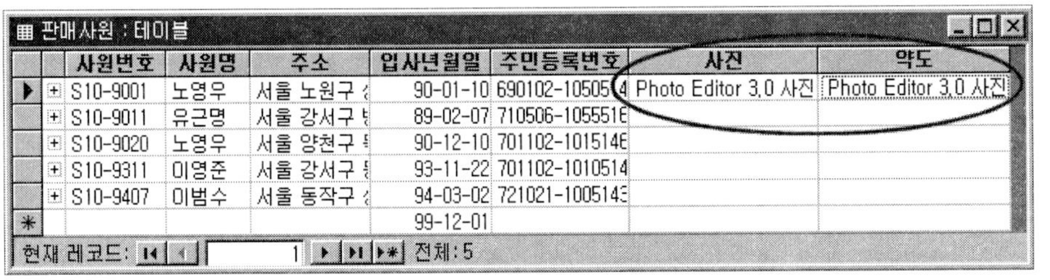

Tip

삽입한 개체를 편집할 프로그램이 없다면 "꾸러미"로 나타난다.

⑤ 만들기 - 폼 - 폼 디자인 메뉴를 선택하고, 레코드 원본에 판매사원을 선택한다.

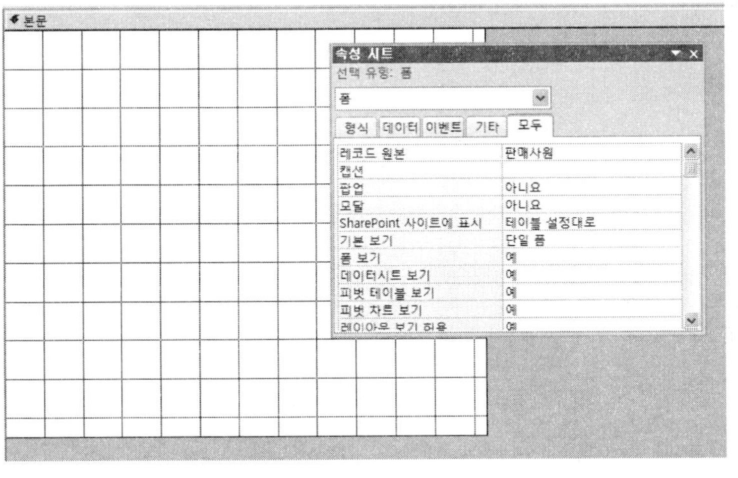

⑥ 새로운 폼이 디자인 보기 상태로 열리면 탭 컨트롤 도구 단추를 누르고 본문 영역의 적당한 위치에 마우스를 한번 누른다. 다음과 같이 탭 형식이 본문에 나타난다. 필드 목록에서 <페이지1> 페이지에 포함될 필드를 한꺼번에 선택한다. 선택한 필드들을 마우스로 <페이지1> 영역으로 끌어다 놓는다. 서식 > 수평 간격 조정 메뉴나 수직 간격 메뉴를 이용하여 필드들의 위치와 간격, 그리고 크기를 조절한다.

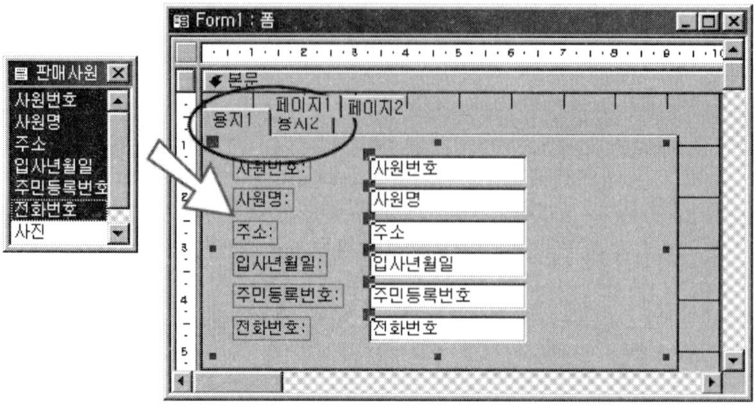

⑦ <페이지2> 탭을 선택하고 "사진"과 "약도" 필드를 포함시킨다.

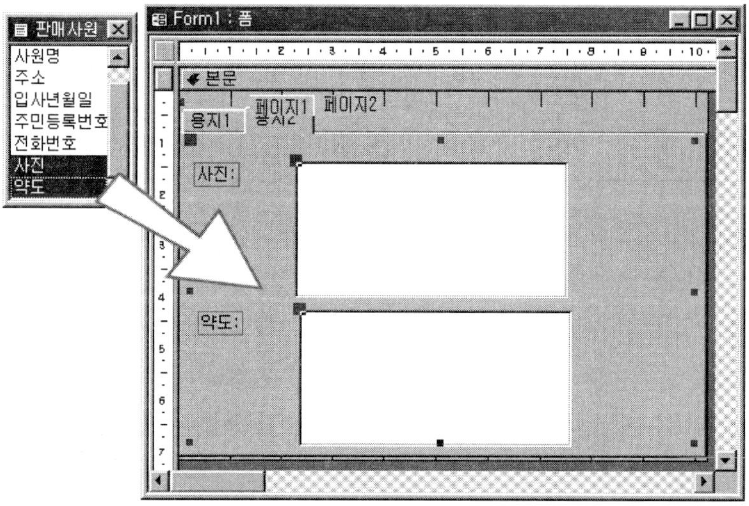

⑧ 폼을 폼 보기 형식으로 열어서 확인한다.

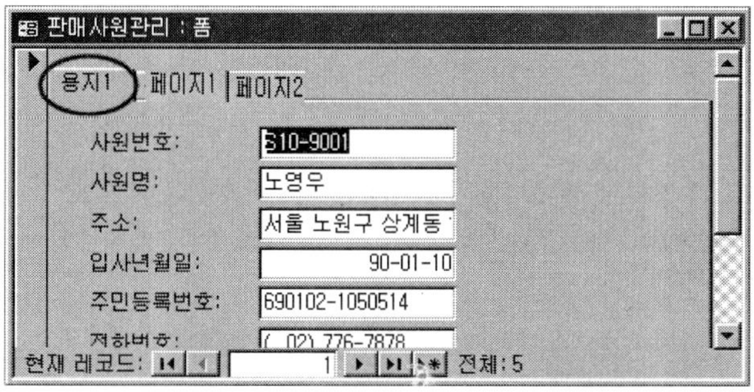

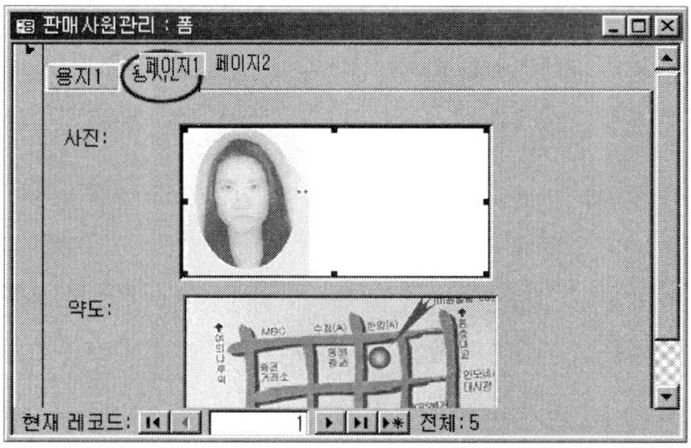

⑨ 다시 폼을 디자인 보기 상태로 연 다음 탭 이름을 변경하기 위해 "페이지1"과 "페이지2" 컨트롤의 "이름" 속성을 다음과 같이 정의한다.

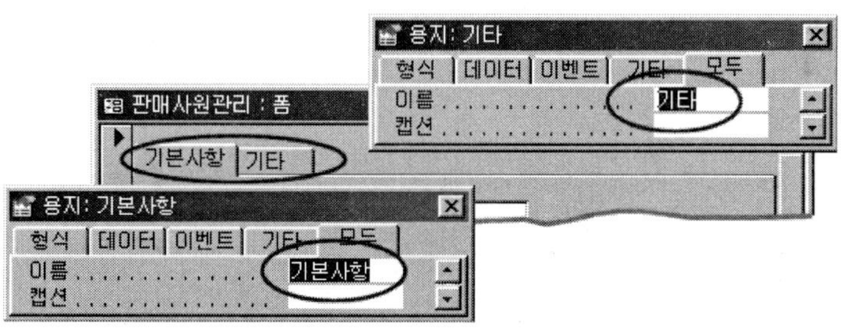

⑩ 폼 보기 상태에서 새로운 판매사원 레코드를 추가할 때 "사진"과 "약도" 컨트롤의 데이터는 테이블에서 했던 작업방법과 동일하게 정의(파일로부터 가져오거나 새로 만든다.)할 수 있다. "사진" 컨트롤에서 그림 파일을 연결시키려면 "사진" 컨트롤을 선택한 다음 삽입 > 개체 메뉴를 선택하고 파일을 선택해온다.

⑪ 폼을 “판매사원관리”라는 이름으로 저장한다.

Tip

탭을 추가, 삭제하려면 디자인 보기 상태의 탭 영역에서 마우스 오른쪽 단추를 누르고 〈페이지 삽입〉이나 〈페이지 삭제〉를 선택한다.

실습

“고객” 테이블에 “사진”(고객사진)이라는 필드를 “OLE 개체”로 추가하고, “고객”에 대한 새로운 폼을 탭 컨트롤을 이용하여 만든다.

(3) 페이지 컨트롤

폼에서 보여주고자 하는 정보가 너무 많은 경우에 <탭 컨트롤>을 이용해서 폼의 내용을 주제별로 나눌 수도 있지만 페이지 단위로도 나눌 수 있다.

탭 컨트롤을 이용하여 만들었던 “판매사원” 테이블의 폼을 페이지 컨트롤을 이용하여 다시 만들어보자.

① 새 폼을 마법사를 이용하여 “판매사원” 테이블의 모든 필드를 포함하는 컬럼 형식의 표준 유형 폼을 만든다.

② 만든 폼을 디자인 보기 상태로 열고 “사진”과 “약도” 컨트롤의 위치를 아래 영역으로 이동하고 페이지 나누기 컨트롤을 다음 페이지로 나누려는 위치에 추가한다.

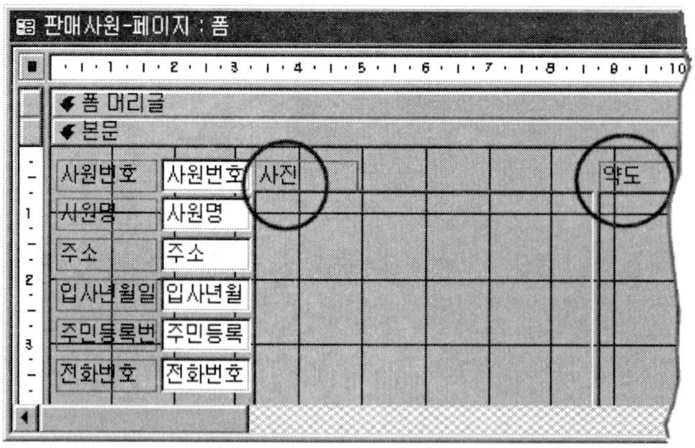

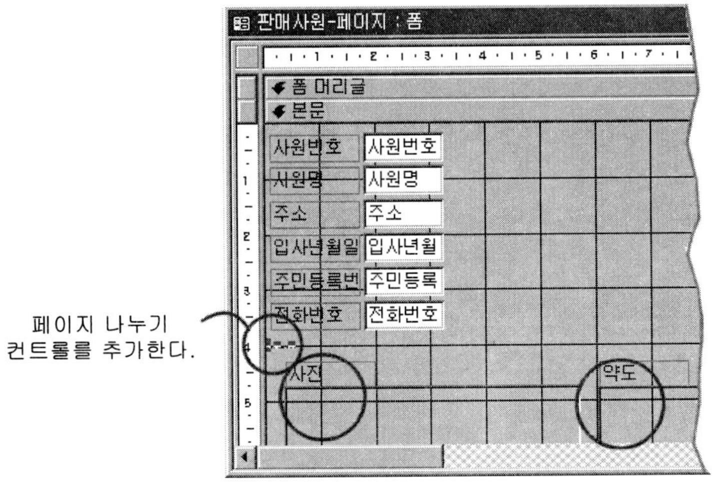

③ 마지막으로 페이지 구분 아래에 해당하는 영역을 디자인 상태에서 보이지 않도록 마우스로 다음과 같이 조절한다.

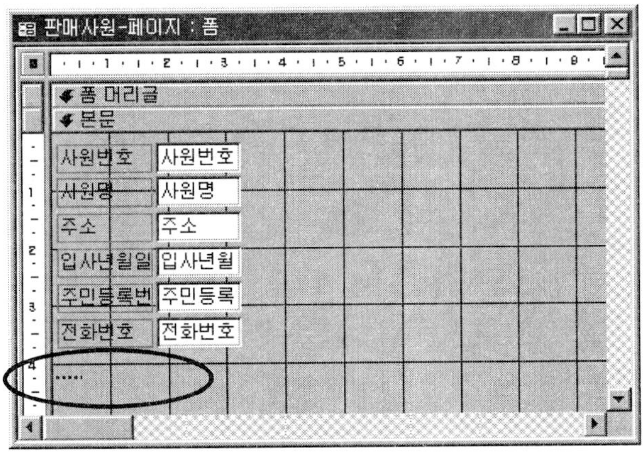

④ 폼을 폼 보기 상태로 열고 PgUp키와 PgDn키를 누르면서 페이지 사이를 이동해 본다.

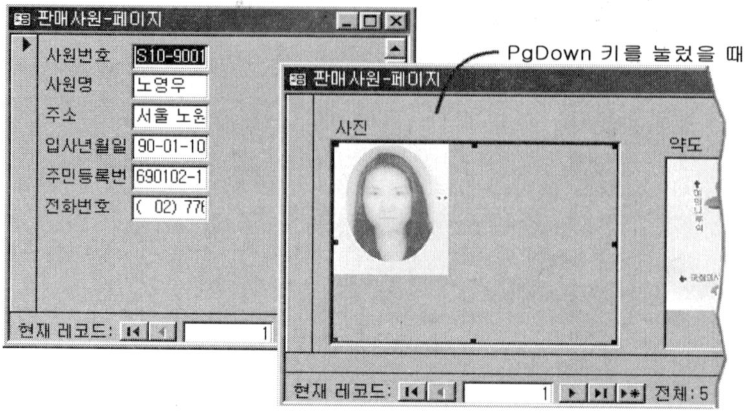

Tip

각 페이지에 나오는 내용이 페이지로 나눈 영역과 동일하게 나오지 않은 경우에는 "페이지 나누기" 컨트롤을 정확히 폼의 전체 높이의 반정도 되는 위치에 추가하거나 디자인 보기 창의 높이를 조절해 본다.

(4) 그림 컨트롤

폼이나 보고서 양식에 데이터와 관련되지 않은 그림(언바운드 그림) 이미지를 추가하려면 이미지 컨트롤이나 언바운드 개체 틀을 이용한다.

이미지 컨트롤과 언바운드 개체 틀 중에서 어느 것을 사용할 것인지는 폼이나 보고서에서 그림을 직접 편집할 것인지의 여부에 따라 결정된다. 그림을 업데이트할 필요가 없으면 이미지 컨트롤을 사용하여 그림을 추가하고 그림을 업데이트할 필요가 있으면 언바운드 개체 틀을 사용하여 그림을 추가하는데, 폼이나 보고서에서 개체를 두 번 클릭하여 해당 개체를 작성한 응용 프로그램을 연 다음 그림을 편집한다. 대부분의 언바운드 그림을 추가할 때는 언바운드 개체 틀보다 훨씬 빨리 그림을 로드하는 이미지 컨트롤을 사용하는 것이 좋다.

폼이나 보고서에 그림을 삽입하면, 그림은 데이터베이스 파일에 저장되며 삽입한 개체는 언제든지 사용할 수 있다. 폼이나 보고서에서 그림을 수정하면 데이터베이스에 저장된 그림이 변경되며 그림을 가져온 원본 파일에는 아무런 영향도 미치지 못한다.

그림을 연결시키면, 그림은 원본 파일에만 존재하고 원본 파일에 대한 링크만 갖게 된다. 따라서 그림을 수정하더라도 원본 파일을 수정하게 되는 것이다. 변경한 사항은 다음 번 폼이나 보고서를 열 때 적용되며, 그림 파일이 너무 클 경우나 여러 폼이나 보고서에서 사용할 때 그림을 연결하게 된다. 그러나 연결된 원본 파일이 다른 폴더로 이동하면 그림 파일을 다시 연결해야 한다.

■

① 폼을 디자인 보기로 열고 도구 상자에서 이미지 도구를 선택한다.
② 폼에서 그림을 삽입할 장소를 클릭한다.
③ 그림 삽입 대화 상자에서 그림파일을 지정한다. 이미지 컨트롤이 만들어지고 컨트롤에 해당 그림이 나타난다.

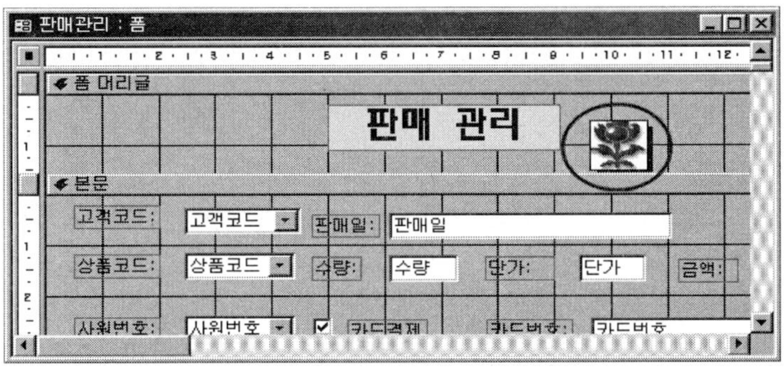

④ 그림 위치에서 마우스 오른쪽 단추를 누르고 <속성>을 선택해 보자. <그림> 속성에는 삽입할 파일명을 정의하는데 이미 정의되어 있을 것이다. 여기에서 변경할 수 있다. 이미지의 크기를 마우스로 드래그 한 크기만큼 확대하거나 축소하려면 크기 조절 모드 속성을 “전체 확대/축소”로 정의한다.

⑤ 그림을 클릭하면 특정 파일이나 웹 페이지로 연결되도록 하려면 하이퍼링크 주소 속성의 작성 단추를 누른 다음 원하는 파일이나 웹 주소를 정의한다.

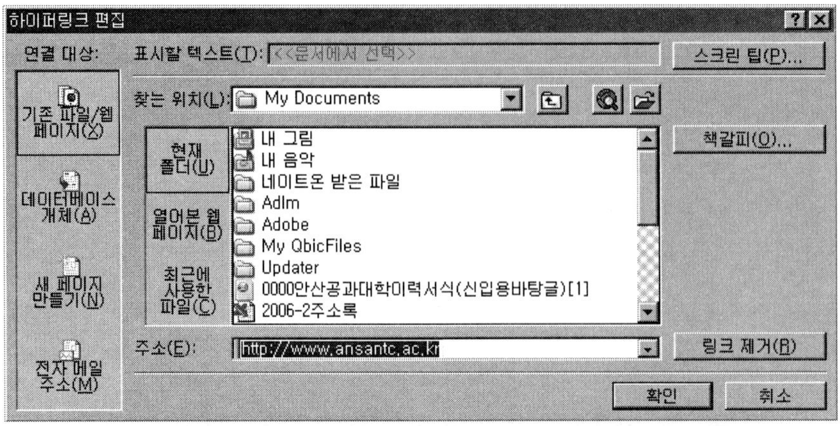

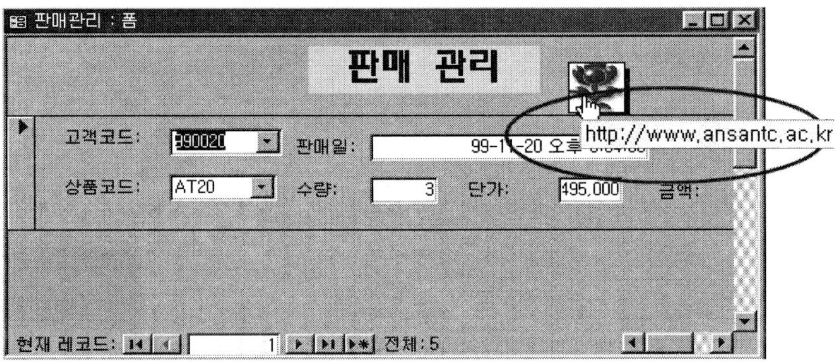

⑥ 폼을 폼 보기로 열고 그림위로 마우스 포인터를 올려놓으면 포인터 모양이 손가락 형태로 바뀌고 연결되는 웹 주소를 팁으로 보여준다. 그림을 누르면 해당하는 웹 페이지가 열린다.

Tip

독립 개체 틀을 이용하여 폼에 그림을 추가하는 방법은 이미지 컨트롤을 이용하는 방법과 동일하다.

(5) ActiveX 컨트롤

ActiveX 컨트롤은 속성과 메서드 그리고 고유한 이벤트를 가지고 있으며 윈도우 응용에서 프로그램이 가능한 자동화 개체이다. Access 2007 폼에 ActiveX 컨트롤을 추가할 수 있는데, 폼에 사용(삽입)할 수 있는 ActiveX 컨트롤 종류는 폼을 디자인 보기로 열고 삽입 > ActiveX 컨트롤 메뉴를 선택해서 나온 목록을 보면 알 수 있다. 이 목록에 없는 ActiveX 컨트롤이 필요하다면 도구 > ActiveX 컨트롤 메뉴에서 해당하는 ActiveX 컨트롤을 등록한다.

"고객관리" 폼에 폼을 제어할 수 있는 도구 모음(툴바)을 삽입하기 위해 ActiveX 컨트롤을 사용해 보자.

① "고객관리" 폼을 디자인 보기로 연다.
② 툴바가 들어갈 공간을 위해 폼 머리글 영역을 넓힌다.
③ 삽입 > ActiveX 컨트롤 메뉴를 선택하고 "Microsoft Toolbar Control, version 6.0"을 선택한다.

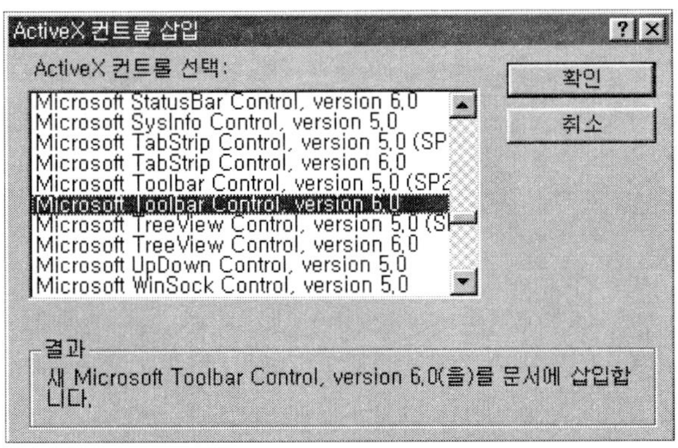

④ 폼에 추가된 툴바의 위치를 바로잡고 툴바의 너비와 높이를 변경하려면 속성창

을 이용한다.

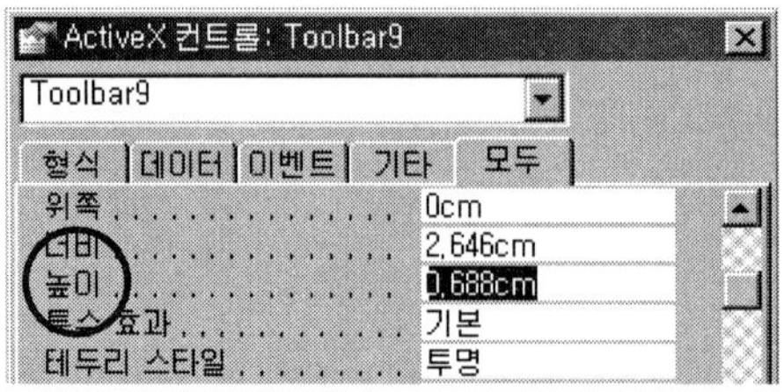

⑤ 툴바 컨트롤 위에서 마우스 오른쪽 단추를 누른 다음 Toolbar 개체 > 속성 메뉴를 선택한다.

⑥ 다음 대화상자에서 "Buttons" 탭을 선택하고 툴바에 포함될 도구 단추들을 추가한다. 2개만 추가해보자.

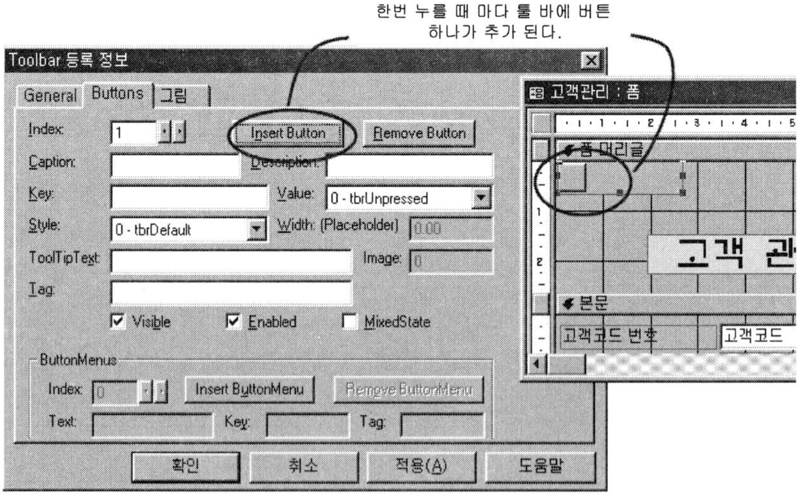

⑦ 툴바의 단추들은 일반적으로 아이콘을 표시하는데 이것을 위해 "Microsoft ImageList Control, version 6.0" 컨트롤을 삽입(단계 ③ 참조) 한다.

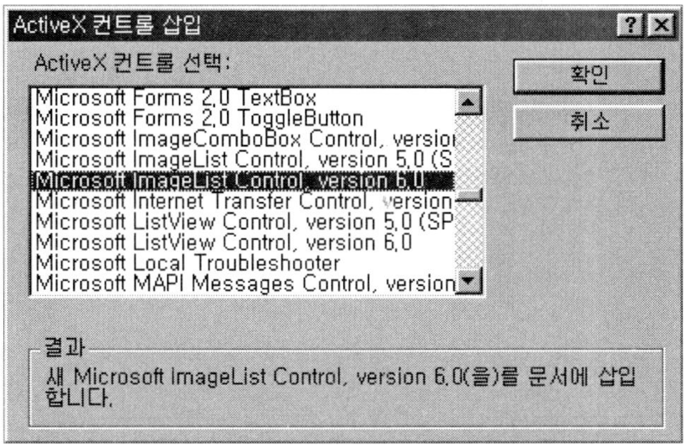

⑧ 폼에 추가한 이미지리스트 컨트롤의 위치는 고려하지 않아도 된다. 폼 보기 상태로 열 때 나타나지 않는다.

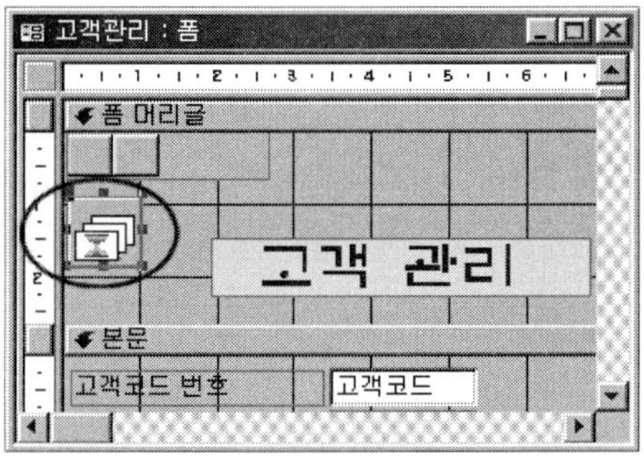

⑨ 이미지리스트 컨트롤 위에서 마우스 오른쪽 단추를 누른 다음 ImageListCtrl 개체 > Properties 메뉴를 선택한다.

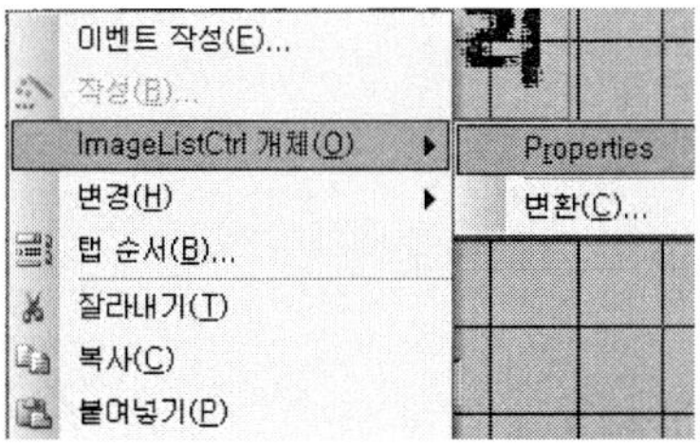

⑩ 대화 상자에서 "이미지" 탭을 선택하고, <그림삽입> 단추를 누른 다음 이미지 파일들을 지정한다(이미지 추가 단추가 완전하게 보이지 않을 수도 있다.). 2개의 이미지를 추가한다. 이미지들은 툴바 단추의 아이콘으로 사용될 것이므로 작은 이미지를 선택한다.

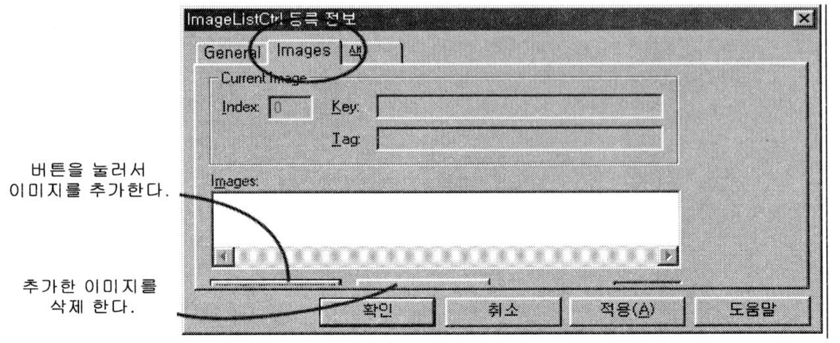

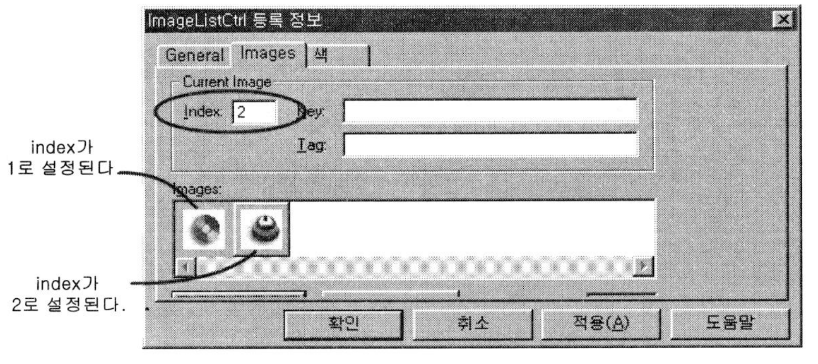

⑪ 다시 툴바 컨트롤의 등록 상자를 열고(단계 ⑨ 참조) "General" 탭에서 "ImageList" 속성의 드롭다운 단추를 누른 다음 추가한 이미지리스트 컨트롤 이름을 선택한다.

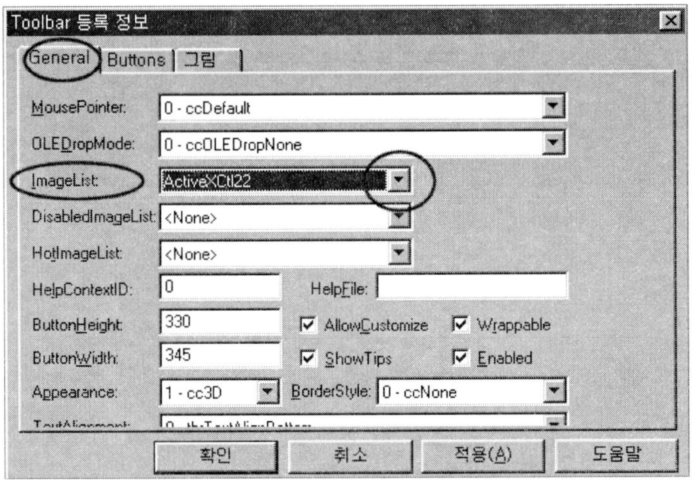

⑫ 툴바에 포함된 각 단추에 이미지리스트에 추가된 이미지들을 지정하기 위해 "Buttons" 탭에서 툴바 단추의 인덱스 번호(첫 번째 단추의 인덱스가 1)에 이미지리스트의 이미지 인덱스 번호를 다음과 같이 지정한다.

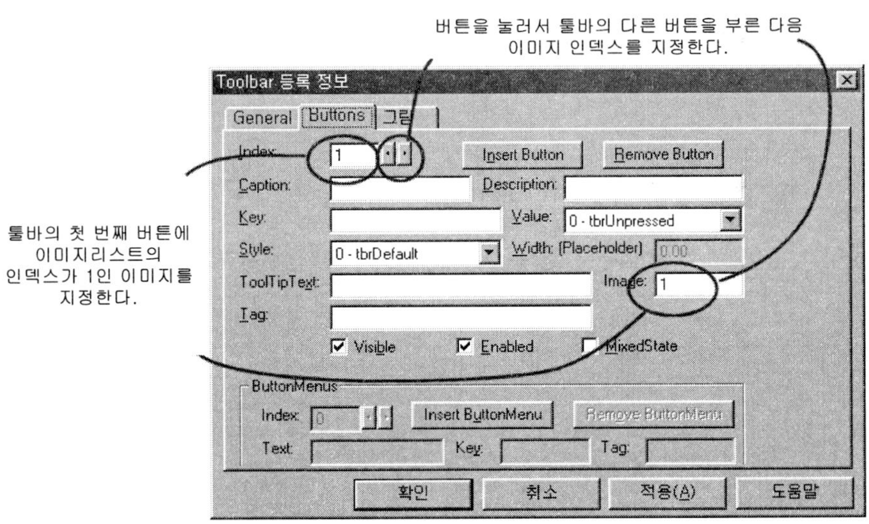

⑬ 다음은 폼을 디자인 보기 형태와 폼 보기 형태로 열었을 때를 보여준다.

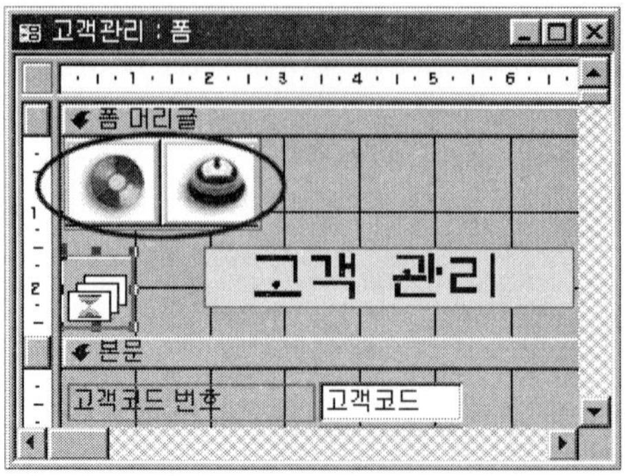

⑭ 일반적으로 툴바에 단추를 클릭하면 해당하는 명령이 실행되는데 앞에서 추가한 툴바 단추에 간단한 명령이 실행되도록 만들어보자. 명령이 실행되도록 하려면 비주얼 베이직 프로그램이나 매크로를 작성해야하는데 자세한 내용은 해당하는 단원에서 배우도록하고 여기서는 아주 간단한 테스트만 해보자.

툴바 위에서 마우스 오른쪽 단추를 누른 다음 <이벤트 작성> 메뉴를 선택한다. 열린 Visual Basic 창에서 다음을 입력한다.

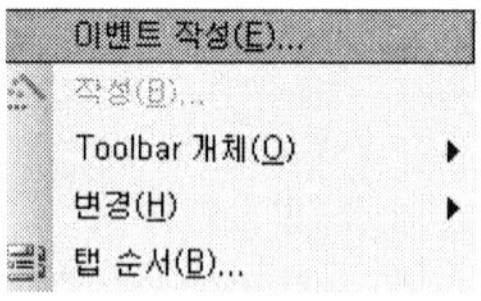

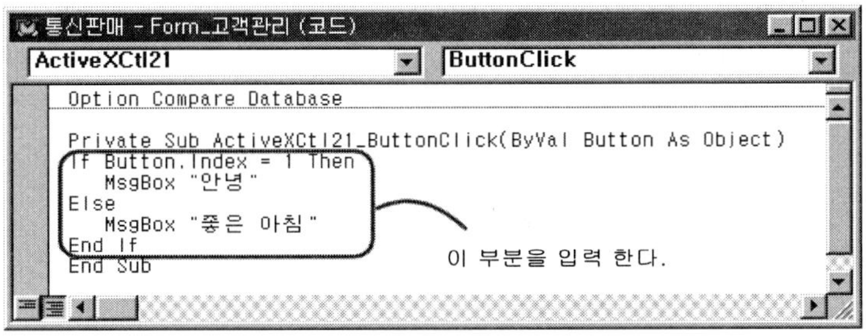

툴바의 단추가 클릭 할 때 실행되는 프로시저이다. 첫 번째 단추가 클릭 되었다면 "안녕" 메시지를 보여주고 그렇지 않으면 즉, 두 번째 단추가 클릭되면 "좋은 아침" 메시지를 보여준다.

⑮ Visual Basic 창에서 <저장> 도구를 눌러서 저장한 다음 닫는다.

⑯ 폼을 폼 보기로 열고 각 단추를 클릭해본다.

5 3 두 개 이상의 테이블에 기초한 폼 만들기

이 단원에서는 두 개 이상의 테이블 데이터 정보를 표현하는 폼을 만드는 방법과 그 정보를 폼에서 표현하기 위한 다양한 폼의 형태에 대해서도 설명한다.

(1) 기본 폼

두 개 이상의 테이블이 1:1 관계에 있거나 1:N 관계인 경우에는 N쪽에 해당하는 테이블 데이터의 입장에서 폼을 만들 때 기본 폼 형태로 만들 수 있다.

N:1 관계에 있는 "상품" 테이블과 "공급자" 테이블의 정보("상품" 테이블의 입장에서)를 기본 폼으로 만들어보자.

① 만들기 - 폼 - 기타 폼 - 폼 마법사를 선택한다.

② 선택된 "상품" 테이블에서 모든 필드들을 선택하고 "공급자" 테이블을 선택한 다음 "공급업체코드"("상품" 테이블과 공통된 필드이므로)만 제외하고 필드들을 선택한다.

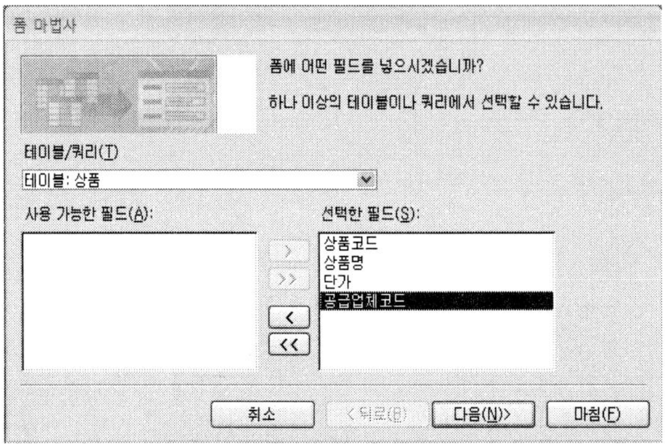

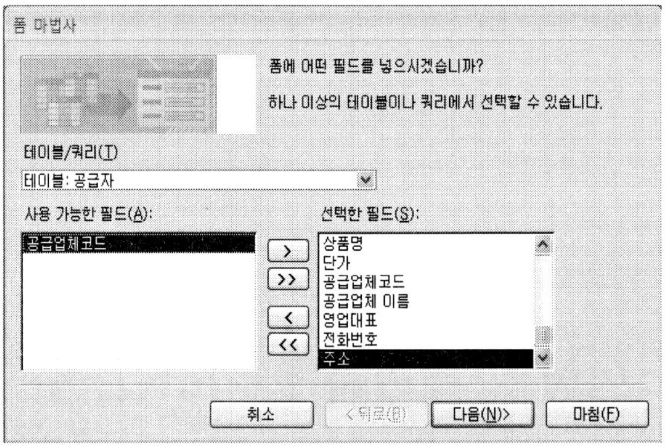

③ "컬럼" 형식을 선택한다.

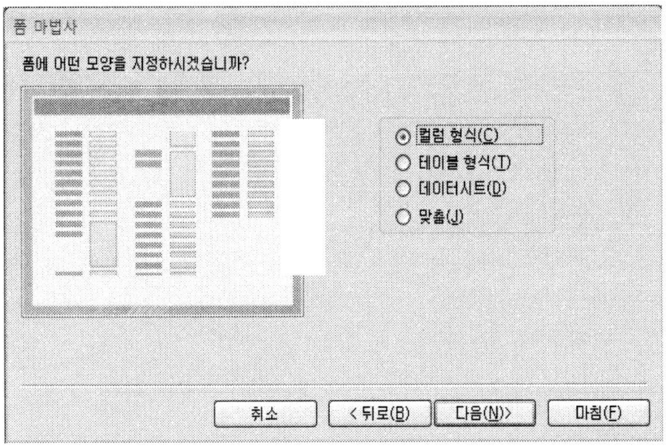

④ “균형” 유형을 선택한다.

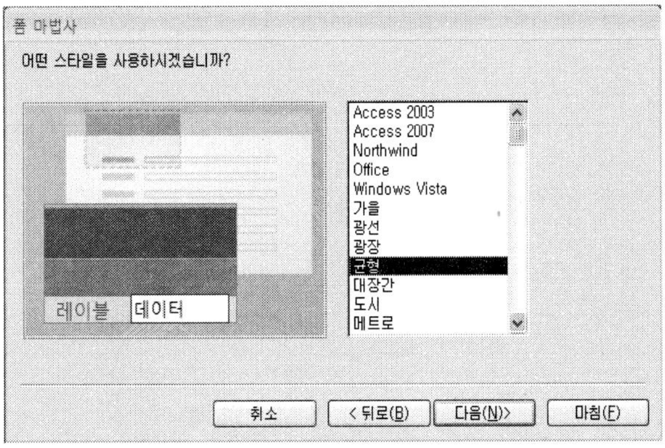

⑤ 마지막 단계에서 폼 이름을 정의한다.

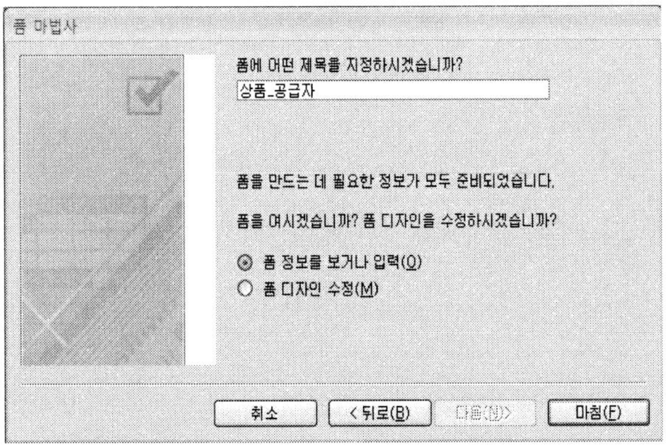

⑥ 만든 폼을 폼 보기로 열면 다음과 같다.

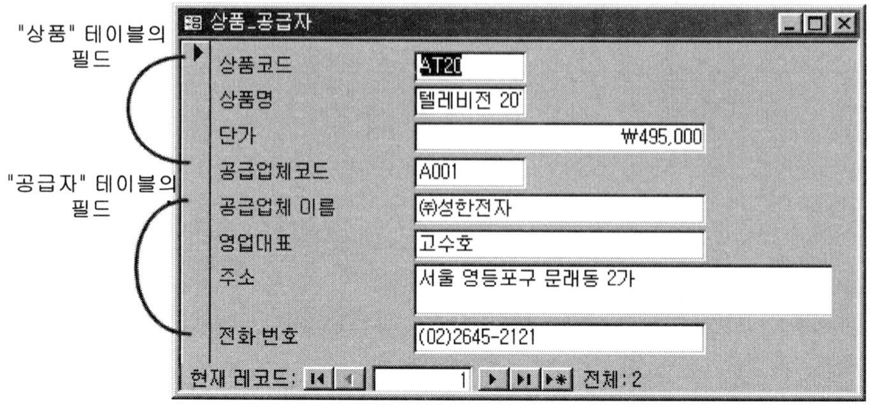

(2) 계층적 폼

계층적 폼은 하나의 폼이 하나 이상의 하위 폼을 가지는 폼을 말한다. 하위 폼은 1:N 관계를 갖는 테이블의 데이터를 1에 해당하는 테이블을 기준으로 폼에서 표현할 때 유용하다, 예를 들어, "상품" 테이블을 표현하는 폼에서 "판매" 테이블의 데이터를 포함하는 하위 폼을 가질 수 있다.

■

"상품" 테이블을 기준으로 "판매" 테이블을 표현하는 계층 폼을 만들어보자.

① 새로운 폼을 작성하는데 "폼 마법사"를 선택하고 관계에서 1에 해당하는 "상품" 테이블을 선택한다.

② 선택한 "상품" 테이블로부터 모든 필드를 가져오고, "판매" 테이블을 선택한 다음 "상품코드"를 제외한 필드들을 가져온다.

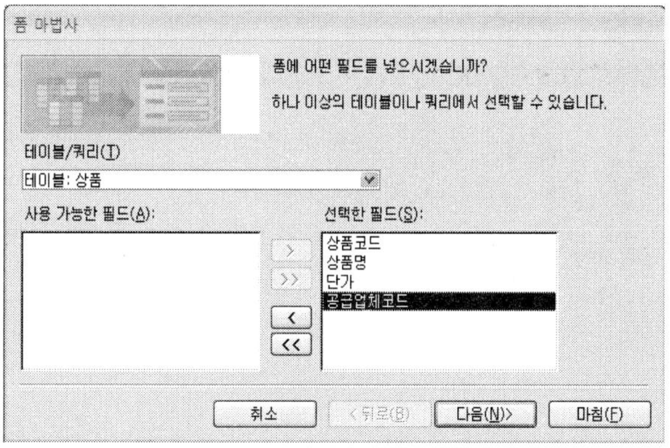

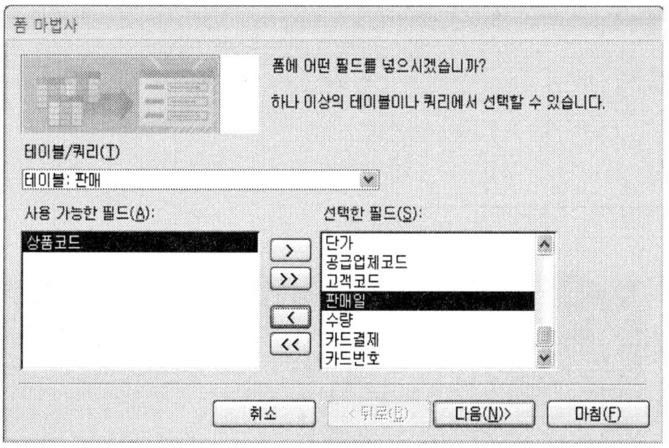

③ "상품" 테이블을 기준으로 하고 "하위 폼이 있는 폼" 옵션을 선택한다.

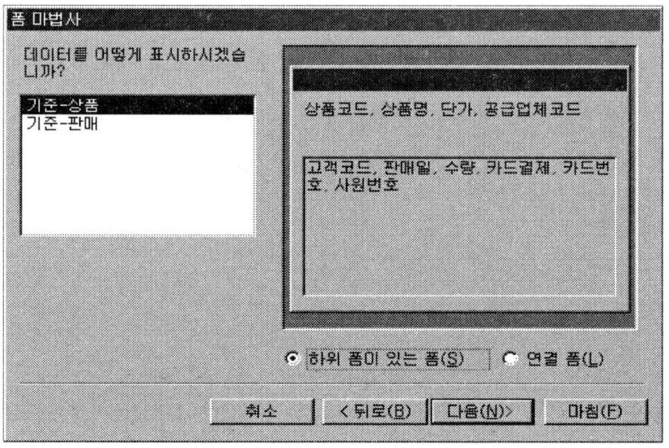

④ 다음 단계에서 "데이터 시트"와 "표준" 유형을 선택한다.

⑤ 마지막 단계에서 폼의 이름을 정의한다.

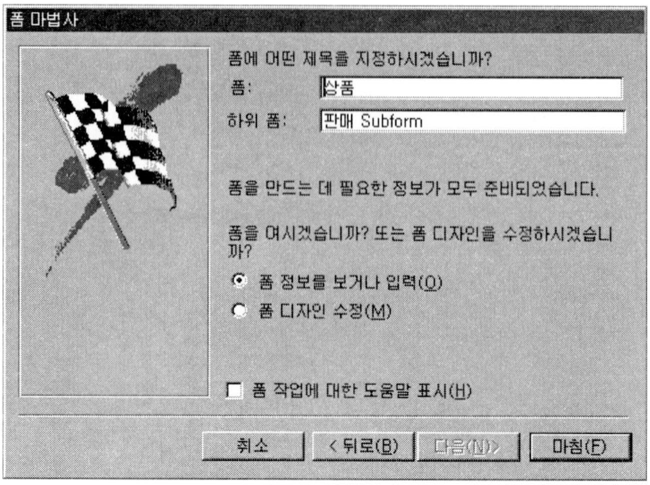

⑥ 폼 보기 형태로 열면 다음과 같다.

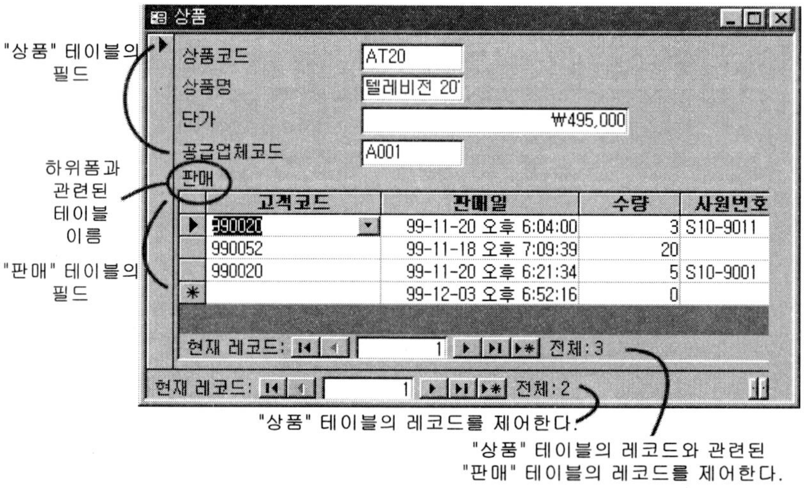

> **Tip**
>
> 기본 폼의 마지막 필드에서 하위 폼의 첫 번째 필드로 이동하려면 Tab 키를 누르고, 하위 폼의 첫 번째 필드에서 기본 폼의 마지막 필드로 돌아가려면 Ctrl + Shift + Tab을 누른다.

⑦ 디자인 보기 형태로 열면 다음과 같이 폼이 2개 만들어진 것을 알 수 있다. 각 폼에 대한 속성을 정의하기 위해 폼을 선택하려면 다음과 같이 각각의 해당된 "폼 선택기"를 클릭한다.

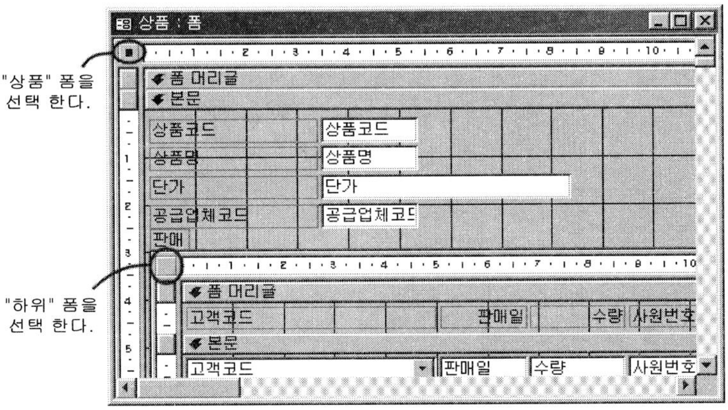

⑧ 폼들을 계층적으로 표현할 때, 각 폼과 관련되는 테이블의 데이터에 대하여 허용되는 작업의 내용은 "레코드 집합 종류" 속성에 따라서 결정된다.

설정 값	설 명
다이너셋	기본값이며, 일대일 관계에서 연결(바운드)되는 테이블을 편집할 수 있다. 일대다 관계에서는 "항상 일관성 유지" 옵션이 테이블 간의 관계를 설정할 때 선택하지 않았다면 하위 폼의 테이블을 연결하는 필드(예제에서는 "상품" 테이블의 "상품코드")를 수정할 수 없다.
다이너셋 (업데이트 일관성 없음)	특정 필드(예제에서는 "상품코드")에 연결(바운드)된 모든 테이블(예제에서는 "판매" 테이블)과 컨트롤을 편집(수정, 삭제, 추가)할 수 있다.
스냅샷	특정필드(예제에서는 "상품코드")에 연결(바운드)된 테이블(예제에서는 "판매" 테이블)이나 컨트롤을 편집할 수 없다.

⑨ 데이터베이스 창에서 만들어진 폼을 확인해보면 폼이 2개 만들어진 것을 알 수 있다. 하위 폼에서 표현하는 "판매" 테이블만을 위한 폼(판매 subform)이 데이터

시트 유형으로 따로 만들어진다.

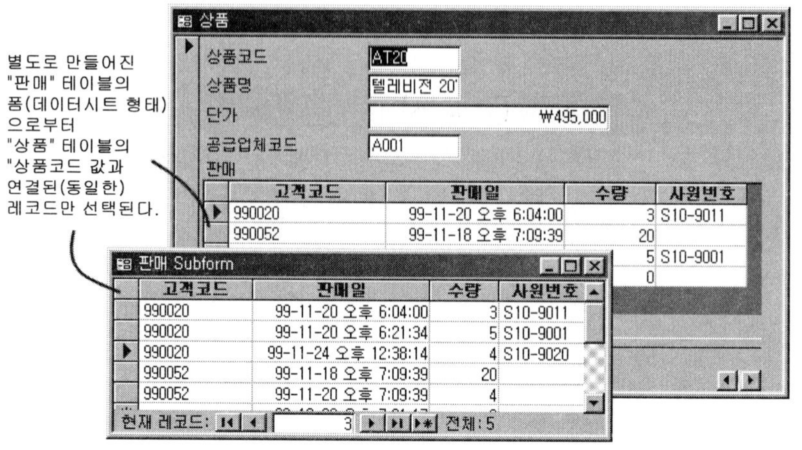

실습

"고객" 테이블과 "판매" 테이블의 데이터를 계층 폼(하위 폼 형태)을 만들어서 표현한다.

⑩ 앞의 단계 ③에서 "하위 폼이 있는 폼"을 선택하지 않고 "연결 폼"을 선택하면 하나의 폼에서 하위 폼이 포함된 형태가 아니라 별도의 폼으로써 연결되는 형태로 만들어진다. 이렇게 연결되는 폼을 "동기화 된 폼"이라고 한다.

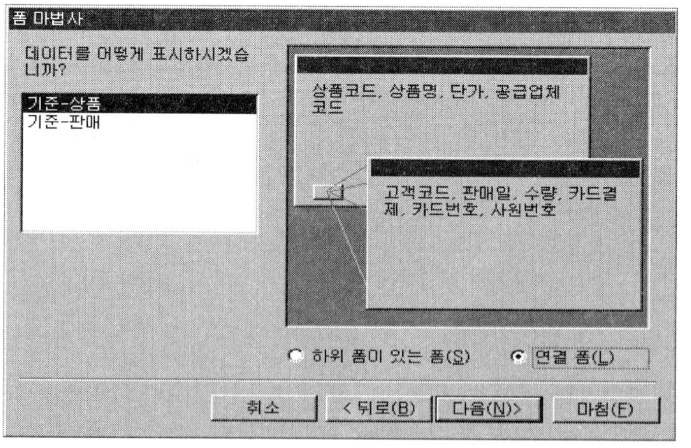

⑪ 결과를 폼 보기로 열면 다음과 같다.

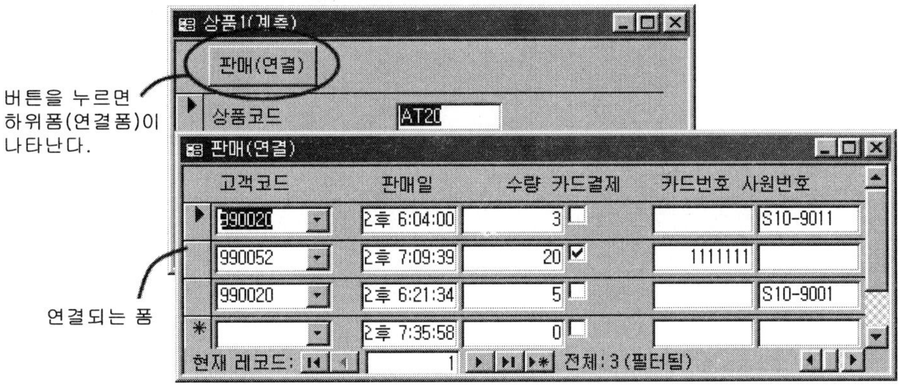

Tip 이렇게 만들어진 폼의 디자인은 폼을 디자인 보기 형태로 열어서 수정할 수 있다.

실습 "고객" 테이블과 "판매" 테이블의 데이터를 연결되는 폼으로 만들어서 표현한다.

5 4 스위치보드 폼

데이터베이스 마법사를 사용하여(파일 > 새로 만들기 > 데이터베이스 탭에서 선택) 데이터베이스를 만들면 사용자가 데이터베이스의 각 개체를 이동하면서 작업할 수 있도록 도와주는 스위치보드가 자동으로 만들어진다. 이 스위치보드에는 폼과 보고서를 열 때나 추가 폼과 보고서를 여는 다른 스위치보드를 열 때, Microsoft Access를 끝낼 때, 스위치보드를 사용자 정의할 때를 위한 단추가 있다.

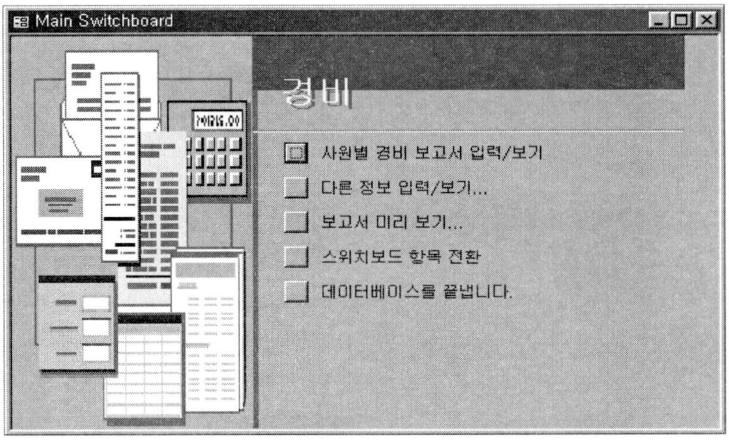

데이터베이스를 데이터베이스 마법사를 이용하지 않고 만들었다면 스위치보드 관리자를 사용하여 데이터베이스 마법사가 만든 스위치보드와 유사한 스위치보드를 직접 만들 수 있다.

(1) 스위치보드 관리자

스위치보드 관리자를 이용하여 스위치보드를 만드는 방법은 다음과 같다.

① 도구 > 추가 기능 > 스위치보드 관리자 메뉴를 선택한다. 만일 “스위치보드 관리자” 메뉴가 없다면 <추가기능 관리자> 메뉴를 선택하고 해당하는 파일을 설치한다.

② 스위치보드를 만들 것인지 묻는 메시지가 나오면 <예>를 클릭한다.

③ 스위치보드 관리자 대화 상자에서 <편집>을 클릭한다.

④ 스위치보드 페이지 편집 대화 상자에서 스위치보드 이름 상자에 이름을 입력한 다음, <새로 만들기>를 클릭한다.

⑤ 스위치보드 항목 편집 대화 상자의 텍스트 상자에서 첫 번째 스위치보드 단추의 텍스트를 입력한 다음, 명령 상자에서 <명령>을 선택한다. 예를 들어, 텍스트 상자에서 “고객관리”를 입력한 다음 명령 상자에서 편집 모드에서 폼 열기를 선택한다.

⑥ 선택한 명령에 따라 명령 상자에 나타나는 상자들이 달라진다. 필요하면 이 상자에서 한 항목을 선택한다. 예를 들어, 단계 ⑤의 명령 상자에서 편집 모드에서

폼 열기를 선택하고, 폼 상자에서 "고객관리"등 원하는 폼 이름을 선택한 다음 확인을 클릭한다.

⑦ 단계 ④부터 ⑥까지 반복하여 스위치보드에 항목을 모두 추가한다. 항목을 편집하거나 삭제하려면 이 스위치보드에서의 항목 상자에서 해당 항목을 누른 다음 <편집>이나 <삭제>를 클릭한다. 항목을 재배열할 때는 상자에서 항목을 누른 다음 <위로 이동>이나 <아래로 이동>을 클릭한다.

⑧ <닫기>를 선택한다.

(2) 스위치보드 폼을 시작 폼으로 만들기

데이터베이스를 열면 스위치보드 폼이 가장 먼저 열리도록 하려면 다음과 같이 한다.

① 데이터베이스를 연 상태에서 다음 중 하나를 수행하여 스위치보드 관리자 대화 상자를 연다.

▶ 데이터베이스 마법사를 사용하여 스위치보드를 만들었으면 시작 > 스위치보드에서 스위치보드 항목 전환을 클릭한다.

▶ 스위치보드 관리자를 사용하여 스위치보드를 만들었으면 도구 > 추가 기능 > 스위치보드 관리자 메뉴를 선택한다.

▶ 시작 스위치보드로 사용하려는 스위치보드가 스위치보드 페이지 상자에 표시되면 해당 항목을 선택한다.

② "기본 작성"을 선택한다.

③ 데이터베이스를 저장하고 다시 열면 지정한 스위치보드가 자동으로 화면에 표시된다.

Chapter 6
보고서

데이터베이스의 데이터를 표현하는 방법은 크게 두 가지인데 하나는 폼을 통해서 보여주는 것이고 다른 하나는 인쇄 형식의 보고서를 통해서 보여주는 것이다. 폼과 마찬가지로 보고서에서도 크기와 모양을 마음대로 조절할 수 있으므로, 정보를 원하는 대로 표시할 수 있다. 테이블, 쿼리, SQL 문 등에 의해 참조되는 정보는 보고서 데이터의 원본이 되며 나머지 정보는 보고서 디자인으로 저장된다. 그래픽 개체 컨트롤을 이용하여 보고서와 레코드 원본 사이의 연결을 만들고 텍스트 상자를 이용하여 데이터베이스와 관련되지 않은 값을 표현하고, 레이블을 이용하여 제목을 표시한다.

6 1 보고서 만들기

(1) 자동 보고서를 사용하여 보고서 만들기

자동 보고서를 사용하면 원본으로 사용하는 테이블이나 쿼리의 모든 필드 및 레코드를 표시하는 보고서를 만들 수 있다.

① 데이터베이스 창에서 만들기 탭을 클릭한다.

② 보고서 그룹에서 업무 문서 양식 마법사 또는 우편 엽서 마법사 메뉴 중 작성하고자 하는 마법사 도구를 선택한다. 우선 업무 문서 양식 마법사를 선택한다.

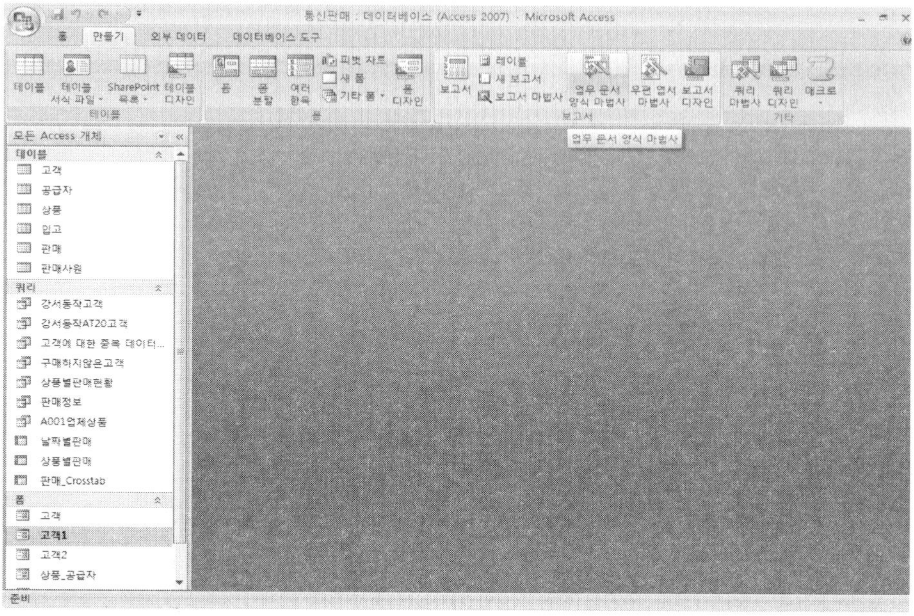

③ 거래 명세서 업무 양식을 선택한다.

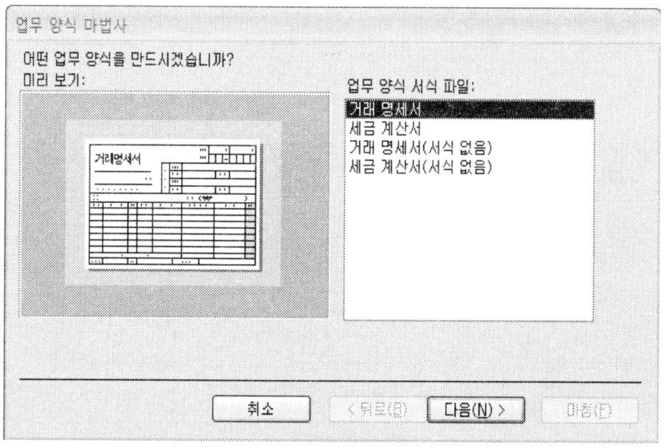

④ 고객테이블과 판매테이블을 선택하여 상위 보고서 각 업무 양식 필드에 연결할 항목을 지정한다.

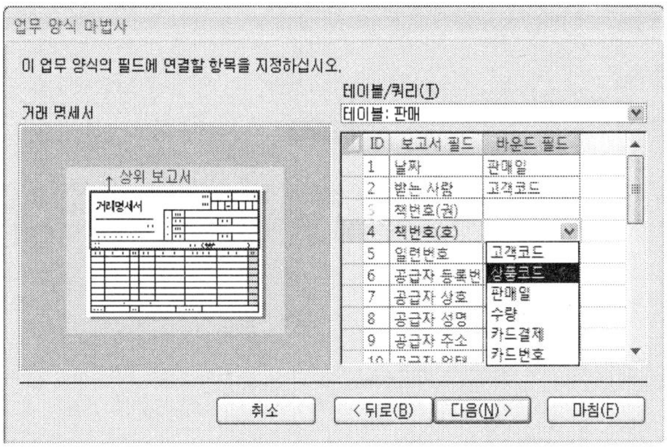

⑤ 판매테이블을 선택하여 하위 보고서 각 업무 양식 필드에 연결할 항목을 지정한다.

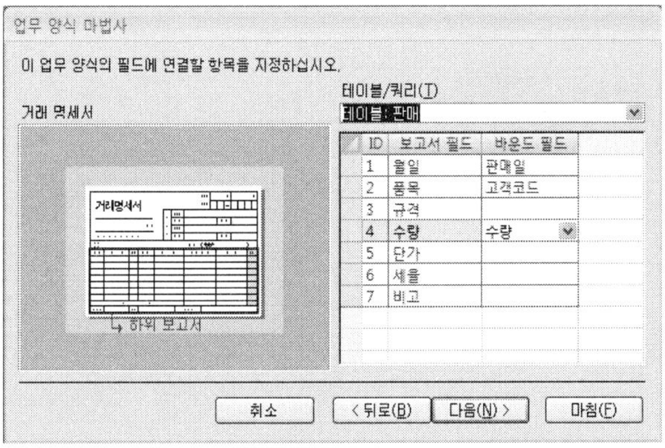

Tip

테이블이나 쿼리를 기초로 하는 단일 열 보고서를 만들 수도 있는데, 테이블이나 쿼리를 열어놓고 도구 모음에서 새 개체 도구의 목록 단추를 누른 다음 "자동 보고서"를 클릭한다. 이 방법으로 만든 보고서에는 보고서 머리글이나 바닥글, 페이지 머리글이나 바닥글이 없다.

⑥ 판매일을 기준으로 오름차순 정렬 기준을 선택한다.

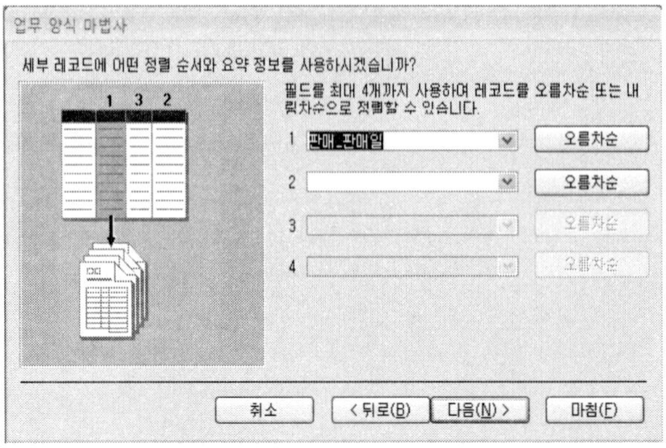

⑦ 거래 명세서 제목을 입력한다.

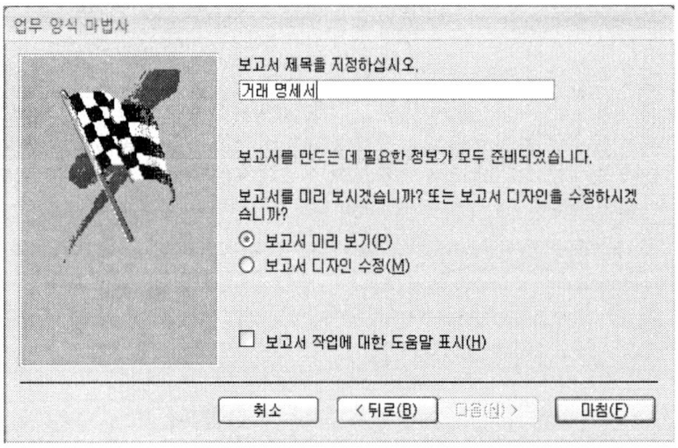

⑧ 거래 명세서 보고서가 만들어진다.

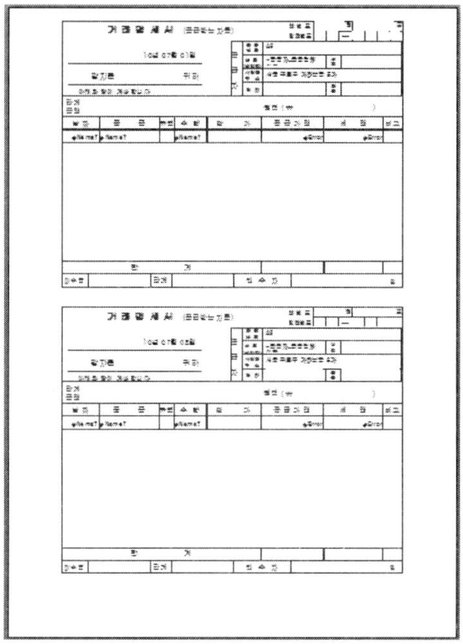

(2) 마법사를 사용하여 보고서 만들기

① 만들기 - 보고서 - 보고서 마법사를 선택한다.
② 테이블/쿼리 원본에 상품 테이블을 선택한다.

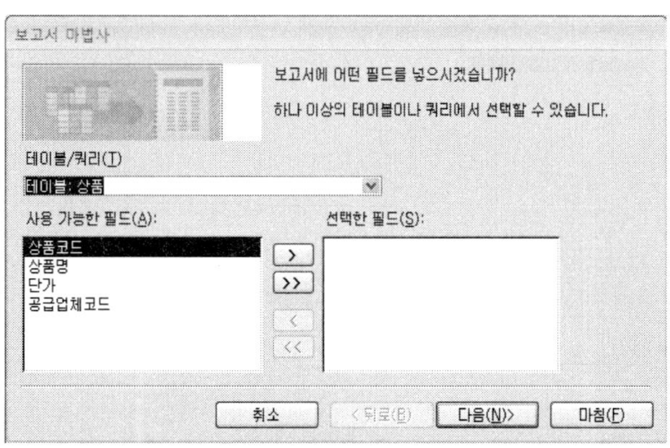

Tip

이 단계에서 선택된 테이블이나 쿼리는 보고서의 기본 레코드 원본으로 사용되지만 마법사를 사용하여 이 기본 레코드 원본을 변경할 수 있고 다른 테이블이나 쿼리에서 필드를 선택할 수도 있다.

③ 보고서에 포함될 필드들을 선택한다.

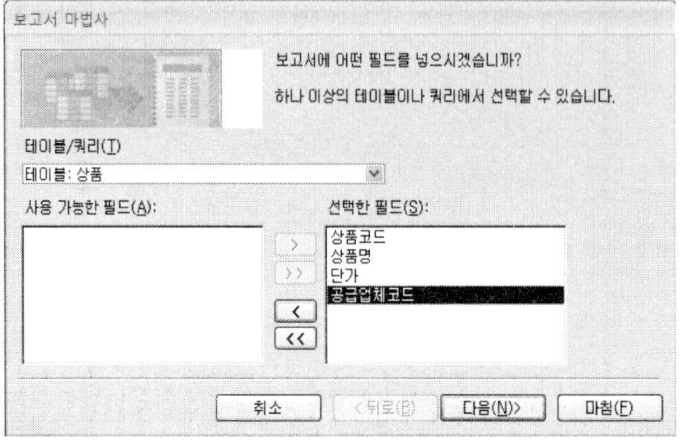

④ 그룹으로 묶을 필드를 정의한다. 자동으로 묶어주는 그룹을 취소하려면 [<] 단추를 누른다.

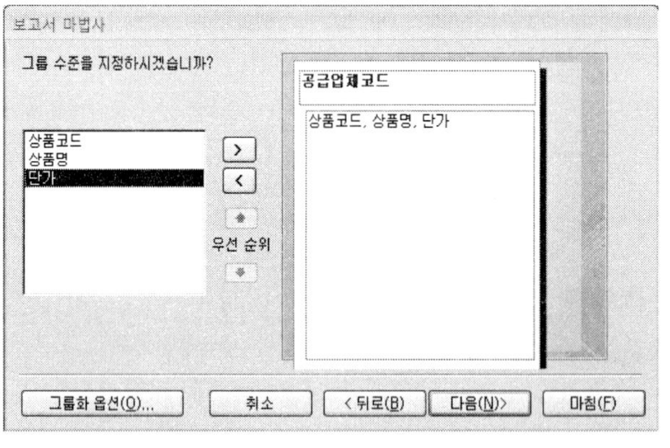

⑤ 세부 레코드, 즉 공급업체 코드별로 묶은 각 레코드들의 표현 순서를 정의한다.

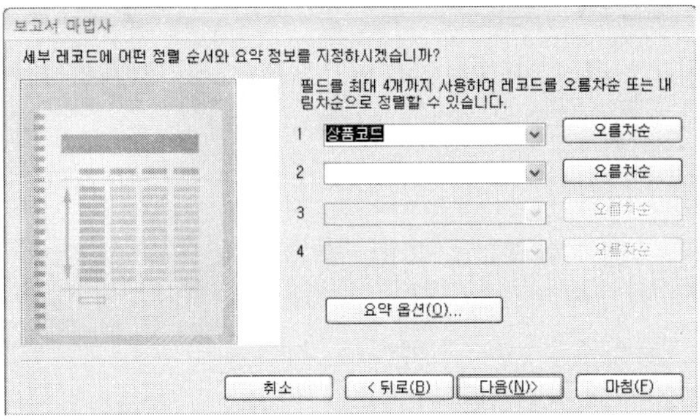

⑥ 보고서 모양을 정의한다. 선택한 종류의 모양을 왼쪽에서 보여준다. 인쇄 방향도 지정한다.

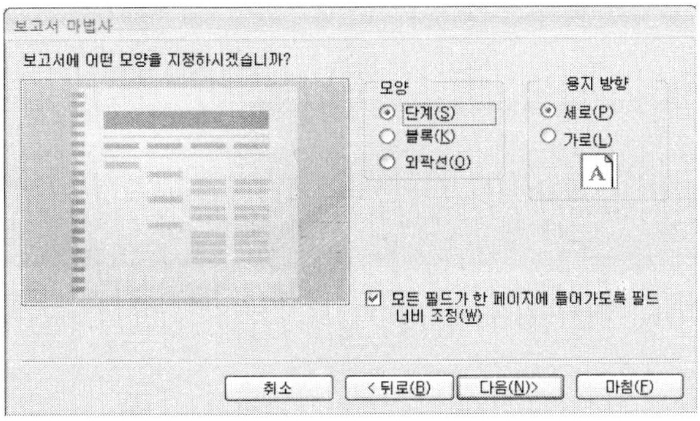

⑦ 보고서 유형을 정한다.

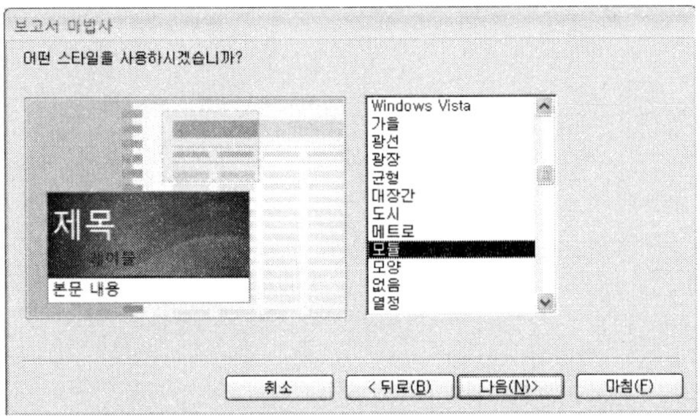

⑧ 마지막 단계에서 보고서 제목을 정의한다. 이때 정의된 제목은 보고서의 제목으로 인쇄된다.

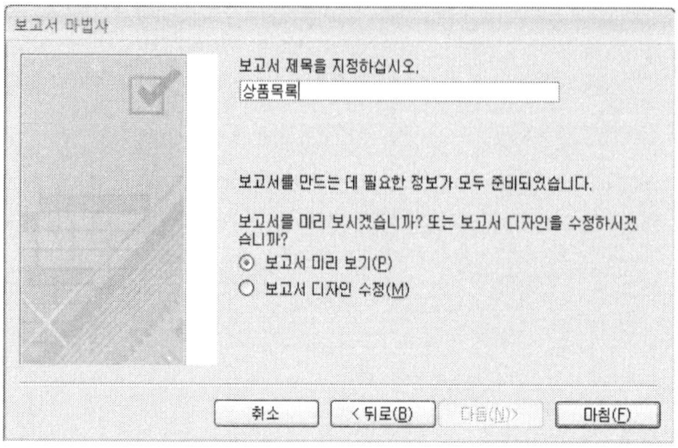

⑨ "상품" 테이블의 레코드들을 "공급업체코드"로 그룹화하여 "상품코드"순으로 정렬시킨 보고서이다.

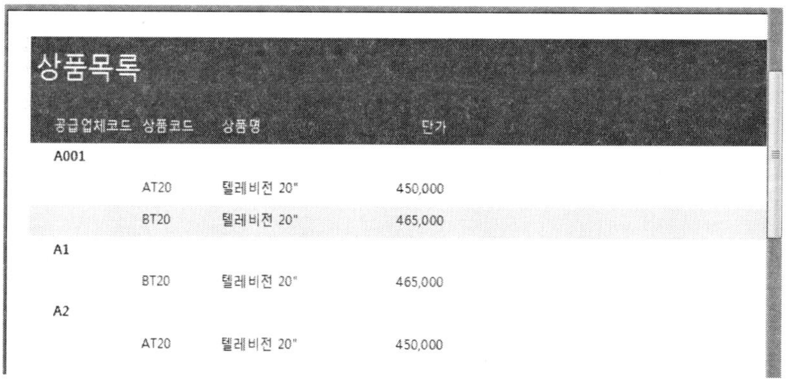

Tip

보고서의 결과가 원하는 모양이 아니면 디자인 보기에서 그 내용을 변경할 수 있다.

6 2 특별한 보고서

(1) 주소 레이블

모든 고객에게 월말마다 청구서를 보내야하거나, 또는 새해 카드나 안내문을 발송해야 할 때 주소 레이블을 만들 수 있다.

① 테이블 개체 창에서 고객 테이블을 선택하고, 만들기 - 보고서 - 레이블을 선택한다.

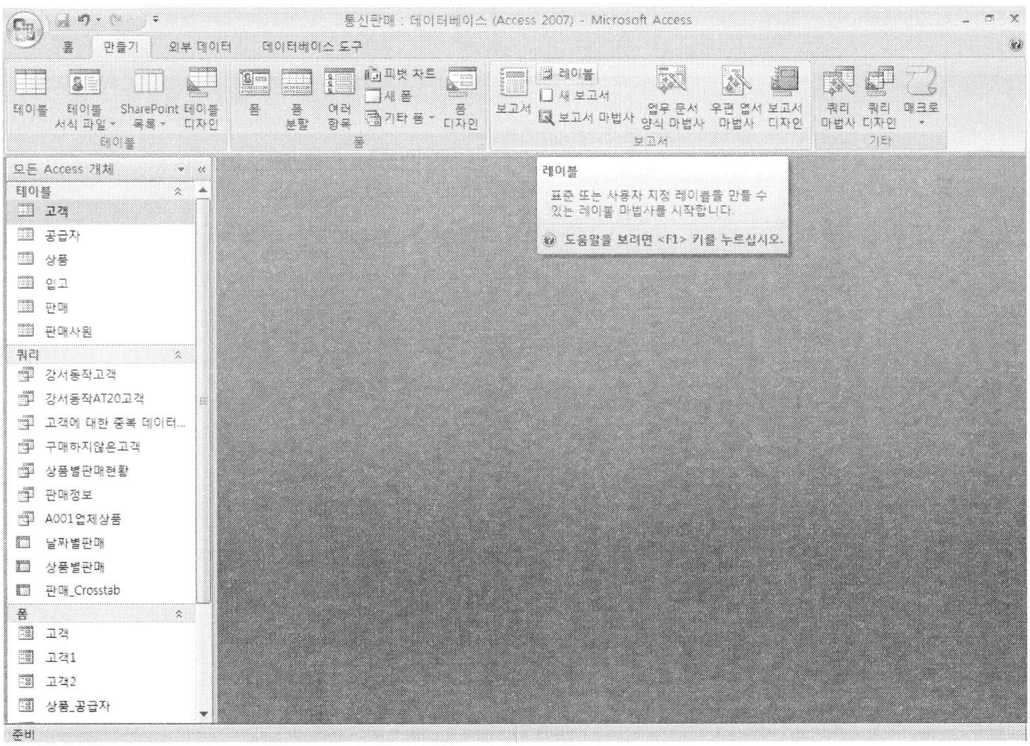

② 레이블 크기와 형식을 정의한다.

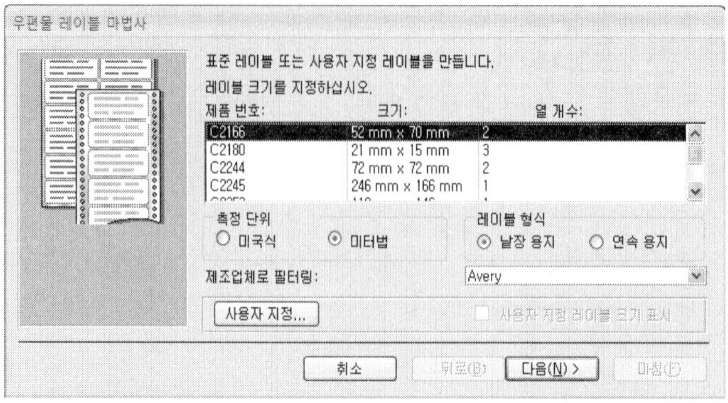

③ 글꼴을 정의한다.

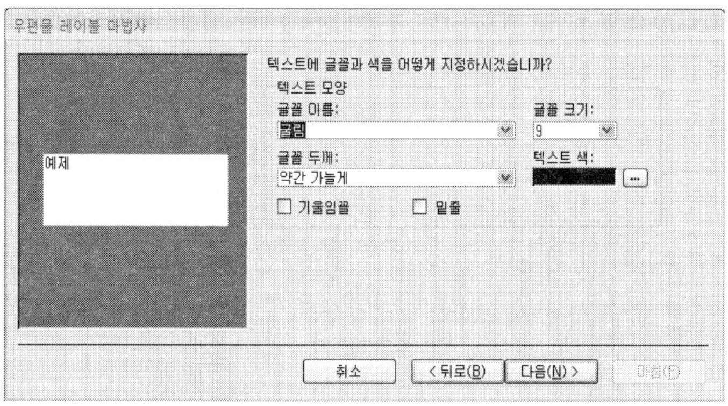

④ 레이블에 인쇄될 필드를 순서대로 선택하고 동일한 값을 반복적으로 표현하려면 값을 직접 원하는 위치에 입력한다. 줄을 넘기려면 Enter를 누른다.

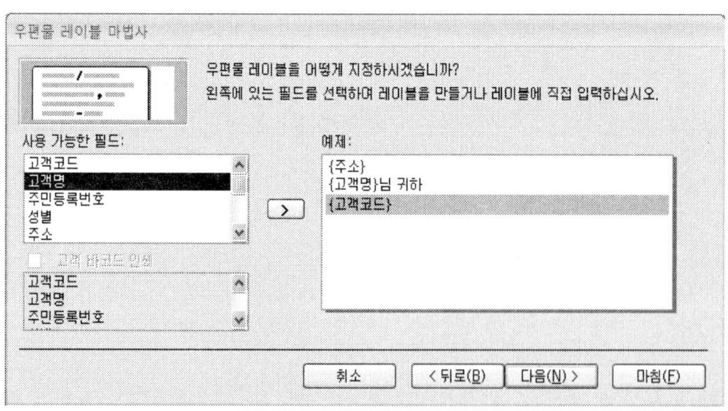

⑤ 인쇄될 레코드의 순서를 정한다.

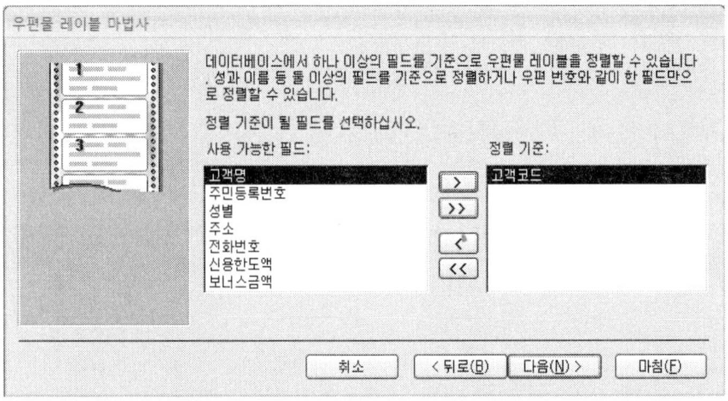

⑥ 보고서 이름을 정의한다.

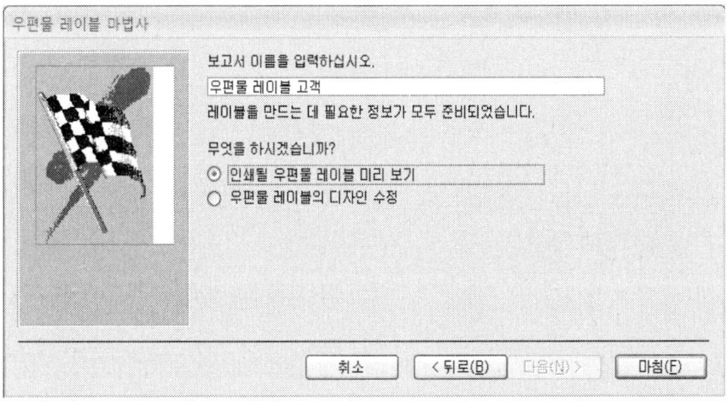

⑦ 단계 ②에서 지정한 레이블에 맞춰서 각 레코드의 주소 레이블이 만들어진다.

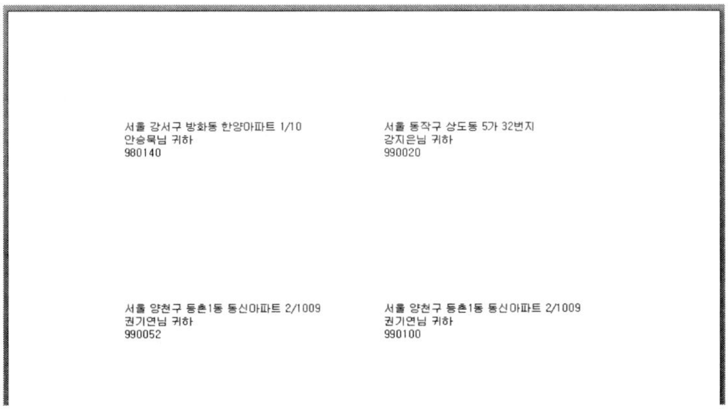

(2) 우편 엽서

고객에게 보내는 우편엽서를 마법사를 통해서 만들어보자.

① 테이블 개체에서 고객 테이블을 선택하고, 만들기 - 보고서 - 우편 엽서 마법사를 선택한다.

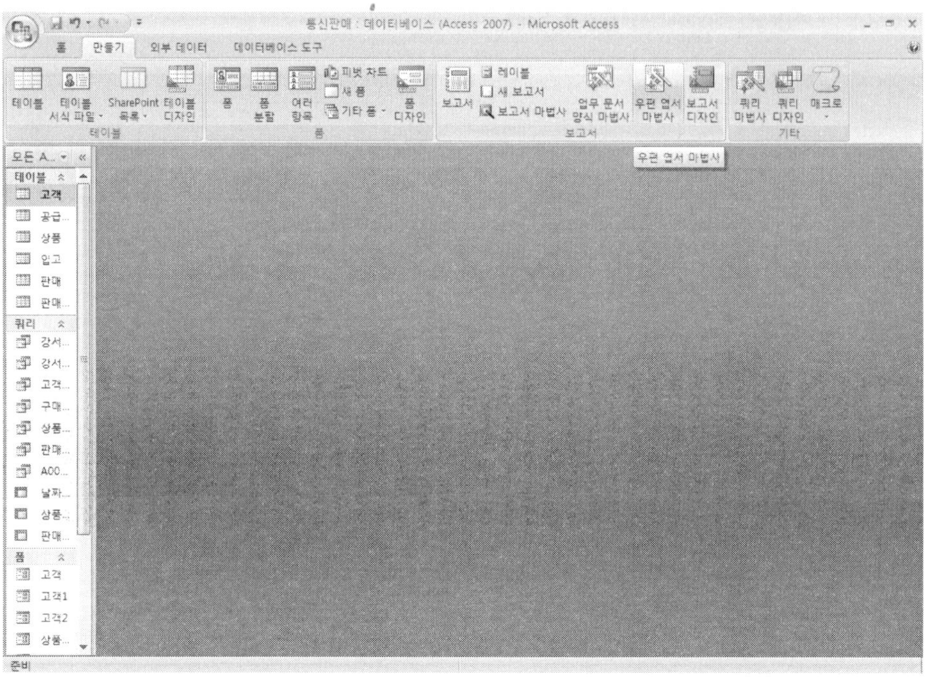

② 우편 엽서의 서식 파일을 선택한다.

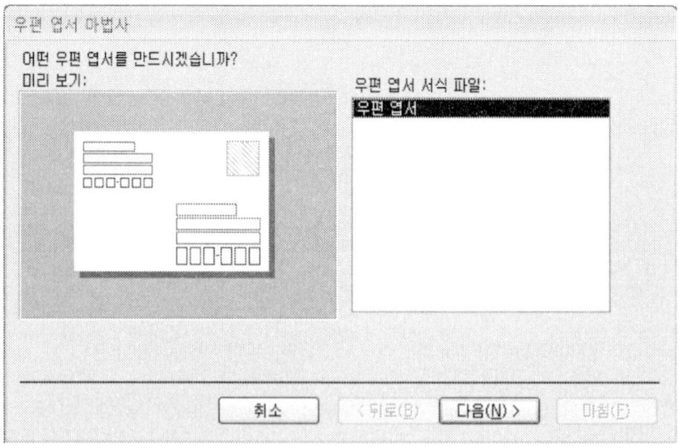

③ 우편엽서에 포함될 각 구성 요소들에 값을 지정하는데 테이블의 필드 값을 지정하려면 드롭다운 단추를 눌러서 해당 필드를 선택하고 테이블로부터 가져오는 데이터가 아닌 경우에는 값을 직접 입력한다.

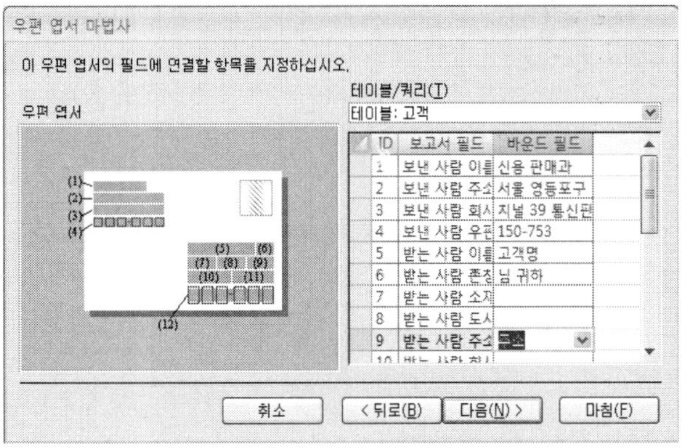

④ 인쇄할 때의 순서를 정의한다.

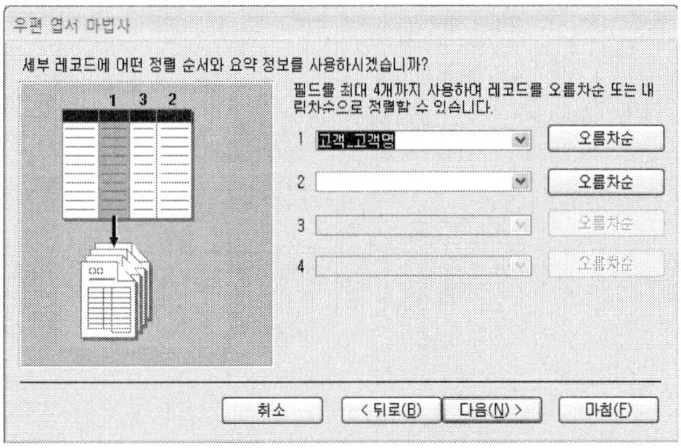

⑤ 보고서 이름을 정의한다.

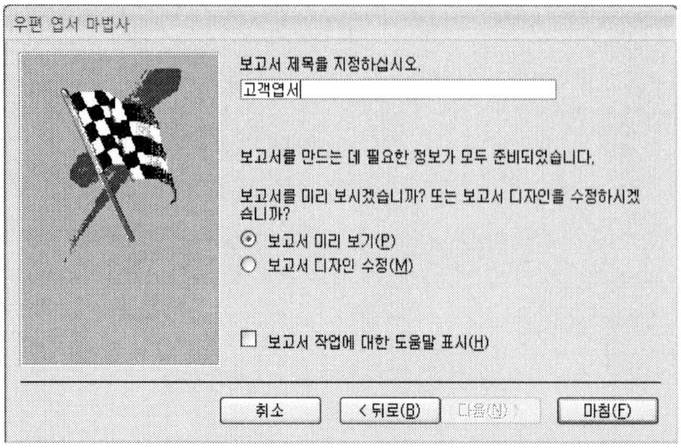

⑥ 다음과 같은 우편엽서가 만들어진다.

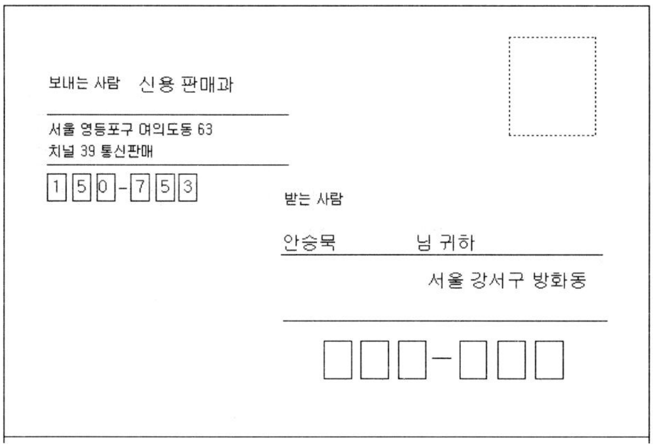

(4) 하위 보고서

하위 폼과 같이 하나의 보고서에서 기본 데이터에 대한 여러 건의 또 다른 데이터 정보를 보여줄 수 있다.

여기서는 마법사를 이용하여 만들어보고 다음 단원에서는 디자인 보기에서 직접 만들어 본다.

고객에 대한 구매내역을 하위 보고서 형태로 만든다.

① 데이터베이스 개체 창에서 고객 테이블을 선택하고, 만들기 - 보고서 - 보고서 마법사를 선택한다.

② "고객" 테이블에서는 모든 필드를 선택하고 "판매" 테이블에서는 "고객코드"를 제외한 필드들을 선택한다.

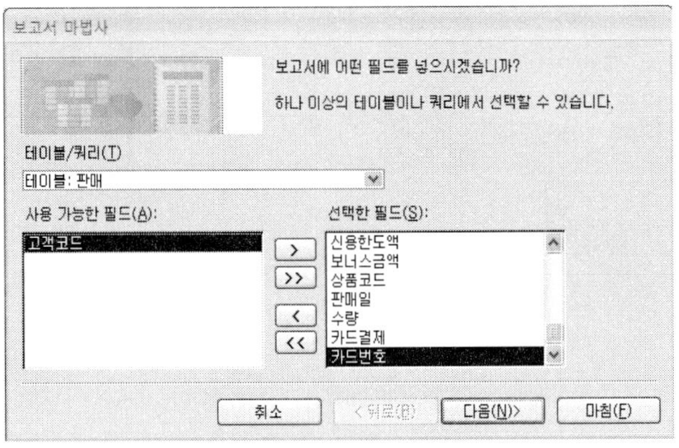

③ "고객" 테이블을 기준으로 정한다.

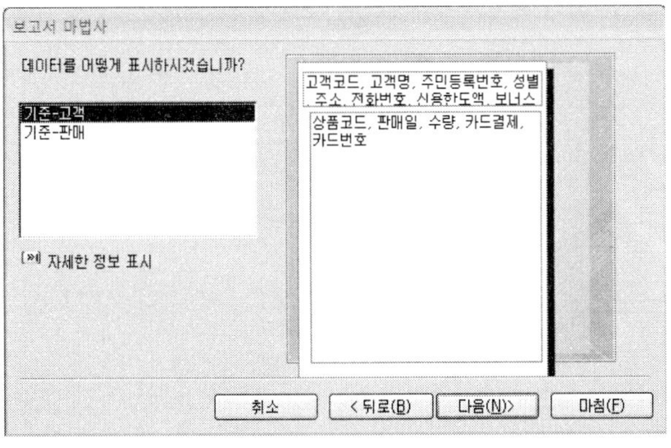

④ 고객별로 그룹을 묶기 위해 왼쪽 목록에서 "고객코드"를 선택한 다음 [>] 단추를 누른다.

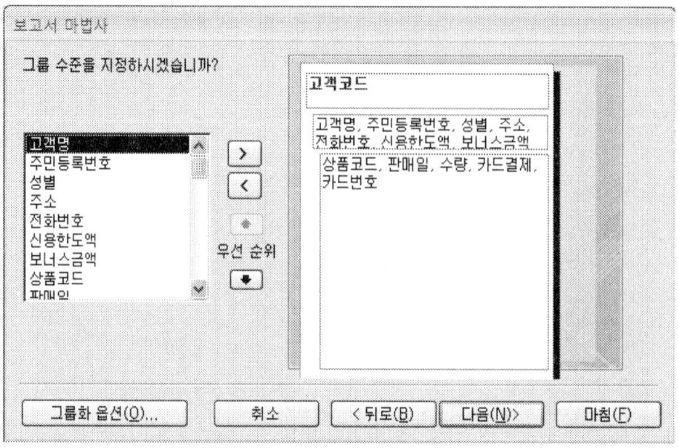

⑤ 고객별 구매내역을 표시할 때 구매일(판매일)로 정렬시키기 위해 "판매일"을 선택한다.

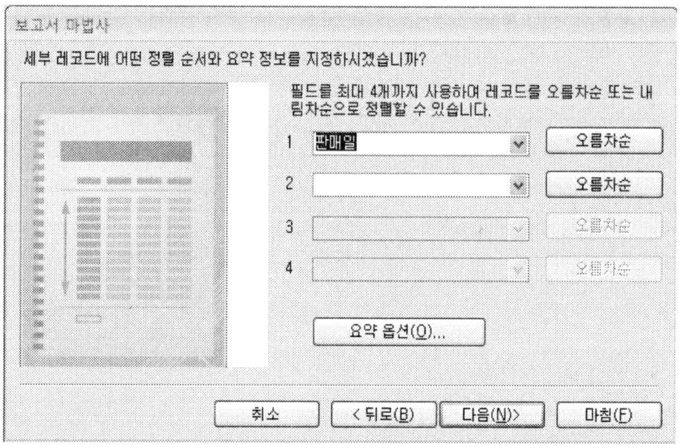

⑥ 보고서 모양과 용지방향을 선택한 다음 보고서 유형을 지정한다.

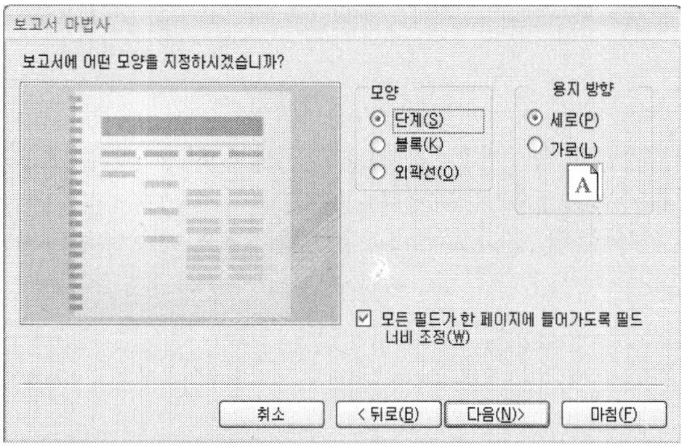

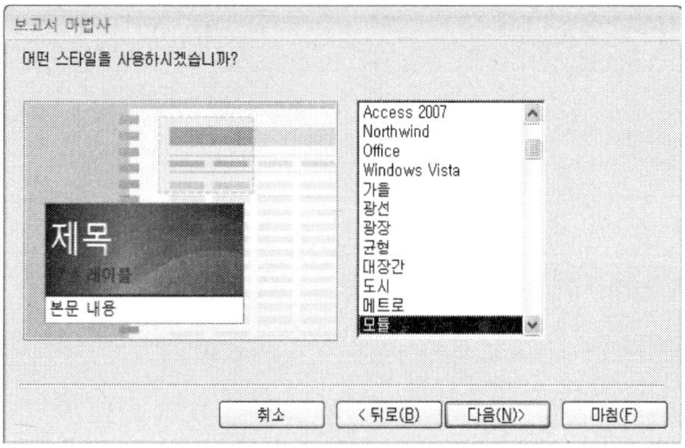

⑦ 보고서 제목을 입력한다.

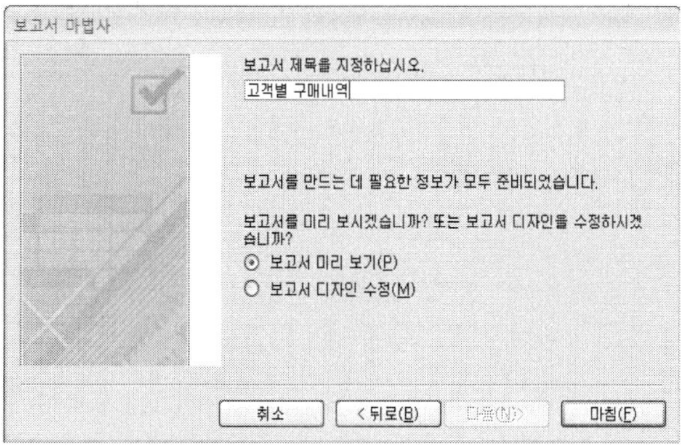

⑧ 다음과 같이 한 고객에 대한 세부 내역("판매" 데이터)이 보고서로 만들어진다. 내용이 제대로 보이지 않을 수도 있는데, 여기서는 하위 보고서의 기본 내용만 이해하고 다음 단원에서 수정해 보자. 보고서를 저장한다.

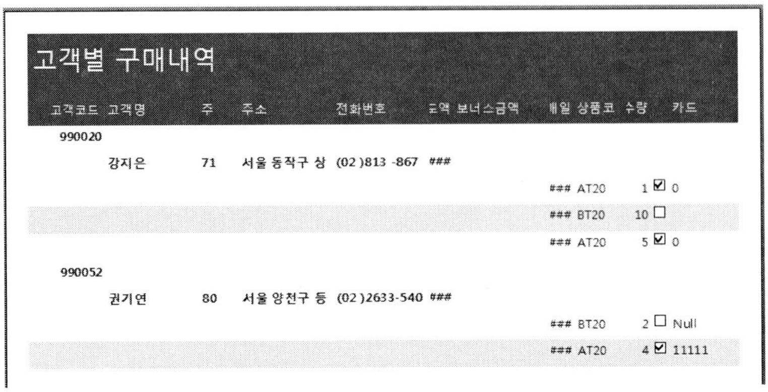

실습

각 상품에 대한 판매 내역을 보고서로 만들어본다.

(5) 요약 보고서

테이블이나 쿼리의 데이터를 요약해서 보고서로 만들 수 있다. 예를 들면, 월별이나, 일별로 각 상품에 대한 판매 현황을 요약하거나 지역이나 고객별로 데이터를 요약할 수 있다.

① 데이터베이스에서 판매 테이블을 선택하고, 만들기 - 보고서 - 보고서 마법사를 선택한다.

② "판매" 테이블로부터 "판매일", "상품코드", "고객코드", "수량" 필드를 선택한다.

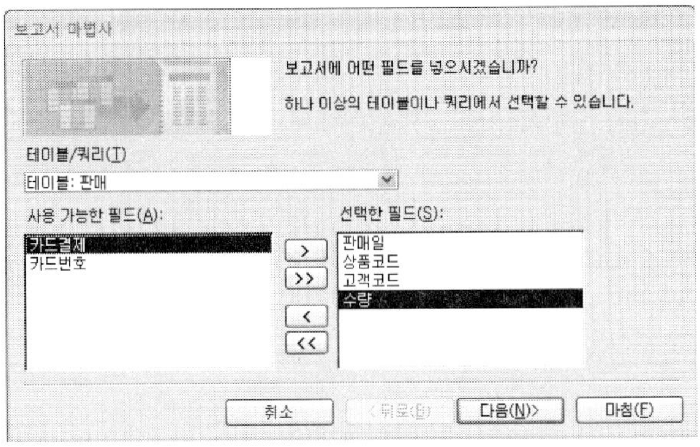

③ 그룹 수준을 "판매일"과 "상품코드"로 지정한다.

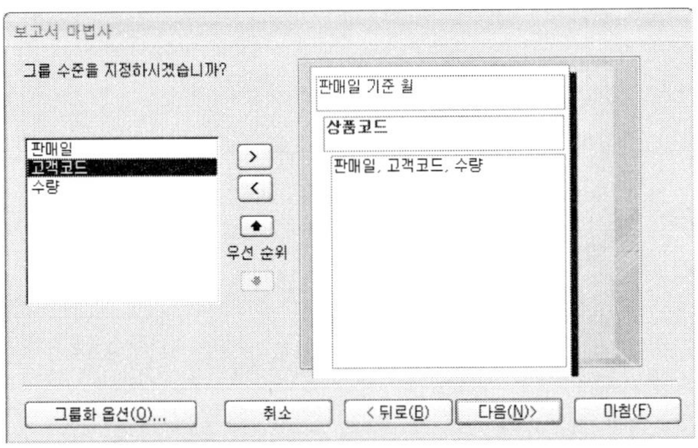

④ "고객코드"로 정렬하고 <요약옵션> 단추를 눌러서 수량의 합계가 계산되도록 하고, 요약과 상세 내용이 모두 출력될 수 있도록 설정한다.

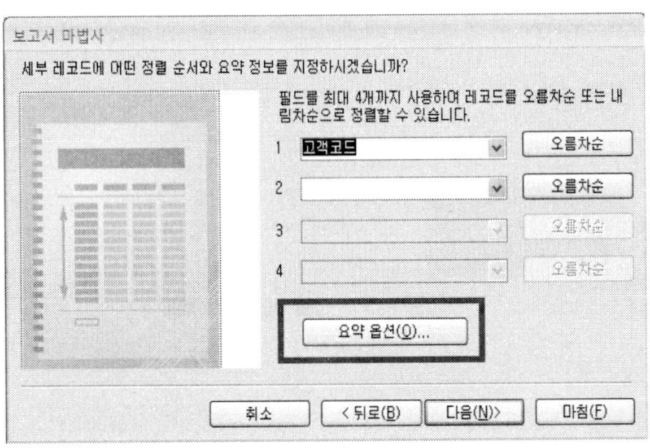

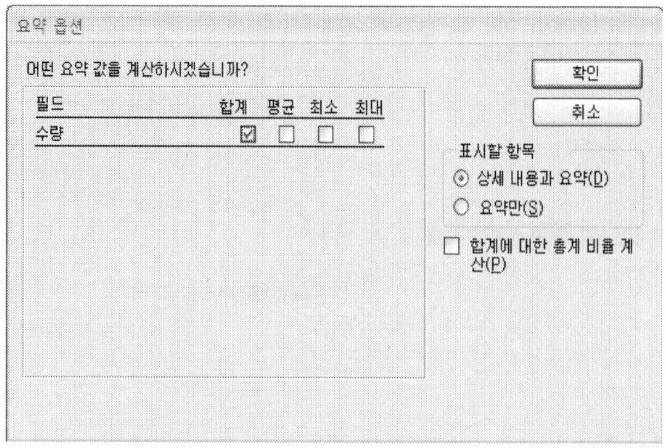

⑤ 보고서 모양을 설정한다.

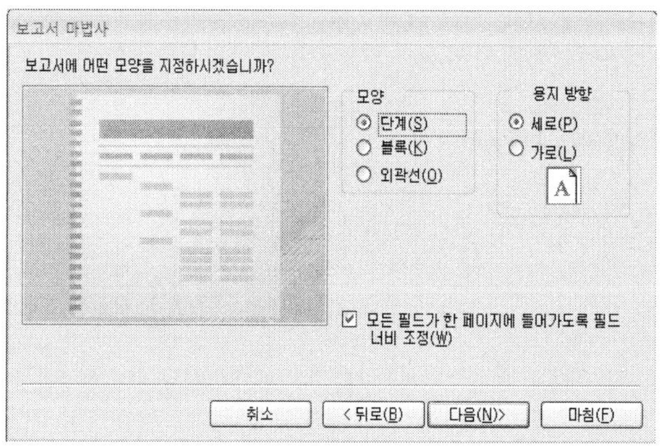

⑥ 보고서 스타일을 설정한다.

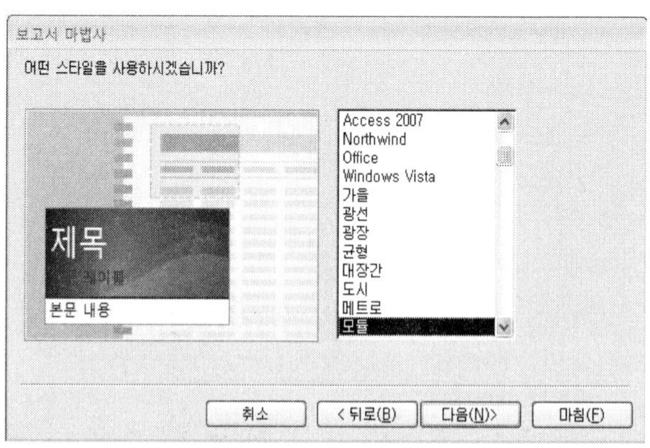

⑦ 보고서 제목을 설정한다.

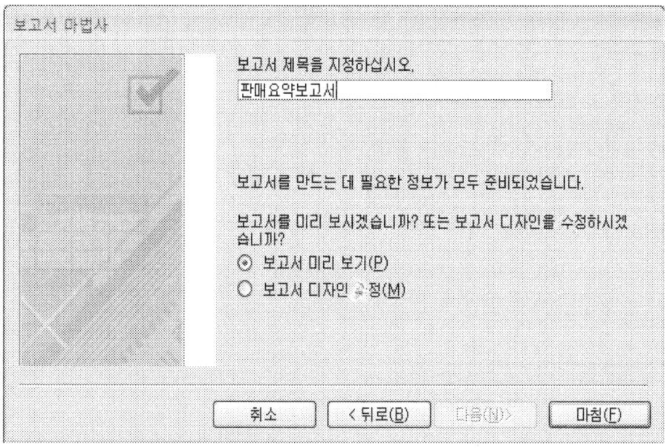

⑧ 다음은 요약 보고서를 인쇄 미리 보기 형태로 열은 것인데, 여기서는 포함되는 내용만 이해하고 다음 단원을 끝낸 다음 실습문제에서 수정한다.

6 3 디자인 보기에서 작업하기

마법사나 자동 보고서를 이용하여 보고서를 만든 다음 디자인을 변경하려면 보고서를 디자인 보기 형태로 열어서 작업한다. 또한 디자인 보기 상태로 열어서 직접 새로운 보고서를 만들 수 있다.

(1) 디자인 보기

다음은 앞에서 만든 "상품목록" 보고서를 디자인 보기 형태로 연 것이다. 폼과 마찬가지로 몇 개의 구역으로 나뉘어져 있다. "페이지 바닥글" 영역에 있는 컨트롤은 값을 표시하기 위해 함수가 사용되었다.

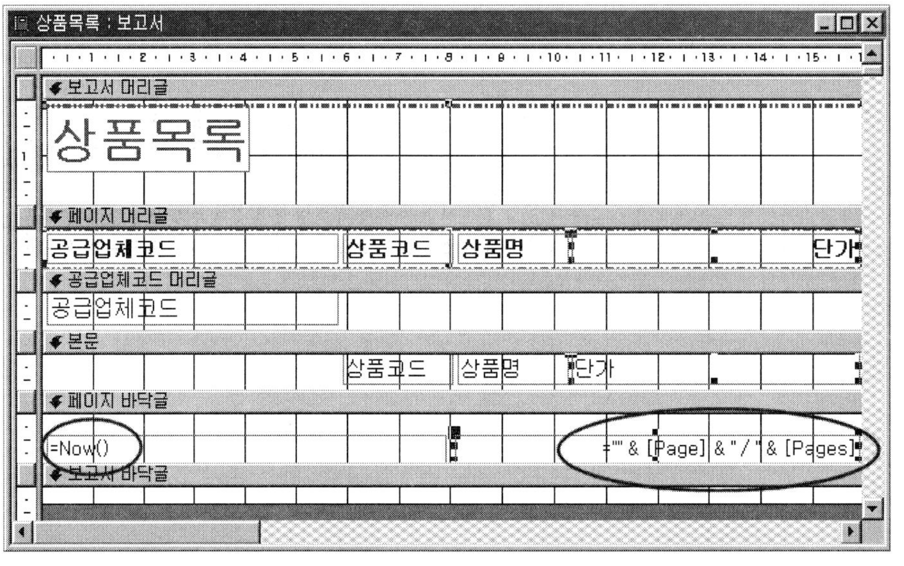

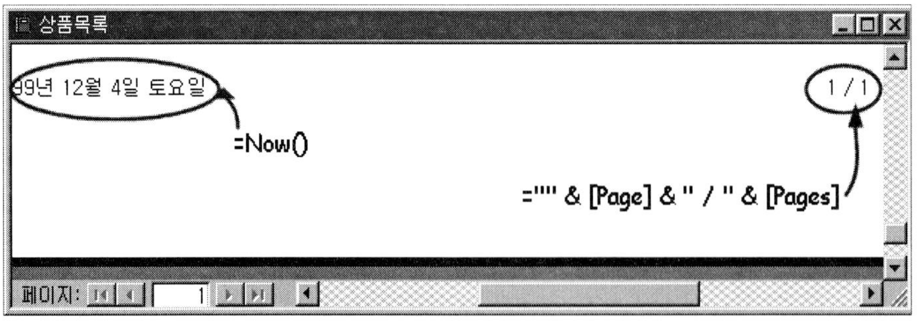

영 역	설 명
보고서 머리글/바닥글	보고서 처음과 마지막에 한번 인쇄된다.
페이지 머리글/바닥글	각 페이지마다 처음과 끝에 인쇄된다.
필드이름 머리글/바닥글 (그룹)	특정 필드 값으로 레코드들을 그룹으로 묶었을 때 각 그룹이 시작될 때와 끝날 때 인쇄된다.
본문	데이터 값이 표현되는데 하나의 형식으로 동일하게 인쇄된다.

각 영역을 추가하거나 삭제하려면 각 영역을 구분하는 줄 위에서 마우스 오른쪽 단추를 누른 다음 <보고서 머리글/바닥글> 메뉴나 <페이지 머리글/바닥글> 메뉴를 선택한다. "필드이름" 머리글 영역은 <정렬 및 그룹화> 메뉴를 선택하고 다음에서 해당 필드를 삭제, 추가 또는 변경하여 영역을 삭제하거나 또 다른 그룹 영역을 추가하거나 다른 그룹영역으로 변경할 수 있다. 그룹을 만들더라도 "그룹 머리글" 속성과 "그룹 바닥글" 속성에 정의된 값에 의해서 영역을 만들 수도 있고 만들지 않을 수도 있다.

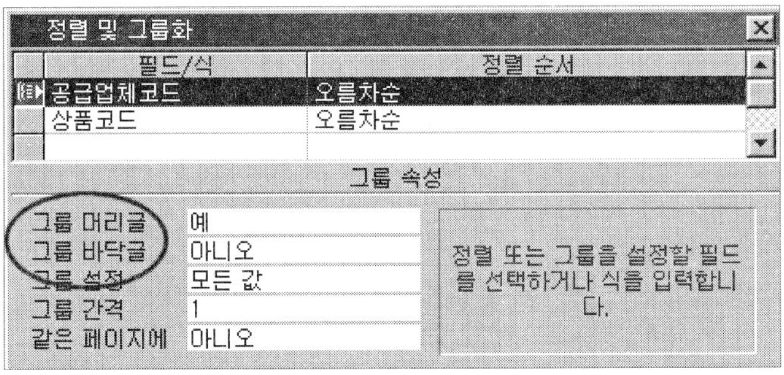

(2) 디자인 수정하기

앞 단원에서 만든 "고객별 구매내역" 보고서를 디자인 보기로 열고 몇 가지 수정한다.

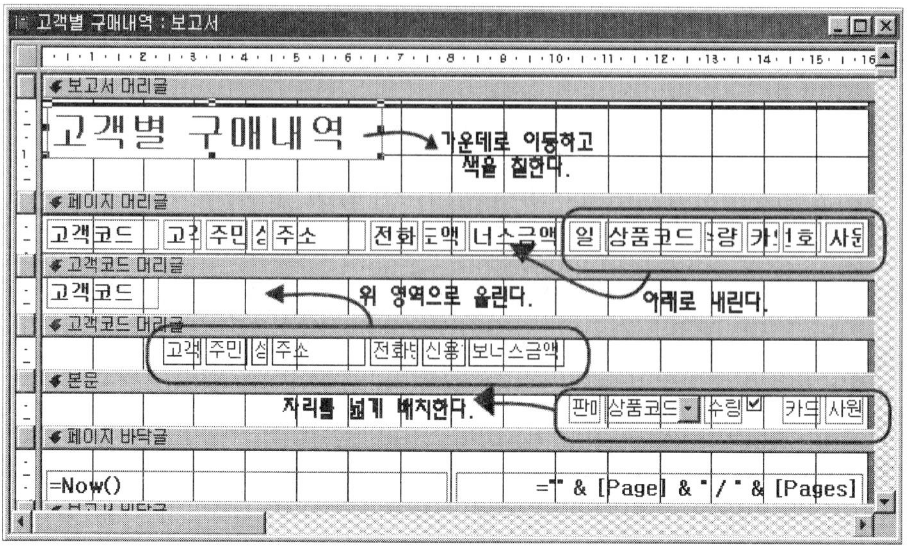

■

① 보고서 머리글 영역에 있는 보고서 제목 "고객별 구매내역"을 선택하고 오른쪽 마우스 단추를 눌러서 나온 메뉴에서 <채우기/배경색> 메뉴와 <글꼴/문자색>, 그리고 <특수 효과> 메뉴를 이용하여 텍스트 상자의 형태를 변경하고 위치를 보고서 가운데로 이동시킨다.

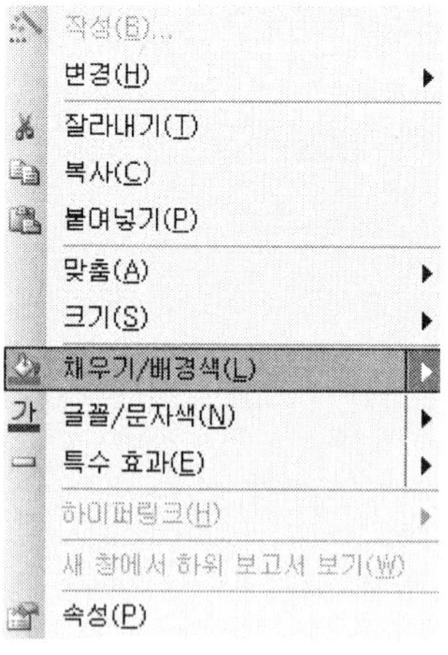

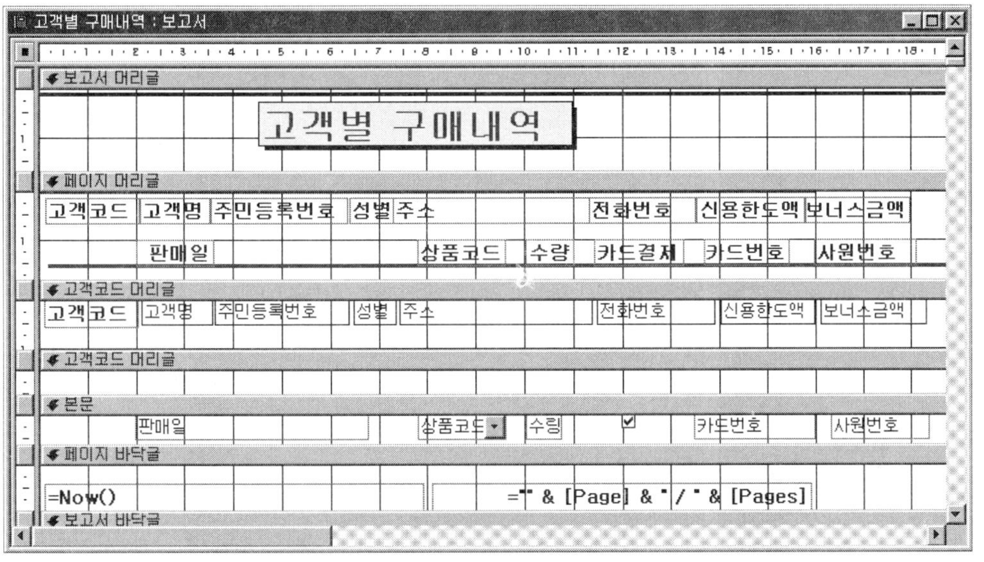

② 보고서를 인쇄 미리 보기 형태로 열면 다음과 같은데 페이지 여백으로 인해 잘리는 부분을 없애거나 페이지 크기를 설정하려면 인쇄 미리 보기 상태에서 마우스 오른쪽 단추를 누른 다음 <페이지 설정> 메뉴를 선택한다.

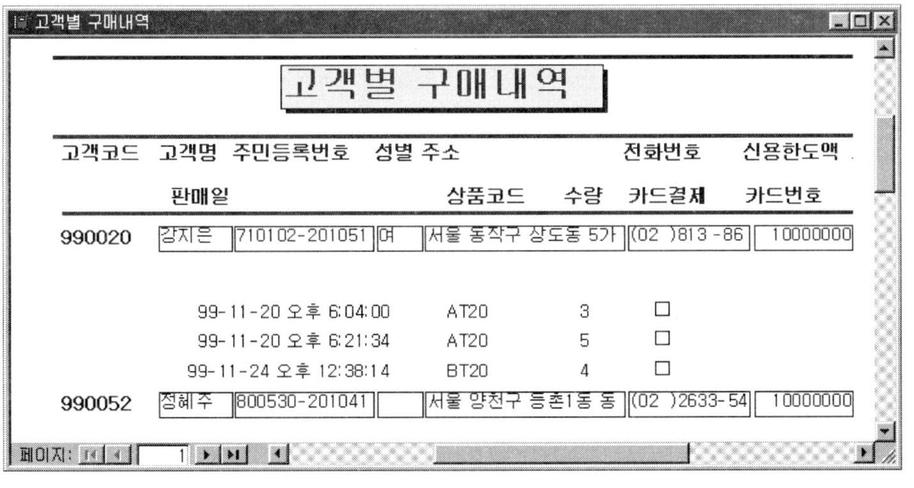

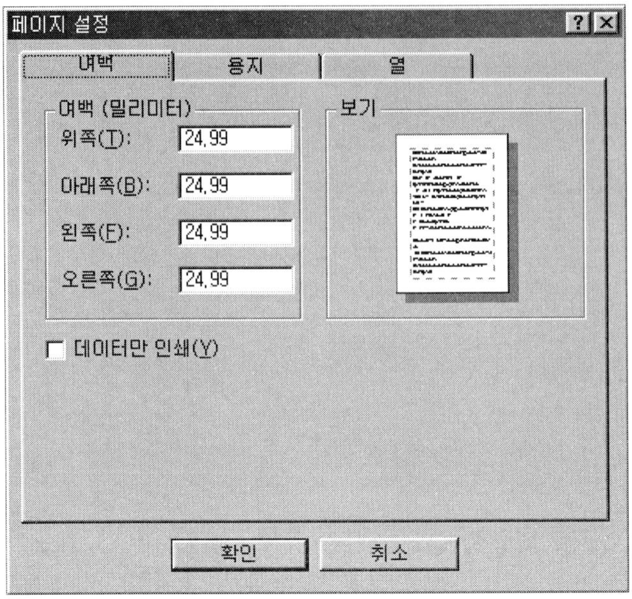

③ 컨트롤에 원본이 되는 레코드 필드를 변경하려면 보고서를 디자인 보기 상태로 열고 해당하는 컨트롤을 선택한 다음 마우스 오른쪽 단추를 눌러서 메뉴를 선택하고 다시 마우스 오른쪽 단추를 눌러서 "컨트롤 원본"에 정의된 값을 변경한다.

④ 새로운 컨트롤을 추가하려면 도구 상자에서 해당하는 도구를 이용하여 원하는 보고서 위치에 드래그 하면 된다.

고객의 각 구매 정보에 대해 금액을 표시하도록 해보자. 페이지 머리글 영역에 레이블 도구를 이용하여 텍스트 컨트롤을 추가하고 "금액"이라고 입력한다. 그리고 본문 영역에 입력란 컨트롤을 이용하여 "금액 값"이 표시될 위치에 추가한다.

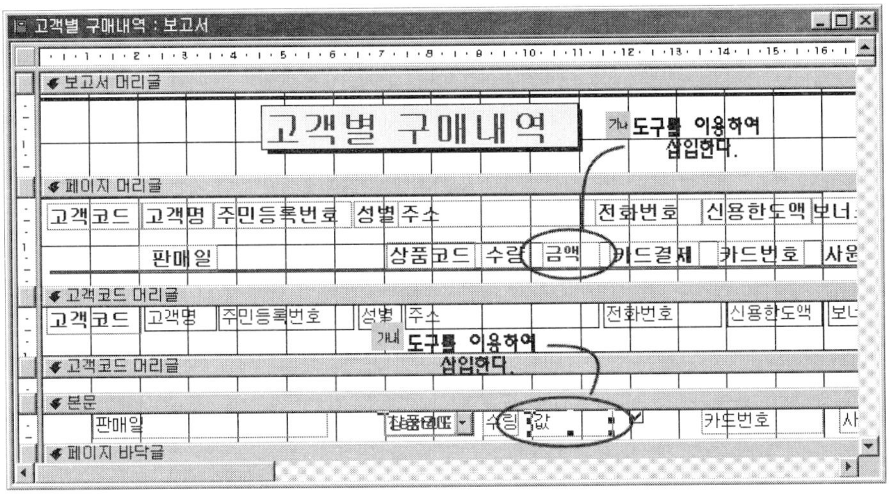

⑤ 보고서는 보고서 자체의 원본으로 정의되어 있는 데이터만 참조할 수 있다. 따라서 "금액"을 표시하기 위해서는 "판매" 테이블의 "수량" 필드 값과 "상품" 테이블의 "단가" 필드 값이 필요한데 이 두 가지 필드값을 참조할 수 있는지 살펴보자.

보고서 선택기를 누르고 마우스 오른쪽 단추를 클릭해서 <속성> 메뉴를 선택한다. "레코드 원본" 속성의 ... 작성 단추를 눌러서 쿼리가 디자인 보기 형태로 열리면 SQL보기 형태로 다시 열고 SQL문을 확인한다. 금액을 계산하기 위한 "판매" 테이블의 "수량" 필드는 포함되어 있으나 "상품" 테이블의 "단가" 필드는 포함되지 않았다.

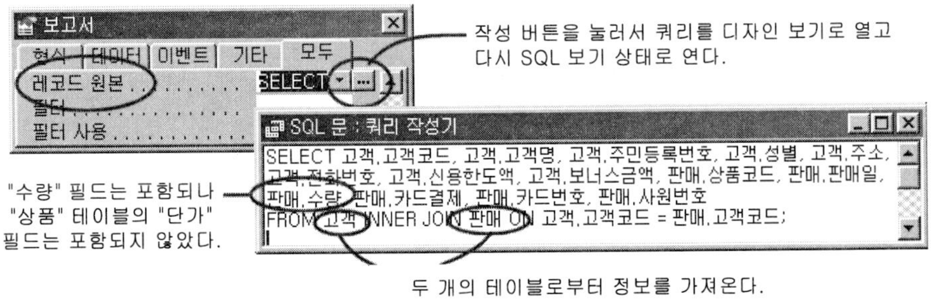

"상품" 테이블의 "단가" 필드를 보고서의 "레코드 원본"에 포함시켜야만 금액을 계산할 수 있다. 다시 디자인 보기 형태로 쿼리를 열고 보기 > 테이블 표시 메뉴를 선택한 다음 "상품" 테이블을 추가한다. 그리고 선택된 필드들의 끝에 필드를 추가하는데 필드 위에서 오른쪽 마우스 단추를 누른 다음 <작성> 메뉴를 선택하고 다음과 같이 작성한다.

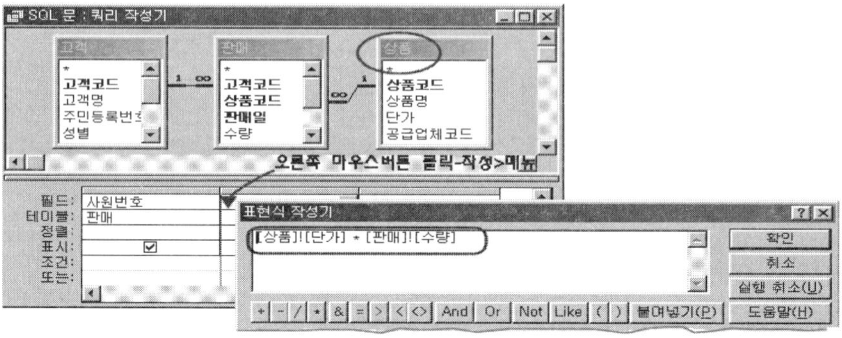

필드에는 다음과 같은 식이 입력된다. 여기서 Expr1을 다른 이름(예 :금액)으로 변경해도 된다.

Expr1: [상품]![단가]*[판매]![수량]

⑥ 저장한 다음 보고서(디자인 보기형태)에서 단계 ④에서 추가한 입력란을 선택하고 속성의 "컨트롤 원본" 값을 "Expr1"로 설정한다. 이때 보고서에 추가한 입력란 왼쪽에 레이블(이름표를 위한)이 만들어지면 레이블만 삭제한다.

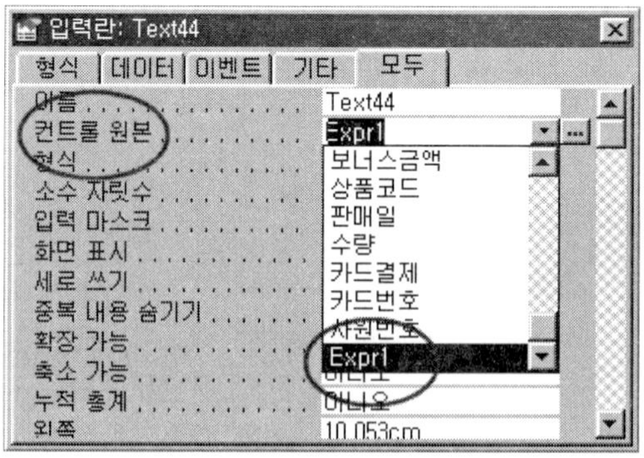

⑦ 보고서를 인쇄 미리 보기 상태로 보면 다음과 같다.

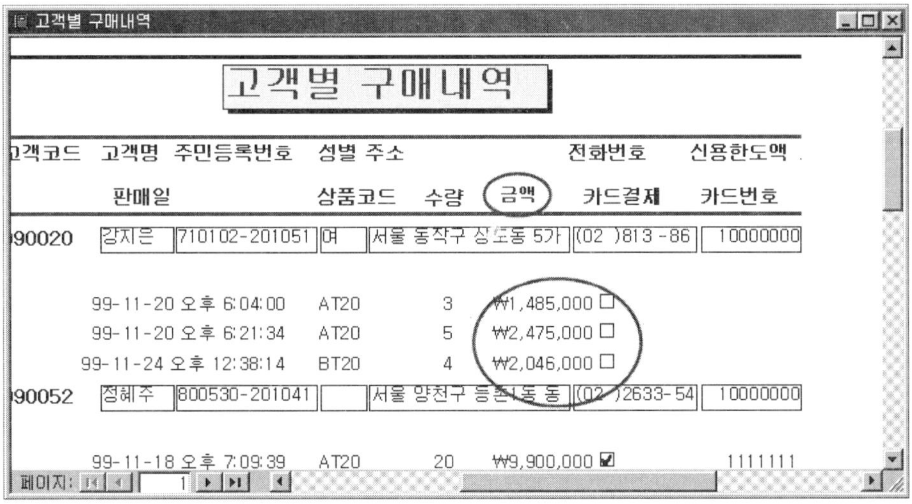

Tip

보고서를 디자인할 때 특정 줄에서 표시할 내용이나 특정 열에서 표시할 내용들을 맞추기(서식 > 맞춤 메뉴) 위해 여러 개의 컨트롤을 선택해야할 때가 있다. 이때 Shift 키를 이용하지 말고 세로나 가로눈금에서 원하는 컨트롤들이 모두 포함되도록 마우스로 드래그하면, 드래그 한 범위 안의 모든 컨트롤들이 선택된다.

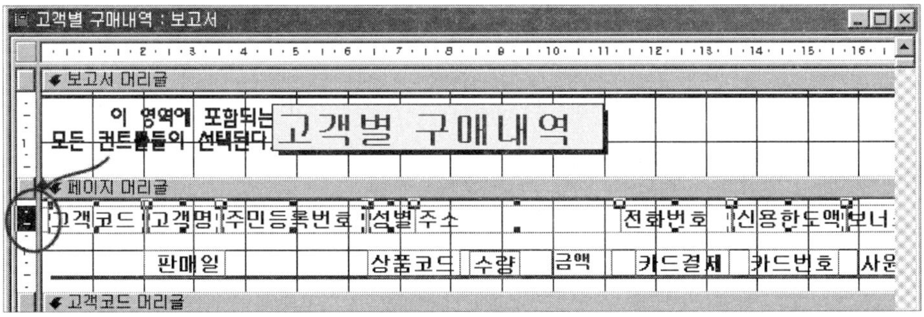

⑧ 한 고객의 구매 내역이 끝날 때 고객의 총 구매 금액을 표시하도록 해보자. 한 고객의 내용이 끝날 때 표시해야 하기 때문에 "고객코드" 바닥글 영역이 필요하다. "고객코드" 머리글 구분 줄 위에서 오른쪽 마우스 단추를 누른 다음 <정렬

및 그룹화> 메뉴를 선택한다. "고객코드"에 대한 "그룹 바닥글" 속성을 "예"로 변경한다.

만일 "고객코드"가 두 번 그룹이 되어 있다면, 그래서 보고서를 디자인 보기로 열었을 때 "고객코드" 머리글 구분 줄이 2개 생겼다면 두 번째 고객코드를 삭제한다. 이때 메시지(해당 그룹을 삭제했을 때 해당 그룹의 머리글과 바닥글 영역에 있는 컨트롤들이 모두 삭제된다는)가 나오면 <예>를 누른다.

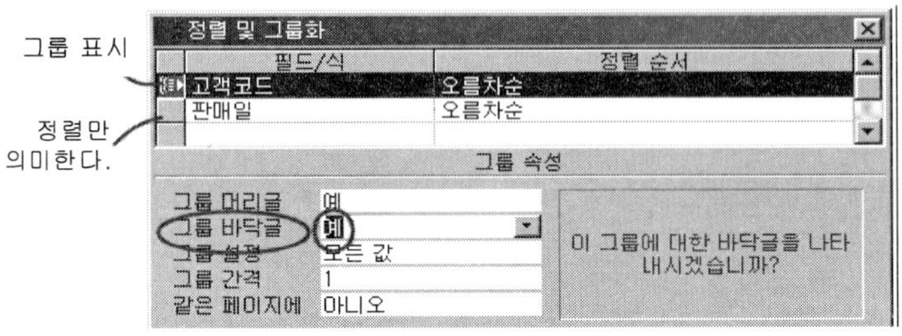

⑨ "고객코드" 바닥글 영역에 다음과 같이 [가나] 입력란 도구를 이용하여 입력란과 왼쪽에 레이블을 함께 추가하고, 입력란 컨트롤의 속성에서 "컨트롤 원본" 속성의 [...] 작성 단추를 누른 다음, 식을 입력한다.

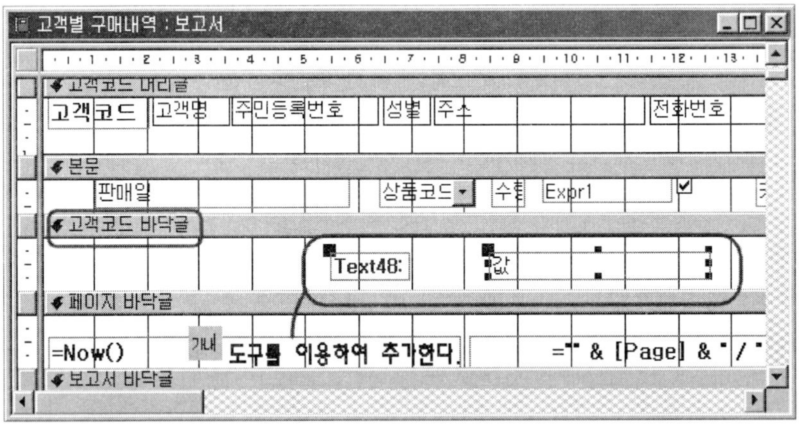

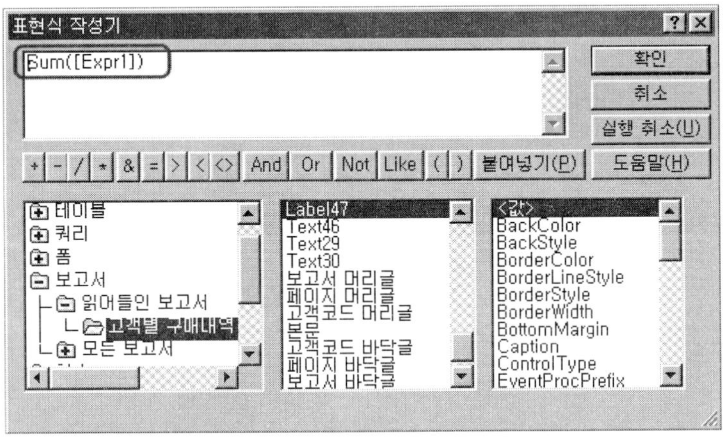

⑩ 레이블에는 "총 금액"이라고 입력하고 보고서를 인쇄 > 미리 보기 형태로 열어서 확인한다.

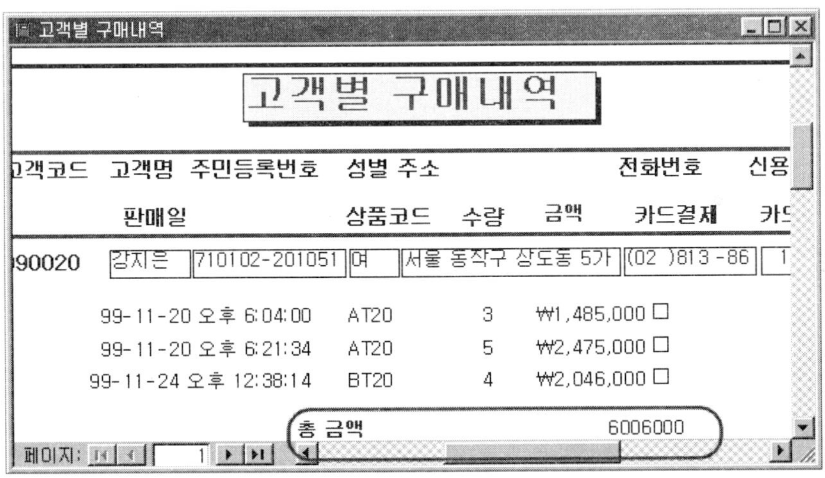

⑪ 인쇄되는 숫자 형식을 통화 표현 형식으로 변경하려면 컨트롤의 "형식" 속성을 "통화"로 설정한다.

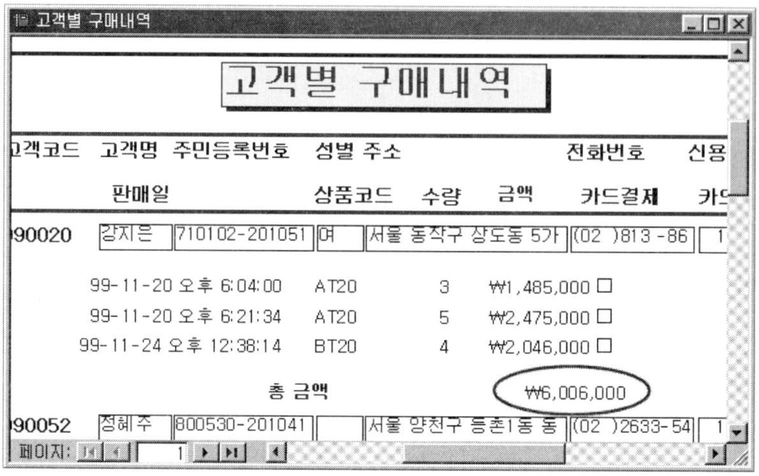

 앞에서 만든 "판매요약보고서"를 다음과 같이 되도록 수정한다.

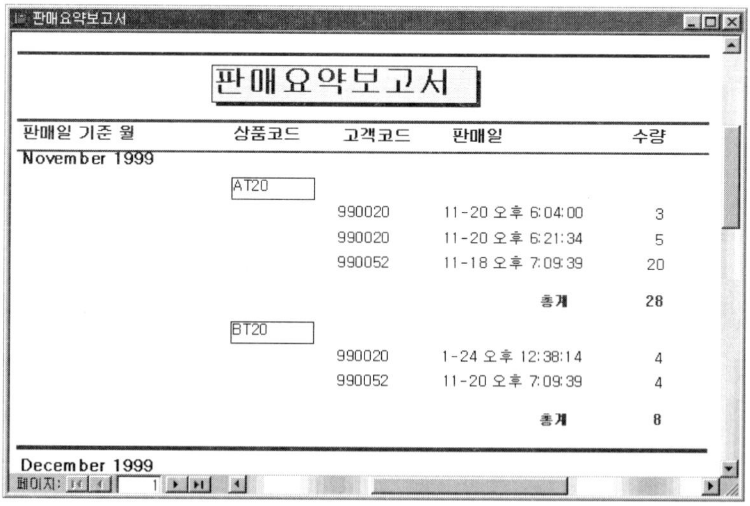

6 4 보고서 인쇄하기

① 데이터베이스 개체 창에서 인쇄 할 거래서명세서 개체를 선택 더블클릭하여 보고서를 실행한다.

② 인쇄 미리보기 탭을 사용하여 용지방향, 여백 등 인쇄에 필요한 페이지 설정사항을 선택한다.

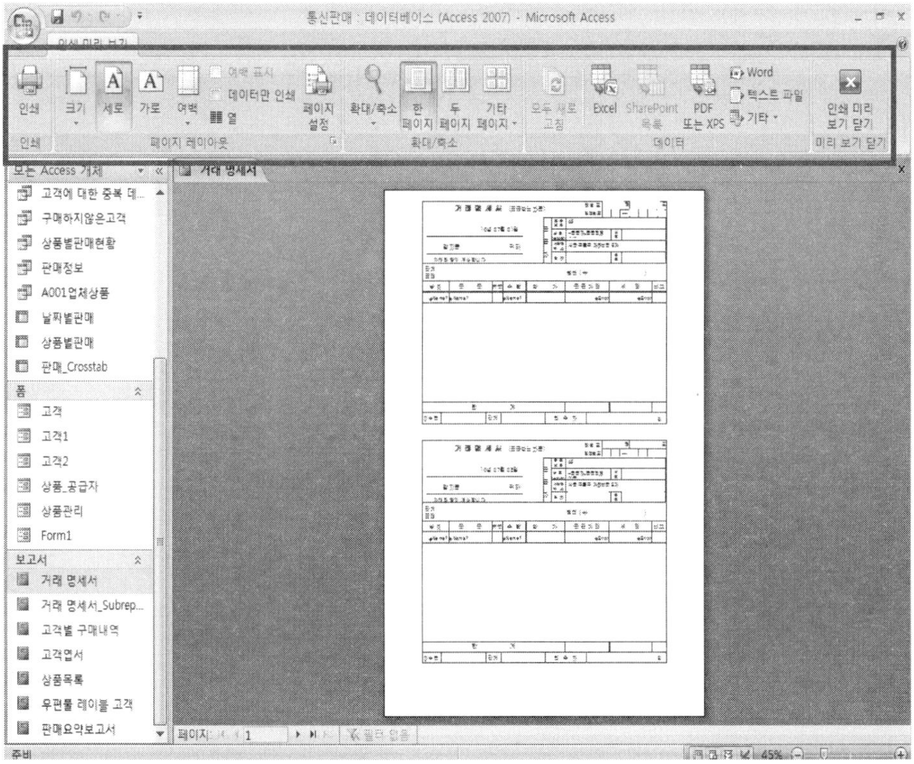

③ 인쇄 메뉴를 선택하여 인쇄한다.

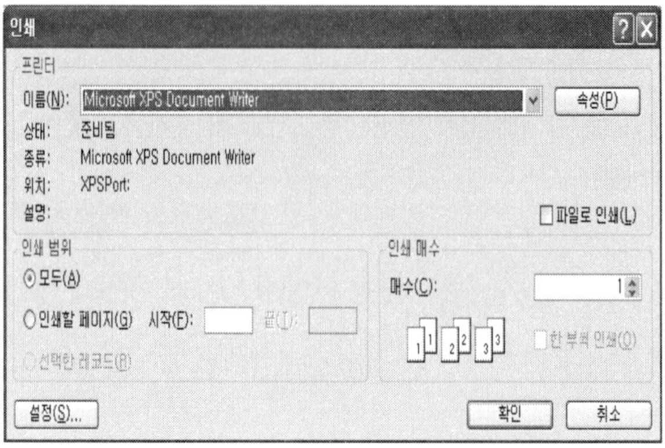

Chapter 7
매크로

매크로는 폼 열기나 보고서 인쇄와 같이 특별한 기능을 수행하는 하나 이상의 함수 집합이다. 매크로를 사용하면 일반적인 작업을 자동화할 수 있는데, 예를 들어, 사용자가 명령 단추를 누를 때 보고서를 인쇄하는 매크로를 실행할 수 있다.

매크로는 일련의 매크로 함수로 구성된 하나의 매크로일 수도 있고, 매크로 그룹일 수도 있다. 또한 조건식을 사용하여 특정 상황에서만 매크로 함수가 수행되게 할 수도 있다.

■

다음 매크로는 일련의 매크로 함수로 구성되어 있다. 이 함수들로 구성된 매크로가 실행될 때마다 이들 매크로 함수들이 차례대로 수행된다.

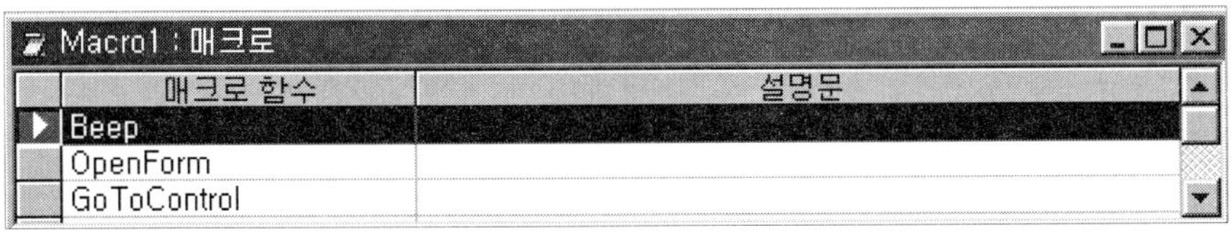

■

여러 매크로가 있을 때 관련 매크로를 하나의 매크로 그룹으로 그룹화하면 데이터베이스를 좀더 쉽게 관리할 수 있다. 매크로 그룹의 매크로 이름을 표시하려면 보기 > 매크로 이름 메뉴를 선택하여 매크로 창에 매크로 이름을 입력할 수 있는 필드를 나타낸다. 이 필드에 매크로 이름을 입력하면 된다.

예를 들어, 다음 매크로 그룹은 이름이 Macro1이고 FirstStep, SecondStep의 두 가지 관련 매크로로 구성되어 있다. 매크로 이름 열에 있는 이름은 각각의 매크로를 나타낸다.

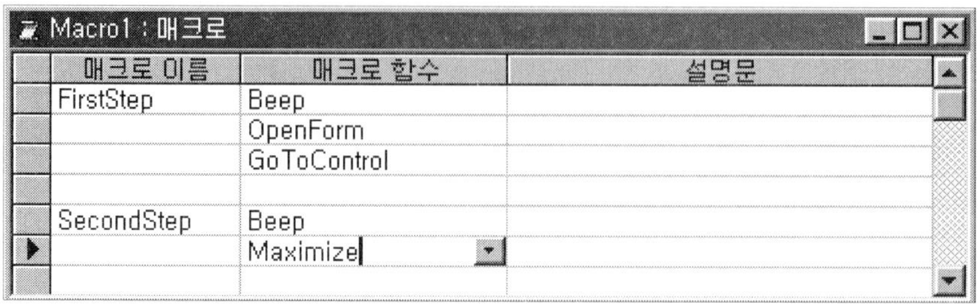

매크로 그룹 안의 매크로를 실행하려면 매크로 그룹 이름 다음에 마침표를 붙이고 뒤에 매크로 이름을 지정한다. 예제에서 Macro1 매크로 그룹의 SecondStep 매크로를 참조하려면 Macro1.SecondStep이라고 지정한다.

■

특정 조건이 참일 때 실행되는 매크로를 지정하려면 매크로 디자인 창에서 조건을 설정해야 한다. 매크로 디자인 창에 조건 열을 표시하려면 보기 > 조건 메뉴를 선택한다. 다음 매크로는 조건문 열의 식이 참일 때만(고객코드 필드가 Null 값일 때) Beep, MsgBox 매크로 함수를 실행한다.

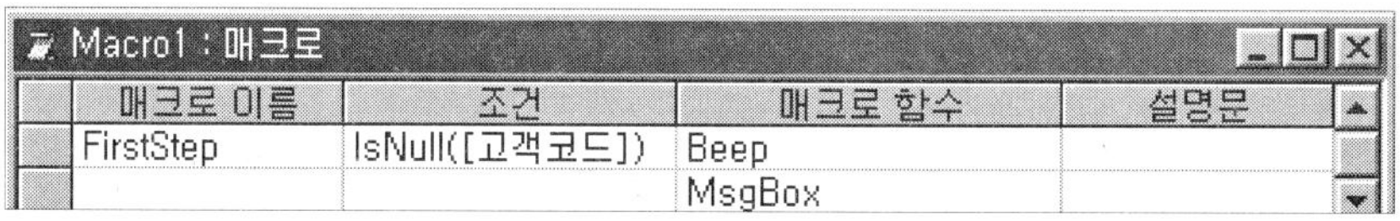

7 1 매크로 만들기

매크로에 대한 세부적인 내용은 매크로를 만들어 가면서 설명한다.

(1) 매크로 만들기

① 만들기 - 기타 - 매크로 - 매크로를 선택한다.

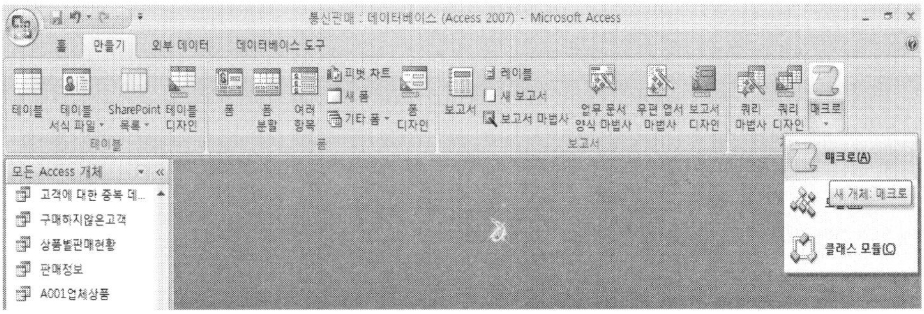

② 매크로 함수 열의 첫 셀을 누르고, 목록 단추를 눌러서 선택 가능한 매크로 함수 목록을 표시한 다음, 사용할 매크로 함수를 선택한다. OpenFom을 선택한다.

③ 매크로 함수에 대한 설명을 입력한다. 설명은 생략해도 되지만 작성해 놓으면 매크로를 이해하고 유지하는 데 도움이 된다.

④ 필요에 따라 디자인 창의 아래쪽에 매크로 함수 인수를 지정한다. 폼 이름 인수에서 "고객관리"를 선택한다.

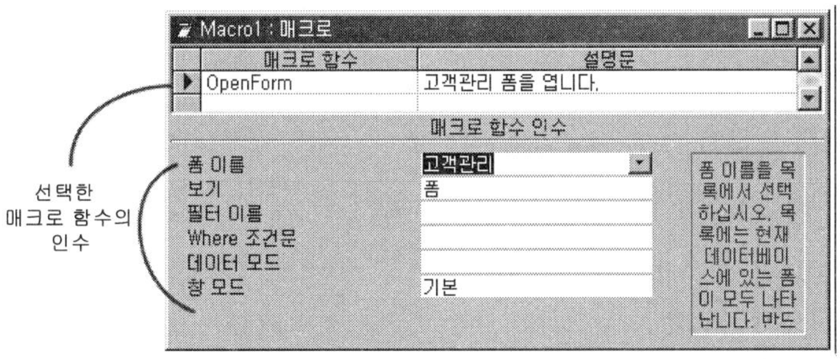

선택한 매크로 함수가 인수를 지정해야하는 경우라면 매크로 창의 아래쪽 부분에서 매크로 함수 인수를 설정해야 한다. 인수는 선택한 매크로 함수가 실행되기 위해 필요한 추가적인 정보를 제공한다.

각 인수 상자에 값을 직접 입력할 수도 있지만 대부분의 경우 목록에서 값을 선택하며 일반적으로 앞의 인수를 설정함에 따라 다음에 오는 인수의 설정이 결정될 수도 있으므로 목록에 나와 있는 순서대로 인수를 설정하는 것이 좋다. 매크로 함수 인수에 데이터베이스 개체 이름을 지정해야 하는 경우, 데이터베이스 창에서 개체를 끌어서 인수 상자에 놓으면 인수와 해당 개체 형식 인수가 자동으로 설정된다. 앞에 등호(=)를 붙이고 식을 사용하여 여러 개의 매크로 함수 인수를 한꺼번에 설정할 수 있다.

⑤ 또 다른 매크로 함수를 추가하려면 다른 매크로 함수 행으로 이동하여 단계 ② 부터 단계 ④까지 반복 실행한다. 이때 목록에 작성된 순서대로 매크로 함수가 실행되기 때문에 정의한 매크로 함수의 순서는 매우 중요하다. “Maximize” 함수를 선택한다.

⑥ 매크로를 다른 이름으로 저장한다.

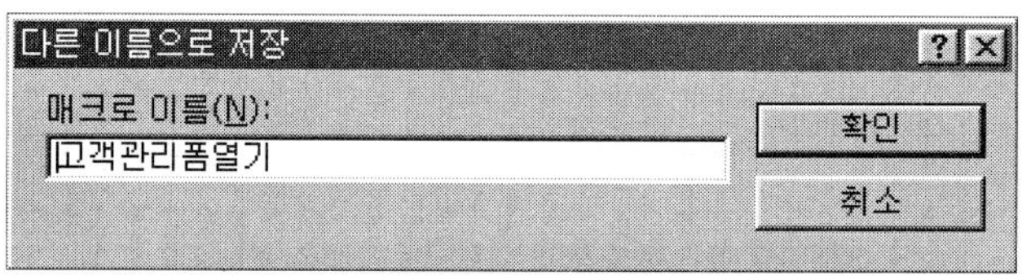

Tip

특정 데이터베이스 개체에서 매크로 함수를 실행하는 매크로를 간단히 작성하려면 데이터베이스 창에서 해당 개체를 끌어서 매크로 창의 매크로 함수 행에 놓는다. 예를 들어, 폼을 매크로 함수 행으로 끌어 놓으면 폼 열기 매크로가 작성된다. 이 작업을 실행하려면 창> 수직 배열 메뉴를 선택하고 매크로 창과 데이터베이스 창을 모두 화면에 나란히 표시한 다음 데이터베이스 창에서 개체 형식과 해당 개체를 선택하고 매크로 함수 행에 끌어다 놓는다. 또 다른 매크로나 저장 프로시저를 끌어다 놓으면 해당 매크로나 프로시저를 실행하는 매크로 함수가 추가되고, 다른 데이터베이스 개체를 끌어다 놓으면 해당 개체를 여는 매크로 함수가 추가된다. 데이터베이스 창에서 데이터베이스 개체를 끌어 매크로 함수를 추가하면 해당 매크로 함수에 대한 인수가 자동으로 설정된다.

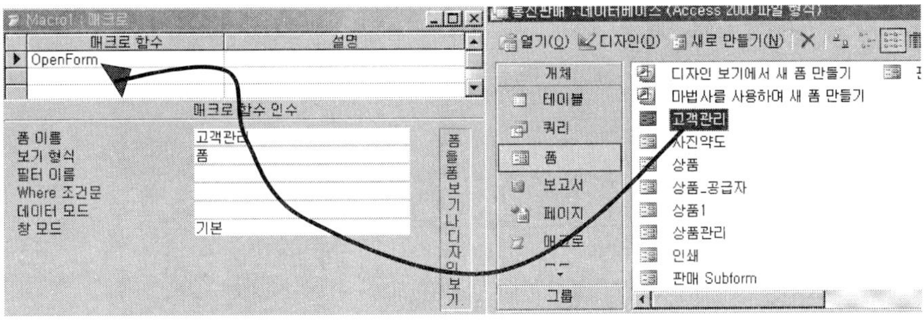

(2) 매크로 수정하기

■

현재 정의되어 있는 매크로 함수 행 사이에 새로운 매크로 함수를 삽입하려면 삽입할 행 바로 아래 행에서 선택기를 누른 다음 도구 >행 삽입 메뉴를 선택한다.

■

① 복사하거나 이동할 매크로 함수를 선택한다.
② 도구 > 복사 또는 잘라내기 메뉴를 선택한다.
③ 복사하거나 이동할 곳의 행을 선택한다.
④ 도구 > 붙여 넣기 메뉴를 선택한다.

Tip

매크로 함수를 복사하면 관련된 매크로 함수 인수, 매크로, 조건식도 복사된다.

(3) 조건식 추가하기

매크로 함수에 조건식을 추가하여 조건이 참인 경우에만 해당 매크로 함수가 실행되도록 할 수 있다.

① 매크로 창을 열어놓고 매크로 이름 위에서 오른쪽 마우스 누르고 > 조건 메뉴를 선택한다.
② 조건 열이 나타나면 조건을 설정할 매크로 함수에 조건식을 입력한다.

> **주의**
> 매크로 조건 열에서는 SQL 식을 사용할 수 없다.

실습

매크로가 다음과 같이 정의되어 있을 때 이 매크로가 실행되면 다음과 같은 작업 단계에 따라서 실행된다.

생략 기호

① Beep 함수가 실행된다.

② 고객코드가 Null인가를 검사한다.

③ 단계 ②에서 조건이 참이면 OpenForm 함수가 실행되고 Maxi- mize, FindRecord, OpenQuery 함수가 차례대로 실행된다.

④ 단계 ②에서 조건이 거짓이면 OpenForm 함수는 실행되지 않고 다음 행으로 넘어가는데 생략 기호("...")가 있는 행은 건너뛴다. 즉, 생략 기호("...")가 있는 행의 매크로 함수는 실행되지 않는다. 따라서 Maximize, FindRecord 함수는 실행되지 않고 OpenQuery 함수가 실행된다.

⑤ 다음 행에 있는 조건이 검사된다. 조건(isNull([수량]))이 참이면 Find- Next 함수가 실행되고 거짓이면 FindNext 함수는 실행되지 않는다.

■

조건식	[주소]="서울특별시"
설 명	매크로를 실행하는 폼의 필드에 있는 "주소" 값이 서울특별시인가?
조건식	DCount("[고객코드]", "판매")>10
설 명	"판매" 테이블에 있는 "고객코드" 필드에 서로 다른 값이 10개 이상이 있는가?

조건식	DCount("*", "판매", "[고객코드]=Forms![고객관리]![고객코드]")>3
설 명	"고객관리" 폼의 "고객코드" 필드 값과 동일한 레코드가 "판매" 테이블에 3개 이상이 있는가? 즉, 해당 고객의 판매 레코드가 3건 이상 있는가?
조건식	[판매일] Between #1999-11-2# And #1999-12-2#
설 명	매크로를 실행하는 폼의 "판매일" 필드 값이 1999년 11월 2일에서 1999년 12월 2일 사이에 있는가?
조건식	Forms![상품관리]![재고량]<10
설 명	"상품관리" 폼의 "재고량" 필드 값이 10보다 작은가?
조건식	IsNull([고객명])
설 명	매크로를 실행하는 폼의 "고객명" 값이 Null인가? [고객명] Is Null과 동일한 식이다.
조건식	[주소]="경기도" And Forms![판매관리]![수량]>10
설 명	매크로를 실행하는 폼의 "주소" 필드 값이 경기도이고, "판매관리" 폼의 "수량" 필드 값이 10보다 작은가?
조건식	[주소] In("경기도", "강원도", "제주도") And Len([전화번호])<>5
설 명	매크로를 실행하는 폼의 "주소" 필드 값이 경기도, 강원도, 제주도 중의 하나이고, "전화 번호"가 다섯 자리가 아닌가?
조건식	MsgBox("변경하시겠습니까?",1)=1
설 명	메시지상자 대화 상자에서 확인을 클릭했는가?

(4) 매크로 지정하기

단원 5에서 만들었던 "판매관리" 폼에, 단추 컨트롤을 추가하고 이 단추를 클릭했을 때 "고객관리" 폼을 보여주도록 해보자. 이때, 앞에서 만든 "고객관리폼열기" 매크로를 이용한다.

① "판매관리" 폼에 ▭ 명령 단추 도구를 이용하여 명령 단추를 추가한다.

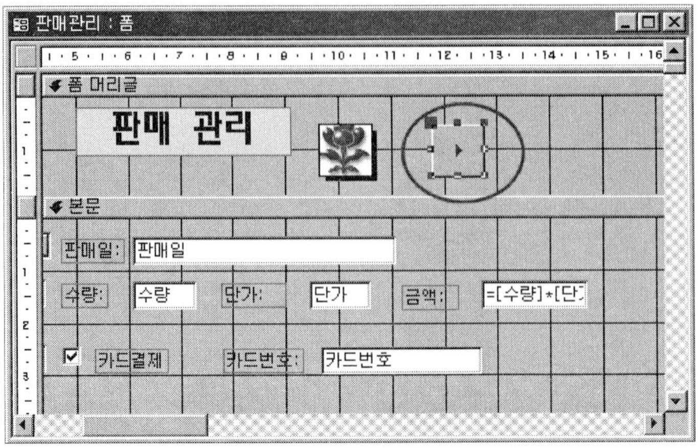

② 이때, 명령 단추 마법사가 시작되면 <취소>를 눌러서 닫는다.

③ 추가한 단추 컨트롤의 속성 창을 열고 “이벤트” 탭에서 “On Click” 이벤트에 “고객관리폼열기” 매크로를 설정한다.

④ “모두” 탭에서 그림 속성에 (없음)으로 지정되어 있지 않았다면, 먼저 지우고(자동으로 “(없음)”으로 설정된다.) 캡션 속성에 “고객관리폼 열기”라고 설정한다.

⑤ 폼을 폼 보기로 열고 단추를 클릭하면 지정된 “고객관리폼 열기” 매크로가 실행되어서 “고객관리” 폼이 열린다. 열리자마자 폼이 최대 크기로 확장될 것이다. 앞에서 매크로를 작성할 때 폼을 연 다음, 폼의 크기를 최대로 하는 “Maximize” 함수를 정의했다는 것을 기억하자.

(5) 매크로 그룹 만들기

하나의 매크로에 여러 개의 매크로를 포함할 수 있다. 포함된 각 매크로는 개별적으로 실행된다.

다음과 같은 예제에 매크로 그룹을 이용해보자.

"상품관리" 폼에서 상품명으로 조회하려고 한다. 즉, 상품코드와는 관계없이 "텔레비전"과 같이 특정한 종류에 해당되는 상품들을 "상품명"을 이용하여 조회되도록 하는 것이다. "상품명"에 "텔레비전"을 포함하는 상품이 여러 건 있을 수 있으므로 해당하는 상품 모두를 차례대로 조회할 수 있도록 해야 한다.

① "상품관리"폼을 디자인 보기로 열고 입력란 도구와 명령 단추 2개를 "폼 바닥글" 영역에 추가한다.

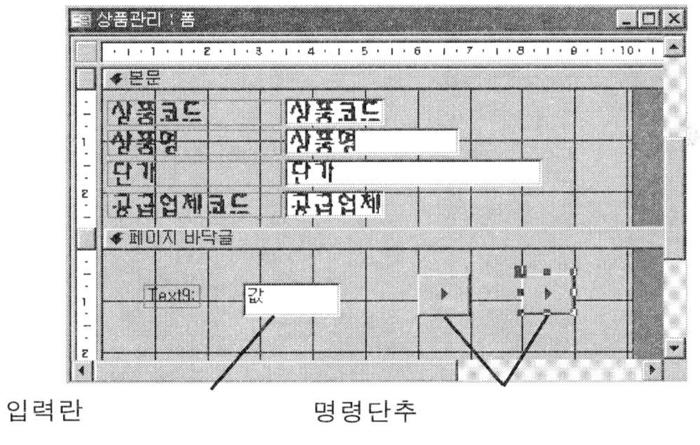

② 추가한 컨트롤의 속성을 다음과 같이 설정한다.

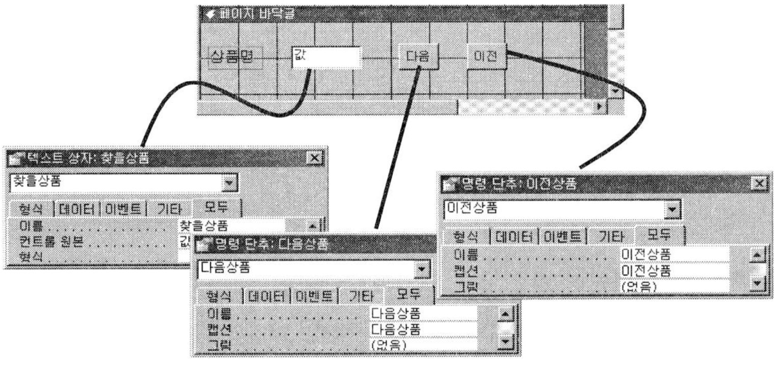

③ 새 매크로를 작성하기 위해 매크로 디자인 창을 연다.

④ 매크로그룹에 포함할 매크로를 정의하기 위해 도구 > 매크로 이름 메뉴를 선택하여 <매크로 이름>열을 추가한다. 다음과 같이 세 개의 매크로를 정의한다.

매크로 이름	매크로 함수	인 수	값
찾기	GoToControl	컨트롤이름	상품명
	FindControl	찾을 데이터	= "*" &[찾을상품]& "*"
		찾을 조건	필드의 일부
		대소문자 구분	아니오
		검색	모두
		표시형식일치	아니오
		현재필드만찾기	예
		처음부터찾기	예
	GoToControl	컨트롤이름	다음상품
다음	GoToControl	컨트롤이름	상품명
	FindControl	찾을 데이터	= "*" &[찾을상품]& "*"
		찾을 조건	필드의 일부
		대소문자 구분	아니오
		검색	아래쪽
		표시형식일치	아니오
		현재필드만찾기	예
		처음부터찾기	아니오
	GoToControl	컨트롤이름	다음상품
이전	GoToControl	컨트롤이름	상품명
	FindControl	찾을 데이터	= "*" &[찾을상품]& "*"
		찾을 조건	필드의 일부
		대소문자 구분	아니오
		검색	위쪽
		표시형식일치	아니오
		현재필드만찾기	예
		처음부터찾기	아니오
	GoToControl	컨트롤이름	이전상품

⑤ 매크로를 “상품조회”라는 이름으로 저장하고 “상품관리” 폼을 디자인 보기로 연다.

⑥ 폼에 추가한 1개의 입력란 컨트롤과 2개의 명령 단추의 속성창에서 각 이벤트에 다음과 같이 매크로를 지정한다.

컨트롤	이벤트	값	설 명
“이름” 입력란	After Update	상품조회.찾기	“이름” 입력란에 값이 변경되면 입력한 이름을 가진 고객을 찾는다.
“다음상품” 단추	On Click	상품조회.다음	<다음상품>단추가 클릭되면 다음 상품을 계속 조회한다.
“이전상품” 단추	On Click	상품조회.이전	<이전상품>단추가 클릭되면 이전 상품을 계속 조회한다.

⑦ 폼을 저장하고 폼 보기 상태로 연다. 그리고 “이름”란에 값을 입력하고 <다음상품>과 <이전상품> 단추를 눌러서 확인한다.

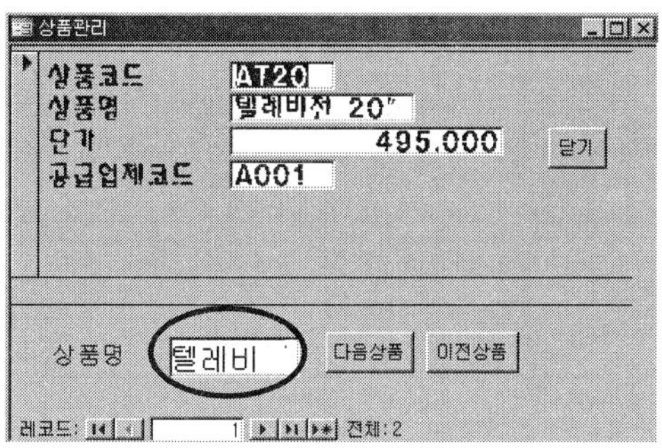

Tip

매크로를 실행할 때 한 단계씩 도구를 이용하면 매크로를 한 단계씩 실행해 볼 수 있다.

실습

“고객관리” 폼에서 “고객명”에 의해 레코드를 조회할 수 있도록 매크로를 작성한다.

(6) 키에 매크로 할당하기

AutoKeys라는 매크로를 만들어서 특정 키나 키 조합에 매크로 함수를 할당할 수 있다.

앞 단원에서 만든 매크로 그룹의 각 매크로 함수가 키를 사용해도 실행될 수 있도록 해보자.

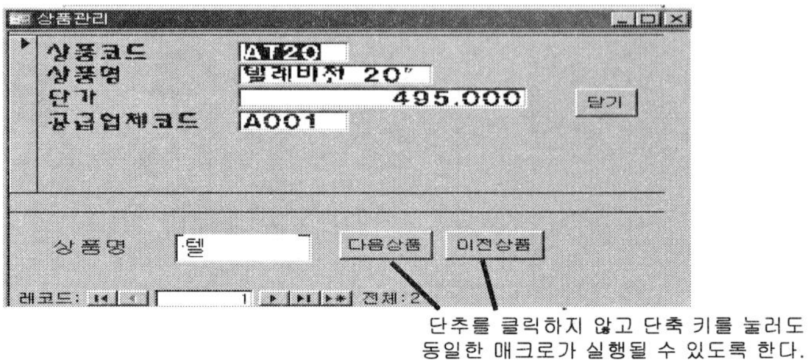

① 새 매크로를 작성하기 위해 매크로 디자인 창을 연다.

② 보기 > 매크로 이름 메뉴를 선택하여 매크로 이름 열을 표시하고 매크로를 다음과 같이 정의한다.

매크로 이름	매크로함수	인수	값
^n	RunMacro	매크로이름	상품조회.다음
^p	RunMacro	매크로이름	상품조회.이전

③ 매크로를 "autokeys"라는 이름으로 저장한다. "autokeys"라는 이름으로 저장해야만 매크로를 실행시킬 때 키를 사용할 수 있다.

④ "상품관리" 폼을 폼 보기로 열고 "찾는 상품명"에 값을 입력한 다음 <다음상품>이나 <이전상품> 단추를 클릭하는 대신에 Ctrl+n이나 Ctrl+p를 눌러서 해당 매크로가 실행되는지 확인한다.

■

AutoKeys 매크로 그룹에서 키를 할당할 때 사용할 수 있는 키 조합은 다음과 같다.

Ctrl+문자 키나 숫자 키
기능키
Ctrl+기능키
Shift+기능키
Ins
Ctrl+Ins
Shift+Ins
Delete
Ctrl+Delete
Shift+Delete

> Tip
> 복사 기능인 Ctrl+C 처럼 Access에서 이미 사용되는 키 조합에 새로운 키를 할당하면 기존 기능이 무시된다.

7 2 매크로 활용

(1) 컨트롤, 레코드, 폼 페이지 사이 이동하기

매크로를 이용하여 현재 레코드의 특정 컨트롤이나 필드로 포커스를 이동하려면 GoToControl 함수를 사용하고 컨트롤 이름 인수에 이동할 컨트롤 이름을 설정한다. 특정 레코드로 이동하려면 GoToRecord 함수를 사용하고 인수를 설정한다. 그리고 폼에서 포커스를 특정 페이지로 이동하려면 GoToPage 함수를 사용한다.
"공급자" 테이블을 관리하는 폼에서 현재 조회중인 공급업체가 납품하는 상품을 즉시 추가할 수 있도록 "상품관리"폼으로 이동할 수 있게 해보자.

① "공급자"테이블을 관리하는 폼이 없다면 매크로를 만들기 전에 "공급자"테이블의 모든 필드를 포함하는 폼을 마법사를 이용하여 만들어 놓는다. 폼의 이름은 "공급자"로 저장한다.
② 매크로를 정의하기 위해 새 매크로를 위한 디자인 창을 연다(데이터베이스창에

서 매크로 개체 유형 선택-<새로 만들기>).

③ 매크로 함수와 그에 대한 인수를 다음과 같은 순서로 정의한다.

매크로 함수	인수	설정 값	설명
Echo	화면 표시	아니오	매크로 실행 중에 화면 업데이트를 중단한다.
OpenForm	폼이름	상품관리	"상품 관리" 폼을 추가 모드로 연다.
	데이터 모드	추가	
SetValue	항목	[Forms]![상품관리]![공급업체코드]	"공급업체코드" 값을 가져간다.
	식	[Forms]![공급자]![공급업체코드]	
GoToControl	컨트롤 이름	상품코드	포커스 위치를 설정한다.

④ 매크로를 "폼이동" 이름으로 저장한다.

⑤ "공급자"폼을 디자인 보기로 열고 명령 단추 도구를 이용하여 컨트롤을 추가한다. 단추 마법사가 시작되면 <취소>를 눌러서 닫는다.

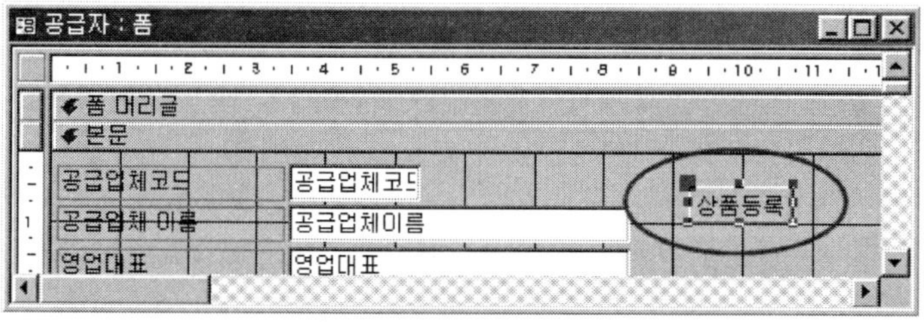

⑥ 추가한 컨트롤의 캡션 속성에는 "상품등록"을 정의하고 "이벤트"탭에서 On Click에는 "폼이동" 매크로를 목록에서 선택한다.

⑦ 폼을 폼보기로 열고 원하는 공급업자 레코드로 이동한 다음 <상품등록>버튼을 클릭한다. "상품관리" 폼이 열리면서 새로운 레코드를 추가하는 모드로 열리는가? 그리고 "공급업체코드"에는 "공급자" 폼에서 조회중인 현재 공급업체 코드가 자동으로 들어오는가? 또한 "상품관리" 폼이 나타날 때 포커스는 "상품코드"에 위치하는가?

> **Tip**
>
> "공급자" 폼에서 새로운 공급업체를 추가한 다음 그 공급업체가 납품하는 상품을 등록하기 위해 이동해서 "상품"을 등록하려고 하면 오류 메시지가 나타날 수 있다. 이것은 "공급자" 테이블에 새로운 공급업체 레코드가 제대로 추가되지 않았기 때문이다. "상품관리" 폼으로 이동하기 전에 "공급자" 폼에서 신규 레코드를 입력한 다음 레코드 이동 버튼을 이용하여 다른 레코드로 이동했다가 다시 조금 전에 입력했던 레코드로 이동시켜 놓고 "상품관리" 폼으로 이동하여 입력하면 된다.

⑧ 열린 폼("상품관리")을 닫는 새로운 매크로를 다음과 같이 작성한다. "폼닫기"라는 이름으로 저장한다.

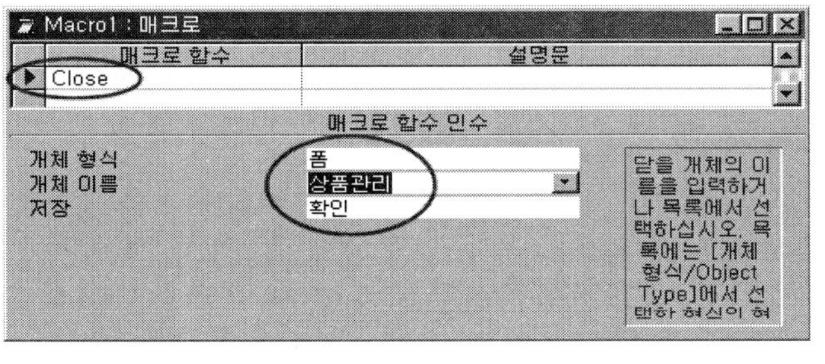

⑨ "상품관리" 폼을 디자인 보기로 열고 단추 도구를 이용하여 컨트롤을 추가한다.

마법사가 시작되면 <마침>을 눌러서 닫는다.

⑩ 단추 컨트롤의 속성 창을 연 다음 "이벤트" 탭에서 On Click에 "폼 닫기" 매크로를 선택하고 그림 속성이 (없음)으로 지정되어 있지 않으면, 지운 다음, 캡션 속성을 "닫기"로 설정한다.

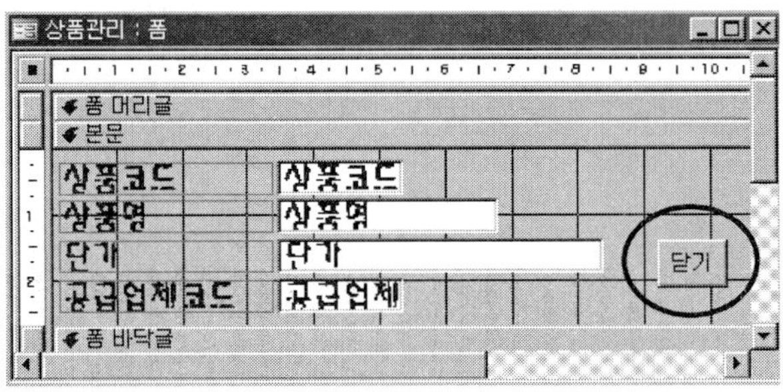

⑪ 다시 "공급자" 폼을 폼 보기로 열고, <상품등록> 버튼을 눌러서 "상품관리" 폼을 연다. 새로운 상품 레코드를 입력한 다음, <닫기> 버튼을 눌러본다.

(2) 컨트롤 속성 제어하기

매크로를 이용하여 폼에 배치된 각 컨트롤의 속성을 제어할 수 있다.

"판매관리" 폼에서 기존의 레코드를 조회할 때 "카드결제" 확인란이 체크되어 있을 경우에만 "카드번호" 컨트롤을 보여주고 그렇지 않은 경우에는 "카드번호" 컨트롤을 감추도록 할 수 있다. 또한 수정이나 입력시에 "카드결제"란을 클릭했을 때 체크된 경우에만 "카드번호" 컨트롤을 나타내서 입력할 수 있도록 하고 "카드결제"란을 클릭했을 때 설정을 해제한 경우라면 "카드번호" 컨트롤 값을 입력받을 필요가 없기 때문에 감추도록 한다.

① 새 매크로를 작성하기 위해 매크로 디자인 창을 연다.

② 보기 > 조건 메뉴를 선택하여 조건열을 추가한 후 다음과 같이 매크로 함수를 정의한다. "카드결제"가 체크되면 "카드번호" 컨트롤을 표시하고 매크로를 끝낸다. 그렇지 않으면 "카드번호" 컨트롤을 표시하지 않는다.

조 건	매크로함수	인수	값
[카드결제]=Yes	SetValue	항목	[Forms]![판매관리]![카드번호].[Visible]
		식	=Yes
...	StopMacro		
	SetValue	항목	Forms]![판매관리]![카드번호].[Visible]
		식	=No

③ 매크로를 "카드결제"라는 이름으로 저장한다.

④ "판매관리" 폼을 디자인 보기로 열고 폼의 On Current 이벤트에 "카드결제" 매크로를 지정한다(폼의 속성을 열려면 폼 선택기를 클릭하여 폼을 선택하고 속성창을 열어야 한다).

⑤ 폼보기로 열고 레코드 이동 버튼을 이용하여 조회하면 "카드결제"가 체크된 경우에만 "카드번호" 컨트롤이 표시될 것이다.

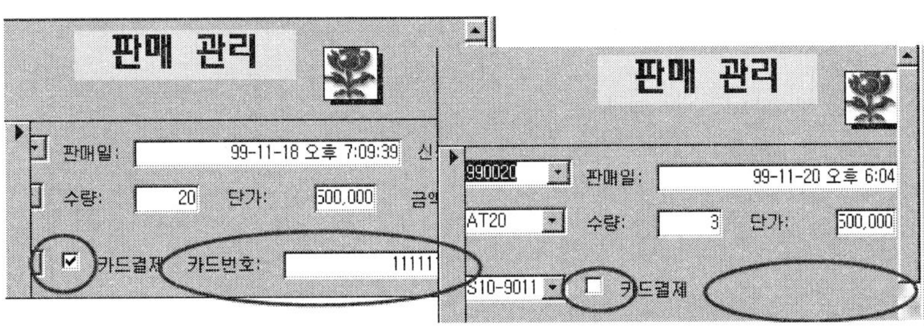

⑥ 그러나, "카드결제"란을 클릭하여 체크를 하거나 체크된 것을 해제할 경우에는 "카드번호" 컨트롤이 제어가 되지 않는다. 또한 새로운 레코드를 입력할 경우에

도 마찬가지일 것이다. 이것을 해결하기 위해 "카드결제"컨트롤의 On Click 이벤트에도 "카드결제" 매크로를 지정한다.

⑦ 실행시켜서 "카드결제"란을 클릭해본다. 클릭한 결과에 따라서 "카드번호" 컨트롤의 표시가 제어될 것이다.

(3) 유효성 검사하기

폼을 통해서 레코드가 입력되거나 수정될 때 특정 조건과 일치하는 경우에만 업데이트시켜야만 한다면, 이 경우에 매크로를 사용하여 해결할 수 있다.

"판매관리"폼에서 레코드를 입력할 때 총 구매 금액을 표시하였었다. 만약, 이 금액이 고객에게 지정된 신용한도액을 넘을 수 없다고 한다면 레코드가 업데이트되기 전에 검사를 해서 업데이트시킬 것인가를 결정해야 한다.

또한 이 금액과 비교해야할 데이터는 "고객" 테이블의 "신용한도액" 필드인데 폼에서는 폼의 레코드 원본에서 정의한 데이터이외의 다른 데이터는 참조할 수 없다. 현재 이 폼의 레코드 원본 속성에는 다음과 같이 정의되어 있다.

SELECT 판매.*, [상품].[단가] FROM 상품 INNER JOIN 판매 ON
[상품].[상품코드]=[판매].[상품코드];

따라서 현재는 "고객" 테이블의 "신용한도액" 필드 값을 참조할 수 없다. 먼저 이것부터 해결하고 난 다음, 매크로를 작성하여 적용하는 단계로 문제를 풀어보자.

① "판매관리" 폼을 디자인 보기로 열고 폼 선택기를 눌러서 폼을 선택한 다음, 폼의 속성 창을 연다.
② 레코드 원본 속성의 ... 작성 버튼을 눌러서 쿼리를 디자인보기로 연다.

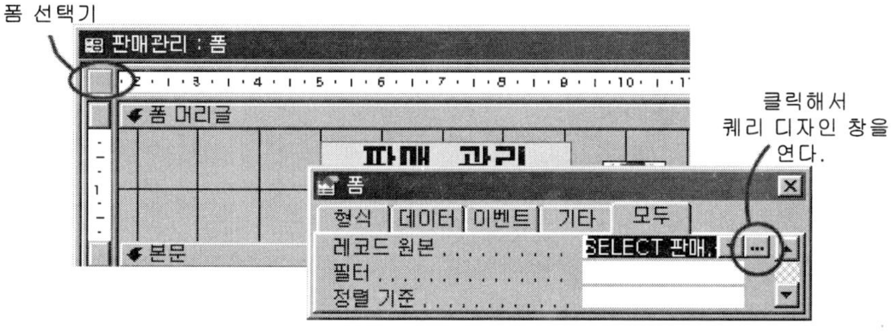

③ "고객" 테이블을 추가하기 위해 보기 > 테이블 표시 메뉴를 선택하고 "고객" 테이블을 추가한다.
④ 필드 행에서 "신용한도액"을 선택한다.

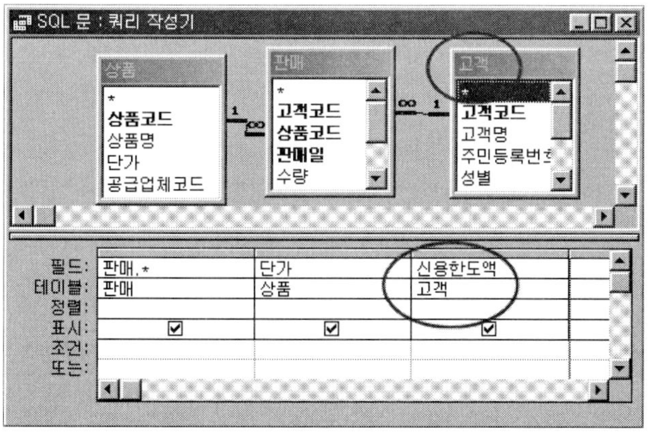

⑤ 폼에 “신용한도액” 필드를 표시할 필요는 없는데, 폼에 추가하려면 보기> 필드 목록 메뉴를 선택하여 필드 목록을 나타낸 다음, “신용한도액”을 끌어다 폼에 배치하면 된다. 이때 추가한 "신용한도액" 컨트롤에는 포커스가 가지 못하도록 하기 위해 사용 속성을 “아니오”로 지정한다.

⑥ 새로운 매크로를 작성하기 위해 매크로 창을 연다.

⑦ 조건식 열을 위해 보기 > 조건 메뉴를 선택하고 다음과 같이 매크로 함수를 정의한다.

조건식	함 수	인 수	값
[금액]>[신용한도액]	MsgBox	메시지	신용 한도액을 초과할 수 없습니다.
...	CancelEvent		

CancelEvent 매크로 함수를 실행하면, 그 이후에 정의된 매크로 함수를 실행하지 않고 중단한다. CancelEvent 매크로 함수에는 인수가 필요 없으며 폼에서는 일반적으로 CancelEvent 매크로 함수를 유효성 검사 매크로에서 BeforeUpdate 이벤트 속성과 함께 사용한다. 컨트롤이나 레코드에 입력한 데이터가 데이터베이스에 추가되기 전에 매크로가 실행되고 데이터가 매크로에 있는 유효성 검사 기준에 맞지 않으면 CancelEvent 매크로 함수를 실행시켜서 업데이트를 하지 못하도록 한다. MsgBox 매크로 함수와 함께 사용하면 유효성 검사 기준에 맞지 않은 데이터라는 메시지를 보여주고 기준에 맞는 정확한 데이터 형식에 관한 도움말을 나타낼 수 있다.

다음은 CancelEvent 매크로 함수로 취소할 수 있는 이벤트들이다.

ApplyFilter Dirty MouseDown BeforeDelConfirm Exit NoData BeforeInsert Filter Open BeforeUpdate Format Print DblClick KeyPress Unload Delete

취소될 수 있는 이벤트의 경우, 이벤트에 대한 매크로가 실행된 후 그 이벤트에 대한 기본 동작(이벤트가 발생했을 때 일반적으로 수행되는 동작)이 이루어진다. 이렇게 기본 동작을 취소할 수 있다. 예를 들어, 입력란에서 삽입 포인터 위치에 있는 단어를 두 번 클릭하면 일반적으로 그 단어가 선택된다. DblClick 이벤트의 매크로에서 이러한 기본 동작을 취소하고 입력란 데이터의 관련 정보를 갖는 폼을 여는 것과 같은 다른 동작을 실행할 수 있다. 취소될 수 없는 이벤트의 경우에는 기본 동작이 매크로 실행 전에 이루어진다.

⑧ 매크로를 “한도검사”라고 저장한다.

⑨ “상품관리” 폼을 디자인 보기로 열고 폼 선택기를 눌러서 폼을 선택한 다음 속성 창에서 Before Update 이벤트에 ”한도검사“ 매크로를 설정한다. 레코드가 수정(또는 입력)되기 전에 ”한도검사“ 매크로가 실행되도록 하여 조건에 일치하는 경우 수정을 못하도록 하기 위해서다.

⑩ 폼을 <폼 보기>로 열어서 새로운 레코드를 추가하거나 기존의 레코드의 값을 변경하고 다른 레코드로 이동해본다. 만약 “금액” 값이 “신용한도액”보다 크다면 메시지가 나오면서 업데이트 되지 않을 것이다.

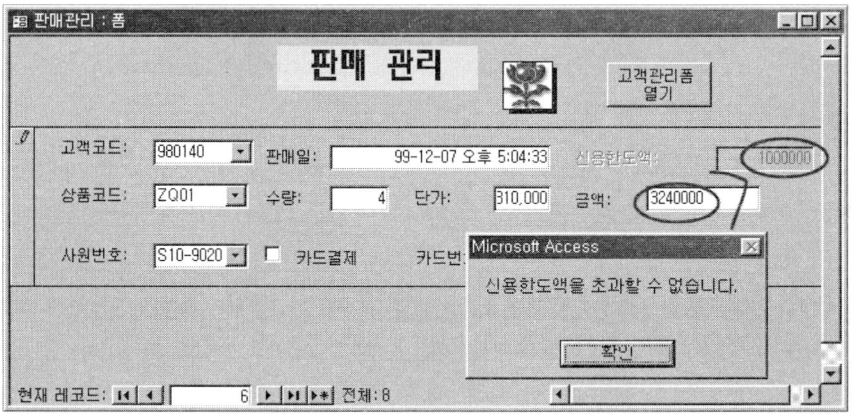

(4) 데이터베이스를 처음 열 때 실행되는 매크로

데이터베이스를 처음 열 때 자동으로 실행되는 매크로를 정의할 수 있다. 데이터베이스를 처음 열 때 자동으로 실행되는 매크로를 만들려면 반드시 AutoExec이라는 이름으로 매크로를 정의해야 한다. 데이터베이스를 열면 Microsoft Access가 AutoExec이라는 이름을 가진 매크로에 정의된 매크로 함수들을 자동으로 실행한다.

지금까지 작업하고 있는 "통신판매" 데이터베이스를 열 때 자동으로 실행되는 매크로를 만들어보자. 오늘 날짜를 보여주는 메시지 상자를 보여주고 "고객관리" 폼을 자동으로 열도록 한다.

① 새 매크로를 정의하기 위해 매크로 디자인 창을 연다.

② 매크로를 다음과 같이 정의한다.

매크로 함수	인수	값
MsgBox	메시지	= "오늘은 " & Date() & "입니다."
OpenForm	폼 이름	고객관리

③ 매크로를 "autoexec"라는 이름으로 저장한다.

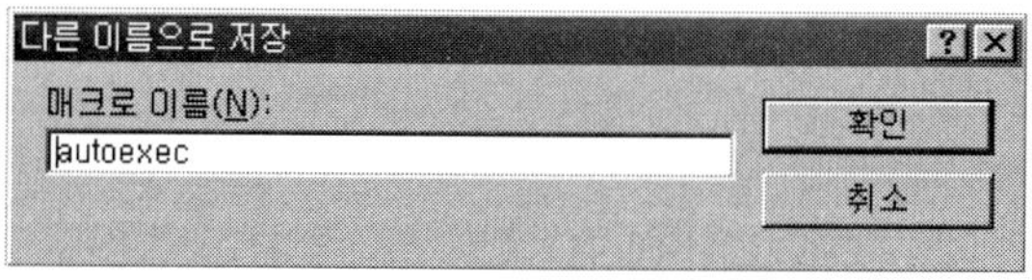

④ "통신판매" 데이터베이스를 닫고 다시 열어서 매크로가 자동으로 실행되는지 확인한다.

Tip

다음 번에 데이터베이스를 열 때 AutoExec 매크로가 실행되지 않게 하려면, 데이터베이스가 열리는 동안 Shift 키를 누르고 있으면 된다.

7 3 개체 참조

표현식에서 식별자를 사용하여 개체나 그 속성을 참조하는 일반적인 방법은 "[개체유형]![개체이름].[속성]" 형식을 사용하는 것이다.

다음은 화면 표시/Visible 속성을 참조하는 식별자이다. 각 구성요소에 대한 설명이다.

■

- [Forms]는 데이터베이스에서 열린 폼의 집합을 참조한다. Microsoft Access는 각 데이터베이스에 대해서 Forms 집합과 Reports 집합 등을 자동으로 만든다. Forms 집합은 모든 열린 폼으로 구성되고 Reports 집합은 모든 열린 보고서로 구성된다.
- [판매관리]는 Forms 집합의 "판매관리" 폼을 참조한다.
- [카드번호]는 "판매관리" 폼의 "카드번호" 컨트롤을 참조한다.
- Visible은 "카드번호" 컨트롤의 화면 표시/Visible 속성을 참조한다.

전체 식별자는 언제나 필요하지는 않지만 어떤 경우에는 전체 식별자를 반드시 사용해야 한다. 예를 들어, 현재의 폼이나 현재 보고서가 아닌 폼이나 보고서의 컨트롤을 참조할 때는 전체 식별자를 입력해야 한다.

다음은 다른 폼의 컨트롤에서 "상품관리" 폼의 "단가" 컨트롤과 "판매관리" 폼의 "수량" 컨트롤 값의 곱을 표시하려면 반드시 전체 식별자를 사용해야 한다.

■

현재 폼이나 현재 보고서의 컨트롤을 참조할 때는 폼이나 보고서를 지정할 필요가 없다. 예를 들어, 같은 폼에 있는 컨트롤의 값을 참조하여 그 값을 컨트롤 원본/ControlSource 속성으로 설정하려면 다음과 같이 설정한다.

■

하위 폼이나 하위 보고서의 컨트롤을 참조할 때는 Form이나 Report 속성을 사용하여 폼이나 보고서에 대한 전체 식별자를 지정할 필요가 없다. 예를 들어, "상품" 폼의 하위폼인 "판매 SubForm"에 있는 "수량" 컨트롤을 참조하려면 다음과 같이 한다.

■

매크로나 매크로 함수 인수에서 매크로를 실행하는 폼이나 보고서에 식별자를 지정할 필요는 없다. 예를 들어, 폼의 이벤트 속성을 매크로 이름으로 설정하면 매크로의 조건 열이나 매크로 함수 인수에서 폼의 식별자를 지정하지 않고도 폼의 컨트롤을 참조할 수 있다.

7.4 이벤트

이벤트란 어떤 개체에, 또는 개체와 함께 발생하는 특수한 사건이다. Microsoft Access는 마우스 클릭, 데이터 변경, 폼 열기와 닫기 등 다양한 이벤트에 응답할 수 있다. 이벤트는 대개 사용자 작업의 결과로 발생된다.

이벤트 프로시저나 매크로를 사용하여 폼, 보고서, 컨트롤에 발생하는 이벤트에 사용자의 액션을 지정할 수 있는데, "판매관리" 폼의 "고객관리폼 열기" 명령 단추를 눌렀을 때 "고객관리" 폼을 여는 경우를 생각하면 된다.

이벤트에 응답하여 매크로가 실행되게 하려면 폼, 보고서, 컨트롤에 대한 속성 창에서 원하는 이벤트에 실행할 매크로를 설정한다. 앞에서 매크로 작업을 할 때 이벤트에 매크로를 지정하여 해당 이벤트가 발생할 때 지정한 매크로가 실행되도록 한 것이다.

다음은 작업 종류에 따라 이벤트를 그룹화해서 알파벳 순서로 나타낸 것이다.

(1) 데이터 이벤트

폼이나 컨트롤에서 데이터를 입력, 삭제, 변경하거나 하나의 레코드에서 다른 레코드로 포커스가 이동할 때 발생한다.

이벤트	이벤트 속성 (발생할 수 있는 개체)	발생하는 경우
AfterDelConfirm	AfterDelConfirm (폼)	레코드의 삭제를 확인하고 실제로 레코드가 삭제되었거나 삭제를 취소했을 때 발생한다.
AfterInsert	AfterInsert (폼)	데이터베이스에 새 레코드가 추가되었을 때 발생한다.
AfterUpdate	AfterUpdate (폼, 컨트롤)	컨트롤이나 레코드가 변경된 데이터로 새로 고쳐졌을 때 발생한다. 컨트롤이나 레코드가 포커스를 잃을 때 발생하고, 레코드 > 레코드 저장 메뉴를 누를 때 발생한다. 새 레코드와 기존 레코드에 대해 모두 발생한다.
BeforeDelConfirm	BeforeDelConfirm (폼)	레코드를 삭제한 후 삭제 확인 대화 상자가 나타나기 전에 발생한다. 이 이벤트는 Delete 이벤트 이후에 발생한다.
BeforeInsert	BeforeInsert (폼)	아직 데이터베이스에 추가되지 않은 새 레코드에 첫 문자를 입력할 때 발생한다.
BeforeUpdate	BeforeUpdate (폼, 컨트롤)	컨트롤이나 레코드가 변경된 데이터로 새로 고쳐지기 전에 발생한다. 컨트롤이나 레코드가 포커스를 잃을 때 발생하고, 레코드 > 레코드 저장 메뉴를 선택할 때 발생한다. 새 레코드와 기존 레코드에 대해 모두 발생한다.
Current	OnCurrent (폼)	포커스를 레코드로 이동하여 현재 레코드가 되게 하거나 폼의 데이터 원본에 대한 질의를 다시 실행할 때 발생한다. 폼이 처음으로 열리거나 포커스가 하나의 레코드에서 다른 레코드로 이동될 때 발생한다. 또한 폼의 데이터 원본에 대한 질의를 다시 실행할 때도 발생한다. 예를 들어, 레코드 > 필터/정렬/삭제 메뉴를 누르거나 ShowAllRecords 매크로 함수나 Requery 매크로 함수를 사용할 때 발생한다.
Delete	OnDelete (폼)	레코드를 삭제할 때, 삭제를 확인하고 실제로 삭제되기 전에 발생한다.
Dirty	OnDirty (폼)	폼의 내용이나 콤보 상자의 텍스트 부분이 바뀔 때, 탭 컨트롤의 한 페이지에서 다른 페이지로 이동할 때 발생한다.
OnNotInList	OnNotInList (컨트롤)	콤보 상자 목록에 없는 값을 콤보 상자에 입력할 때 발생한다.
OnUpdated	OnUpdated (컨트롤)	OLE 개체의 데이터가 수정되었을 때 발생한다.

(2) 키보드 이벤트

키보드를 누르거나 Sendkeys 매크로 함수나 SendKeys 문을 통해 키입력을 전달할 때 발생한다.

이벤트	이벤트 속성 (발생할 수 있는 개체)	발생하는 경우
KeyDown	OnKeyDown (폼, 컨트롤)	컨트롤이나 폼이 포커스를 가지는 동안 키보드의 임의의 키를 누르면 발생한다. 폼에 표시된 모든 컨트롤이 사용 불가능 상태이거나 폼에 컨트롤이 존재하지 않을 때만 폼이 포커스를 가진다. 매크로의 SendKeys 매크로 함수나 모듈의 SendKeys 문을 사용하여 키입력을 폼이나 컨트롤로 전송할 때도 KeyDown 이벤트가 발생한다. 폼의 KeyPreview 속성을 "예" 로 설정하면 컨트롤에 대해 KeyDown 이벤트가 발생하기 전에 모든 KeyDown 이벤트(컨트롤에 대한 이벤트까지도)가 폼에 전달된다. 키를 계속 누르고 있으면 KeyDown 이벤트가 반복적으로 발생한다.
OnKeyUp	OnKeyUp (폼, 컨트롤)	컨트롤이나 폼이 포커스를 가지고 있는 동안 누르고 있던 키를 놓을 때 발생한다. 포커스를 가진 개체가 모든 키입력을 받는다. 폼에 표시된 모든 컨트롤이 사용 불가능 상태이거나 폼에 컨트롤이 존재하지 않을 때만 폼이 포커스를 가질 수 있다. 매크로의 SendKeys 매크로 함수나 모듈의 SendKeys 문을 사용하여 키입력을 폼이나 컨트롤에 전송할 때도 KeyUp 이벤트가 발생한다. 폼의 KeyPreview 속성을 "예"로 설정하면 컨트롤에 대해 KeyUp 이벤트가 발생하기 전에 모든 KeyUp 이벤트(컨트롤에 대한 이벤트까지도)가 폼에 전달된다. 키를 누르고 있으면 KeyDown과 KeyPress 이벤트가 모두 발생한 후에 KeyUp 이벤트가 발생한다.

(3) 오류와 타이밍 이벤트

폼이나 보고서에서 오류를 처리하고 데이터를 동기화하는데 사용한다.

이벤트	이벤트 속성 (발생할 수 있는 개체)	발생하는 경우
OnError	OnError (폼, 보고서)	폼이나 보고서 사용 중에 실행 시간 오류가 발생하면 이 이벤트가 발생한다. Jet 데이터베이스 엔진 오류가 여기에 포함되지만 모듈의 실행 시간 오류는 포함되지 않는다(매크로는 어떤 오류가 발생했는지 구분하지 못하므로 이 이벤트에 대해 보통 모듈의 이벤트 프로시저를 사용한다).
OnTimer	OnTimer (폼)	폼의 TimerInterval 속성에 의해 지정된 시간 간격이 경과되면 발생한다. 타이머 이벤트를 사용하여 지정된 간격마다 질의를 다시하거나, 최신 정보로 고침으로써 여러 사용자가 작업하는 환경에서 데이터가 동기화되도록 할 수 있다.

(4) 마우스 이벤트

마우스 단추를 누르는 것과 같은 마우스 동작이 일어날 때 발생한다.

이벤트	이벤트 속성 (발생할 수 있는 개체)	발생하는 경우
OnClick	OnClick (폼, 컨트롤)	컨트롤의 경우에 이 이벤트는 컨트롤 상에서 마우스의 왼쪽 단추를 눌렀다 놓을 때(누를 때) 발생한다. 폼의 경우에 이 이벤트는 레코드 선택기나 해당 영역이나 컨트롤 밖의 영역을 누를 때 발생한다.
DblClick	OnDblClick (폼, 컨트롤)	컨트롤이나 그 이름표 상에서 마우스의 왼쪽 단추를 두번 눌렀다 놓을 때 발생한다. 폼의 경우에 이 이벤트는 폼 상의 빈 영역이나 사용 불가능한 컨트롤을 두 번 누를 때 발생한다.

MouseDown	OnMouseDown (폼, 컨트롤)	포인터가 폼이나 컨트롤에 있는 동안 마우스 단추를 누를 때 발생한다. 매크로의 CancelEvent 매크로 함수를 사용하여 MouseDown 이벤트를 취소하면 마우스의 오른쪽 단추를 누를 때 폼의 단축 메뉴나 컨트롤이 표시되는 것을 막을 수 있다.
MouseMove	OnMouseMove (폼, 컨트롤)	마우스 포인터를 폼, 폼 영역, 컨트롤 등으로 이동시킬 때 발생한다.
MouseUp	OnMouseUp (폼, 컨트롤)	포인터가 폼이나 컨트롤에 있을 때 눌렀던 마우스 단추를 놓을 때 발생한다.

(5) 필터 이벤트

폼에 필터를 적용하거나 필터를 작성할 때 발생한다.

이벤트	이벤트 속성 (발생할 수 있는 개체)	발생하는 경우
ApplyFilter	OnApplyFilter (폼)	레코드 > 필터 적용 메뉴를 누르거나 <필터 적용> 도구 단추를 누를 때 발생한다. 가장 최근에 작성된 필터(폼 필터나 고급 필터/정렬 창을 사용하여 만든 필터)가 적용된다. 레코드 > 필터 > 선택 필터 메뉴를 누르거나 <선택 필터> 도구 단추를 누를 때 발생한다. 폼의 현재 선택 영역에 따라 필터를 적용한다. 레코드 > 필터/정렬 삭제 메뉴를 누르거나 <필터 삭제> 도구 단추를 누를 때 발생한다. 폼에 현재 적용되는 모든 필터(또는 정렬)를 삭제한다. 고급 필터/정렬 창이나 폼 필터 창을 닫을 때 발생한다.
OnFilter	OnFilter (폼)	레코드 > 필터 > 폼 필터 메뉴를 누르거나 도구 모음에서 <폼 필터> 단추를 누를 때 발생한다. 폼 필터 창이 열리면 이 창에서 폼의 필드에 기초하여 필터를 손쉽게 작성할 수 있다. 레코드 > 필터 > 고급 필터/정렬 메뉴를 누를 때 발생한다. 고급 필터/정렬 창이 열리면 이 창에서 폼에 대한 고급 필터를 작성할 수 있다.

(6) 인쇄 이벤트

보고서를 인쇄 중이거나 서식을 설정할 때 발생한다.

이벤트	이벤트 속성 (발생할 수 있는 개체)	발생하는 경우
Format	OnFormat (보고서)	보고서의 한 영역에 어떤 데이터가 들어갈 것인지 결정할 때 발생하는데 미리 보기나 인쇄를 위해 서식을 설정하기 전에 발생한다. 매크로나 이벤트 프로시저는 쪽 윤곽을 변경하기 위해 현재 레코드의 데이터를 사용할 수 있다.
NoData	OnNoData (보고서)	데이터를 갖지 않는 보고서(연결된 테이블에 레코드가 한 건도 없는 경우)를 서식 설정할 때 그러나 보고서가 인쇄되기 전에 발생한다. 이 이벤트를 사용하여 빈 보고서의 인쇄를 취소할 수 있다.
Page	OnPage (보고서)	인쇄를 위해 쪽의 서식을 설정한 후 그 쪽이 인쇄되기 전에 발생한다.
Print	OnPrint (보고서)	보고서 영역을 서식 설정한 후 그 영역이 인쇄되기 전에 발생한다.
Retreat	OnRetreat (보고서)	여러 번의 서식 설정 과정을 수행하기 위해 쪽의 보고서 영역을 "백업"해야 할 때 발생한다. 그 영역에 대한 Format 이벤트 후에 발생하며 Print 이벤트 전에 발생한다. 각 영역에 대한 Retreat 이벤트는 그 영역을 백업할 때 발생한다. 이것은 그 영역에 대해서 Format 이벤트 동안의 변경사항들을 취소할 수 있도록 해준다.

(7) 포커스 이벤트

폼이나 컨트롤이 포커스를 얻거나 잃을 때 발생하거나 폼이나 보고서가 활성화되거나 비활성화될 때 발생한다.

이벤트	이벤트 속성 (발생할 수 있는 개체)	발생하는 경우
Activate	OnActivate (폼, 보고서)	폼이나 보고서가 활성 창이 될 때 발생한다.
Deactivate	OnDeactivate (폼, 보고서)	활성 창이 바뀔 때 발생하는데 다른 창이 활성 창이 되기 전에 발생한다. 다른 응용 프로그램의 창, 대화 상자, 돌출 폼 등으로 포커스가 이동할 때는 이벤트가 발생하지 않는다.
Enter	OnEnter (컨트롤)	폼의 다른 컨트롤에서 특정 컨트롤로 포커스가 실제로 옮겨지기 전이나 폼을 열 때 발생한다. 이 이벤트는 GotFocus 이벤트 전에 발생한다.
Exit	OnExit (컨트롤)	같은 폼에서 컨트롤이 포커스를 다른 컨트롤로 이돈하기 전에 발생한다. 이 이벤트는 LostFocus 이벤트 전에 발생한다.
GotFocus	OnGotFocus (폼, 컨트롤)	컨트롤이 포커스를 얻거나 활성화되거나 또는 사용 가능한 컨트롤이 없는 폼이 포커스를 얻을 때 발생한다. 폼에 표시된 모든 컨트롤이 사용 불가능 상태이거나 폼에 컨트롤이 존재하지 않을 때만 폼이 포커스를 가질 수 있다.
LostFocus	OnLostFocus (폼, 컨트롤)	폼이나 컨트롤이 포커스를 잃을 때 발생한다. 폼에 표시된 모든 컨트롤이 사용 불가능 상태이거나 폼에 컨트롤이 존재하지 않을 때만 폼이 포커스를 가진다.

(8) 창 이벤트

폼이나 보고서를 열거나 닫을 때 또는 크기를 조정할 때 발생한다.

이벤트	이벤트 속성 (발생할 수 있는 개체)	발생하는 경우
Close	OnClose (폼, 보고서)	폼이나 보고서를 닫아서 화면에서 사라질 때 발생한다.

Load	OnLoad (폼)	폼을 열어 그 레코드들이 표시될 때 발생한다. 이 이벤트는 Current 이벤트 전에 발생하고 Open 이벤트 후에 발생한다.
Open	OnOpen (폼, 보고서)	폼을 열어 그 레코드가 처음으로 표시되기 전에 발생한다. 보고서를 열어 인쇄하기 전에 발생한다.
Resize	OnResize (폼)	폼의 크기가 변경될 때 발생한다. 이 이벤트는 폼이 처음으로 표시될 때도 발생한다.
Unload	OnUnload (폼)	폼을 닫아 레코드들이 제거될 때 화면에서 사라지기 전에 발생한다. 이 이벤트는 Close 이벤트 전에 발생한다.

7 5 이벤트 발생 순서

한 컨트롤에서 다른 컨트롤로 이동하는 것과 같은 단일 작업을 통해, 다른 여러 이벤트를 특정 순서로 발생시킬 수 있다. 이벤트의 발생 시점과 순서는 매크로나 이벤트 프로시저의 실행 방법과 시점에 영향을 주므로 매우 중요하다. 예를 들어, 두 이벤트 프로시저가 특정 순서로 실행될 때는 해당 이벤트도 그 순서대로 연결해야 한다.

(1) 폼 컨트롤의 이벤트 순서

컨트롤의 포커스를 이동하거나, 데이터 변경 및 업데이트 시에는 컨트롤에 이벤트가 발생한다.

■

예를 들어 하나 이상의 활성 컨트롤이 있는 폼을 열거나 같은 폼에서 다른 컨트롤로 이동하여 폼 컨트롤의 포커스를 이동하면 Enter와 GotFocus 이벤트가 다음 순서대로 발생한다.

Enter => GotFocus

폼을 열면 다음과 같이 폼 열기와 연결된 이벤트(예 : Open과 Activate, Current)가 발생한 후 컨트롤로 포커스 이동하는 이벤트가 발생한다.

Open(폼) => Activate(폼) => Current(폼) => Enter(컨트롤) => GotFocus(컨트롤)

예를 들어, 여러 개의 활성 컨트롤이 있는 폼을 닫거나 한 폼 안에서 다른 컨트롤로 이동하여 포커스가 폼 컨트롤의 다른 위치로 이동하면 Exit와 LostFocus 이벤트가 다음과 같은 순서로 발생한다.

Exit => LostFocus

폼을 닫으면 다음과 같이 폼 닫기와 연결된 이벤트(예 : Unload와 Deactivate, Close)가 발생한 후 Exit와 LostFocus 이벤트가 발생한다.

Exit(컨트롤) => LostFocus(컨트롤) => Unload(폼) => Deactivate(폼) => Close(폼)

■

폼의 컨트롤에 데이터를 입력하거나 변경한 다음 다른 컨트롤로 이동하면 BeforeUpdate와 AfterUpdate 이벤트가 발생한다.

BeforeUpdate => AfterUpdate

변경된 컨트롤의 Exit와 LostFocus 이벤트는 BeforeUpdate와 AfterUpdate 이벤트가 발생한 후 발생한다.

BeforeUpdate => AfterUpdate => Exit => LostFocus

입력란이나 콤보 상자의 입력란 부분에서 텍스트를 변경하면 Change 이벤트가 발생한다. 이 이벤트는 컨트롤 내용이 변경될 때마다 발생하지만 다른 컨트롤이나 레코드로 이동하기 전에 발생하므로 BeforeUpdate와 AfterUpdate 이벤트 전에 발생한다. 입력란이나 콤보 상자의 입력란에 키를 누를 때마다 다음 이벤트가 순서대로 발생한다.

KeyDown => KeyPress => Change => KeyUp

콤보 상자에서 콤보 상자 목록에 없는 값을 입력하고 다른 컨트롤이나 레코드로 이동하면 NotInList 이벤트가 발생한다. 이 이벤트는 콤보 상자의 키보드 이벤트나 Change 이벤트 다음에 발생하지만 다른 컨트롤이나 폼 이벤트보다 먼저 발생한다. 콤보 상자의 LimitToList 속성이 Yes로 설정되어 있으면 NotInList 이벤트 직후에 폼의 Error 이벤트가 발생한다.

KeyDown => KeyPress => Change => KeyUp => NotInList => Error

(2) 폼 레코드의 이벤트 순서

레코드의 포커스를 이동하거나 레코드 데이터 업데이트, 기존 레코드 삭제, 새 레코드 작성 시에는 레코드에 이벤트가 발생한다.

■

포커스를 폼의 기존 레코드로 이동하거나 레코드에 데이터를 입력 및 변경한 다음, 포커스를 다른 레코드로 이동하면 폼에서 다음 순서로 이벤트가 발생한다.

Current(폼) => BeforeUpdate(폼) => AfterUpdate(폼) => Current(폼)

데이터가 변경된 레코드에서 이동하여 다음 레코드를 입력하기 전에 포커스가 있는 컨트롤의 Exit와 LostFocus 이벤트가 발생한다. 이러한 이벤트는 다음과 같이 폼의 BeforeUpdate와 AfterUpdate 이벤트 다음에 발생한다.

BeforeUpdate(폼) => AfterUpdate(폼) => Exit(컨트롤) =>
LostFocus(컨트롤) => Current(폼)

폼의 컨트롤 간에 포커스를 이동할 때 각 컨트롤에 이벤트가 발생한다. 예를 들어, 다음과 같은 경우에는 이벤트가 다음 순서로 발생한다.

■

Current(폼) => Enter(컨트롤) => GotFocus(컨트롤) =>
BeforeUpdate(컨트롤) => AfterUpdate(컨트롤)

■

Exit(컨트롤1) => LostFocus(컨트롤1) => Enter(컨트롤2) =>
GotFocus(컨트롤2)

■

BeforeUpdate(폼) => AfterUpdate(폼) => Exit(컨트롤2) =>
LostFocus(컨트롤2) => Current(폼)

■

레코드를 삭제하면 폼에 다른 이벤트가 발생하며 삭제를 확인하는 대화 상자가 나타난다.

Delete => BeforeDelConfirm => AfterDelConfirm

Delete 이벤트를 취소하면 BeforeDelConfirm과 AfterDelConfirm 이벤트가 발생하지 않으며 대화 상자도 나타나지 않는다.

■

폼에서 포커스를 새(빈) 레코드로 옮긴 다음 컨트롤에 입력하여 새 레코드를 작성하면 다음 순서대로 이벤트가 발생한다.

Current(폼) => Enter(컨트롤) => GotFocus(컨트롤) =>
BeforeInsert(폼) => AfterInsert(폼)

폼 컨트롤과 새 레코드의 BeforeUpdate와 AfterUpdate 이벤트는 BeforeInsert 이벤트가 발생하고 AfterInsert 이벤트가 발생하기 전에 발생한다.

(3) 폼과 하위 폼의 이벤트 순서

폼의 이벤트는 폼을 열거나 닫을 때, 폼 사이를 이동할 때와 폼의 데이터 작업시 발생한다.

■

폼을 열면 폼에서 다음과 같은 순서대로 이벤트가 발생한다.
Open => Load => Resize => Activate => Current

폼에 활성 컨트롤이 없으면 Activate 이벤트가 발생하고, Current 이벤트가 발생하기 전에 GotFocus 이벤트도 발생한다.

폼을 닫으면 폼에 다음 순서대로 이벤트가 발생한다.

Unload => Deactivate => Close

폼에 활성 컨트롤이 없으면 Unload 이벤트가 발생하고 Deactivate 이벤트가 발생하기 전에 LostFocus 이벤트도 발생한다.

■

열려진 두 폼 사이를 이동하면 첫 번째 폼에 Deactivate 이벤트가 발생하고 두 번째 폼에 Activate 이벤트가 발생한다.

Deactivate(폼1) => Activate(폼2)

폼에서 다른 창으로 전환하면 폼에 Deactivate 이벤트도 발생한다. 그러나 대화 상자나 PopUp 속성이 Yes로 설정된 폼, 다른 응용 프로그램의 창으로 전환하면 Deactivate 이벤트가 발생하지 않는다. 그러나 이미 열려진 폼으로 이동하면 OpenForm 매크로 함수를 실행하여 폼으로 이동해도 Open 이벤트가 발생하지 않는다.

■

폼에서 레코드 간을 이동하고 데이터를 변경하면 폼과 컨트롤에 이벤트가 발생한다. 예를 들어, 폼을 열면 다음 순서로 이벤트가 발생한다.

Open(폼) => Load(폼) => Resize(폼) => Activate(폼) =>
Current(폼) => Enter(컨트롤) => GotFocus(컨트롤)

마찬가지로 폼을 닫으면 다음 순서대로 이벤트가 발생한다.
Exit(컨트롤) => LostFocus(컨트롤) => Unload(폼) =>
Deactivate(폼) => Close(폼)

컨트롤 데이터를 변경하면 Exit 이벤트가 발생하기 전에 컨트롤과 폼에 BeforeUpdate와 AfterUpdate 이벤트가 발생한다.

■

하위 폼이 포함된 폼을 열면 하위 폼과 그 레코드가 기본 폼보다 먼저 로드된다. 따라서 하위 폼과 그 컨트롤의 이벤트(예 : Open, Current, Enter, GotFocus)가 기본 폼의 이벤트보다 먼저 발생한다. 그러나 하위 폼에는 Activate 이벤트가 발생하지 않으므로 기본 폼을 열면 기본 폼의 Activate 이벤트만 발생한다.
마찬가지로 하위 폼이 포함된 어떤 폼을 닫으면 그 폼이 언로드된 후에 하위 폼과 그 레코드가 언로드된다. 하위 폼에는 Deactivate 이벤트가 발생하지 않으므로 기본 폼을 닫으면 기본 폼의 Deactivate 이벤트만 발생한다. 컨트롤과 폼, 하위 폼의 이벤트는 다음 순서로 발생한다.

① 하위 폼의 컨트롤 이벤트(예 : Exit와 LostFocus)
② 폼 컨트롤 이벤트(하위 폼 컨트롤 포함)
③ 폼 이벤트(예 : Deactivate와 Close)
④ 하위 폼 이벤트

(4) 키 입력과 마우스 클릭하기의 이벤트 순서

폼이나 컨트롤에 포커스가 있을 때 키를 누르거나 키 입력을 전달하면 폼과 컨트롤에 키보드 이벤트가 발생한다. 폼이나 폼 영역, 컨트롤에 마우스 포인터가 있을 때 마우스 단추를 클릭하거나 포인터를 폼이나 영역, 컨트롤로 이동하면 폼이나 영역, 컨트롤에 마우스 이벤트가 발생한다.

■

폼의 컨트롤에 포커스가 있을 때 키를 눌렀다 놓거나 SendKeys 매크로 함수나 구문으로 키 입력을 전달하면 다음 순서대로 이벤트가 발생한다.

KeyDown => KeyPress => KeyUp

키를 누르거나 ANSI 문자 집합의 키가 눌러져서 전달되면 KeyDown과 KeyPress, KeyUp 이벤트가 발생한다. ANSI 키를 누르고 있으면 키를 놓을 때까지 KeyDown과 KeyPress 이벤트가 교대로 반복하여 발생한 다음(KeyDown, KeyPress, KeyDown, KeyPress 순서) KeyUp 이벤트가 발생한다.

ANSI 이외의 키를 눌렀다가 놓으면 KeyDown과 KeyUp 이벤트가 발생한다. ANSI 이외의 키를 누르고 있으면 키를 놓을 때까지 KeyDown 이벤트가 반복적으로 발생한 다음 KeyUp 이벤트가 발생한다.

키를 누를 때 컨트롤의 다른 이벤트가 발생하면 그 이벤트는 KeyPress 이벤트와 KeyUp 이벤트 사이에 발생한다. 예를 들어, 키 입력으로 입력란의 텍스트가 변경되었으면 Change 이벤트가 다음 순서로 발생한다.

KeyDown => KeyPress => Change => KeyUp

키 입력으로 포커스가 한 컨트롤에서 다른 컨트롤로 이동하면 첫 번째 컨트롤에는 KeyDown 이벤트가 발생하고 두 번째 컨트롤에는 KeyPress와 KeyUp 이벤트가 발생한다. 예를 들어, 컨트롤의 데이터를 변경하고 Tab 키를 눌러 다음 컨트롤로 이동하면 다음과 같은 순서로 이벤트가 발생한다.

① 첫 번째 컨트롤
KeyDown => BeforeUpdate => AfterUpdate => Exit => LostFocus

② 두 번째 컨트롤
Enter => GotFocus => KeyPress => KeyUp

■

폼이나 컨트롤에 마우스 포인터가 있을 때 단추를 눌렀다 놓으면 컨트롤에 다음 순서로 이벤트가 발생한다.
MouseDown => MouseUp => Click

포커스가 어떤 컨트롤에 있을 때 다른(두 번째) 컨트롤을 눌러 포커스가 그 컨트롤로 이동하면 다음 순서로 이벤트가 발생한다.

① 첫 번째 컨트롤
Exit => LostFocus

② 두 번째 컨트롤
Enter => GotFocus => MouseDown => MouseUp => Click

다른 레코드로 이동하여 컨트롤을 누르면 컨트롤의 Enter 이벤트가 발생하기 전에 폼의 Current 이벤트가 발생한다.
컨트롤을 두 번 클릭하면 DblClick과 Click 이벤트가 발생한다. 예를 들어, 컨트롤에서 명령 단추 이외의 컨트롤을 두 번 클릭하면 컨트롤에 다음 순서로 이벤트가 발생한다.
MouseDown => MouseUp => Click => DblClick => MouseUp

명령 단추를 두 번 클릭하면 두 번째 MouseUp 이벤트 다음에 두 번째 Click 이벤트가 발생한다.
마우스 포인터를 폼이나 영역, 컨트롤로 이동하면 폼이나 영역, 컨트롤의 MouseMove 이벤트가 발생한다. 이 이벤트는 다른 마우스 이벤트와는 상관없이 발생한다.

(5) 보고서와 보고서 구역의 이벤트 순서

보고서를 열고 인쇄하거나 미리 볼 때 또는 보고서를 닫을 때 보고서와 보고서 영역에 이벤트가 발생한다.

■

보고서를 열고, 인쇄하고, 미리 보거나 닫을 때, 또는 Microsoft Access의 다른 창으로 이동할 때는 보고서에 다음 순서의 이벤트가 발생한다.

Open => Activate => Close => Deactivate

열려진 두 보고서간을 전환하면 첫 번째 보고서에는 Deactivate 이벤트가 발생하고 두 번째 보고서에는 Activate 이벤트가 발생한다.

Deactivate(보고서1) => Activate(보고서2)

보고서에서 Microsoft Access의 다른 창으로 전환해도 보고서의 Deactivate 이벤트가 발생한다. 그러나 대화 상자나 PopUp 속성이 Yes로 설정된 폼, 다른 응용 프로그램의 창으로 전환하면 Deactivate 이벤트가 발생하지 않는다.

쿼리를 기초로 하는 보고서를 열면 원본으로 사용하는 쿼리를 실행하기 전에 Open 이벤트가 발생하기 때문에, Open 이벤트에 반응하는 매크로나 이벤트 프로시저를 사용하는 보고서의 조건을 설정해야 한다. 예를 들어, 보고서 조건을 입력하는 사용자 정의 대화 상자를 열도록 매크로나 이벤트 프로시저를 작성할 수 있다.

■

보고서를 인쇄하거나 미리 보면 보고서의 Open과 Activate 이벤트가 발생하고 보고서 영역의 Format과 Print 이벤트가 발생한 다음 Close와 Deactivate 이벤트가 발생한다.

Open(보고서) => Activate(보고서) => Format(보고서 영역) => Print(보고서 영역) => Close(보고서) => Deactivate(보고서)

또한 서식 설정 중이나 설정 후 Print 이벤트가 발생하기 전에 다음 이벤트가 발생할 수 있다.

보고서 서식 설정 중 이전 영역이 반환되면 Retreat 이벤트가 발생할 수 있다.

보고서에 의해 표시되는 레코드가 없으면 NoData 이벤트가 발생한다.

서식을 설정한 다음 인쇄 전에 Page 이벤트가 발생한다. 이 이벤트를 사용하여 인쇄된 보고서 모양을 사용자 정의할 수 있다.

7 6 매크로에서의 쿼리 작업

"고객관리" 폼에서의 현재 고객에 대한 구매내역을 또 다른 폼에서 자동으로 보여주도록 하려고 한다. 즉, "고객관리" 폼에서의 현재 고객코드와 일치하는 레코드를 "판매" 테이블로부터 찾아서 관련된 데이터만 표시해주도록 하려는 것이다.

이것을 해결하기 위한 몇 가지 방법에 대해서 설명한다.

특정 고객과 관련된 데이터를 보여주기 위한 폼으로 "판매 subform"을 이용할 것이다. 이 폼이 만들어지지 않았다면 "판매" 테이블과 관련된 폼(데이터시트형식으로)을 마법사로 간단히 만들고 다음 작업을 시작한다.

(1) RecordSource 속성 이용하기

① "판매 subform"을 디자인 보기로 열고 폼의 레코드 원본 속성을 확인한다. "판매" 테이블로 정의되어 있을 것이다. 폼의 레코드 원본 속성을 변경해서 원하는 데이터만을 원본으로 하도록 만들 것인데, 레코드 원본 속성은 RecordSource 속성 이름으로 참조한다.

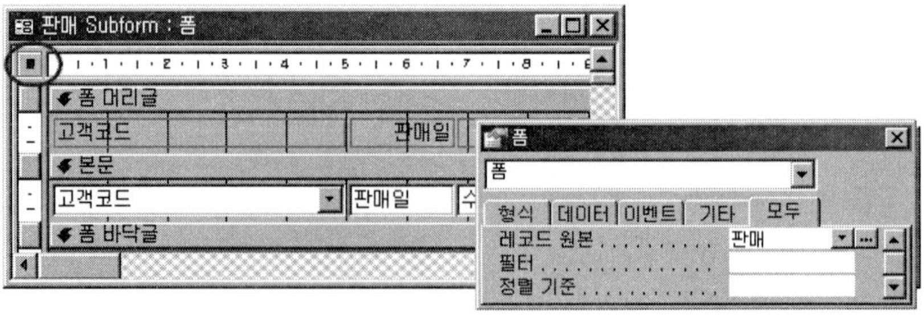

② 새 매크로를 정의하기 위해 매크로 디자인 창을 연다.

③ "고객코드" 값이 Null인 경우에는 더 이상 실행하지 않도록 하기 위해 보기 > 조건 메뉴를 선택하여 조건 열을 추가한다.

조건식	매크로함수	인수	값
IsNull([고객코드])	StopMacro		
	SetValue	항목	[Forms]![판매Subform].[RecordSource]
		값	"select * from [판매] where [판매].[고객코드] = [Forms]![고객관리].[고객코드]"
	OpenForm	폼 이름	판매 Subform
		데이터모드	읽기 전용

④ 매크로를 "구매내역"이라는 이름으로 정의한다.

⑤ "고객관리" 폼을 <폼 보기>로 열고 폼의 On Current 이벤트에 "구매내역" 매크로를 지정한다.

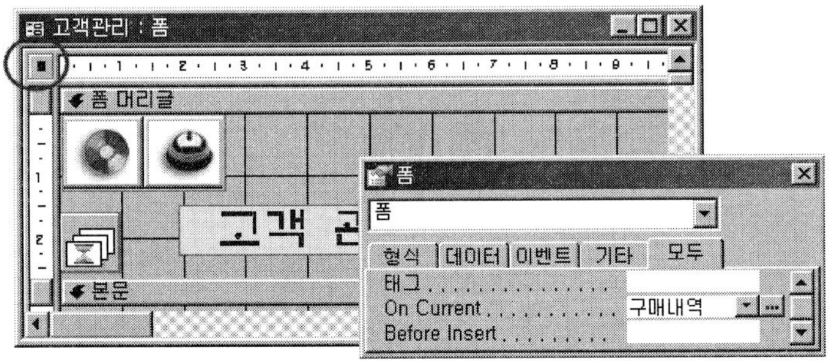

⑥ 폼을 <폼 보기>로 열고 레코드 이동 버튼을 이용하여 고객 레코드를 조회해보자. 해당하는 고객에 대한 "판매" 레코드만을 "판매 Subform"에서 한 개씩 보여준다.

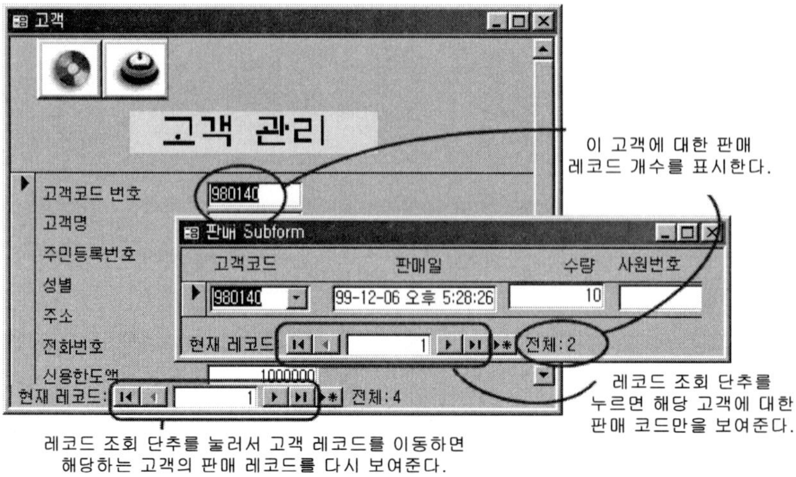

⑦ "판매 Subform" 폼을 디자인 보기로 연 다음 폼의 레코드 원본 속성을 확인해보자. 매크로를 실행해서 새롭게 설정된 값으로 변경되어 있을 것이다.

(2) OpenForm 매크로 함수 사용하기

① 새 매크로를 작성하기 위해 매크로 디자인 창을 연다.

② "고객코드" 값이 Null인 경우에는 더 이상 실행하지 않도록 하기 위해 보기 > 조건 메뉴를 선택하여 조건 열을 추가하고 매크로 함수를 다음과 같이 정의한다.

조건식	매크로함수	인수	값
IsNull([고객코드])	StopMacro		
	OpenForm	폼 이름	판매 Subform
		Where 조건문	[고객코드]=[Forms]![고객관리].[고객코드]
		데이터모드	읽기 전용

③ 매크로를 “구매내역2”로 저장한다.

④ 앞의 예제를 풀었다면 “판매 Subform”의 레코드 원본이 변경되어 있을 것이다. “판매 Subform”을 디자인 보기로 열고 폼의 레코드 원본 속성을 다시 ”판매“ 테이블로 설정한다.

⑤ “고객관리” 폼을 디자인 보기로 열고 폼의 On Current 이벤트에 “구매내역2” 매크로로 지정한다.

⑥ “고객관리” 폼을 폼 보기로 열어서 테스트해본다.
이 방법이 좋은 점은 폼의 속성 값을 변경하지 않는다는 것이다.

Chapter 8
Visual Basic

Microsoft Access에서는 매크로나 사용자 인터페이스를 통해 여러 가지 작업을 수행할 수 있다. 데이터베이스를 제어하는 프로그램에서는 대부분 프로그래밍 작업이 필요한데 원하는 작업에 따라 매크로나 VBA를 사용한다.

앞 단원에서는 매크로를 정의하는 방법과 그 매크로를 적용하는 방법에 대해서 설명하였다. 그러나 매크로만으로 데이터베이스 관련 작업을 완전히 제어할 수 없는데 다음과 같은 경우에는 매크로보다는 Visual Basic을 사용해야 한다.

① 데이터베이스를 좀더 간편하게 관리하려 할 때.

매크로는 폼이나 보고서와는 분리된 개체이므로 데이터베이스에 폼이나 보고서의 이벤트에 응답하는 매크로가 많이 있으면 관리하기가 어렵다. 그러나 Visual Basic 이벤트 프로시저는 폼이나 보고서 정의 안에 포함되어 있으므로, 폼이나 보고서를 다른 데이터베이스로 이동할 때 그 안에 내장된 이벤트 프로시저도 같이 이동된다.

② 사용자 정의 함수를 만들 때.

Microsoft Access에는 지불할 이자를 산출하는 IPmt 함수 등 많은 함수가 내장되어 있다. 이 함수들을 사용하여 복잡한 계산식 없이도 계산을 수행할 수 있다. Visual Basic을 사용하면 사용자 정의 함수를 만들어서 표현식으로 불가능한 계산을 수행하거나 복잡한 표현식을 대체할 수 있다. 또한 표현식에 만든 함수를 사용하여 여러 개체에 대해 똑같은 연산을 적용할 수도 있다.

③ 오류 메시지를 만들 때.

Microsoft Access에서는 데이터베이스 작업 중에 예기치 않은 문제가 생기면 오류 메시지가 나타나도록 되어 있지만 익숙하지 않은 사용자들에게는 오류 메시지가 이해하기 어려울 수도 있다. Visual Basic을 사용하면 오류 발생 시 오류를 감지하여 시스템에서 보여주는 메시지대신 사용자 정의 메시지를 나타내거나 특정 동작을 실행하도록 할 수 있다.

④ 개체를 작성하거나 조작할 때.

대부분의 경우 새로운 개체를 만들거나 수정할 때는 개체 디자인 보기를 사용하는 것이 가장 쉽다. 그러나 개체 정의를 코드에서 처리해야 할 때가 있는데, Visual Basic을 사용하면 데이터베이스 자체뿐만 아니라 그 안에 포함된 개체 모두를 조작할 수 있다.

⑤ 시스템 수준의 작업을 수행할 때.

매크로에서 RunApp 매크로 함수를 실행하여 다른 Windows 및 MS- DOS용 응용 프로그램을 실행할 수 있으나, Microsoft Access 밖에서는 다양한 기능을 실행할 수 없다. Visual Basic을 사용하면 시스템에 파일이 있는지 확인하거나 자동화 및 동적 데이터 교환(DDE)을 사용하여 Microsoft Excel과 같은 다른 Windows용 응용 프로그램과 자료를 교환할 수 있으며 Windows의 동적 연결 라이브러리(DLL)에서 함수를 불러 올 수 있다.

⑥ 레코드를 한 번에 하나씩 처리할 때.

Visual Basic을 사용하면 일련의 레코드를 한 번에 하나씩 실행할 수 있다. 반면 매크로는 모든 레코드를 한꺼번에 처리한다.

⑦ Visual Basic 프로시저로 인수를 전달할 때.

매크로를 작성 시 매크로 창 하단에서 매크로 함수에 대한 인수를 설정할 수 있지만, 매크로 실행 중에는 인수를 새로 고칠 수 없다. 그러나 Visual Basic에서는 실행 중에도 인수를 코드에 전달할 수 있으며 변수를 인수로 사용하여 매크로로 사용할 수도 있다. 이것은 매크로에서는 할 수 없는 기능이며 Visual Basic 프로시저 실행에 많은 유연성을 준다.

8 1 모듈

모듈이란 한 단위로 저장된 VBA(Visual Basic)의 선언문과 프로시저의 모음이다.

기본적인 모듈에는 클래스 모듈과 기본 모듈이 있으며 모듈의 각 프로시저는 Function 프로시저나 Sub 프로시저 유형으로 만들어진다.

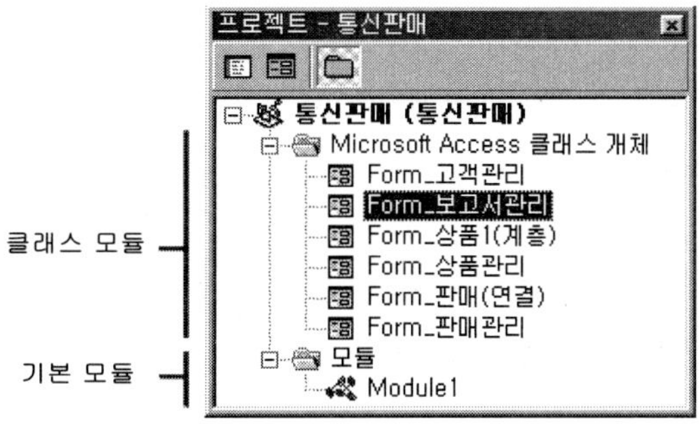

(1) 클래스 모듈

폼과 보고서 모듈은 특정 폼과 보고서에 관련된 클래스 모듈이다. 폼 모듈과 보고서 모듈에는 일반적으로 폼이나 보고서의 이벤트에 응답하여 실행되는 이벤트 프로시저가 포함된다. 이벤트 프로시저를 사용하여 폼과 보고서의 기능뿐 아니라, 명령 단추를 마우스로 클릭하는 등의 사용자 행동에 대한 응답을 정의할 수 있다.

폼이나 보고서에서 첫 번째 이벤트 프로시저를 만들면 연관된 폼 모듈이나 보고서 모듈이 자동으로 만들어진다. 폼이나 보고서에 자동으로 만들어진 모듈을 보려면 폼이나 보고서를 디자인 보기상태로 열고 도구 모음에 있는 코드 도구를 클릭한다.

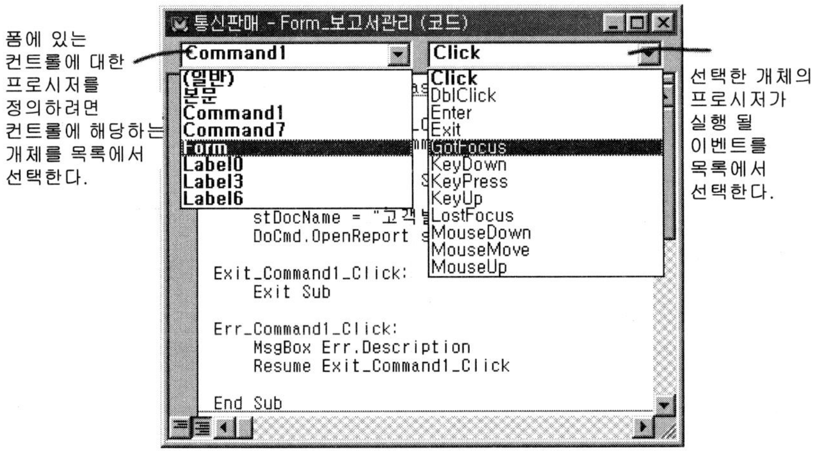

폼 모듈과 보고서 모듈의 프로시저로 기본 모듈로 정의한 프로시저를 불러 올 수 있다.

폼이나 보고서와 무관하게 존재하는 클래스 모듈은 데이터베이스 창에서 모듈 개체 유형의 목록으로 나타난다. 모듈 개체에 나타난 클래스 모듈을 사용하여 사용자 정의 개체에 대한 정의를 만들 수 있다.

> **Tip** 이벤트 프로시저는 특정 개체에 특정 이벤트가 일어났을 때 자동으로 불려지는(실행되는) 프로시저를 의미한다.

(2) 기본 모듈

기본 모듈에는 어떠한 개체(컨트롤)와도 연관되지 않은 일반적인 프로시저와 데이터베이스 내에서 실행할 수 있는, 자주 사용되는 프로시저들이 포함된다. 즉 특정 개체와, 그리고 특정 이벤트와는 관계없지만 여러 개체에서 필요할 때 불러서 실행시킬 수 있는 프로시저들이다.

8 2 프로시저

프로시저는 Visual Basic 코드의 단위이다. 프로시저는 연산을 수행하거나 값을 계산하는 일련의 구문과 메서드로 구성된다. 다음 예는 "열기"라는 이름의 명령 단추를 클릭하면 OpenForm 매크로 함수(메서드)를 사용하여 "고객관리" 폼을 여는 이벤트 프로시저이다.

```
Private Sub 열기_Click()
    DoCmd.OpenForm "고객관리"
End Sub
```

Tip

DoCmd는 VisualBasic에서 매크로함수를 실행시키는 명령이다.

(1) 프로시저 종류

프로시저에는 다음과 같은 두 가지 종류가 있다.

■

연산을 수행할 뿐 값을 반환하지는 않는다. 사용자 정의 Sub 프로시저를 만들거나 Microsoft Access에 정의되어 있는 이벤트 프로시저 서식 파일을 사용할 수 있다. 데이터베이스의 각 폼이나 보고서에는 이벤트 프로시저가 포함된 폼 모듈이나 보고서 모듈이 내장되어 있다. 폼, 보고서, 폼이나 보고서의 컨트롤 이벤트에 응답하여 실행되는 코드를 추가할 수 있다. 폼, 보고서, 컨트롤에서 이벤트가 발생하면 자동으로 해당 개체와 이벤트의 이름으로 구성된 이벤트 프로시저가 실행된다.

> Tip
> 개체를 만드는 마법사(예: 명령 단추 마법사)를 사용하여 해당 개체에 대한 이벤트 프로시저를 함께 만들 수 있다. 이런 이벤트 프로시저를 통하여 프로시저 작동 방법의 예제를 볼 수 있다.

■

산술 연산 결과 등의 값을 반환하는 프로시저이다. Microsoft Visual Basic에는 현재 시간과 날짜를 반환하는 Now 함수를 비롯하여, 많은 함수가 내장되어 있지만 그 외에 사용자가 함수(사용자정의 함수라고 한다.)를 만들 수도 있다. 함수는 값을 반환하므로 식에서 사용할 수 있다. Microsoft Access에서 함수를 사용하는 범위는 Visual Basic 문이나 메서드, 속성 설정, 필터나 쿼리의 조건식에 이르기까지 다양하다.

다음의 "내일" 함수는 Function 프로시저의 예로 내일 날짜를 반환한다.

```
Function 내일()
    내일 =  DateSerial(Year(Now), Month(Now), Day(Now)+1)
End Function
```

이 사용자 정의 함수에는 식의 값(등호[=]의 오른쪽 부분)을 함수 이름 내일(등호 왼쪽 부분)에 할당하는 하나의 할당문으로 구성된다. 이 함수는 DateSerial, Year, Now, Month, Day 등의 내장 Visual Basic 함수를 사용하여 결과를 계산한다.

이 함수를 만들고 나면 대부분의 Microsoft Access 식에서 사용할 수 있는데. 예를 들어, 입력란 컨트롤의 DefaultValue(기본값) 속성을 다음 식으로 설정하면 입력란에 기본적으로 내일날짜가 표시된다.

■ =내일()

> **주의** 함수를 속성 값으로 사용하려면, 함수가 폼이나 보고서의 모듈, 또는 기본 모듈에 정의되어 있어야 한다. 함수를 지정하려는 컨트롤을 포함하고 있는 폼이나 보고서와 관련이 없는 클래스 모듈에 있으면 사용할 수 없다.

(2) 프로시저 작성하기

데이터베이스에서 테이블, 폼, 보고서 및 쿼리가 함께 작동하는 방법을 사용자가 정의할 수 있다. 앞에서 설명했듯이 프로시저에는 여러 형식이 있는데. 폼 모듈이나 보고서 모듈에서 사전 정의된 서식에 코드를 추가하여 이벤트 프로시저를 만들 수도 있고, 기본 모듈이나 클래스 모듈(폼 및 보고서 모듈을 포함하는)에서 사용자 자신의 Function 프로시저나 Sub 프로시저를 만들 수도 있다.

기본 모듈이나 클래스 모듈에 있는 프로시저를 식, 다른 프로시저, 이벤트 프로시저, 다른 모듈 내의 프로시저, 매크로등에서 호출할 수 있다. 이벤트 프로시저는 폼이나 보고서 또는 컨트롤에서 마우스 클릭과 같은 이벤트가 발생하면 자동 실행된다.

■

함수(Function) 프로시저는 Function과 End Function으로 둘러싸인 일련의 Visual Basic 문이다. Function 프로시저는 Sub 프로시저와 비슷하지만 값을 반환할 수 있다는 게 다른데, Function 프로시저는 호출 프로시저에 의해 전달될 상수, 변수, 식 같은 인수를 가질 수 있다. Function 프로시저에 인수가 없을 경우 Function 문에는 공백 괄호가 포함되어야 한다. 함수는 함수 이름에 값을 지정함으로써 결과 값을 반환한다.

다음 “온도변환” 함수는 화씨 온도를 섭씨 온도로 계산하여 그 값을 반환한다.

```
Function 온도변환(fDegrees)
    온도변환 = (fDegrees - 32) * 5 / 9
End Function
```

“온도변환” 함수는 다음과 같이 인수값과 함께 호출된다.

```
MsgBox "온도는 섭씨 " & 온도변환(100) &"도입니다."
```

간단한 함수 프로시저를 만들어보자.

① 새 기본 모듈을 작성하려면 만들기 - 기타 - 매크로 - 모듈을 선택한다.

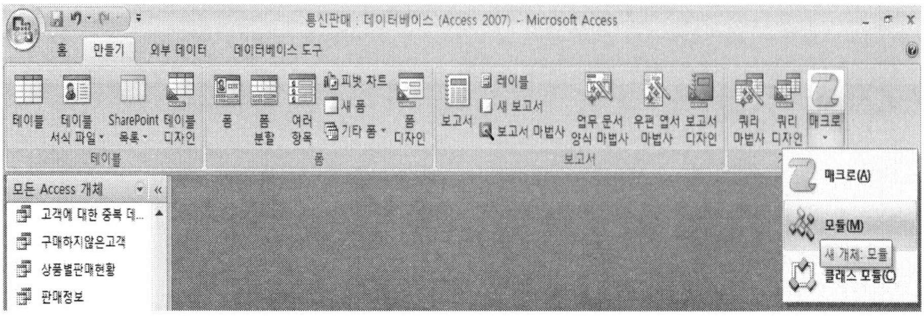

② Function 문을 입력하여 함수를 선언하고 실행할 작업이나 계산을 수행하는 Visual Basic 코드를 추가한다. 함수 마지막을 표시하는 “End Function"은 자동으로 입력된다.

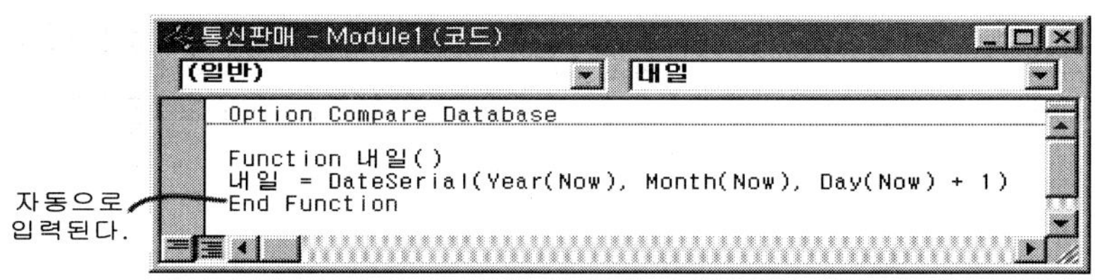

③ 저장 도구를 눌러서 “test”라는 이름으로 저장한다.

④ 데이터베이스로 돌아와서 “고객관리” 폼을 디자인 보기로 연다.

⑤ 단추 도구를 이용하여 명령 단추를 폼에 추가한다. 마법사가 실행되면 <취소>단추를 눌러서 닫는다.

⑥ 추가한 명령 단추의 속성창을 열고 이름 속성과 캡션 속성을 모두 “내일날짜”로 정의한다.

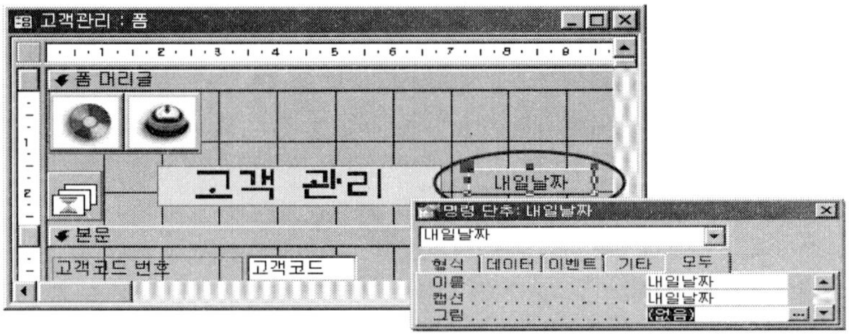

⑦ 추가한 컨트롤에 프로시저(단계 2에서 만든 프로시저를 호출하는)를 정의하기 위해 현재 폼이 디자인 보기로 열린 상태에서 도구 모음의 코드 도구를 클릭한다.

⑧ VBA창이 열리면 개체 목록에서 “내일날짜” 개체를 선택하고 이벤트 목록에서 Click을 선택한다.

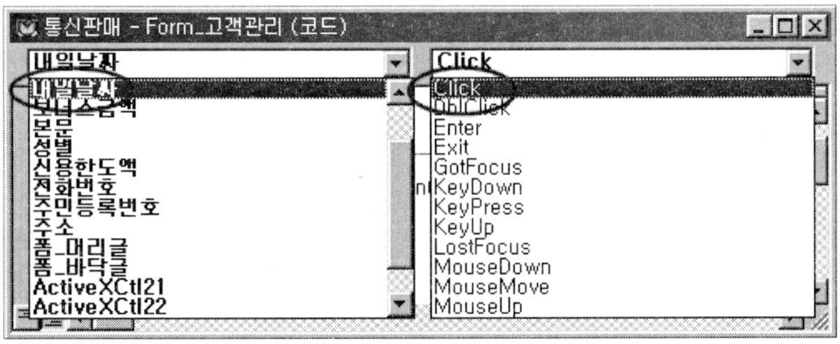

⑨ 프로시저의 시작문과 마지막 문장은 자동으로 만들어진다. 해당 개체(“내일날짜” 단추)에서 특정 이벤트(Click)가 발생할 때 실행해야할 작업을 코딩한다. 이렇게 만들어지는 프로시저가 이벤트 프로시저이다.

다음의 MsgBox 명령은 앞에서 만든 사용자 정의 함수(내일()함수)를 실행시켜서 그 결과 값과 앞/뒤에 문자열을 연결하여 메시지로 보여줄 것이다.

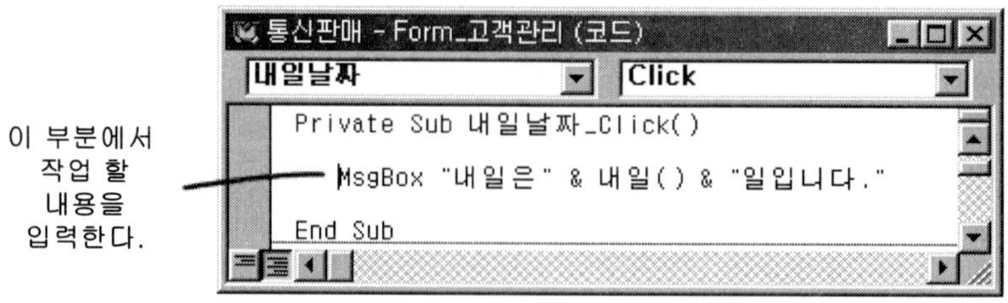

⑩ 저장한 다음 "고객관리" 폼을 폼 보기로 열어서 단추를 클릭해본다.

⑪ 만일 오류가 발생하면 VBA창에서 ■ 중단 도구를 눌러서 프로시저를 중단한 다음 오류를 정정한다.

■

Sub 프로시저는 동작은 수행하지만 값은 반환하지 않는 Sub와 End Sub로 묶인 일련의 Visual Basic 문이다. Sub 프로시저는 호출 프로시저에 의해 전달된 상수, 변수, 식 같은 인수를 가질 수 있는데, Sub 프로시저에 인수가 없으면 Sub 문에는 공백의 괄호가 포함되어야 한다.

앞에서 작성한 내일 날짜를 구하는 프로시저를 이번에는 Sub 프로시저로 만들어보자.

① 앞에서 만든 모듈에 같이 작성하기 위해 데이터베이스 창에서 모듈 개체 유형의 "test" 모듈을 선택하고 디자인 보기로 선택한다.

② 다음과 같이 Sub 문을 입력하여 프로시저를 선언하고 코딩을 한다. 함수와 마찬가지로 Sub 문의 마지막 문은 자동으로 입력된다. Sub 프로시저는 함수와 다르게 결과를 반환하지 않는다고 했는데, 따라서 결과에 대한 처리도 Sub문 내에서 해주어야 한다. 내일 날짜를 구한 다음에 그 결과를 메시지로 보여주는 작업도 Sub 문에 포함시켰다.

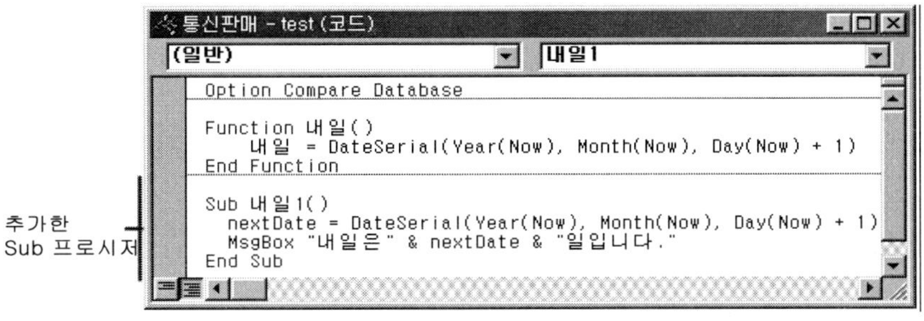

③ 모듈을 저장한다.

④ "고객관리" 폼의 "내일날짜_Click" 이벤트 프로시저를 열고 다음과 같이 변경하고 저장한다.

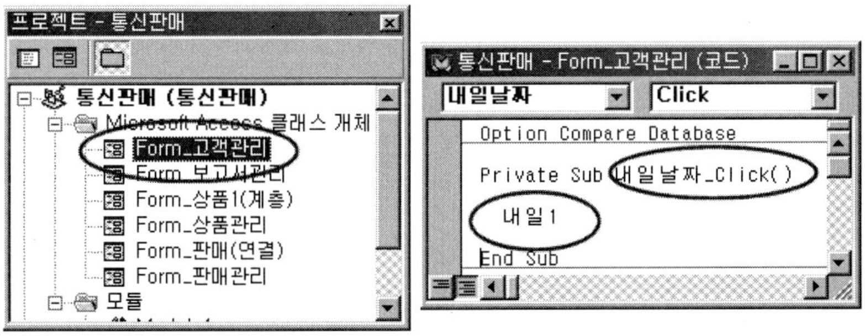

⑤ "고객관리" 폼을 폼 보기로 열어서 단추를 클릭해 본다. 결과는 동일할 것이다.

(3) Sub와 Function 프로시저 호출하기

■

다른 프로시저에서 Sub 프로시저를 호출하려면 프로시저 이름을 입력하고 필요한 인수 값을 넣어야 한다. Call 문은 필요하지 않지만 사용할 경우에는 모든 인수를 괄호로 묶어야 한다.

Sub 프로시저를 사용하여 다른 프로시저를 구성할 수 있는데, 그러면 이해하기 쉽고 디버그도 쉽다.

다음 보기에서는 Sub 프로시저인 Main이 Sub 프로시저인 PlayBeep을 호출하여 인수값인 10을 전달한다. PlayBeep이 실행되고 나면 컨트롤은 Main으로 반환되며 Main은 Sub 프로시저인 Message를 호출한다. Message는 메시지 상자를 보여주며 <확인>을 누르면 컨트롤은 다시 Main으로 반환되고 Main은 종료된다.

```
Sub Main()
    PlayBeep 10
    Message
End Sub

Sub PlayBeep(count)
    For i = 1 To count
        Beep
    Next i
End Sub
Sub Message()
    MsgBox "10번 울렸나요?"
End Sub
```

■

다음은 인수가 두 개 이상인 Sub 프로시저를 호출하는 방법을 보여준다. Call 문을 사용하여 프로시저를 호출할 때는 인수에 반드시 괄호로 묶어야 한다.

```
Sub Main()
    계산 50000, 43100
    Call 계산(78000, 890000)
End Sub
```

```
Sub 계산(price As Single, salary As Single)
    If salary/2 <= price Then
        MsgBox "너무 비싸네요."
    Else
        MsgBox "적당합니다."
    End If
End Sub
```

■

함수가 실행한 다음 반환하는 값을 호출한 곳에서 사용하려면 다음과 같이 함수를 변수에 지정하고 인수들을 괄호로 묶는다.

```
Answer = 계산함수(234000, 500000)
```

함수가 실행하고 난 다음 반환하는 값을 호출하는 곳에서 사용하지 않을 경우(무시할 경우)에는 Sub 프로시저를 호출하는 방법으로 함수를 호출할 수 있다.

다음과 같이 괄호를 생략하고 인수들을 나열하며 함수를 변수에 지정하지 않는다. 여기에서 괄호로 인수를 묶으면 구문 오류가 발생한다.

```
계산함수 234000, 500000
```

■

Sub 또는 Function 프로시저는 명명된(이름이 정해진) 인수를 사용하여 호출된 프로시저에 값을 전달할 수 있다. 명명된 인수들은 순서에 상관없이 나열할 수 있다. 명명된 인수는 인수 이름과 콜론, 등호(:=), 인수에 지정된 값으로 구성된다.
Visual Basic에서 제공하고 있는 함수 MsgBox의 구문은 다음과 같다.

■

구성 요소	설 명
prompt	필수적인 요소. 대화 상자에서 메시지로 나타나는 문자이다. prompt의 최대 길이는 약 1024 문자이며, 사용된 문자의 너비에 따라 다르다. prompt 가 두 행 이상으로 구성되면, 캐리지 리턴 문자(Chr(13)), 라인 피드 문자(Chr(10)), 캐리지 리턴 및 라인 피드 문자(Chr(13) & Chr(10))를 이용하여 행을 구분한다.
buttons	생략가능. 표시할 단추의 수와 형식, 사용할 아이콘 유형, 기본 단추의 ID 및 메시지 상자의 양식을 지정하는 값의 합을 나타내는 수식이다. 생략하면 기본값은 0이다.
title	생략가능. 대화 상자의 제목 표시줄에 나타나는 문자식이다. 생략하면 응용 프로그램 이름이 제목 표시줄에 나타난다.
helpfile	생략가능. 상황에 맞는 도움말을 대화 상자를 제공하는 데 사용되는 도움말 파일을 확인하는 문자식이다. helpfile이 지정되면 context도 반드시 지정되어야 한다.
context	생략가능. 도움말 작성자가 적절히 작성한 도움말 항목에 지정된 도움말 컨텍스트 번호를 나타내는 수식이다. context가 지정되면 helpfile도 반드시 지정되어야 한다.

다음은 함수 MsgBox를 호출하는데, 실행된 결과 값을 사용하지 않으면서 이름 있는 인수를 사용하여 MsgBox 함수를 호출한 것이다. 만일 인수의 이름을 사용하지 않는다면 인수의 순서대로 값을 지정해야 한다.

```
MsgBox Title:="작업 상자", Prompt:="작업이 완료되었습니다!"
```

다음은 실행된 결과 값을 사용하면서 인수의 이름을 사용하여 MsgBox 함수를 호출한다. 결과 값은 변수 answer에 지정된다.

```
answer = MsgBox(Title:="질문", Prompt:="삭제확인", Buttons:=4)
```

(4) 인수 전달 방법

특별히 지정하지 않을 경우 모든 인수는 프로시저에 주소 전달 방식(Call By Reference)으로 전달된다. 이것은 인수의 데이터 형식과 상관없이 주소 방식으로 전달된 모든 인수가 프로시저에서 같은 시간과 같은 양의 메모리(4바이트)만 할당된다.

프로시저를 선언할 때 ByVal 키워드를 포함하면 인수들을 값으로(Call By Value) 전달할 수 있다. 값으로 전달되는 인수들은 데이터 형식에 따라 프로시저에서 2바이트에서 16 바이트의 메모리가 필요하게 된다.

값으로 인수를 전달하면 원래 변수가 새로운 변수로 값이 복사된다. 프로시저에서 넘겨받은 인수를 변경해도 넘겨준 변수에는 영향을 미치지 않는다.

다음은 두 개의 인수를 갖는 함수 프로시저이다. 인수는 각각 값에 의한 전달 방식과 주소 전달 방식으로 정의하였다.

```
Function test (ByVal Var1 As Integer, Var2 As Integer)
    Var1 = Var1*10
    Var2 = Var1/10
    test = Var1+Var2
End Function
```

위의 함수를 다음과 같이 호출한 다음의 결과는 주석으로 표시하였다.

```
V1 = 10
V2 = 100
Print test(V1,V2)      ' 110을 출력한다.
Print V1, V2           ' 10, 10을 출력한다.
```

함수 선언 때 ByVal로 인수를 정의하지 않으면 두 번째 Print 문 결과는 100과 10이 될 것이다.

8 3 Visual Basic 사용하기

Access가 데이터베이스 응용을 작성하기 위해 만들어진 소프트웨어는 아니기 때문에 Access에서 Visual Basic이 차지하는 비중은 그다지 크게 생각하지 않을 수도 있다.

그러나 데이터 베이스에 모듈을 작성하려 한다면 Visual Basic의 기본적인 구문 형식은 알고 있어야 한다. 물론 모듈작업이 구태여 필요 없는 경우라면, 매크로만을 이용해서 데이터베이스 관련 작업을 수행하기에 충분하다면 Visual Basic의 구문 형식을 힘들게 습득할 필요는 없을 수 있다. 하지만 프로그래밍의 기본적인 지식이 없는 사람에게도 그렇게 어렵지 않은 언어이므로 조금 눈여겨본다면 데이터베이스를 제어하는데 있어서 훨씬 다양하고 정교한 작업을 수행할 수 있는 기능을 마음껏 추가할 수 있을 것이다.

(1) 기본 문

Visual Basic의 문은 키워드, 연산자, 변수, 상수, 식을 포함할 수 있으며 다음 세 종류가 있다. 여기에서 "문"이란 한 가지 종류의 수행, 선언, 또는 정의를 표현하는 문장 구성상 완전한 단위를 의미한다.

■

변수나 상수, 프로시저의 이름을 정하고 데이터 형식을 지정한다. 선언문을 사용하여 프로시저, 변수, 배열, 상수의 이름을 정의할 수 있다. 어디에서 선언하고 어떤 키워드를 사용하여 선언하는 지에 따라 프로시저, 변수, 상수를 선언할 때 그 사용 범위도 정의된다.

다음은 선언문이 세 개가 포함되어 있다.

```
Sub 이율계산()
    Const rate As Single = 0.3
    Dim hap As Integer
    ...
End Sub
```

Sub 문(End Sub 문과 대응)은 "이율계산"이라는 이름의 프로시저를 선언한다. "이율계산" 프로시저가 호출되거나 실행될 때마다 Sub와 End Sub로 묶인 모든 문이 수행된다.

Const 문은 상수 rate를 선언하고 Single 데이터 형식과 값 0.3을 지정한다.

Dim 문은 변수 hap을 선언한다. 데이터 형식은 Integer이다. Dim 문은 변수를 선언하는 형식 중의 하나인데, 선언할 때 사용되는 다른 키워드에는 ReDim, Static, Public, Private, Const가 있다.

■

지정문은 변수나 상수에 값이나 식을 지정하며 항상 등호(=)를 포함한다.
다음은 InputBox 함수의 결과 값을 변수 yourName에 지정한다.

```
yourName = InputBox("이름을 입력하십시오.")
```

Let 키워드는 생략할 수 있는데 앞의 지정문은 다음과 같이 작성할 수 있다.

```
Let yourName = InputBox("이름을 입력하십시오?").
```

Set 문은 개체로서 선언된 변수에 개체를 지정할 때 사용된다. Set 키워드는 반드시 사용해야하며 다음 보기에서의 Set 문은 Sheet1의 범위를 개체 변수 myCell에 지정한다.

```
Dim myCell As Range
Set myCell = Worksheets("Sheet1").Range("A1")
```

속성 값을 설정하는 문도 지정문이다.
다음은 활성 셀에 대한 “다음” 개체의 Enabled 속성에 값을 설정한다.

```
다음.Enabled = True
```

■

동작을 초기화하며 메서드나 함수를 수행할 수 있고 코드 블록을 반복하거나 분기할 수 있다. 또한 수치 연산자나 조건 연산자를 포함한다.
다음은 For...Next 문을 사용하여 한도 값이 될 때까지 For...Next 문에 포함된 문들을 반복해서 실행한다. 그리고 If...Then...Else 문은 조건을 검사하여 조건이 참이면 With 문(End With까지)을 실행한다.

```
For j = 2 To 10 Step 2
    If hap(j) > 1000 Then
        With 합계(j).Font
            .Bold = True
            .Italic = True
        End With
    End If
Next j
MsgBox "확인하세요."
```

Visual Basic의 문을 작성할 때 참고해야할 사항은 다음과 같다.

■

Visual Basic 문은 일반적으로 한 줄을 차지하지만 한 줄에 모두 입력하기에는 너무 긴 경우에는 줄 연속 문자("_")를 사용하여 다음 줄로 문을 연결할 수 있다. 다음 MsgBox 실행문은 3줄에 걸쳐 연결되고 있다.

```
MsgBox Prompt:= name & "씨 안녕하십니까", _
        Title:="입장 환영", _
        Buttons:=vbExclamation
```

주의 이중 따옴표 ("")안의 내용은 한 줄을 넘어서 연결할 수 없다.

Tip 콜론(:)을 사용하여 한 줄에 둘 이상의 문을 포함할 수 있다.

■

이후에 모듈을 수정해야 할 경우나 코딩을 한 사람 이외의 사람이 모듈의 내용을 볼 경우에 현재 작성되어 있는 각 Visual Basic문의 이해를 돕기 위해서 설명을 붙여 놓을 필요가 있다. 프로시저가 실행될 때는 주석은 무시된다. 주석 줄은 작은따옴표(') 로 시작하거나 Rem 뒤에 공백을 두고 입력하고 프로시저의 어느 곳에나 작성할 수 있다. Visual Basic문과 같은 줄에 주석을 추가하려면 문 뒤에 작은따옴표를 넣고 주석을 입력하면 된다. 기본적으로 주석은 녹색 문자열로 표시된다.

■

입력한 현재 문에 오류가 있으면 Enter 키를 눌렀을 때 그 줄이 빨간색으로 표시되면서 오류 메시지도 함께 표시된다. 즉, Visual Basic문을 입력할 때 그 즉시 구문 오류 검사를 수행한다.

(2) Visual Basic 이름 규칙

Visual Basic 모듈에서 프로시저, 상수, 변수, 인수의 이름을 정할 때는 다음 규칙을 따라야한다.

① 첫 번째 문자는 글자를 사용해야 한다.

② 공백이나 마침표(.), 느낌표(!), @, &, $, # 문자는 이름에 사용할 수 없다.

③ 길이는 255자를 넘을 수 없다.

④ 대소문자는 구별하지 않는다.

⑤ 같은 수준의 범위(scope)에서는 이름을 반복하여 정의할 수 없다. 예를 들어 같은 프로시저에서 name이라는 변수를 두 개 선언할 수 없다. 그러나 같은 모듈에서 Private 변수 name과 프로시저 수준(Function, Property, Sub 프로시저 안에서 정의한)의 변수 name은 선언할 수 있다.

Tip

범위(scope)란 변수, 프로시저, 개체를 사용할 수 있는 범위를 의미하고 특정 프로시저 안에 있지 않고 밖에서 정의된 변수들을 모듈 수준의 변수라고 한다.

(3) 필요한 개념들

다음은, Visual Basic 코딩을 하기 위해 이해하고 있어야할 개념들에 대한 설명이다.

■

통합 문서, 셀, 차트, 폼, 보고서 같은 응용 프로그램의 요소를 나타낸다. Visual Basic 코드에서는 개체의 메서드 중 하나를 적용하거나 그 속성 중 하나를 변경하기 전에 개체를 확인해야 한다.

■

몇몇 다른 개체들(항상 같은 형식일 필요는 없음)을 포함한 개체를 의미한다. 예를 들어, Visual Basic의 Forms 컬렉션은 데이터베이스 안에 있는 모든 Form 개체를 포함하고 있다. 컬렉션 안의 항목들은 숫자나 이름으로 구별할 수 있다.

다음 문에서 Forms(1)은 첫 번째 열린 Forms 개체를 의미한다.

```
Forms(1).Close
```

다음 문은 문자열로 지정된 이름을 사용하여 Form 개체를 나타낸다.

```
Forms("판매관리.frm").Close
```

개체들이 공통 메서드를 공유할 경우 개체들의 컬렉션 전체를 조작할 수 있다.

다음 문은 열려 있는 모든 폼을 닫는다.

```
Forms.Close
```

■

개체가 수행할 수 있는 동작이다. 예를 들어, Add는 ComboBox 개체의 메소드인데 콤보 상자에 새 항목을 추가한다.

다음은 Add 메소드를 사용하여 ComboBox에 새 항목을 추가한다.

Combo1.Add "냉장고"

■

크기, 색, 화면의 위치 같은 개체의 특성이나 동작이 화면에서 가능한지, 개체가 보이는지 등의 개체를 특징짓는 성질이다. 개체의 특성을 변경할때 속성의 값을 변경하는 것이다.

속성값을 설정하기 위한 기본적인 구문은 다음과 같다.

■

다음은 Caption 속성을 설정하여 "고객관리" 폼의 제목 표시줄을 변경한다.

고객관리.Caption = "고객을 관리합니다."

어떤 속성들은 조회만 할 수 있고 설정할 수는 없는데 각 속성의 도움말 항목은 그 속성을 설정(읽기-쓰기)할 수 있는지, 아니면 읽을 수만(읽기 전용) 있는지, 쓸 수만(쓰기 전용) 있는지를 보여준다.

속성 값을 구해서 개체에 대한 정보를 구할 수 있다. 다음 프로시저는 메시지 상자를 사용하여 현재 활성화된 폼의 제목 표시줄의 내용을 메시지로 보여준다.

```
formName = Screen.ActiveForm.Caption
MsgBox formName
```

■

마우스를 클릭하거나 키보드를 누르는 것과 같이 개체가 인식하는 동작이다. 이벤트는 사용자에 의해서 발생하거나 프로그램 코드의 결과로 발생할 수 있으며 시스템에 의해서도 발생할 수 있다.

(5) 변수와 상수

■

변수를 선언할 때는 일반적으로 Dim 문을 사용한다. 프로시저 안에 정의하거나 모듈의 맨 위에서 정의할 수도 있다. 프로시저 안에서 정의하면 프로시저 수준의 변수(지역변수)가 정의되며 선언부인 모듈의 맨 위에서 정의하면 모듈 수준의 변수(전역변수)가 정의된다.

다음 선언문은 변수 Name을 만들면서 String 데이터 형식을 지정한다.

```
Dim Name As String
```

이 선언문이 프로시저 안에서 정의되면 변수 Name은 그 프로시저에서만 사용될 수 있다. 선언문이 모듈의 선언부에서 정의되면 변수 Name은 모듈의 모든 프로시저에서 사용할 수 있다. 그러나 이 경우에도 프로젝트의 다른 모듈에 있는 프로시저에서는 사용할 수는 없다. 변수를 프로젝트의 모든 프로시저에서 사용할 수 있게 하려면 다음과 같이 Public을 Dim 대신에 사용한다.

```
Public Name As String
```

변수는 Boolean, Byte, Integer, Long, Currency, Single, Double, Date, String(가변 길이 문자열), String * length(고정 길이 문자열), Object 또는 Variant 형식으로 선언할 수 있다. 데이터 형식을 지정하지 않으면 Variant 데이터 형식이 기본값으로 정의된다. 또한 언어 C에서의 struct와 유사한 Type 문을 사용하여 사용자 정의 형식으로 변수를 정의할 수 있다.

하나의 문에서 변수를 여러 개 선언할 수 있다. 데이터 형식을 지정하려면 각 변수에 대하여 데이터 형식을 포함시켜야 한다.

다음의 선언문에서는 X, Y, Z 변수를 Integer 형식으로 선언한다.

Dim X As Integer, Y As Integer, Z As Integer

다음 선언문에서는 X와 Y 변수는 Variant 형식으로 선언되고 Z만이 Integer 형식으로 선언된다.

Dim X, Y, Z As Integer

선언문에 항상 변수의 데이터 형식을 지정할 필요는 없다. 데이터 형식을 생략하면 변수는 Variant 형식으로 지정된다.

■

Public 문을 사용하여 Public 모듈 수준의 변수를 선언한다.

Public Name As String

Public 변수는 프로젝트의 모든 프로시저에서 사용할 수 있다. Public 변수가 표준 모듈이나 클래스 모듈에 선언되었다면 Public 변수가 선언된 프로젝트를 참조하는 모든 프로젝트에서 사용할 수 있다.

■

Private 문을 사용하여 Private 모듈 수준 변수를 선언한다. Private 변수는 같은 모듈에 있는 프로시저만 사용할 수 있다.

Private Name As String

Tip

Dim문이 모듈 수준으로 정의된 경우, 즉 모듈 맨 위의 선언부에서 정의된 경우 Private 문과 동일한데, Private 문을 사용하면 코드를 쉽게 읽고 이해할 수 있다는 장점이 있다.

■

Dim 대신에 Static을 사용할 경우 선언된 변수는 처음 호출될 때만 초기화되고 다음부터는 저장된 값을 유지한다.

> **Tip**
> 형식이 지정되지 않고 선언된 모든 변수는 Variant 형식이 된다. Variant 형식은 다른 변수들 보다 많은 메모리를 필요로 하기 때문에 정확한 데이터 형식을 변수에 지정하는 것이 좋다.

■

사용할 변수를 미리 정의하지 않고 지정문에서 변수를 사용함으로써 지정된 값으로 변수 형식이 지정되면서 변수를 선언할 수 있다. 이런식으로 변수를 선언하는 것을 암시적 선언이라고 한다. 만일 이러한 암시적 선언을 못하게 하려면 모듈의 모든 프로시저 앞에 Option Explicit 문을 정의한다. 이렇게되면 모듈에서 사용하는 모든 변수들은 사용전에 반드시 선언 해야지만 되며 그렇지 않은 경우에는 오류로 취급된다.

> **주의**
> 고정 배열이나 동적 배열은 반드시 명시적으로 선언해야 한다.

■

변수가 값을 보유하고 있는 동안을 수명이라고 한다. 변수 값은 사용 시간에 따라 변경될 수 있지만 변수가 범위를 벗어나면 더 이상 값을 갖지 않게 된다.

프로시저가 실행하기 시작하면 모든 변수는 초기화된다. 숫자 변수는 0 으로 초기화되고 가변 길이 문자열 변수는 길이가 0인 문자열("")로, 고정길이 문자열 변수는 ASCII 문자 코드 0또는 Chr(0)으로 나타낸 문자로 채워진다. 그리고 Variant 변수는 Empty로 초기화되며 사용자 정의 형식의 각 요소는 독립 변수인 것처럼 초기화된다.

코드를 실행하는 동안 변수 값이 변경되지 않으면 범위를 벗어날 때까지 초기값을 가진다.

Dim 문을 사용하여 선언된 프로시저 수준의 변수는 프로시저의 실행이 끝날 때까지 값을 유지한다. 프로시저가 다른 프로시저들을 호출하면 다른 프로시저가 실행되는 동안 값이 유지된다.

프로시저 수준의 변수가 Static 키워드를 사용하여 선언되었다면 코드가 모듈에서 실행하고 있는 동안 값을 유지한다. 모든 코드의 실행이 끝나면 변수는 범위와 값을 잃게 된다. 변수의 수명은 모듈 수준 변수와 같다.

모듈 수준 변수는 정적 변수와는 다른데, 표준 모듈이나 클래스 모듈에서는 코드 실행이 멈출 때까지 값을 유지한다. 클래스 모듈에서는 클래스의 인스턴스가 있는 한 값을 유지하고 있다. 모듈 수준 변수는 값을 재설정 할 때까지 먼저 설정된 값을 사용하므로 꼭 필요할 때만 사용하는 것이 좋다.

Sub 또는 Function 문 앞에 Static 키워드를 넣으면 프로시저에 있는 모든 프로시저 수준의 변수들은 호출하는 동안에도 그대로 유지된다.

■

값에 의미 있는 이름을 지정하려면 상수로 선언한다. Const 문을 사용하여 상수를 선언하고 값을 설정하는데, 상수가 선언된 후에는 수정할 수 없고 새 값으로 다시 지정할 수도 없다.

상수를 procedure 안에서 선언하거나 모듈의 맨 위에 선언할 수 있다. 모듈 수준 상수들의 기본값은 Private인데, Public 모듈 수준의 상수로 선언하려면 Const 문 앞에 Public 키워드를 넣으면 된다. Const 문 앞에 Private 키워드를 사용하여 Private 상수를 명확하게 선언하면 코드를 더 쉽게 읽고 해석할 수 있게 된다.

다음은 Integer 형식인 Public 상수 Age를 선언하고 34의 값을 지정한다.

```
Public Const Age As Integer = 34
```

상수는 Boolean, Byte, Integer, Long, Currency, Single, Double, Date, String, Variant 등의 데이터 형식으로 선언할 수 있다.

한 문에서 상수를 여러 개 선언할 수 있는데, 데이터 형식을 지정하려면 각 상수에 대해서 데이터 형식을 각각 지정해야 한다.

다음 문에서 상수 Age는 Integer로 hap은 Currency(화폐단위)로 선언된다.

```
Const Age As Integer = 34, hap As Currency = 35000
```

■

개체 변수를 개체 변수가 참조하는 개체와 똑같이 취급할 수 있다. 개체의 속성을 설정하거나 반환할 수도 있고 개체의 모든 메서드를 사용할 수 있다.

개체 변수를 만들려면 개체 변수를 선언하고 개체 변수를 개체에 지정한다.

Dim 문이나 다른 선언문(Public, Private, Static)을 사용하여 개체 변수를 선언한다. 개체를 참조하는 변수는 Variant, Object, 개체의 특정 형식 가운데 하나여야 한다.

```
Dim MyObject                    ' MyObject를 Variant 데이터 형식으로 선언
Dim MyObject As Object          ' MyObject를 Object 데이터 형식으로 선언
Dim MyObject As Font            ' MyObject를 Font 형식으로 선언
Dim MyObject As DATABASE        ' MyObject를 DATABASE 형식으로 선언
Dim MyObject As TableDef        ' MyObject를 Table 형식으로 선언
Dim MyObject As RecordSet       ' MyObject를 RecordSet 형식으로 선언
```

특정 개체 형식이 프로시저가 실행될 때까지 알 수 없을 경우 Object 데이터 형식으로 개체 변수를 선언할 수 있다. Object 데이터 형식을 사용하면 어느 개체에 대해서나 일반적인 참조를 만들 수 있다.

개체 변수에 개체를 지정하려면 Set 문을 사용하여 개체식 또는 Nothing을 지정할 수 있다.

```
Set MyObject = CurrendDB        ' 현재 열린 데이터베이스로 지정한다.
Set MyObject = Nothing          ' 지정된 개체 연결을 제거한다.
```

개체 변수에 Nothing을 설정하면 특정 개체와 개체 변수의 연결을 제거한다. 이렇게 하면 변수를 변경하여 잘못 개체를 변경하는 것을 막을 수 있다. 연결된 개체를 닫고 나서 항상 개체 변수를 Nothing으로 설정하면 개체 변수가 유효한 개체를 가리키는지 검사할 수 있다.

```
If Not MyObject Is Nothing Then   ' 변수가 객체와 연결이 되어 있는가
```

Me 키워드를 사용하여 코드가 실행하는 개체의 현재 인스턴스를 참조할 수 있다.

현재 개체와 연결된 모든 프로시저는 Me로 참조된 개체를 액세스할 수 있다. 개체의 현재 인스턴스에 대한 정보를 다른 모듈의 프로시저에 전달할 때는 Me를 사용하는 것이 좋다.

예를 들어, 다음은 객체의 배경색을 설정하는 프로시저이다.

```
Sub 객체색변경(ObjectName As Object)
    ObjectName.BackColor = RGB(Rnd * 256, Rnd * 256, Rnd * 256)
End Sub
```

프로시저를 호출하는 다음 문을 사용하여 개체의 현재 인스턴스를 인수로 전달할 수 있다. 따라서 현재의 개체의 배경색을 설정하게 된다.

```
객체색변경 Me
```

(6) 배열

■

배열은 다른 변수와 마찬가지로 Dim, Static, Private, Public 문으로 선언한다. 단일 변수(스칼라 변수)와 배열 변수의 차이는 일반적으로 배열의 크기를 지정해야 한다는 것이다. 크기가 지정된 배열을 고정 크기 배열이라고 하고 프로그램이 실행 중에 크기가 변경될 수 있는 배열을 동적 배열이라고 한다.

Option Base 문을 사용하여 배열의 인덱스 시작 값을 정의할 수 있다. Option Base 문을 사용하지 않으면 모든 배열의 인덱스는 0부터 시작한다.

```
Option Base 1
```

■

다음은 각각이 Integer값을 가질 수 있는 11행과 11열로 된 고정 크기 배열을 선언한 것이다.

```
Dim MyArray(10, 10) As Integer
```

괄호 안의 첫 번째 인수는 행을 나타내고 두 번째 인수는 열을 나타낸다.

다른 변수 선언과 같이 배열에 대해 데이터 형식을 지정하지 않으면 선언된 배열 요소의 데이터 형식은 Variant가 된다.

운영 체제와 사용 가능한 메모리에 따라 배열의 최대 크기는 변할 수 있다. 사용할 수 있는 RAM 용량을 초과하는 배열을 사용하면 데이터가 디스크로부터 읽히거나 기록되기 때문에 속도가 느려진다.

■

동적 배열로 선언하면 코드가 실행하는 동안 배열의 크기를 정할 수 있다.

다음과 같이 Static, Dim, Private, Public 문을 사용하여 배열을 선언하고 괄호 안은 공백으로 남겨두면 동적 배열로 선언된다.

```
Dim sngArray() As Single
```

배열을 사용할 수 있는 범위에서는 ReDim 문을 사용하여 배열 차원의 수를 변경하거나 요소의 수를 정의하고 각 차원의 상한값과 하한값을 정의할 수 있다. ReDim 문을 사용하여 동적 배열을 변경할 수도 있지만 이렇게 할 때마다 배열에 있는 기존의 값을 잃게 된다. 배열에 있는 기존의 값을 보존하면서 배열을 확장하려면 ReDim Preserve를 사용해야 한다.

다음은 원래 요소의 현재값을 잃지 않고 배열 varArray를 10 요소만큼 확장한다.

```
ReDim Preserve varArray(UBound(varArray) + 10)
```

> **주의** Preserve 키워드를 동적 배열과 함께 사용하면 마지막 차원의 상한 값만 변경할 수 있고 차원의 수는 변경할 수 없다.

■

배열을 선언하여 같은 데이터 형식의 값들을 저장하여 일괄적으로 작업할 수 있다. 배열은 값을 저장할 많은 공간들로 된 단일 변수인 반면 일반 변수는 값 하나만 저장할 수 있는 공간을 갖는다. 배열의 모든 값을 참조하기 위해서 배열을 전체로 참조할 수도 있고 각 요소들을 각각 참조할 수도 있다.

다음 문은 365개 요소로 된 배열 변수 arryDay를 선언한다. 기본적으로 배열의 인덱스는 0부터 시작하므로 배열의 상한값은 365가 아닌 364으로 정의한다.

```
Dim arryDay(364) As Integer
```

요소의 값을 개별적으로 설정하려면 요소의 인덱스를 지정한다.

다음은 배열의 각 요소에 초기값 200을 지정하는 것이다.

```
Dim arryDay(364) As Integer
Dim i As Integer
For i = 0 to 364
    arryDay(i) = 200
Next
```

■

모듈의 맨 위에 있는 Option Base 문을 사용하여 첫 번째 요소의 기본 인덱스를 0에서 1로 변경할 수 있다.

다음에서 Option Base 문은 첫 번째 요소의 인덱스를 변경하고 Dim 문은 365개 요소의 배열 변수 arryDay를 선언한 것이다.

```
Option Base 1
Dim arryDay(365) As  Integer
```

다음 보기와 같이 To를 사용하여 배열의 하한값을 명시적으로 설정할 수도 있다.

```
Dim arryDay(1 To 365) As  Integer
```

```
Dim arryDay(7 To 13) As  Integer
```

■

Variant 값 배열을 만드는 방법은 두 가지인데, 한 가지는 다음 보기와 같이 Variant 데이터 형식의 배열을 선언하는 것이다.

```
Dim varData(2) As Variant
varData(0) = "서울"
varData(1) = 22
varData(2) = Format("06-09-1991", "General Date")
```

또 한 가지는 다음 보기와 같이 Array 함수의 결과 값으로 나오는 배열을 Variant 변수에 지정하는 것이다.

```
Dim varData As Variant
varData = Array("서울", 22, Format("06-09-1991", "General Date"))
```

어떤 방법으로 변수를 만들었어도 Variant 값들로 된 배열의 요소는 인덱스로 나타낼 수 있다.

다음 문에서 varData(0)은 Variant배열의 첫 번째 배열 요소 값을 참조한다.

```
MsgBox "Data for " & varData(0) & " has been recorded."
```

■

Visual Basic에서는 배열을 60 차원까지 선언할 수 있다.

다음은 5x10의 2차원 배열을 선언한 것이다.

```
Dim Multi(1 To 5, 1 To 10) As Single
```

배열을 행렬로 생각한다면 첫 번째 인수는 행을 나타내고 두 번째 인수는 열을 나타낸다.

다차원 배열을 처리할 때는 일반적으로 중첩된 For...Next 문을 사용한다.

다음에서는 2차원 배열의 각 요소에 값을 채우는 내용이다.

```
Dim i As Integer, j As Integer
Dim Multi(1 To 5, 1 To 10) As Single
For i = 1 To 5
    For j = 1 To 10
        sngMulti(i, j) = i * j
    Next j
Next i
```

(7) 제어구조

조건문과 반복문(제어 구조)을 사용하면 상황을 판단(의사 결정)하고 동작을 반복하는 Visual Basic 코드를 작성할 수 있다. 또한 With 문을 사용하면 개체를 다시 상세하게 지정할 필요 없이 일련의 문을 실행할 수 있다.

■

조건문은 조건이 True인지 False인지 평가하여 그 결과에 따라 실행할 문들을 하나 이상 지정한다. 일반적으로, 조건문은 비교 연산자를 사용하여 값이나 변수를 다른 것과 비교하는 식이다.

① If...Then...Else

If...Then...Else 문을 사용하여 조건 값에 따라서 특정 문이나 문 블록을 실행한다. If...Then...Else 문은 필요한 수준만큼 중첩될 수 있지만 읽기 쉽게 하려면 다중 수준으로 중첩된 If...Then...Else 문을 사용하는 것보다는 Select Case 문을 사용하는 것이 좋다.

조건이 True일 때만 문을 한 개 실행하려면 If...Then...Else의 한 줄 구문을 사용한다.

```
If myDate < Now Then myDate = Now
```

한 줄 이상의 코드를 실행하려면 여러 줄 문을 사용해야 하는데, 이때는 다음 보기와 같이 End If 문으로 끝내야 한다.

```
If value = 0 Then
        이름.ForeColor = "Red"
        이름.Font.Bold = True
        이름.Font.Italic = True
End If
```

조건이 True일 때 특정 문을 실행하고 False일 때 다른 문을 실행하는 경우에는 If...Then...Else 문을 사용하여 실행문 블록 두 개를 정의한다. 조건이 True이면 한 블록이 실행되고 False이면 다른 블록이 실행된다.

```
If value = 0 Then
        이름.ForeColor = vbRed
        이름.Font.Bold = True
        이름l.Font.Italic = True
Else
        이름.Forecolor = vbBlack
        이름.Font.Bold = False
        이름.Font.Italic = False
End If
```

첫 번째 조건이 False일 때 두 번째 조건을 검사해야하는 경우에는 If...Then...Else 문에 ElseIf 문을 추가한다.

```
If grade = 1 Then
        Bonus = salary * 0.1
```

```
        ElseIf performance = 2 Then
                Bonus = salary * 0.09
                ElseIf performance = 3 Then
                        Bonus = salary * 0.07
                Else
        Bonus = 0
End If
```

② Select Case

하나의 식을 다른 여러 값과 비교할 때는 If...Then...Else 문의 ElseIf 대신에 Select Case 문을 사용한다. If...Then...Else 문이 각 ElseIf 문의 다른 식을 나타낼 수 있는 반면, Select Case 문은 제어 구조의 맨 위에서 식을 한 번만 검사할 수 있다.

Case 문은 각각 값, 값 범위, 비교 연산자와의 조합을 두 개 이상 가질 수 있다. 선택적인 Case Else 문은 Select Case 문이 어느 Case 문의 값과도 일치하지 않을 때 실행된다.

```
Select Case grade
        Case 1
                Bonus = salary * 0.1
        Case 2, 3
                Bonus = salary * 0.09
        Case 4 To 6
                Bonus = salary * 0.07
        Case Is > 8
                Bonus = 100
        Case Else
                Bonus = 0
End Select
```

■

루프를 사용하면 문 그룹을 반복해서 실행할 수 있다. 어떤 반복 구조는 조건이 False

가 될 때까지 반복하고 또 다른 반복구조는 조건이 True일 때까지 반복한다. 또한 문에 지정된 수만큼 반복하거나 컬렉션에 있는 각 개체마다 반복하는 구조도 있다.

① Do ... Loop

Do ... Loop 문을 사용하여 문 블록(몇 개의 문의 집합)을 제한 없이 실행할 수 있다.

▶ 조건이 True일 동안 문 반복하기

While 키워드를 사용하며, While 키워드를 사용하여 Do...Loop 문에서 조건을 검사하는 방법은 두 가지이다. Do...Loop 문에 들어가기 전에 조건을 검사할 수도 있고 적어도 한 번 Do...Loop 문을 실행한 후에 검사할 수도 있다.

다음은 Do...Loop 문에 들어가기 전에 조건을 검사한다. 처음 조건이 False이면 한번도 실행되지 않을 수도 있다.

```
Do While myNum > 10
        myNum = myNum - 1
        counter = counter + 1
Loop
```

다음은 조건을 나중에 검사하므로 차음부터 조건이 False일지라도 루프 안의 문은 적어도 한 번은 실행된다.

```
Do
        myNum = myNum - 1
        counter = counter + 1
Loop While myNum > 10
```

▶ 조건이 True가 될 때까지 문 반복하기

Until 키워드를 사용하며 Do...Loop 문에서 조건을 검사하기 위해 Until 키워드를 사용하는 방법에는 두 가지가 있다. Do...Loop 문에 들어가기 전에 조건을 검사할 수도 있고 루프가 적어도 한 번 실행된 후에 검사할 수도 있다. 루프는 조건이 False인 동안 반복된다.

```
Do Until myNum = 10
        myNum = myNum - 1
        counter = counter + 1
Loop
Do
        myNum = myNum + 1
        counter = counter + 1
Loop Until myNum = 10
```

▶ Do...Loop 문 빠져나가기

Exit Do 문을 사용하여 Do...Loop 문을 빠져나갈 수 있다. 예를 들어, 끝없이 반복되는 루프를 빠져나가려면 If...Then...Else 문이나 Select Case 문의 True 문 블록에서 Exit Do 문을 사용한다.

```
Do Until myNum = 10
    myNum = myNum - 1
    counter = counter + 1
    If myNum < 10 Then Exit Do
Loop
```

Tip 계속 반복되는 루프를 멈추려면 Esc키나 Ctrl+Break를 누른다.

② For...Next

For...Next 문을 사용하여 정해진 횟수만큼 문 블럭을 반복할 수 있다. For 루프는 루프를 반복할 때마다 값이 증가되거나 감소되는 카운터 변수를 사용한다.

다음은 경고음을 50번 낸다. For 문에서는 카운터 변수 x와 시작값, 최종값을 지정하였다. Next 문은 카운터 변수를 1씩 증가시킨다.

```
For x = 1 To 50
        Beep
Next x
```

Step 키워드를 사용하면 지정한 값만큼 카운터 변수를 증가시키거나 감소시킬 수 있다. 다음에서는 루프가 반복될 때마다 카운터 변수 j가 2씩 증가한다. 루프가 끝나면 total은 2, 4, 6, 8, 10의 합계가 된다.

```
For j = 2 To 10 Step 2
        total = total + j
Next j
```

카운터 변수를 감소시키려면 Step에 음수 값을 사용한다. 카운터 변수를 감소시키려면 최종값을 시작값 보다 작게 지정해야 한다. 다음 보기에서 카운터 변수 myNum은 루프가 반복될 때마다 2씩 감소된다. 루프가 끝나면 total은 16, 14, 12, 10, 8, 6, 4, 2의 합계가 된다.

```
For myNum = 16 To 2 Step -2
        total = total + myNum
Next myNum
```

> Tip
> Next 문 다음에 카운터 변수 이름을 포함할 필요는 없지만, 코딩의 이해를 쉽게 하기 위해 포함하는 것이 좋다.

Exit For 문을 사용하면 최종값에 이르기 전에 For...Next 문을 빠져 나올 수 있다. 예를 들어, 오류가 발생할 때 특별히 오류를 검사하는 If...Then...Else 문이나 Select Case 문에서 Exit For 문을 사용하면 된다.

▶ For Each...Next

For Each...Next 문은 컬렉션의 각 개체나 배열의 각 요소마다 문 블럭을 반복한다. 루프가 실행될 때마다 자동으로 변수가 설정된다.

다음은 실행 중인 프로시저가 들어 있는 폼을 제외한 모든 폼을 닫는다.

```
For Each frm In Application.Forms
        If frm.Caption <> Screen.ActiveForm.Caption Then frm.Close
Next
```

다음 코드는 배열의 각 요소를 반복하며 각 값을 인덱스 변수 I의 값으로 설정한다.

```
Dim TestArray(10) As Integer, I As Variant
For Each I In TestArray
        TestArray(I) = I
Next I
```

▶ 끝나기 전에 Each...Next Loop 문 빠져나가기
Exit For 문을 사용하여 For Each...Next 루프를 빠져나갈 수 있다.

③ 같은 개체에 대한 다중 문 실행하기

With 문을 이용하면 연속되는 문 전체에서 개체나 사용자 정의 형식을 한 번만 지정할 수 있다. With 문은 프로시저를 빠르게 실행시키고 반복적인 입력을 하지 않도록 해준다.

다음은 "판매관리" 폼의 "금액" 컨트롤에 대한 글꼴을 설정하는데, With 문에서 "Forms![판매관리].[금액]"을 정의함으로써 With 문안에서는 생략하였다.

```
With Forms![판매관리].[금액]
                .Font.Italic = True
                .Font.Bold = True
                .Font.Color = RGB(255, 255, 0)
End With
```

8 4 Visual Basic 응용

이 단원에서는 VBA를 사용하여 다양하게 제어하는 방법에 대해서 예제 위주로 설명한다.

(1) 매크로 함수 실행하기

Visual Basic모듈에서 매크로 함수를 실행시키는 방법을 다음 예제를 통해서 알아본다.

다음과 같은 도입 폼을 만들어서 클릭 한 단추에 따라서 "상품관리" 폼을 다양하게 보여주려고 한다.

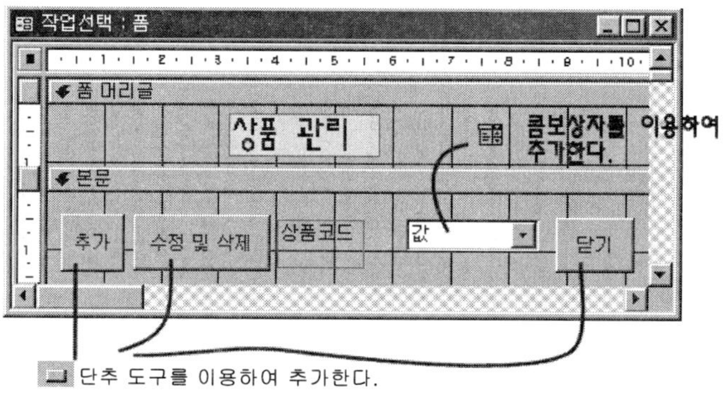

① 도입 폼을 만들기 위해 새로운 폼을 디자인 보기로 열고 명령 단추 컨트롤과 콤보 상자, 레이블 컨트롤을 그림과 같이 추가하고 속성을 정의한다.

② 명령 단추 컨트롤을 추가할 때 마법사가 시작되면 <취소> 단추를 눌러서 마법사를 닫고 각각이 속성을 다음과 같이 정의한다.

③ 아래와 같은 콤보 컨트롤을 폼에 배치하면 마법사가 시작되는데 다음과 같이 정의한다.

④ "상품" 테이블에 있는 데이터를 콤보 목록에서 보여주기 위해 "콤보 상자에서 테이블이나..." 옵션을 선택한다.

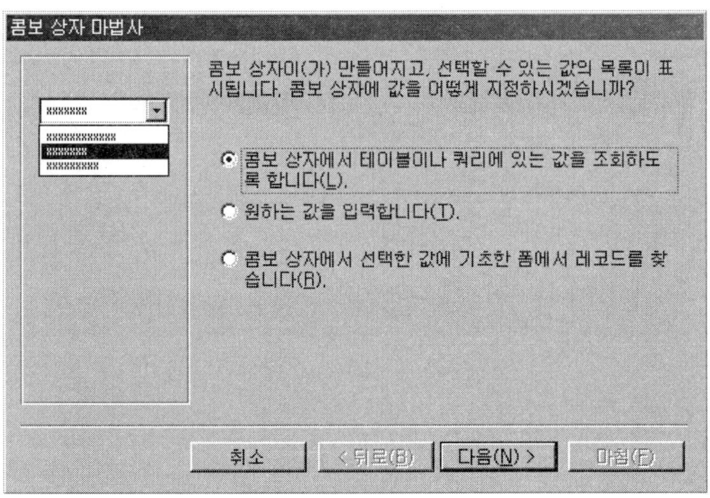

⑤ "상품" 테이블을 선택한다.

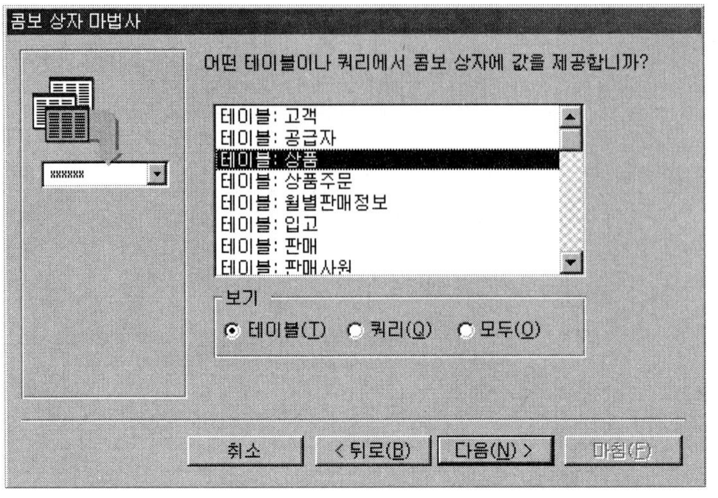

⑥ "상품코드" 필드를 선택한다.

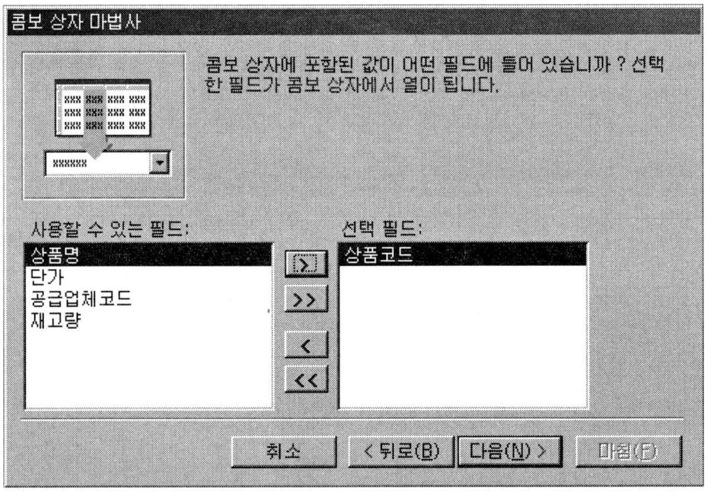

⑦ 열 너비를 조정한다.

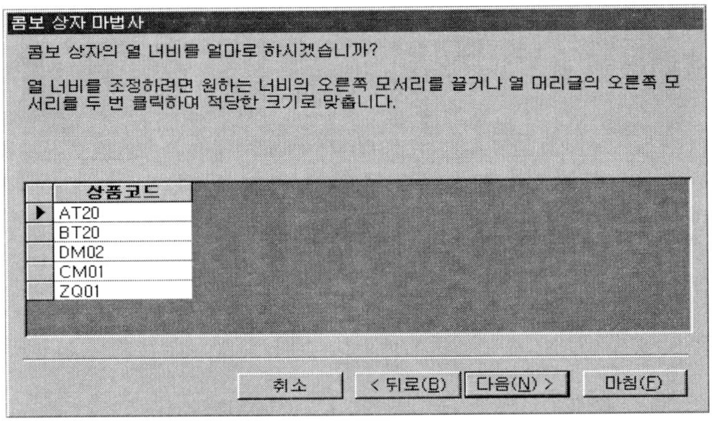

⑧ 콤보 상자 왼쪽에서 보여줄 텍스트를 입력한다.

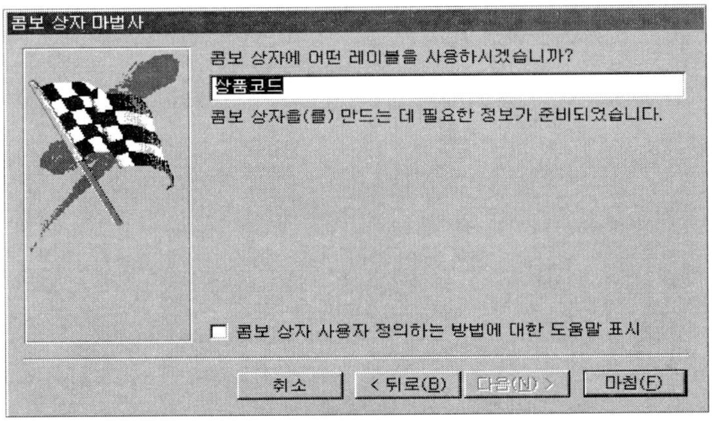

⑨ 폼을 폼 보기로 열었을 폼의 아래 영역에 나타나는 레코드 이동단추와 폼의 구역을 구분하는 구분선 등을 보이지 않게 하려면 폼의 다음 속성을 설정한다.

⑩ 폼을 “작업선택”이라는 이름으로 저장한다.

⑪ 각 명령 단추의 On Click 이벤트에 있는 ... 작성 단추를 누른 다음 ”코드 작성기“를 선택하고 다음과 같이 각각 코딩한다.

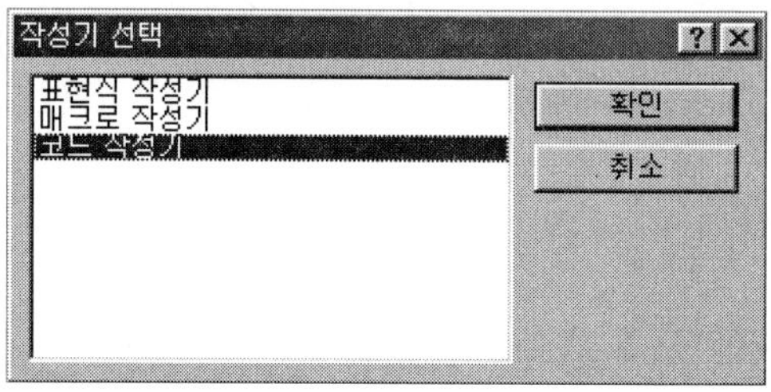

<추가> 단추를 누르면 “상품관리” 폼을 추가모드 상태로 연다.

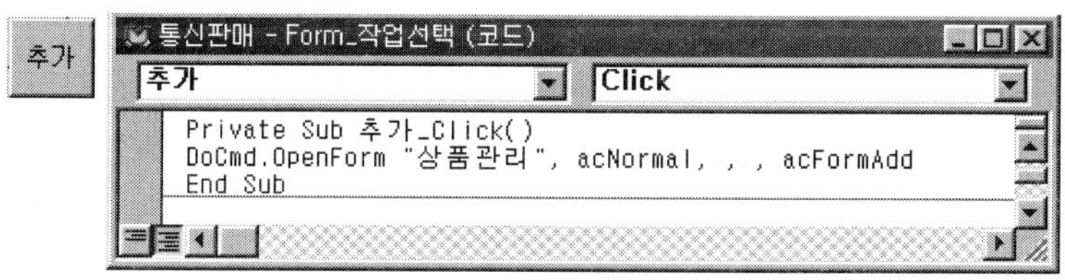

<수정 및 삭제> 단추를 누르면 콤보 상자에서 선택한 “상품코드”와 일치하는 레코드를 조회해서 “상품관리” 폼이 열릴 때 조회된 레코드를 보여주도록 한다.

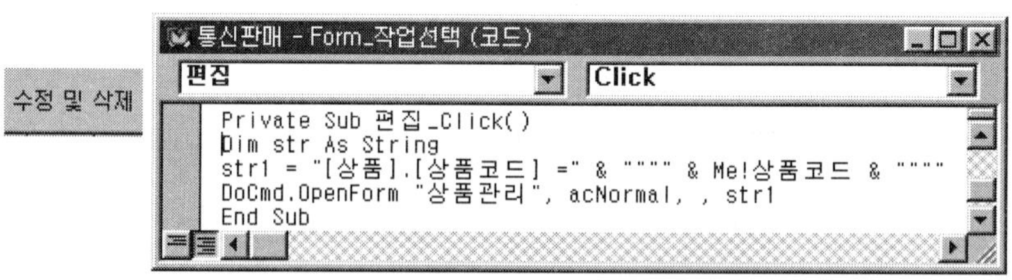

<닫기> 단추를 누르면 현재 폼을 닫는다.

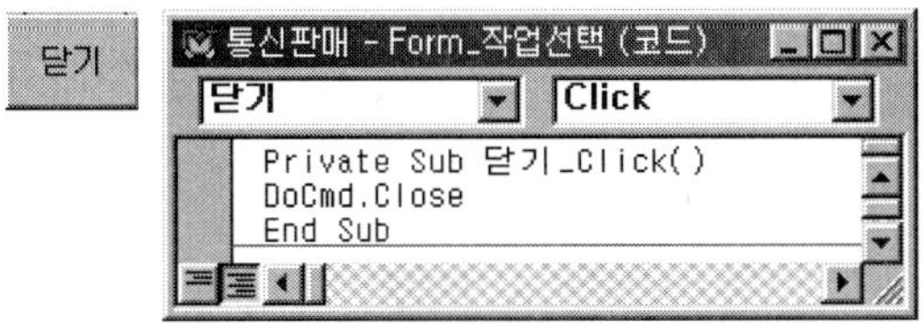

⑫ 저장한 다음 새롭게 만든 도입 폼인 "작업선택" 폼을 폼 보기로 연다. 다음은 각 단추를 눌렀을 때 열린 "상품관리" 폼의 모습이다.

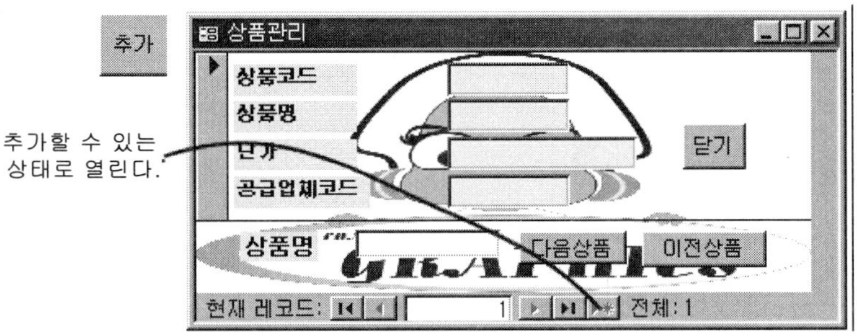

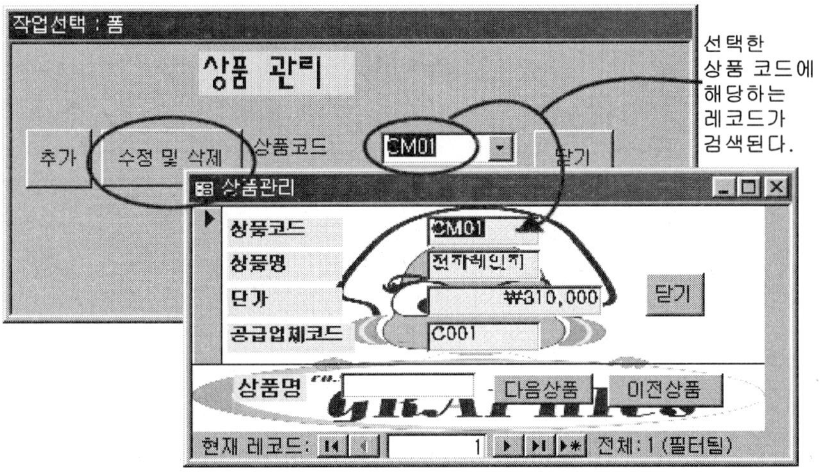

■

▶ 구문 형식

DoCmd.OpenForm formname[, view][, filtername][, wherecondition]
[, datamode][, windowmode][, openargs]

인 수	설 명
formname	현재 데이터베이스 폼의 이름을 나타내는 문자열 표현식이다.
view	다음 기본 상수 중에서 정의한다. acDesign acFormDS acNormal(기본값) acPreview acNormal은 폼을 폼 보기로 연다.
filtername	현재 데이터베이스의 쿼리 이름을 나타내는 문자열 표현식이다.
wherecondition	SQL WHERE 절에서 WHERE를 뺀 문자열 표현식이다.
datamode	다음 기본 상수 중에서 정의한다. acFormAdd acFormEdit acFormPropertySettings(기본값) acFormReadOnly
Windowmode	다음 기본 상수 중에서 정의한다. acDialog acHidden acIcon acWindowNormal(기본값)
openargs	문자열 표현식이다. 폼을 열 때 포커스를 특정한 레코드로 이동할 경우에 정의한다.

Tip

문자열 표현식이란 문자열이나 결과가 문자열로 반환되는 식을 의미한다.

■

DoCmd 개체의 메서드를 사용해서 Visual Basic에서 Microsoft Access 매크로 함수를 실행할 수 있다.

▶ 구문 형식

[application.]DoCmd.메서드 [인수1, 인수2, ...]

application	생략가능하며 Application 개체를 지정한다.
메서드	지원하는 메서드 중 하나를 지정한다.
인수1, 인수2..	선택한 메서드의 인수로서, 이러한 인수는 해당하는 매크로 함수의 인수와 같다.

(2) 개체 다루기

VBA에서는 일반적인 데이터 유형으로 지정된 변수뿐만이 아니라 Access에서 지원하는 다양한 개체유형으로 개체 변수를 정의하여 사용할 수 있는데 다음 예제에서는 Database와 Recordset 개체를 다루는 방법에 대해서 명한다.

상품이 "입고"될 때 상품의 현재 재고량을 보여주려고 한다.

① "상품" 테이블을 디자인 보기로 열고 "재고량" 필드를 "숫자" 형식으로 정의하고 테이블을 저장한다.

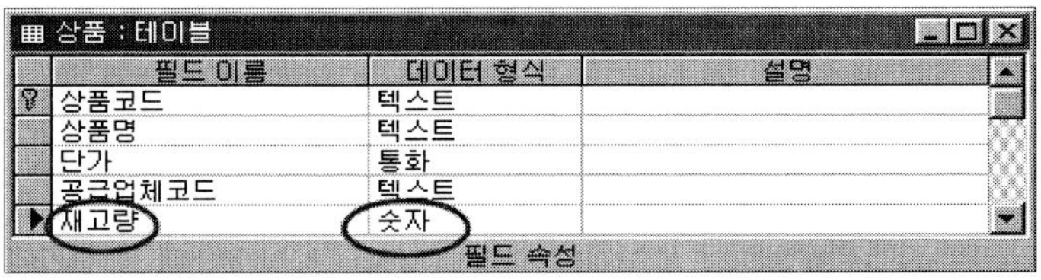

② "입고" 테이블을 위한 폼이 없다면 마법사를 이용하여 간단히 만드는데, 먼저 "입고" 테이블을 열어서 "상품코드" 필드의 데이터 유형을 "조회마법사"로 설정하고 "상품" 테이블로부터 "상품코드" 값을 가지고 올 수 있도록 한 다음 폼을 만든다.

> **Tip**
>
> "입고" 테이블을 제어하는 폼이 만들어져있다면 폼에서 "상품코드" 컨트롤을 삭제한 다음 <콤보상자> 도구를 이용하여 폼에 다시 추가하고 계속해서 나오는 마법사를 이용하여 "상품" 테이블로부터 "상품코드" 값을 가져올 수 있도록 정의한다.

③ 재고량을 보여줄 수 있도록 입력란을 추가하고 이름 속성을 “재고량”이라고 정한다.

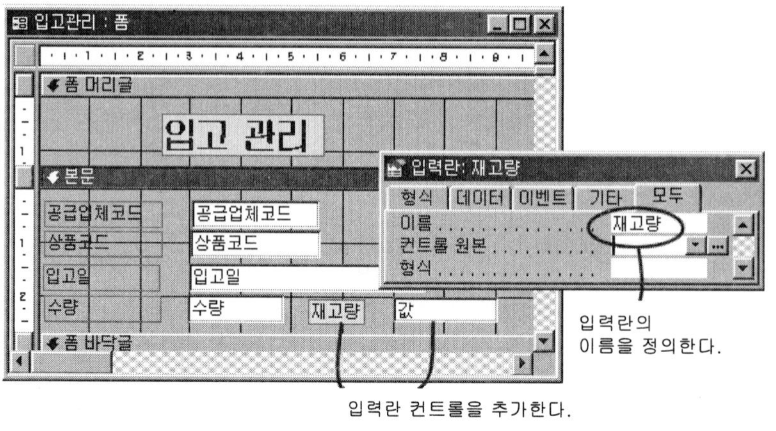

④ 폼을 선택하고 폼의 속성 창에서 On Current 이벤트의 ... 작성 단추를 누른 다음 “코드 작성기”를 선택한다.

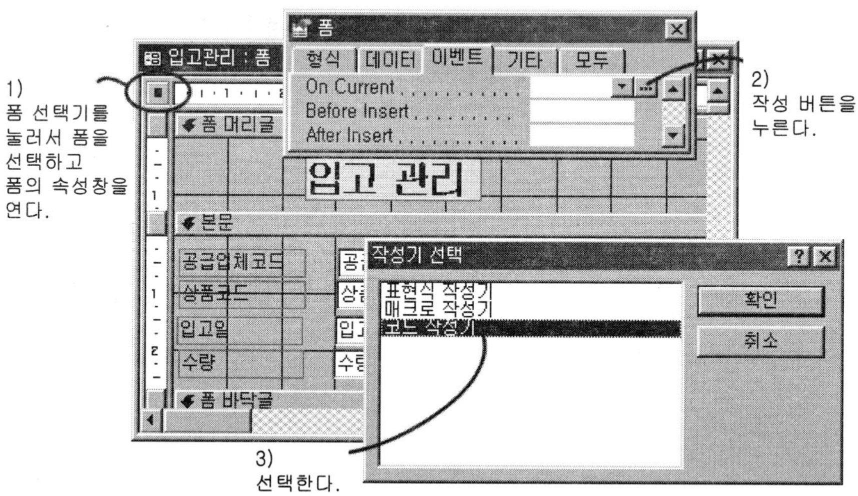

⑤ 다음과 같이 코딩한다.

통신판매 - Form_입고관리 (코드)

Form | Current

```
    Private Sub Form_Current()

(A) Dim DB As Database, RS As Recordset
    Dim str As String

(B) Set DB = CurrentDb

    If Me.NewRecord = True Then
(C)    Me!재고량 = 0
       Exit Sub
    End If

(D) str = "[상품코드] = " & """" & Me!상품코드 & """"
    Set RS = DB.OpenRecordset("select * from 상품 where" & str)

(E) Me!재고량 = RS.재고량
    End Sub
```

(A) 개체 변수 DB와 RS를 각각 Database개체와 RecordSet유형으로 정의한다.

(B) 개체 변수 DB에 현재 열려져 있는 데이터베이스를 지정한다.

(C) 레코드 추가 단추를 눌렀거나 현재 새로운 레코드를 추가하는 상태인 경우에는 "재고량"에 0을 보여주고 프로시저를 빠져 나온다.

(D) 폼의 "상품코드"와 일치하는 레코드를 "상품" 테이블에서 찾아서 레코드셋을 연다.

(E) 찾은 레코드의 "재고량"을 폼의 "재고량" 컨트롤에서 보여준다.

⑥ 폼을 "입고관리"라는 이름으로 저장한다.

⑦ 코딩을 테스트하기 전에 "상품" 테이블을 열고 적어도 한 레코드에 대하여 새롭게 추가한 "재고량"값을 임의로 입력한다. 또한 "입고" 테이블을 열고 "재고량" 값이 입력된 "상품"의 입고 데이터를 입력한다.

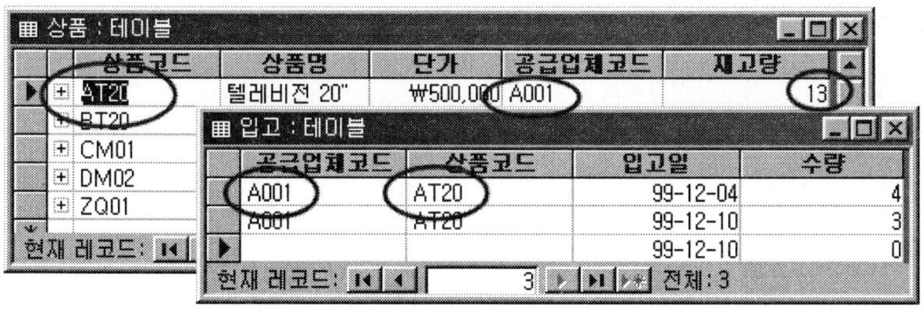

현재 "재고량" 조회에 대한 테스트를 하기 위한 작업인데, 이 예제의 나머지 부분에서 이것과 관련된 내용을 보강할 것이다.

⑧ "입고관리" 폼을 폼 보기로 열어보자 "재고량" 컨트롤에 값이 조회되는가?

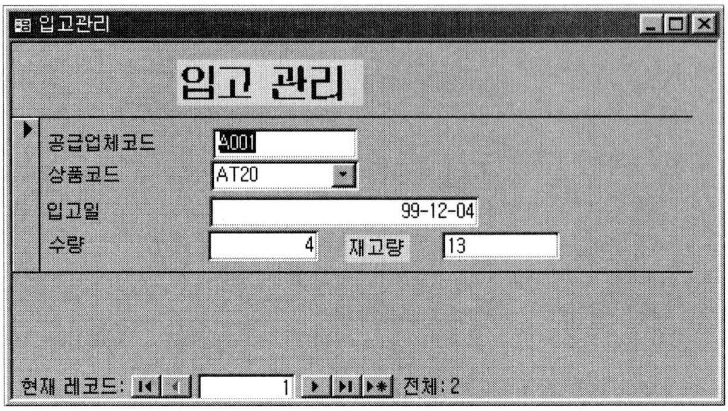

⑨ 현재 "입고관리" 폼에서는 "상품코드"만 목록에서 선택할 수 있게 되어 있다. "상품코드" 목록에서 "상품코드"를 선택하면 해당 상품의 "공급업체코드"를 "상품" 테이블로부터 자동으로 검색해서 보여줄 수 있도록 하자.
"입고관리" 폼의 "공급업체코드"값을 직접 입력받지 못하도록 다음 속성을 정의한다.

⑩ "입고관리"폼에 있는 "상품코드" 컨트롤의 On Click 이벤트의 코딩을 다음과 같이 작성한다.

(A) "상품" 테이블에서 찾은 레코드의 "공급업체코드"값을 폼의 "공급업체코드"에서 보여준다.

⑪ "입고 관리" 폼을 폼 보기로 열고 "상품코드"를 선택(클릭)해본다. 해당되는 "공급업체코드"가 나타나는가?

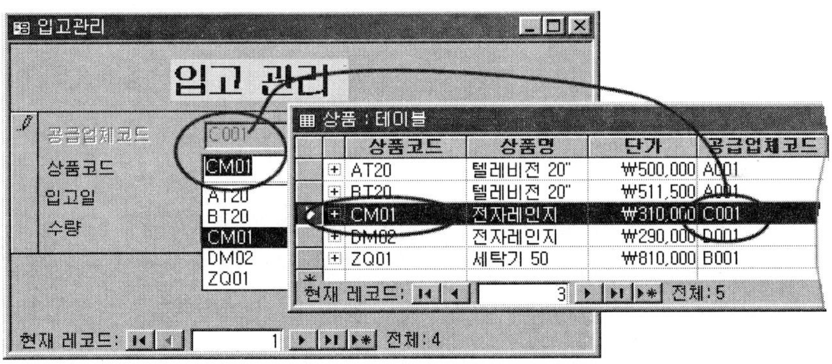

⑫ 이제 "입고"가 일어날 때 상품의 기존 재고량에서 입고된 수량만큼 더해진 값으로 자동 업데이트될 수 있도록 해보자. 폼의 On AfterInsert 이벤트에 대한 코딩을 다음과 같이 작성한다.

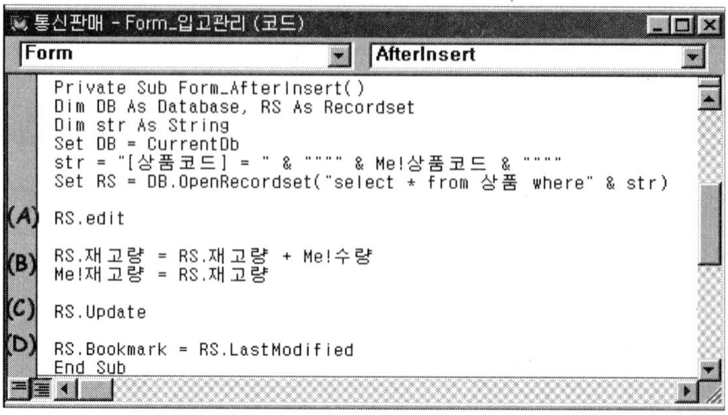

(A) 레코드셋의 모드를 편집상태로 설정한다.

(B) "상품" 레코드의 현재 "재고량" 필드 값에 입고된 "수량"을 더한다. 그리고 폼에서 더한 값을 보여준다.

(C) 더한 값으로 레코드를 업데이트한다.

(D) 현재 레코드 포인터를 가장 최근에 변경한 레코드로 이동시킨다. (예제에서는 레코드셋의 레코드 개수가 1건이므로 사실상 의미는 없다.)

⑬ "입고관리" 폼을 폼 보기로 열어서 <새 레코드 추가> 단추를 누른 다음 새로운 레코드를 입력하고 레코드 이전이나 다음 단추를 눌러서 이동했다가 다시 추가한 레코드로 돌아와 보자. 입고된 수량만큼 재고량이 증가했는가?

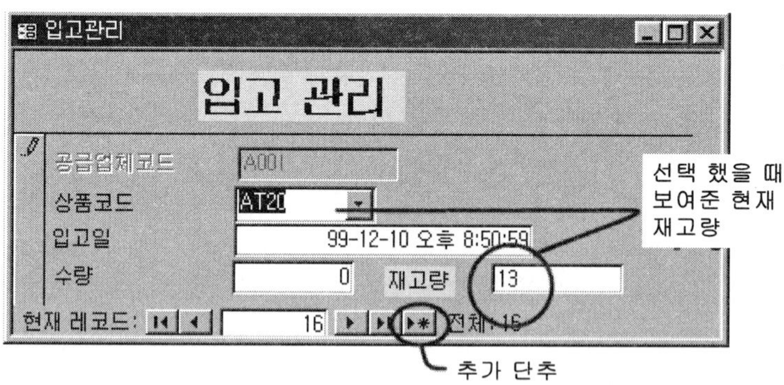

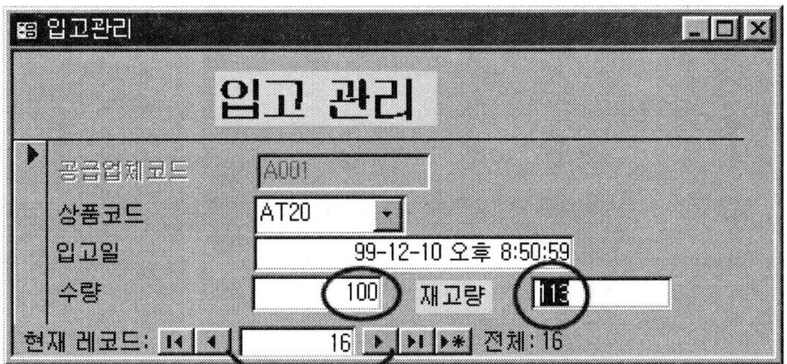

새 레코드를 입력한 다음, 다른 레코드로 이동 했다가
다시 와서 재고량을 확인 한다.

실제로 "상품" 테이블의 필드 값이 업데이트 되었는지 "상품" 테이블을 열어서 확인해 본다.

만일 테스트에 문제가 있거나 "입고"된 수량이 더해지지 않는다면 "상품" 테이블의 "재고량" 필드 값이 NULL(공백)로 되어 있지 않은가 확인한다. "0"으로 모두 변경한 다음 다시 작업해본다.

⑭ 마지막으로 "입고" 레코드가 수정될 경우를 생각해보자. 만일 이전의 레코드에서는 "수량" 값이 5였는데 10으로 변경된다면? 현재 해당되는 상품의 재고량에서 이전 "수량" 값을 취소(빼고)시키고 다시 새 값을 반영(더하기)해야 한다.

이것을 해결하기 위해 먼저, 레코드들이 조회될 때 이전 "수량" 값을 전역변수, 즉 모듈 수준으로 정의된 변수에 저장해 놓는다. 수정될 경우를 위해서다. 또한 이렇게 하기 위해 전역변수를 모듈의 맨 위 선언부에서 변수를 정의한다.

모든 프로시저에서 사용 할 수 있는 (그 값이 유지되는) 변수를 정의한다.

레코드가 조회될 때 현재 "수량" 값을 저장해놓기 위해 Form의 On Current 이벤트 프로시저에 다음과 같은 지정문을 삽입한다.

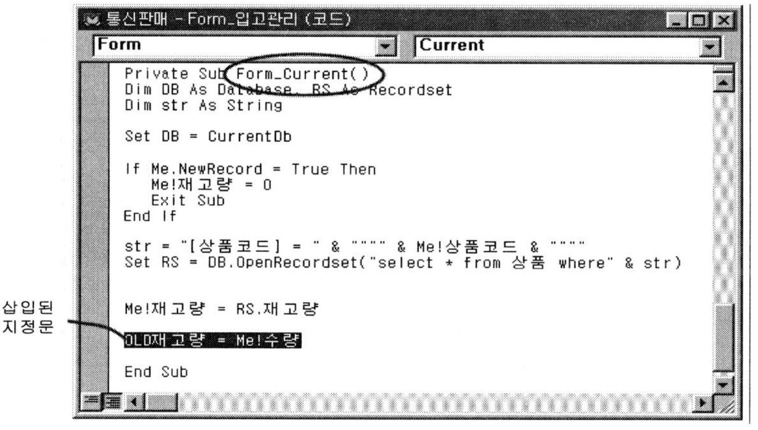

그리고 Form의 "Form"의 AfterUpdate 이벤트 프로시저를 다음과 같이 코딩한다.

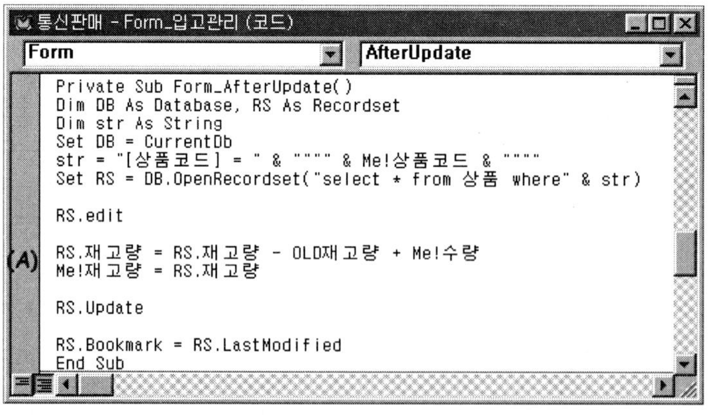

(A) 레코드가 조회될 때 저장해 놓은 "수량" 값을 현재 "재고량"에서 뺀 다음 다시 현재 입력한 "수량" 값을 더하여 레코드를 업데이트한다. 그 결과 값을 폼의 "재고량"에서 보여준다.

⑮ "입고관리" 폼을 폼 보기로 열고 기존의 값을 수정한 다음 재고량 값을 비교해 본다.

실습

"판매관리" 폼에서도 해당 상품의 "재고량"을 보여주고 "판매"가 발생하면 "상품" 테이블의 현재 "재고량"에서 "판매"된 "수량"만큼 빼준다. 그리고 "판매" "수량"을 정렬한 경우에도 그 값이 적용될 수 있도록 하고 현재 "재고량" 보다 많은 "수량"이 판매될 수 없도록 한다.

Chapter 9

사용자 지정과 데이터베이스 관리

9-1 Microsoft Access 설정하기

(1) Microsoft Access 환경 설정

Microsoft Access 개발 환경을 정의하는 방법은 다음과 같다.

① 홈 - Access 옵션 메뉴를 선택한다.

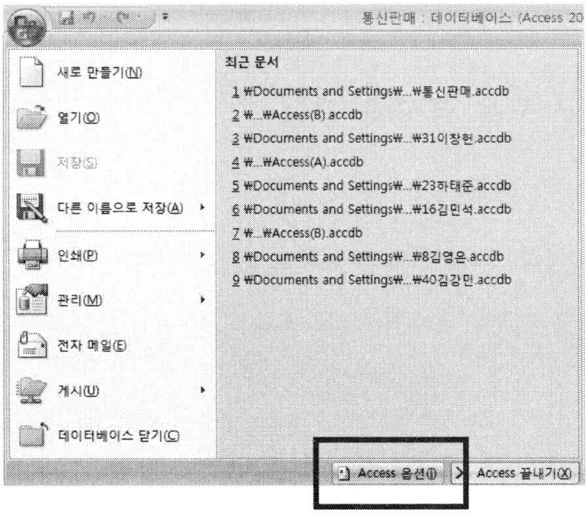

② 설정할 옵션 메뉴를 클릭한다.

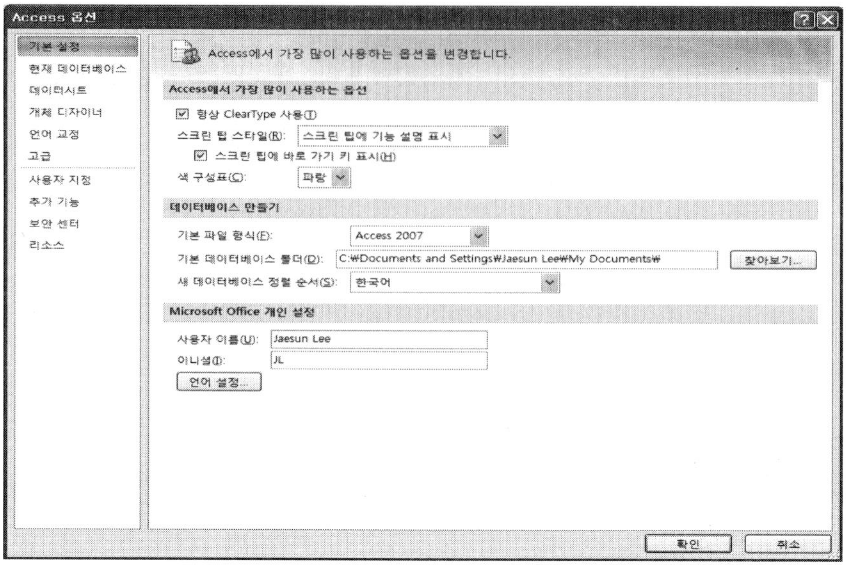

③ 사용할 옵션을 선택합니다.

> **Tip** Visual Basic 개발 환경을 사용자가 정의하려면 Visual Basic 편집 창을 열고 도구 > 옵션 메뉴를 선택한 다음 원하는 옵션을 정의한다.

(2) 빠른 실행 도구 모음 표시와 편집

Access의 리본 메뉴를 표시하는 방법은 다음과 같다.

① 빠른 실행 도구 모음 오른쪽의 확장버튼을 선택한다.

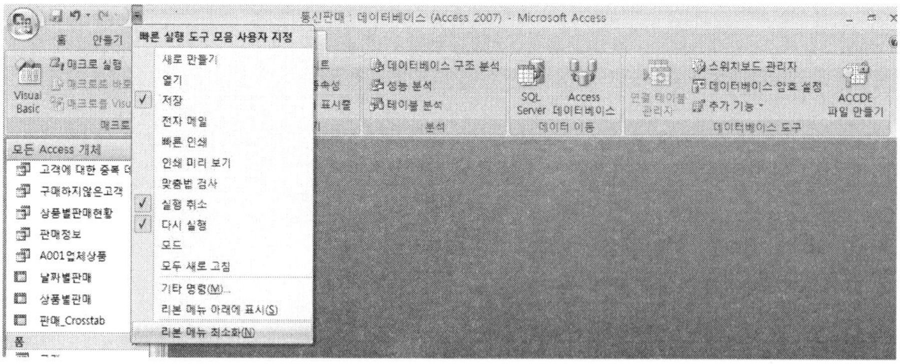

③ 빠른 실행 도구 모음 보이기/숨기기와 위치 설정을 선택한다.

리본 메뉴 최소화

리본 메뉴 아래에 표시

(3) 빠른 실행 도구 모음 추가 및 삭제

① 홈 - Access 옵션 - 사용자 지정을 선택하거나, 빠른 실행 도구 모음 오른쪽 확장 버튼을 클릭하여 기타 명령....메뉴를 선택한다.

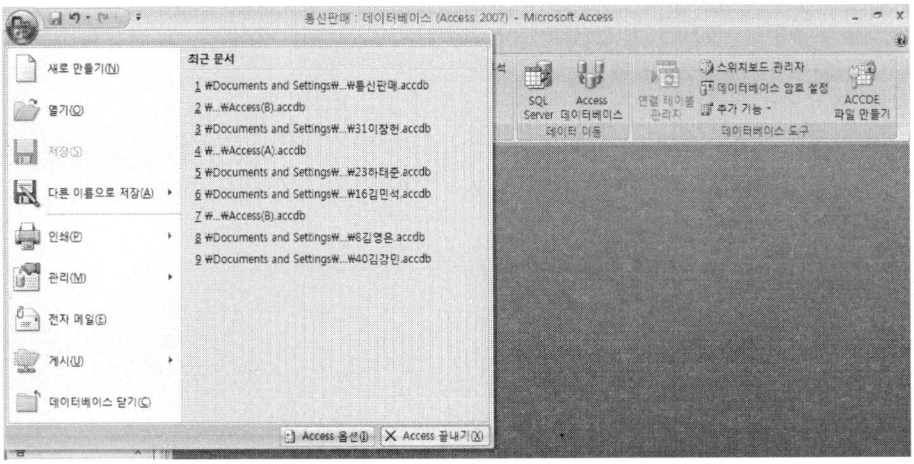

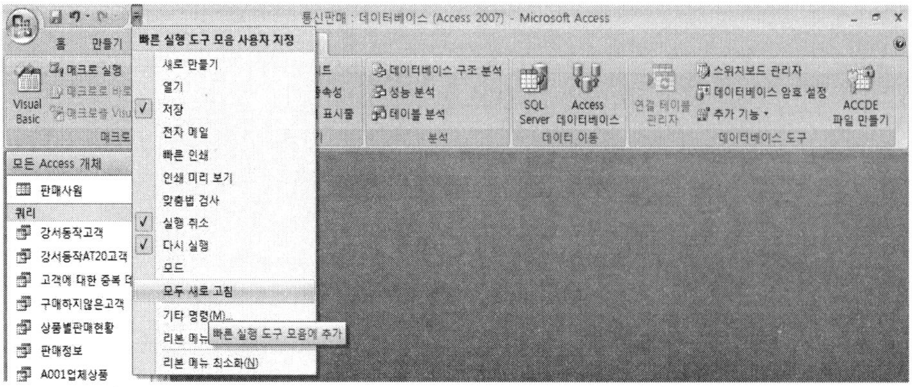

② 추가할 실행 도구 모음을 선택하거나, 삭제할 실행 도구 모음을 선택하여 편집한다.

③ 삽입하고자 하는 리본메뉴에서 오른쪽 버튼을 눌러 삽입/삭제 할 수도 있다.

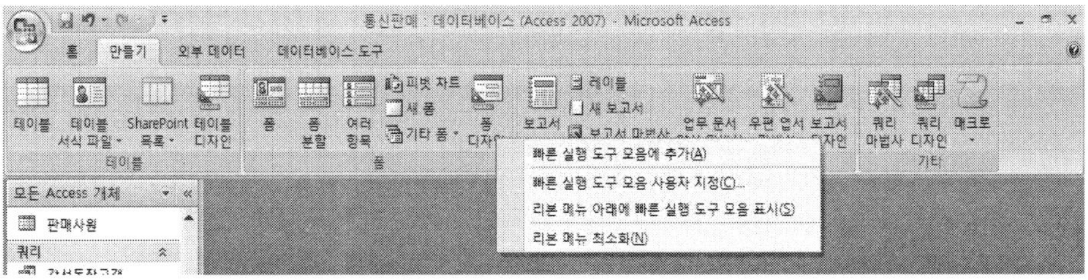

9 2 데이터베이스 관리

(1) 데이터베이스 백업

실제 업무에서 가장 중요한 것은 데이터베이스에 저장된 데이터들이다. 따라서 주기적으로 데이터베이스를 백업 받아야하는데, 데이터베이스를 백업하기 전에 먼저 데이터베이스를 닫아야 하며 여러 사용자 환경에서는 사용자들이 모두 데이터베이스를 닫았는지 확인해야 한다.

그리고 나서 일반적인 파일 복사 방법이나 기타 백업 소프트웨어를 사용하여 데이터베이스 파일(.mdb 파일)을 적당한 백업 매체에 복사한다.

이때, 주의할 점은 작업 그룹 정보 파일의 백업 복사본도 만들어 두어야 한다는 것이다. 작업 그룹 정보 파일이 없어지거나 손상되면 파일을 다시 작성하거나 복구할 때까지 Microsoft Access를 시작할 수 없게된다.

> **Tip**
> 작업 그룹 정보 파일은 시작 시 Microsoft Access가 읽는 파일로, 작업 그룹 내의 사용자 정보를 포함한다. 이러한 정보에는 사용자 계정 이름, 암호, 사용자 그룹이 포함되며 파일의 이름은 “System.mdw”이다.

데이터베이스를 백업하면 홈 - 관리 - 데이터베이스 백업 메뉴를 선택한다.

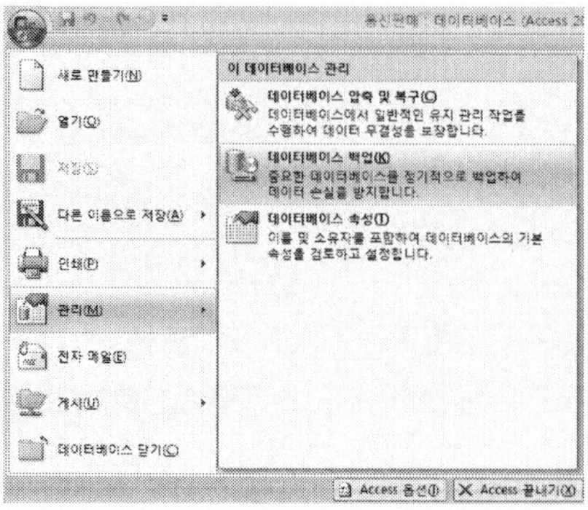

백업파일의 저장위치와 파일이름을 지정한 후 백업한다.

(2) Access 데이터베이스와 프로젝트 압축하기

최적의 성능을 유지하려면 Microsoft Access 데이터베이스나 Microsoft Access 프로젝트를 정기적으로 압축해야 한다.

■

① 홈 - 관리 - 데이터베이스 압축 및 복구 메뉴를 선택한다. 현재 데이터베이스가 열려있다면 작업이 진행되고 그렇지 않다면 압축하려는 데이터베이스나 프로젝트를 선택한다.

② Access 데이터베이스나 Access 프로젝트 압축을 성공적으로 끝내면, Microsoft Access에서는 원래 파일을 압축한 버전으로 바꾼다.

■

Microsoft Access 데이터베이스나 Microsoft Access 프로젝트는 닫을 때마다 자동으로 압축되도록 하려면 다음과 같이 옵션을 설정한다.

① 자동으로 압축되도록 할 Access 데이터베이스나 프로젝트를 연다.
② 홈 - Access 옵션 메뉴를 선택한다.
③ "현재 데이터베이스" 탭을 누른 다음 "닫을 때 압축" 을 선택한다.

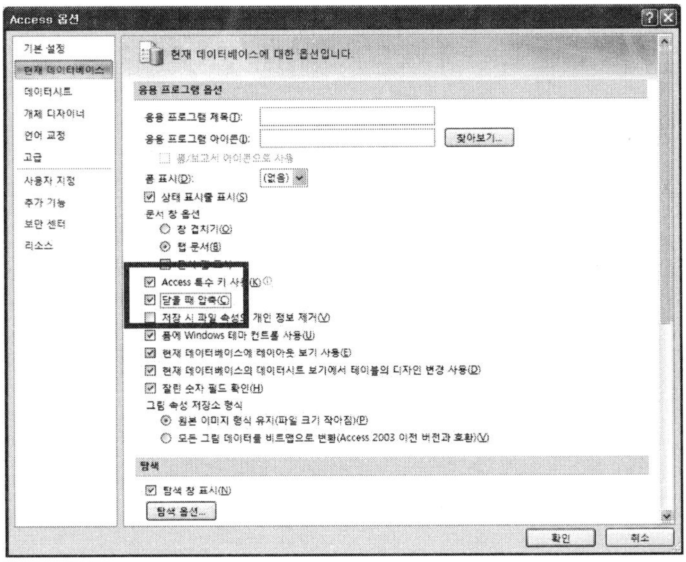

Tip

여러 사용자(공유) 데이터베이스를 닫을 때 다른 사용자가 열어 놓은 상태이면 압축이 되지 않는다.

(3) 성능 최적화하기

컴퓨터의 구성과 작업 환경에 따라 Microsoft Access나 Microsoft Access 데이터베이스, Microsoft Access 프로젝트의 성능을 향상시킬 수 있는 여러 가지 방법이 있다.

■

Access 데이터베이스의 성능을 최적화 하려면 성능 분석 마법사에서 시작을 하는 것이 가장 좋은데, 성능 분석 마법사를 사용하면 전체 데이터베이스나 데이터베이스에서 선택한 개체만을 분석할 수도 있다. 또한 성능 분석 마법사를 사용하면 몇 가지 필요한 사항을 변경할 수 있다.

성능 분석 마법사는 Access 데이터베이스에서만 사용할 수 있다.

① 최적화 할 Access 데이터베이스를 연다.

② 데이터베이스 도구 - 분석 - 성능분석을 선택한다.

③ 최적화 할 데이터베이스 개체 형식의 탭을 누르거나 모든 데이터베이스 개체를 보려면 “모든 개체 유형” 탭을 누른다.

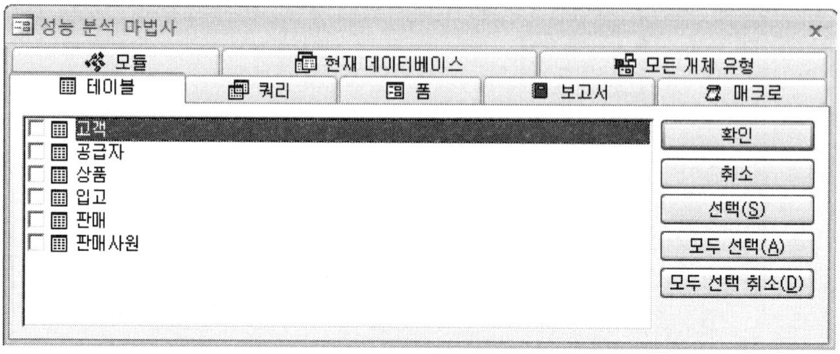

④ 최적화 할 데이터베이스 개체의 이름을 선택한다. 목록에서 모든 데이터베이스 개체를 선택하려면 <모두 선택>을 누른다.

⑤ 최적화 할 모든 개체가 선택될 때까지 단계 ③과 ④를 반복한 다음 확인을 누른다.

⑥ 성능 분석 마법사는 !(추천), ?(제안), (참고) 목록의 세 가지 분석 결과 목록을 나타낸다. 분석 결과 목록에서 항목을 누르면 제안된 최적화에 관한 정보가 목록 아래 분석 참고 사항 상자에 나타난다. “제안”으로 표시되는 항목은 분석 참고 사항 상자에 있는 교체해야할 내용에 대해서 보여준다. “추천”과 “제안” 최적화는 Access가 실행할 수 있지만 “참고” 최적화는 사용자가 정보를 보고 직접 작업해야 한다.

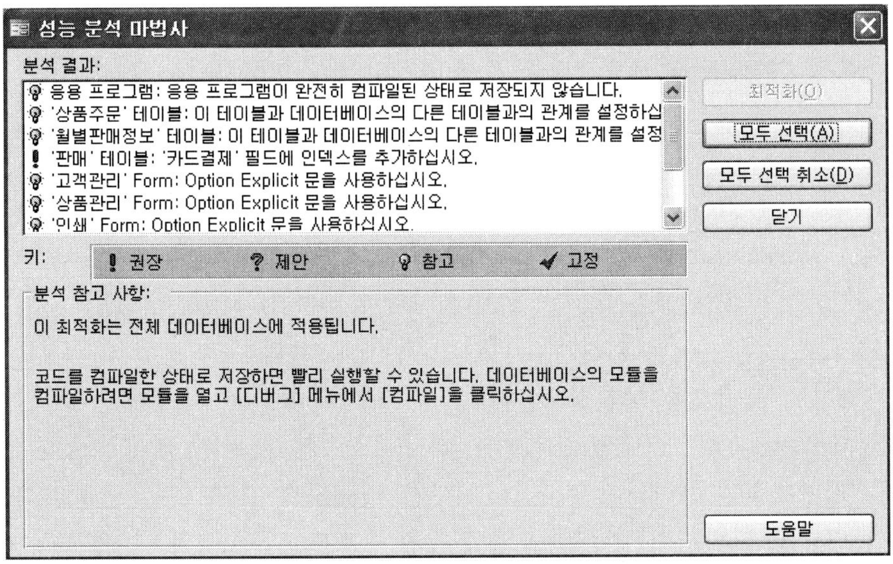

"추천"이나 "제안" 항목을 선택하고 <최적화>버튼을 누르면 성능 분석 마법사는 최적화를 실행하고 항목을 ✔(고정)으로 표시한다. 성능 분석 마법사가 모든 "추천"과 "제안" 항목에 대한 최적화 실행을 완료할 때까지 이 과정을 계속한다.

모든 "추천"이나 "제안" 항목의 최적화를 실행하려면 <모두 선택>을 누르고 <최적화>를 누른다.

"참고" 최적화는 사용자가 직접 작업해야 하는데 "분석 참고 사항 상자"에 표시된 내용을 참고한다.

■

다음은 시스템에서 Microsoft Access의 성능을 최적화하기 위한 지침들이다.

① 다른 사용자와 공유할 필요가 없는 데이터베이스를 사용하는 경우에는 Microsoft Access와 모든 데이터베이스를 네트워크 서버보다는 하드디스크 드라이브에 설치한다.

② 데이터베이스를 혼자 사용하는 경우에는 열기 대화 상자에서 열기 단추 옆에 있는 화살표를 클릭한 다음, "단독으로 열기"를 클릭하여 데이터베이스를 단독으

로 사용할 수 있게 연다.

③ 사용하지 않는 응용 프로그램을 닫아 좀 더 많은 메모리를 사용할 수 있게 한다.

④ 시스템의 RAM 크기를 늘인다. Microsoft Windows 95 이상을 실행하는 경우, 16 MB 메모리에 Microsoft Access를 사용하기 위한 메모리 8MB를 추가해 24MB 필요하고 Windows NT 4.0 이상을 사용하는 경우에는 32MB 메모리에 Microsoft Access를 사용하기 위한 메모리 8MB를 추가해 40MB가 필요하다.

⑤ RAM 디스크에는 어떤 RAM도 사용하지 않도록 한다.

⑥ 정기적으로 불필요한 파일을 삭제하고 휴지통을 비우고, 데이터베이스를 압축한 다음 Windows 디스크 조각 모음으로 하드디스크 조각을 모은다. 디스크 조각 모음을 실행하려면 Windows <시작> 단추를 클릭하고, 프로그램 > 보조 프로그램 > 시스템 도구 > 디스크 조각 모음을 선택한다.

⑦ 대부분 Windows에서 사용하는 기본 가상 메모리를 최적으로 설정해야 하는데, 가상 메모리 매개 변수를 조정해 성능을 향상시킬 수 있는 경우도 있다. 불필요한 파일을 이미 삭제했는데도 여전히 성능에 문제가 있으면, 기본 가상 메모리를 변경한다.

⑧ Windows 바탕 화면에 배경(전체화면 배경) 비트맵을 표시할 경우, 단색 또는 무늬 비트맵으로 바꾸거나 비트맵을 전혀 사용하지 않는다.

⑨ 화면 보호기를 사용할 경우 빈 화면 보호기를 사용하거나 화면 보호기를 사용하지 않도록 한다.

⑩ 디스크 압축 소프트웨어를 제거하거나 데이터베이스를 압축하지 않은 드라이브로 옮긴다.

■

쿼리를 좀 더 빠르게 실행할 수 있는 방법들은 다음과 같다.

① 데이터베이스를 압축한다. 압축을 하면 테이블의 레코드가 다시 구성되어 테이블의 기본 키에 의해 정렬된 인접 데이터베이스 페이지에 레코드가 위치되기 때문에 쿼리의 속도가 빨라진다. 모든 레코드를 검색하기 위해 최소의 데이터베이스 페이지를 읽기 때문에 테이블 레코드를 찾는 속도가 빨라진다.

② 쿼리에 조건을 설정할 때 사용하는 필드에 대한 인덱스를 설정한 다음 조인 관

계를 만든다. 관계를 만들 때 인덱스가 없으면 Microsoft Jet 데이터베이스 엔진에서 외래 키에 인덱스를 만든다.

③ 테이블에서 필드를 정의할 때 필드 데이터에 알맞은 가장 작은 데이터 형식을 선택한다. 또한, 조인에 사용할 필드도 일련 번호나 숫자(필드 크기/FieldSize 속성이 정수(Long)일 경우)처럼 같거나 호환할 수 있는 데이터 형식으로 지정한다.

④ 쿼리를 만들 때는 필요한 필드만 추가한다.

⑤ 폼이나 보고서의 레코드 원본/RecordSource 속성을 SQL 문으로 설정하려면 SQL 문을 쿼리로 저장한 다음 레코드 원본/RecordSource 속성에 쿼리 이름으로 설정한다.

⑥ 하위 쿼리에는 계산 필드를 사용하지 않는다. 계산 필드가 있는 쿼리를 다른 쿼리에 추가하면 상위 쿼리에서 계산 필드에 있는 식의 처리가 늦어진다.

⑦ 조인 필드 값으로 레코드를 그룹화 할 때 합계를 구하는(계산 함수를 실행하는) 필드와 같은 테이블에 있는 필드를 “묶는 방법”으로 지정한다. 예를 들어, “판매” 테이블에 있는 “수량” 필드의 합계를 구하고 “상품코드”로 그룹화하는 쿼리를 만들려면 “판매” 테이블에 있는 “상품코드”를 묶는 방법으로 지정하는 것이 좋다. “상품” 테이블에 있는 “상품코드” 필드를 그룹별로 지정하면 계산 함수를 실행하고 필요한 필드에만 조인하는 것이 아니라 먼저 모든 레코드를 조인한 다음, 계산 함수를 실행하게 된다.

⑧ 속도를 빠르게 하려면 가능한 한 적은 수의 필드에 묶는 방법을 지정한다.

⑨ 합계를 구하는 쿼리에 조인이 들어 있으면 레코드를 한 쿼리로 그룹화하여 조인을 수행할 다른 쿼리에 이 쿼리를 추가한다.

⑩ 계산 필드와 인덱스가 만들어지지 않은 필드에 대해서는 제한적인 쿼리 조건을 사용하지 않도록 한다.

⑪ 최적화 할 수 있는 조건식을 사용한다.

⑫ 일대다 관계에 있는 테이블에서 조인에 사용되는 필드 값을 제한하기 위해 조건을 사용하면 조인의 "일" 쪽과 "다" 쪽 중 어디에 조건을 사용하여 쿼리를 더 빠르게 실행할 수 있는지 검사한다. 일부 쿼리에서는 "다" 쪽 보다 "일" 쪽 조건에 있는 필드에 조건을 추가하여 쿼리가 빨라지기도 한다.

⑬ 정렬에 사용할 필드에 인덱스를 설정한다.

⑭ 데이터가 자주 변경되지 않으면 테이블 작성 쿼리를 사용하여 쿼리 결과로 테이블을 만든다. 폼, 보고서 또는 기타 쿼리를 만들 때 쿼리 대신 결과 테이블을 원

본으로 사용한다.

⑮ 쿼리에 없는 테이블의 데이터를 액세스하기 위해 DLookup 함수와 같은 도메인 계산 함수를 사용하지 않도록 한다. 도메인 계산 함수는 Microsoft Access에서만 사용되는 것이므로 Jet 데이터베이스 엔진은 이 함수가 포함된 쿼리를 최적화 할 수 없다. 대신, 그 함수에서 사용하는 테이블을 쿼리에 추가하거나 하위 쿼리를 만든다.

⑯ 크로스탭 쿼리를 만들 때는 가능하면 고정 열 머리글을 사용한다.

⑰ 인덱스 필드에 "Between...And, In, =" 연산자를 사용한다.

■

Visual Basic 코드의 실행 속도를 높이려면 가장 효율적인 접근 방식을 선택해야 한다. 다음과 같은 방법을 통해서 코드 실행 속도를 향상시킬 수 있다.

① 데이터베이스의 코드가 컴파일되어 있는지 확인한다. Visual Basic 편집창 창에서 디버그 > 컴파일 메뉴를 선택한다.

> **주의**
> 데이터베이스의 파일 이름을 바꾼 뒤에는 코드를 다시 컴파일 해야 한다. 데이터베이스의 이름을 바꾸면 데이터베이스 안에서 컴파일 된 코드가 해제된다.

② 변수는 항상 명시적으로 선언한다. 프로시저에서 변수를 사용하기 전에 도구 > 옵션 메뉴의 "편집기" 탭에서 "변수 선언 요구"를 설정하여 명시적으로 선언하지 않으면 오류가 발생하도록 한다.

③ 변수를 선언할 때는 되도록 세부적인 형식을 사용한다.

④ 속성, 컨트롤, 데이터 액세스 개체를 참조할 때는 변수를 사용한다. 폼의 속성 값이나 컨트롤 값 또는 데이터 액세스 개체나 그 속성을 두 번 이상 참조한다면 개체 변수를 만들어 전체 식별자 대신 사용한다.

⑤ 이벤트 프로시저에서 폼을 참조할 때는 Me 키워드를 사용한다.

⑥ IIf 함수를 사용하는데 있어서, 값을 반환하는 식을 계산할 때 시간이 많이 걸리면 IIf 함수를 사용하지 않는다.

⑦ 경우에 따라 문자열(String) 함수를 사용한다. 문자열 형식으로 작업할 때는

"Str$" 함수와 같은 "$" 함수를 사용하고, Variant 및 기타 데이터 형식으로 작업할 때는 "$"가 없는 함수를 사용한다.

⑧ 계산되는 값을 위해서는 Integer 데이터 형식이나 Long 데이터 형식 등을 사용한다.

⑨ 사용하지 않는 동안 메모리를 반환하는 동적 배열과 Erase, ReDim 구문을 사용한다.

⑩ 가능하다면 항상 상수를 사용한다.

⑪ 특정 레코드로 되돌아 갈 때는 FindNext 메서드나 기타 다른 메서드를 사용하지 않고 Bookmark를 사용한다.

⑫ 인덱스된 필드에서는 FindRecord나 FindNext 메서드를 사용한다. 이 메서드들은 인덱스된 필드에서 훨씬 더 효과적이다.

⑬ 이벤트 프로시저를 제외한 프로시저들은 모듈에서 정의한다. Visual Basic은 요청 시에만 모듈을 읽어들인다. 즉, 코드에서 모듈에 있는 프로시저를 불러 올 때만 모듈을 메모리로 읽어들인다.

⑭ 사용하지 않는 코드와 변수를 삭제한다. 응용 프로그램을 개발하고 수정할 때 코드의 어디에서도 불러오지 않는 프로시저나, 선언된 변수 중 더 이상 사용되지 않는 것을 확인한다. 코드를 검토하여 사용되지 않는 프로시저와 모듈을 삭제한다.

9 4 가져오기와 보내기

(1) 가져오기와 연결하기

Microsoft Access에서는 "가져오기"혹은 "연결"의 두 가지 방법을 통해서 외부 데이터 원본의 데이터를 사용할 수 있다.

■

새로운 Microsoft Access 테이블로 데이터를 가져올 수 있다. 가져오기는 다른 형식의 데이터를 변환하여 Microsoft Access로 복사하는 것이며 또한 데이터베이스 개체를 현재 Microsoft Access 데이터베이스나 Microsoft Access 프로젝트로 가져올 수도 있다.

데이터를 가져오면 Access 데이터베이스나 Access 프로젝트에 있는 새 테이블 정보에 대해 복사본이 만들어진다. 따라서 데이터를 가져와도 원본 테이블이나 파일은 변경되지 않는다.

데이터를 가져올 때는 기존 테이블에 데이터를 추가할 수 없다(스프레드시트나 텍스트 파일 제외). 그러나 테이블을 한 번 가져오면 Access 데이터베이스에서 쿼리를 추가하거나 Access 프로젝트에서 저장 프로시저를 사용하여 테이블의 데이터를 다른 테이블에 추가할 수 있다.

또한 다른 Access 데이터베이스나 Access 프로젝트에서 폼이나 보고서 등, 테이블 이외의 데이터베이스 개체를 가져올 수도 있다.

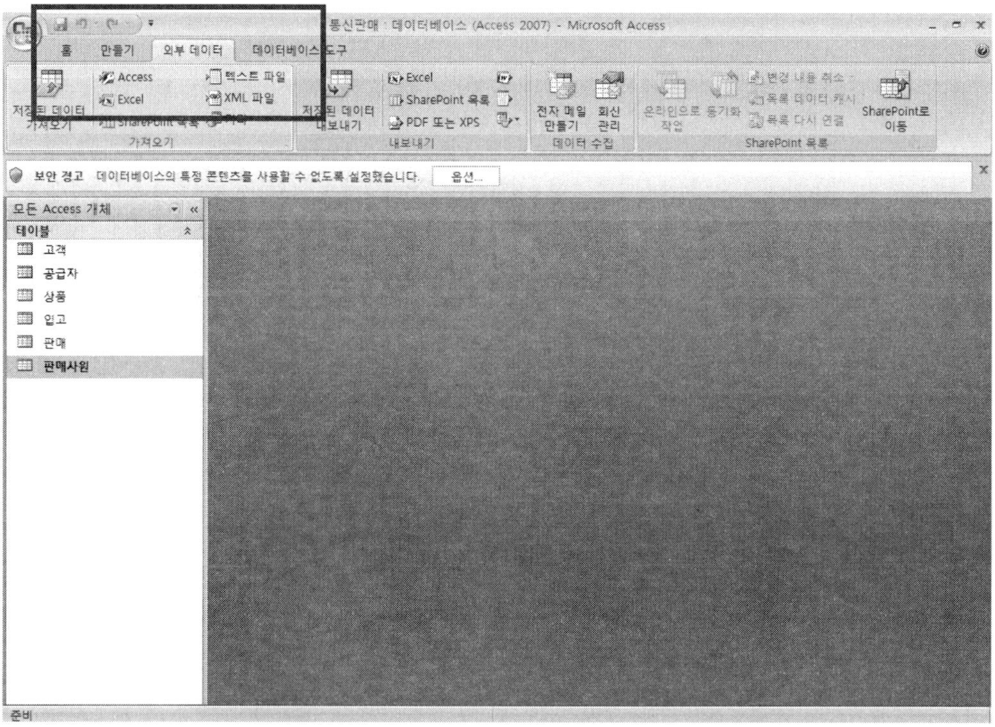

■

Access 데이터베이스에서 데이터를 연결하면 데이터를 읽을 수 있으며, 대부분의 경우 가져오지 않고도 외부 데이터 원본의 데이터를 업데이트할 수 있다. 이 때 외부 데이터 원본의 형식은 변경되지 않으므로 원래의 프로그램에서 계속 사용할 수 있지만, Microsoft Access에서도 데이터를 추가, 삭제, 편집할 수 있다. 테이블 연결은 Access 데이터베이스에서만 가능하며 Access 프로젝트에서는 가능하지 않다.

Microsoft Access에서는 다양한 아이콘을 사용하여 연결 테이블이나 현재 데이터베이스에 저장된 테이블을 나타낸다. 연결 테이블의 아이콘을 삭제하면 해당 테이블 자체는 삭제되지 않지만 테이블과의 연결은 끊어진다.

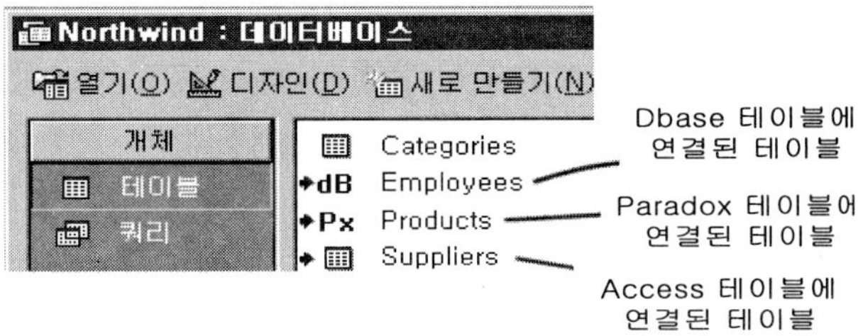

■

데이터를 가져오거나 연결하는 방법은 다음과 같이 두 가지가 있다.

Access 데이터베이스를 만들거나 열어서, 또는 Access 프로젝트를 만들어서 테이블을 연결(Access 데이터베이스에서만 가능)하거나 가져온 다음, 외부데이터 - 내보내기 메뉴 그룹에서 적절한 명령을 선택한다.

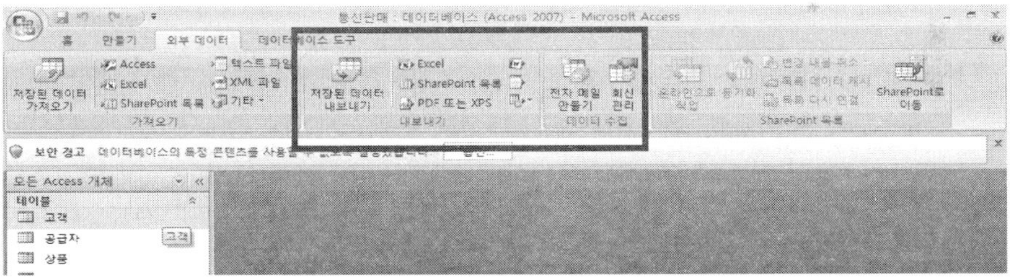

Access 데이터베이스에서 dBASE, Paradox, Exchange 및 기타 ODBC 데이터 원본(예: Microsoft SQL Server와 Microsoft Visual FoxPro) 등의 외부 데이터베이스를 직접 연다. 그러면 외부 데이터베이스와 똑같은 폴더가 포함된 Access 데이터베이스가 새로 만들어져서 외부 데이터베

이스에 있는 각 테이블로 연결된다.

■

지원되는 외부 데이터베이스나 파일 형식으로 데이터를 저장할 수 없는 프로그램에서는 데이터를 지원되는 형식으로 내보내거나 변환, 또는 저장하여 데이터를 내보낼 수 있다. 또한 dBASE나 Paradox와 같은 외부 데이터베이스 형식을 가져오거나 연결하면 대부분의 경우 인덱스가 보존된다. 예를 들어, Microsoft Works 데이터베이스를 직접 가져오거나 연결할 수는 없지만 Microsoft Works 데이터를 dBASE IV(.dbf) 데이터베이스 파일로 내보낸 다음 Microsoft Access로 가져오면 필드 이름과 인덱스가 그대로 유지된다.

일반적으로 대부분의 지원되지 않는 프로그램에서는(운영 체제가 다른 경우에도) 구분된 텍스트 파일이나 고정 폭 텍스트 파일로 데이터를 내보낸 다음 Microsoft Access에서 가져오거나 연결할 수 있으나, 인덱스는 손실된다.

■

가져오기 작업을 자주 하는 경우에는 매크로를 작성하거나 VBA 프로시저를 작성하여 이를 자동화할 수 있다. 작업을 자동화하면 정기적으로 데이터를 가져오거나 가져오기 작업에 익숙하지 않은 경우에 유용하다.

■

데이터 원본	지원되는 버전 및 형식
Microsoft Access 데이터베이스	2.0, 7.0/95, 8.0/97, 9.0/2000, 2002, 2003, 2007
Microsoft Access 프로젝트	2000, 2002, 2003, 2007
dBASE	III, III+, IV, 5 7(Borland Database Engine 4.x 이상을 읽기/쓰기로 연결해야 한다.)
Paradox	Windows용 Paradox 3.x, 4.x, 5.0 8.0(Borland Database Engine 4.x 이상을 읽기/쓰기로 연결해야 한다.)
Microsoft Excel 스프레드시트	3.0, 4.0, 5.0, 7.0/95, 8.0/97, 2000, 2002, 2003, 2007

Lotus 1-2-3 스프레드시트(읽기 전용으로 연결합니다.)	.wks, .wk1, .wk3, .wk4
Microsoft Exchange	모든 버전
구분된 텍스트 파일	모든 문자 집합
고정 폭 텍스트 파일	모든 문자 집합
HTML	1.0 (목록의 경우) 2.0, 3.x(테이블이나 목록의 경우)
SQL 테이블, Microsoft Visual FoxPro 및 ODBC 프로토콜을 지원하는 프로그램과 데이터베이스의 데이터	Visual FoxPro 2.x, 3.0, 5.0 및 6.x (가져오기만 가능)

(2) 내보내기

내보내기란 데이터와 데이터베이스 개체를 다른 데이터베이스나 응용 프로그램 등에서 사용할 수 있도록 다른 데이터베이스, 스프레드시트 등의 파일 형식으로 출력하는 것이다. 내보내기는 기능 면에서 볼 때 복사하여 붙여 넣는 작업과 비슷하다. 일반적으로 데이터나 데이터베이스 개체를 내보낼 때는 파일 메뉴의 내보내기 명령을 사용하지만 이제부터 설명할 여러 가지 방법을 사용할 수도 있다. 데이터를 여러 가지 지원되는 데이터베이스, 프로그램, 파일 형식으로 내보낼 수 있다.

■

Microsoft Access 데이터베이스나 Microsoft Access 프로젝트에 있는 대부분의 데이터베이스 개체를 다른 Access 데이터베이스나 프로젝트로 내보낼 수 있다.

Microsoft Access 이전 버전으로는 테이블만 내보낼 수 있다.

Access 데이터베이스에서 테이블을 내보내면 테이블 데이터와 데이터 정의만 내보내고 제약 조건, 관계, 인덱스 같은 속성은 내보내지 않는다.

Microsoft Access 2007에서는 데이터를 유니코드 형식으로 인코딩하기 때문에 이전 버전으로 테이블을 내보내면 데이터가 변환되고 변경될 수 있다.

뷰, 저장 프로시저 및 데이터베이스 다이어그램은 Microsoft Access 프로젝트나 Access 데이터베이스로 내보낼 수 없으며 Access 데이터베이스에서 쿼리나 관계를 Access 프로젝트로 내보낼 수 없다.

한 번에 한 개체만 내보낼 수 있다. 한 번에 여러 개체를 내보내려면 내보낼 데이터베이스를 열고 개체를 가져온다.

두 테이블 간 관계를 기초로 하는 쿼리를 레코드 원본으로 가지고 있는 보고서와 같은 경우, 다른 데이터베이스로 개체를 내보낼 때 개체가 작동하는 데 필요한 관련 개체도 같이 내보내야 할 경우가 있다.

데이터 액세스 페이지를 내보내면 해당 HTML 파일에 대한 링크만 내보내고 실제 HTML 파일은 같은 위치에 남아 있게되어 결과적으로 동일한 HTML 파일을 가리키는 두 개의 데이터 액세스 페이지를 가지게 된다. 이렇게 하지 않으려면 파일 > 다른 이름으로 저장 메뉴를 사용하여 두 페이지 중 하나를 다른 이름으로 저장한 다음 데이터 액세스 페이지로 저장 대화 상자에 새 HTML 파일 위치를 입력하고 방금 저장한 페이지를 삭제한다.

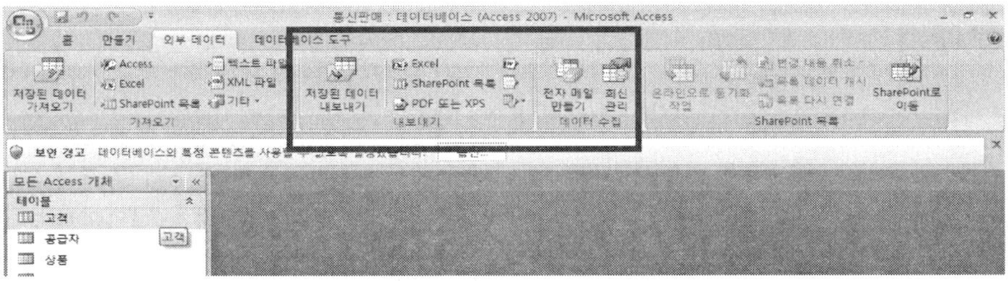

■

홈 - 전자 메일 메뉴를 사용하면 Microsoft Excel(.xls), 서식 있는 텍스트(.rtf), MS-DOS 텍스트(.txt), HTML(.html), IDC/HTX, ASP, 데이터 액세스 페이지 등 다양한 형식으로 출력된 데이터베이스 개체를 전자 메일 메시지에 덧붙여서 전자 메일로 보낼 수 있다.

전자 메일을 통해 데이터베이스 개체를 보내려면 Microsoft Outlook, Microsoft Exchange, Microsoft Mail 등 MAPI(Messaging Application Programming Interface)를 지원하는 전자 메일 프로그램이 필요하다.

■

서버-생성 HTML 형식으로 데이터시트 내보내는 작업 순서는 다음과 같다.

① 데이터베이스 창에서 내보낼 테이블이나 쿼리 또는 폼의 이름을 클릭한 다음 파

일 > 내보내기 메뉴를 선택한다.

② 파일 형식 상자에서 원하는 서버-생성 HTML 출력 형식에 따라 Microsoft IIS 1-2(*.htx;*.idc)나 Microsoft Active Server Pages (*.asp)를 선택한다.

③ 내보낼 드라이브나 폴더를 선택하고 파일 이름 상자에 파일 이름을 입력한 다음 <저장>을 클릭한다.

④ Microsoft Active Server Pages 출력 옵션 대화 상자나 HTX/IDC 출력 옵션 대화 상자에서 정보를 입력한다.

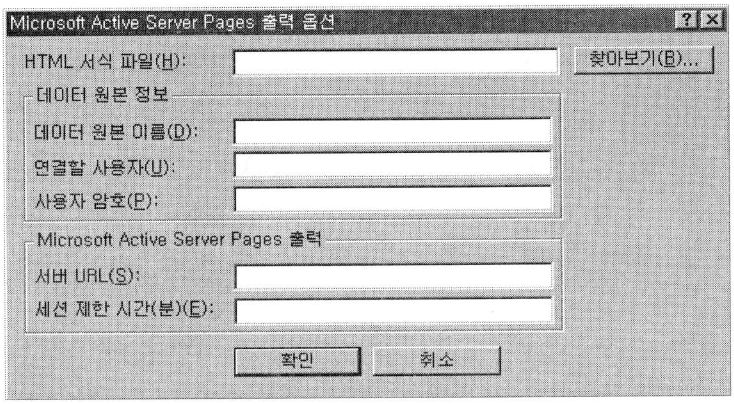

항 목	설 명
HTML 서식 파일	HTML 서식 파일 위치를 입력한다.
데이터 원본 이름	서버-생성 HTML 파일을 웹 서버에서 처리할 때 연결할 ODBC 데이터 원본 Microsoft Access 데이터베이스의 경우 연결할 사용자와 사용자 암호 상자에 웹 페이지에서 Access 데이터베이스에 액세스할 때 사용할 사용자 수준의 보안 사용자 이름과 암호를 입력한다. 사용자 이름이나 암호를 입력하지 않으면 Admin을 기본 사용자 이름으로 사용하고 암호는 사용하지 않는다.
Microsoft Access 프로젝트	사용자 이름과 암호 상자에 웹 페이지에서 Microsoft SQL Server 데이터베이스에 액세스할 때 사용할 데이터베이스 사용자 이름과 암호를 입력한다. 사용자 이름과 암호를 입력하지 않으면 Sa를 기본 사용자 이름으로 사용하고 암호는 사용하지 않는다.

일단 데이터시트를 ASP나 IDC/HTX 출력 형식으로 출력했으면 World Wide Web에서 사용할 수 있도록 파일을 게시해야 한다.

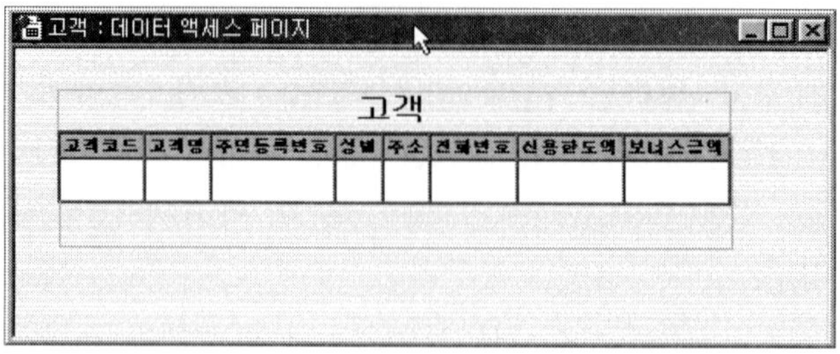

Tip

레코드가 많은 데이터시트는 웹 브라우저로 출력하고 표시하는 데 시간이 많이 걸릴 수 있다. 데이터 필드 같은 조건을 사용하거나 매개 변수 쿼리를 사용하여 데이터시트 크기를 줄이는 방법을 고려해 볼 수 있다.

테이블, 쿼리, 폼, 보고서로부터 출력된 HTML 파일을 만들 수 있다. 웹 브라우저에서 보고서는 보고서 형식으로 나타나며, 테이블, 쿼리, 폼은 데이터시트 형식으로 나타난다. HTML 3.2 이상을 지원하는 웹 브라우저를 사용하고 데이터를 자주 변경할 필요가 없을 때는 정적 HTML 파일을 사용한다.

정적 HTML 형식으로 데이터시트 내보내는 작업단계는 다음과 같다.

① 데이터베이스 창에서 내보낼 테이블, 쿼리 또는 폼의 이름을 클릭한 다음 파일 > 내보내기 메뉴를 선택한다.
② 파일 형식 상자에서 "HTML 문서(*.html;*.htm)"를 선택한다.
③ 내보낼 드라이브나 폴더를 선택하고 파일 이름을 입력한 다음 <저장>을 선택한다.

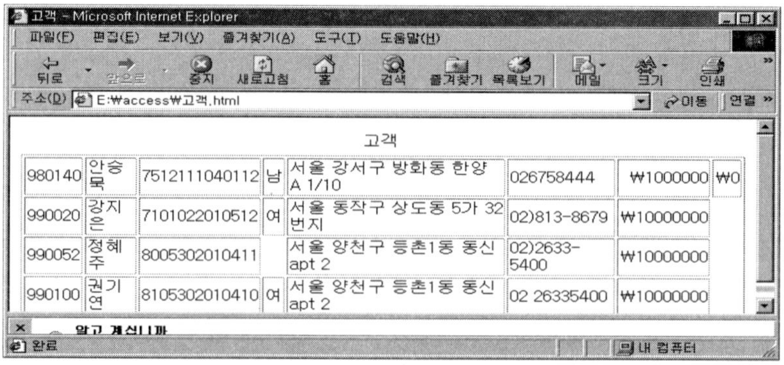

■ Word로 데이터 내보내기 또는 교환

Microsoft Word를 사용하여 Microsoft Access 데이터를 사용하는 방법에는 다음과 같이 네 가지가 있다.

방법 1. Access 데이터베이스에서 도구 > Office 연결 > MS Word 문서로 병합 메뉴를 선택하면 Microsoft Word 편지 병합 마법사를 사용하여 Microsoft Word 2003의 편지 병합 문서를 Microsoft Access 2007 데이터에 연결할 수 있다. 한 번 연결하면 언제든지 Microsoft Word에서 문서를 열어 Microsoft Access의 현재 데이터를 사용하는 양식 편지나 레이블을 인쇄할 수 있다.

방법 2. Microsoft Word의 버전에 상관없이 Microsoft Access 데이터를 편지 병합 데이터 원본 파일로 내보내서 Word의 편지 병합 기능을 사용할 수 있다.

방법 3. 출력된 데이터시트, 폼, 보고서를 서식 있는 텍스트(.rtf) 파일로 저장할 수 있다. RTF 파일에서는 글꼴이나 스타일 등의 서식이 그대로 유지되며, Microsoft Word와 같은 Windows 워드 프로세서나 DTP 프로그램에서 열 수 있다.

방법 4. 도구 > Office 연결 > MS Word를 사용하여 편집 메뉴를 사용하면 출력된 데이터시트, 폼, 보고서를 RTF 파일로 저장하여 자동으로 Microsoft Word에서 로드 할 수 있게 된다.

■ Microsoft Excel이나 기타 스프레드시트 프로그램으로 내보내기

Microsoft Excel이나 기타 스프레드시트 프로그램에서 Microsoft Access 데이터를 사용하는 방법에는 다음과 같이 세 가지가 있다.

방법 1. 데이터시트를 서식이 지정되지 않은 데이터 형태로 Microsoft Excel이나 기타 스프레드시트 프로그램으로 내보낼 수 있다.

방법 2. 출력된 데이터시트, 폼, 보고서를 Excel(.xls) 파일 등의 워크시트로 직접 내보낼 수 있다.

방법 3. 도구 > Office 연결 > MS Excel 메뉴를 사용하여 분석 메뉴를 선택하면 출력된 데이터시트, 폼, 보고서를 Excel(.xls) 파일로 저장하여 자동으로 Microsoft Excel로 로드 할 수 있다. 이 경우에는 글꼴이나 색상 등 대부분의 서식을 유지할 수 있다. 보고서의 그룹 수준은 Microsoft Excel 개요 수준으로 저장되고, 폼은 데이터 테이블 형태로 저장된다.

■ 내보내기 작업 자동화

내보내기 작업을 자주 하는 경우에는 매크로를 작성하거나 VBA 프로시저를 작성하여 이를 자동화할 수 있다. 작업을 자동화하면 정기적으로 데이터를 내보내거나, 여러 데이터베이스 개체를 사용하여 웹사이트를 구축할 때 특히 유용하다.

■ Microsoft Access에서 내보낼 수 있는 데이터 형식

데이터 원본	지원되는 버전 및 형식
Microsoft Access 데이터베이스	2.0, 7.0/95, 8.0/97, 9.0/2000, 2002, 2003, 2007
Microsoft Access 프로젝트	2000, 2002, 2003, 2007
dBASE	III, III+, IV, 5 7(Borland Database Engine 4.x 이상이 필요)
Paradox Windows용 Paradox	3.x, 4.x, 5.0 8.0(Borland Database Engine 4.x 이상이 필요)
Microsoft Excel	3.0, 4.0, 5.0, 7.0/95, 8.0/97, 2000, 2002, 2003, 2007
Microsoft Word, RTF	
Lotus 1-2-3 스프레드시트 (읽기 전용으로 연결한다.)	.wk1, .wk3
구분된 텍스트 파일	모든 문자 집합
고정 폭 텍스트 파일	모든 문자 집합
HTML 및 IDC/HTX	1.0 (목록의 경우) 2.0, 3.x(테이블이나 목록의 경우)
Microsoft Active Server Pages	
SQL 테이블, Microsoft Visual FoxPro 및 ODBC 프로토콜을 지원하는 프로그램과 데이터베이스의 데이터	Visual FoxPro 3.0, 5.0 및 6.x

9 5 ODBC 드라이버

Microsoft Access에서는 다른 데이터베이스나 스프레드시트, 텍스트 파일 형식으로부터 데이터를 가져오기고 내보내고, 연결할 수 있다. 이 때 Access에서는 기본 드라이버나 ODBC 드라이버가 사용된다.

(1) 기본 드라이버

Access에는 기타 Microsoft Access 데이터베이스, Microsoft Access 프로젝트, Paradox, dBASE, Microsoft Excel, Lotus 1-2-3 스프레드시트, Microsoft Exchange, Microsoft Outlook, 고정 폭 텍스트 파일, 구분된 텍스트 파일, HTML 형식의 데이터를 가져오거나 내보내거나 연결할 수 있도록 하는 기본 드라이버가 포함되어 있다.

이러한 기본 드라이버는 파일 > 내보내기 메뉴를 사용하거나, 파일 > 외부 데이터 가져오기 > 가져오기와 테이블 연결 메뉴를 선택할 때 사용된다. 특정 데이터 형식의 기본 드라이버가 설치되어 있으면 '개체 이름' 개체 내보내기 대화 상자의 파일 형식 상자에서나 가져오기 또는 연결 대화 상자의 파일 형식 상자에서 해당 형식을 사용할 수 있게 된다. Access를 설치할 때 기본 드라이버는 모두 자동으로 설치된다.

(2) ODBC 드라이버

ODBC 드라이버를 사용해서 Microsoft SQL Server 데이터베이스, Microsoft FoxPro 데이터베이스, ODBC 수준1을 지원하는 32비트 드라이버를 제공하는 그 밖의 프로그램의 데이터에 연결해서 데이터 파일을 액세스할 수 있다. Microsoft Access를 설치할 때 Microsoft SQL Server ODBC 드라이버(Sqlsrv32.dll), FoxPro ODBC 드라이버(vfpodbc.dll), Oracle ODBC 드라이버(msorcl32.dll), ODBC 지원 파일(도움말 파일과 제어판의 ODBC 데이터 원본(32비트) 아이콘)이 자동으로 설치된다.

그 밖의 공급업체에서 다른 데이터 형식을 지원하는 ODBC 드라이버와 설명서를 추가로 제공할 수도 있다. Access에는 ODBC 수준 1에 부합하는 32비트 ODBC 드라이버가 필요하다.

(3) ODBC 데이터 원본 설정하기

① Windows <시작> 단추에서 제어판 메뉴를 선택하고 관리도구로 들어가서 "데이터 원본(ODBC)" 아이콘을 두 번 클릭한다.

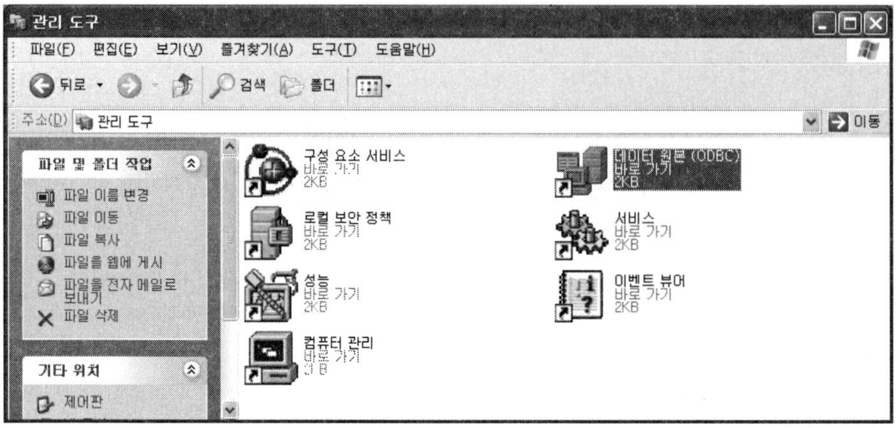

② 수정할 데이터 원본 형식에 따라 "사용자 DSN"이나 "시스템 DSN", "파일 DSN" 탭을 선택한다.

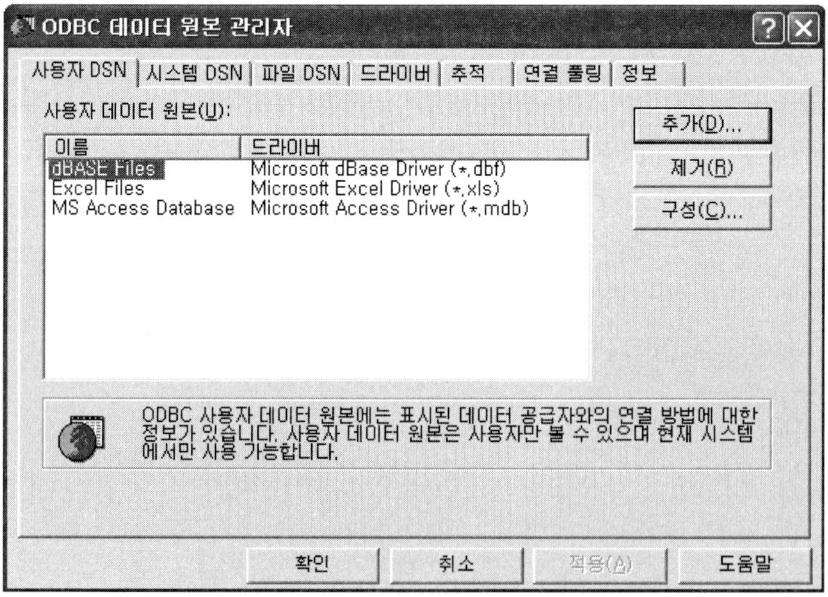

③ 현재 설치된 드라이버에 새 데이터 원본을 지정하려면 <추가>를 클릭한다. 기존 데이터의 정의 사항을 수정하려면 목록에서 데이터 원본을 선택하고 <구성>을 클릭한다.

④ <추가> 단추를 눌렀다면 추가하려는 드라이버를 선택하고 <마침>을 누른다. 계속해서 나오는 각 단계에서 드라이버 이름과 연결할 서버이름 등을 정의한다.

찾 아 보 기

(ㅅ)

(ㅇ)

(ㅈ)

(ㅊ)

(M)

(N)

(O)

(P)

(R)

(S)

데이터베이스 이론과 Access 2007

2010년 8월 11일 인쇄
2010년 8월 13일 발행
저 자 안 동 찬 · 이 재 선 · 전 승 호 공저
펴낸이 오 성 결
펴낸곳 오성미디어
주 소 132-916 서울시 도봉구 창 3동 491-1
전 화 02) 997-0136
FAX 02) 997-0137
등 록 2000. 5. 12 제 7-212 호
ISBN 978-89-92583-83-1 값 20,000원